Wuliu Xitong Guihua yu

高等学校"十二五"应用型经管规划教材 · 物流专业

物流系统规划与设计

杨　扬　主　编
王孝坤　副主编

Wuliu Xitong Guihua yu Sheji

電子工業出版社
Publishing House of Electronics Industry
北京 · BEIJING

图书在版编目（CIP）数据

物流系统规划与设计 / 杨扬主编. —北京：电子工业出版社，2013.2
高等学校“十二五”应用型经管规划教材. 物流专业
ISBN 978-7-121-18985-2

Ⅰ. ①物… Ⅱ. ①杨… Ⅲ. ①物流－系统工程－高等学校－教材 Ⅳ. ①F252

中国版本图书馆CIP数据核字(2012)第274705号

责任编辑：袁桂春
印　　刷：北京京师印务有限公司
装　　订：北京京师印务有限公司
出版发行：电子工业出版社
　　　　　北京市海淀区万寿路 173 信箱　邮编 100036
开　　本：787×1092　1/16　印张：21.5　字数：496 千字
版　　次：2013 年 2 月第 1 版
印　　次：2019 年 7 月第 10 次印刷
定　　价：39.00 元

凡所购买电子工业出版社图书有缺损问题，请向购买书店调换。若书店售缺，请与本社发行部联系，联系及邮购电话：（010）88254888，88258888。
质量投诉请发邮件至 zlts@phei.com.cn，盗版侵权举报请发邮件至 dbqq@phei.com.cn。
本书咨询联系方式：（010）88254199，sjb@phei.com.cn。

前 言

物流系统是指按照计划为达成物流目的而设计的相互作用的要素统一体，其目的与作用是将货物按照规定的时间、规定的数量，以最合适的费用，准确无误地送达目的地，完成物品使用价值的物理性转移，最终实现物品的社会价值。物流系统覆盖了工农业生产、人民生活与消费等社会经济的各个领域，运作的过程包含交通运输、仓储配送、库存管理、生产控制等诸多环节，涉及水路运输、航空运输、铁路运输、公路运输等多种交通运输方式，组成物流系统的要素种类宽泛、数量庞大，而且各类节点之间呈网状结构相互关联。由于物流系统作为社会经济系统的复杂子系统，具有规模庞大、结构复杂、目标众多的特点，无论宏观层面的社会物流系统，还是微观层面的企业物流系统都需要用系统的观点来进行分析和研究，做好物流系统的规划和设计就是其良好运作的基础和前提条件。基于此，作者结合多年物流教学和工程实践经验，在参考了大量文献的基础上编写了此书，以求全面阐述物流系统规划与设计的基本原理、步骤和方法，为物流从业者进行物流系统的规划与设计提供思路与方法指导。

本书共9章，第1章简要介绍了物流系统的概念、特点、分类及规划与设计的主要内容和方法；第2章介绍了物流系统规划与设计的调查方法和需求预测模型；第3章分析了物流战略规划基本理论，介绍了社会物流战略规划和企业物流战略规划；第4章介绍了物流系统网络规划与设计，具体包括物流网络及节点的概念与分类、物流网络布局规划的原则和内容、物流节点的选址模型与方法等；第5章介绍了物流运输系统规划与设计，重点分析了运输方式选择模型、线路优化模型及物流通道规划等；第6章详细介绍了配送中心内部设施规划与设计，包括设施布置规划的SLP法、配送中心作业区设计及配送中心物流设备选型等；第7章介绍了物流辅助作业系统规划与设计，包括装卸搬运、包装和流通加工系统的设计原则和方法；第8章介绍了物流信息系统规划与设计，包括企业物流信息系统和公共物流信息平台的规划与设计等；第9章介绍了物流系统评价，包括物流系统评价的指标设计和数据处理及常用方法等。

本书特点如下：

（1）内容丰富、新颖、实用，体现现代物流需求。在编写过程中，广泛吸收了当前物流系统规划与设计的成果、技术，参阅了大量同类教材、专著、网上资料，并结合作者的教学和工程实践经验，力图阐述清楚物流系统规划与设计的常用方法和原理。

（2）为了更好地体现理论与实践的结合，书中提供了大量的研究案例和计算实例供读者分析、研读，以便加深和拓展读者的视野并巩固、运用所学知识。

（3）紧密结合本课程教学基本要求，内容完整、系统、重点突出，在注重介绍物流系统规划与设计理论知识的同时，可与专业课程设计内容结合在一起，强调知识的应用性，具有较强的针对性。

本书由杨扬（昆明理工大学）任主编，王孝坤（大连交通大学）任副主编，具体分工如下：第1~6章由杨扬编写，第7~9章由杨扬、王孝坤编写，杨扬负责全书结构设计、草拟提纲和最后统稿定稿工作。

本书在编写过程中，参考了大量有关书籍和资料，在此向其作者表示衷心的感谢！同时我们还得到了许多院校、科研机构及企业的大力支持，在此致以诚挚的谢意。在书稿整理和资料收集过程中，还得到了研究生浦焘、喻庆芳、骆定、车文的大力帮助。

本书可作为高等院校的教材，适合物流工程、物流管理、交通运输等专业的本科生和研究生使用，也可作为物流从业者的培训教材和参考书。

由于时间仓促和编者水平所限，书中难免存在疏漏之处，真诚希望广大读者不吝赐教，以便我们进一步修改完善。

杨扬

目　录

第1章

物流系统规划与设计概述

【学习目标】了解系统的概念及模式、物流系统的构成要素、物流系统的冲突与集成，掌握物流系统的概念和特点、物流系统规划与设计的目标和内容、社会物流系统与企业物流系统规划与设计的关系、物流系统规划与设计的步骤与任务。

1.1 系统概述

系统是人类在认知世界的过程中，从关注被认知对象的各个部分、各部分之间的关系中形成的一个概念。从本质上说，系统是对被认知对象的整体性质的强调。系统作为一个研究对象，吸引了国内外众多学科领域的研究者对其进行理论研究和应用方法研究，并逐步形成一种新兴的学科体系。物流是一个系统，物流系统具有一般系统的基本特征。但物流系统往往比较复杂，经常由许多环节构成，如果没有共同的规划可以遵循制约，各个环节各自独立发展，就有可能产生效益背反、低水平重复建设等诸多问题。物流系统规划与设计既是宏观问题，同时也是微观问题。

1.1.1 系统的概念及模式

系统的思想源于人类长期的社会实践，人类很早就有了系统思想的萌芽，主要表现在对整体、组织、结构、等级、层次等概念的认识。从有人类生产以来，人类就在同自然系统打交道，也依据自己的生存需要而建立一些人为的系统，以增强人与自然相适应的程度。人们从统一的物质本源出发，把自然界当成一个统一体，人类在社会实践中已经自觉和不自觉地在使用系统的思想改造自然，促进社会发展。

1. 系统的概念

“系统”一词最早源于古希腊语，表示群体、结合的意思。“系统”一词在生活中被广泛应用，如一个国家的综合交通系统是由铁路运输、公路运输、水路运输、航空运输和管道运输这些子系统构成的大系统。

近年来，虽然国内外学者对系统科学进行了深入而广泛的研究，但由于研究的历史不长，以及现实系统的复杂性和不确定性，目前国内外学者对于系统还没有一个统一的定义，下面仅列举几种有代表性的定义。

1）奥地利生物学家、现代系统研究的开创者贝塔·朗菲定义系统是：相互作用的多要素的复合体。

2）在《韦氏大词典》中，系统一词被解释为：有组织的和被组织化了的整体；结合整体所形成的各种概念和原理的综合；由有规则、相互作用、相互依赖的诸要素形成的集合等。

3）日本工业标准《运筹学术语》中对系统的定义是：许多组成要素保持有机的秩序向同一目标行动的体系。

4）美国著名研究者阿柯夫定义系统是：由两个或两个以上相互联系的任何种类的要素所构成的集合。

5）我国著名科学家、系统工程的倡导者钱学森认为：系统是由相互作用和相互依赖的若干组成部分结合成的具有特定功能的有机整体，而且这个系统本身又是它所从属的一个更大系统的组成部分。

综上所述，系统是一个整体，其中包含相互关联的诸多要素。系统把考察的事物或对象看成由相互联系、相互依赖、相互制约、相互作用的事物与过程形成的整体；系统各组成部分的运动规律是由各部分建立的整体的特性所决定的，整体的性质又是各组成部分相互关系总和的统一性结果。

2．系统的模式

系统往往是相对外部环境而言的，系统与环境之间有一条边界。边界的存在是客观的，一切系统都有边界，然而有时候系统边界是“模糊”的，特别是社会经济系统、社会物流系统等，很难给出明确的边界。系统与环境之间的物质、能量、信息等的交流由系统输入和系统输出描述。系统以自身所具有的特定功能，将“输入”进行必要的转化处理活动，使之成为有用的产成品，供外部环境使用，输入、处理和输出是系统的三要素。外部环境因资源有限、需求波动、技术进步及其他各种变化因素的影响，对系统加以约束或影响，成为外部环境对系统的限制或干扰。此外，“输出”可能偏离预期目标，因此要将输出结果返回给输入，以便调整和修正系统的活动，即“反馈”。系统的一般模式如图 1-1 所示。

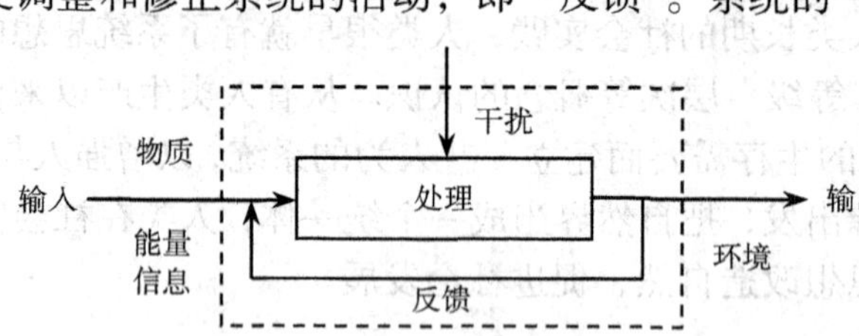

图 1-1　系统的一般模式

由图 1-1 可知，一个完整的系统是由输入部分、输出部分、转换过程和系统运行过程中的信息反馈等环节构成的。在系统运行过程中或当系统循环周期结束时，会有外界信息反馈回来，为原系统的完善提供改进信息，使下一次系统运行得到改善，如此循环往复，便可实现系统有序的良性循环。

1.1.2　系统的特征、原理及分类

1．系统的特征

（1）整体性。系统的整体性是指系统必须是由两个或两个以上的既有一定区别又有一定联系的要素组成的整体，系统中任何一个要素的功能都不能代替系统的整体功能。

（2）相关性。系统的相关性是指系统本身的构成要素之间存在着相互作用和相互依赖的内在联系，这种内在联系使系统内任一要素的变化都可能影响其他要素也发生变化。

（3）目的性。系统的目的性是指任何一个系统都是以实现某种功能为目的的，其行为具有极其明确的目标。

（4）动态性。系统的动态性是指系统处于不断的变化和运动之中，即系统要不断输入各种能量、物质和信息，通过转换处理，输出满足人们某种期望的要求。人们也正是在系统的动态发展中实现对系统的管理和控制，以便充分发挥系统的功能。

（5）环境适应性。系统总是处于一定的环境之中，受环境的约束和限制。当环境发生变化时，系统的功能就会受到影响，甚至会导致其目标也发生改变。因此，系统必须具有自我调节能力，以适应环境的各种变化，这种自我调节的应变能力就是系统的环境适应性。

（6）约束性。系统受到外部环境的约束，对环境来说，它表现为功能；而系统内部则受结构的影响，形成了系统内部约束。所以，大多数系统既受到环境施加于它的外部约束，又受到自身固有的结构局限性而带来的内部约束。

2．系统的原理

（1）系统的整体性原理。系统是由若干要素组成的具有一定新功能的有机整体。各个作为系统子单元的要素一旦组成系统的整体，就具有独立要素所不具备的新的性质和功能，从而表现出整体的性质和功能，但并不等于各个要素的性质和功能的简单相加。“整体大于各个部分的总和”，这是对系统整体性原理最精辟的阐述。

（2）系统的层次性原理。系统的层次性是系统的一种基本特征。由于系统组成要素在数量和质量及结合方式等方面存在着差异，使系统组织在地位与作用、结构与功能上表现出等级秩序，形成具有质的差异的系统等级。系统的层次具有相对性和多样性。任何一个要素也是一个系统，要素本身也包含很多低一层次的要素，因此，系统相对于它所包含的要素而成为系统，对于比它高一层次的系统来讲，系统又是要素，所以系统和要素是相对的，随着所处的层次的不同而有所变化。另外，系统的层次具有多样性，可以按照不同的属性、特征或目的来划分，这种划分并不能改变系统要素本身的客观存在，但可以从不同的侧面得到对系统的全面认识。

（3）系统的开放性原理。系统具有不断与外界环境交换物质、能量、信息的性质和功能，系统与环境的这种交换关系就是系统的开放性原理。系统之所以成为系统，是因为它有区别于环境的地方。因此，系统与环境之间的联系和区别是由系统本身的目的、特性和竞争能力决定的，系统不能封闭但也不可能无限度的开放。系统开放性原理要求在进行系统设计时必须设计好系统与环境的接口，这个接口应该既能保持系统与环境的动态交换，同时又能保持系统本身的整体性，有利于系统从环境中吸取必要的物质、能量和信息，同

时又能保证系统本身的有用物质、能量和信息得到控制和保护。

（4）系统的目的性原理。系统在与环境的相互作用中，在一定范围内受条件变化的影响，表现出某种预先确定的状态的特性就是系统的目的性原理。系统之所以存在就是为了实现某种目的，系统的目的是通过系统对环境产生的功能而实现的，系统通过实现功能来达到目的。因此，设计一个系统时，应该事先确定系统的目的，然后根据这些目的来设计系统应该具有的功能，再根据要实现的功能来确定系统的结构。系统功能的设计受系统目的制约，系统功能必须满足目的要求。一个系统有多个目的，这些目的本身需要协调和优化，因为系统的目的最初可能是自相矛盾的，但最后必须化解这些矛盾，使系统的目的一致起来，同时还要对系统所包含的要素的目的进行优化。

3. 系统的分类

按照不同的分类标准，可以将系统分成许多类别，如表1-1所示。

表1-1 系统的分类

分类标准	系统类别
按照系统的起源	自然系统和人工系统
按照对系统的感知角度	实体系统和概念系统
按照是否考虑时间因素	静态系统和动态系统
按照系统与环境的关系	封闭系统和开放系统
按照对系统的认识程度	黑色系统、白色系统和灰色系统
按照系统规模	小系统、大系统和巨系统
按照系统结构简单与否	简单系统和复杂系统

（1）自然系统和人工系统。自然系统是由自然过程产生的，如生态系统、宇宙系统、海洋系统、矿藏系统等，这些系统是自然界固有的，它的存在不以人的意志为转移。人造系统则是人类为了生存和发展的目的所创造的系统，是人们为了达到某个目的按照属性和相互关系将有关要素组合而成的系统。各种社会经济系统、社会物流系统等都属于人工系统。

（2）实体系统和概念系统。实体系统是由一些实体和有形的要素构成的系统。概念系统是由一些思想、规划、政策等概念化的符号来反映系统内部要素及其属性的系统。概念系统与实体系统有联系而且可以转化。

（3）静态系统和动态系统。静态系统是指存在一定结构但没有活动的系统。动态系统的系统状态变量、内部结构都是随时间变化的，一般有人的行为因素在内。动态系统需要以静态系统为基础，需要有概念系统的配合，实际上静态系统是动态系统的极限稳定状态或简化假设状态。物流系统是动态系统，不能简化为静态系统来处理，特别是那些涉及供应链的子系统必须考虑其动态特性。

（4）封闭系统和开放系统。封闭系统是指系统与环境之间没有物质、能量和信息交换的系统，系统的边界将系统封闭起来了，封闭系统能够存在的条件是系统内部的要素相互间存在某种均衡关系。与环境有物质、能量和信息交换的系统称为开放系统。实际的系统与环境之间或多或少都有交换，因而都是开放系统。系统是开放性和封闭性的适当统一。

（5）黑色系统、白色系统和灰色系统。黑色系统是指只明确系统与环境的关系，但对于系统内部的结构、层次关系、组成元素和实现机理等却一无所知。白色系统是指一切都很明朗化，既明确系统与环境之间的相互作用关系，也明确系统内部结构、元素和系统特性。黑色系统和白色系统的划分是相对的，例如，对于一个管理信息系统，从用户角度来看，只需要了解如何使用系统，通过界面完成特定的操作即可，而不需要知道系统是如何设计运行的，因此是黑色系统。但从系统开发人员来看，他们对系统的运行和设计非常了解，因而又是一个白色系统。

灰色系统是指部分明确系统与环境关系，系统结构和实现过程。在现实世界中，灰色系统是存在形式最多的一种，我们所面临和研究的大部分都是灰色系统。

（6）小系统、大系统和巨系统。规模是相对的概念，很难给出定量的尺度。物流系统属于巨系统之列，其中的某些子系统可能属于大系统或小系统范畴。

（7）简单系统和复杂系统。简单系统是指组成系统的子系统数量较少，因而它们之间的关系也比较简单，或者尽管子系统的数量多或巨大，但它们之间关联关系比较简单，则称为简单系统。一般而言，小系统和大系统属于简单系统，巨系统可能简单也可能复杂，所以有简单巨系统和复杂巨系统之分。

复杂系统是具有中等数目基于局部信息做出行动的智能性、自适应性主体的系统。复杂系统是相对牛顿时代以来构成科学事业焦点的简单系统而言的，两者具有根本性的不同。简单系统通常具有少量个体对象，它们之间的相互作用比较弱，或者具有大量相近行为的个体。而复杂并不一定与系统的规模呈正比，复杂系统要有一定的规模，但也不是越大越复杂。另外，复杂系统中的个体一般来讲具有一定的智能性，如组织中的细胞、股市中的股民、城市交通系统中的司机、生态系统中的动植物等，这些个体都可以根据自身所处的部分环境进行智能的判断或决策。

此外，按照系统的功能、领域等还可以有其他更为详细的分类。然而，任何一个系统的归类都是上述分类的交叉与组合。例如，控制系统还可以分为经典控制系统和现代控制系统；进一步又能分为开环控制系统、闭环控制系统和复合控制系统；更细地还可分为计算机控制系统、模糊控制系统、变结构控制系统、鲁棒控制系统、智能控制系统、神经网络控制系统和自适应控制系统等。

1.2　物流系统概述

1.2.1　物流和物流系统的概念

1. 物流的概念

20 世纪 80 年代物流概念传入我国后，首先在企业物流领域产生了巨大的作用，物流成本得到了广泛关注，特别是 20 世纪 90 年代以来，以信息技术为支撑，以供应链管理技术为核心的大量新技术在物流领域的应用极大地提高了物流效率，降低了物流成本，从而使物流所蕴涵着的巨大的经济价值得以显现，引起了社会的普遍关注。

中国的物流概念与日本的物流概念出现相距约 20 年，与西方的物流概念出现相距七八十年。表 1-2 总结了我国和日本、美国物流概念的不同。

表 1-2　我国和日本、美国物流概念的不同

国　别	中　国	日　本	美　国	
物流概念（英文）	物流（Material Flow）	物的流通（Physical Distribution）	商品实体配送（Physical Distribution）	军事物资、人员和装备调动（Logistics）
最早出现时间	1985 年	1965 年	1915 年	1905 年
概念最早属性	属于自然现象、社会现象和经济现象	属于经济现象	属于经济现象	属于军事现象
概念具体内涵	宏观物品流动和微观物质流动的总称	物质资料从供给者向需要者的物理性移动	商品实体配送	军事物资、人员和装备的调动
概念行为性质	包括管理行为在内的所有有目的和无目的的行为	有目的的经济行为	有目的的经济管理行为	早先是有目的的军事后勤管理行为，现在是整个供应链管理行为的一部分
概念使用领域	经济界、社会界、自然界各个领域	流通领域	流通领域	军事领域和整个供应链

广义上的物流泛指物质实体在时间和空间上的流动，包括经济界、社会界和自然界的所有物质实体的运动。

2．物流系统的概念

物流系统是指按照计划为达成物流目的而设计的相互作用的要素的统一体。其目的与作用是将物品按照规定的时间、规定的数量，以最合适的费用，准确无误地送达目的地，完成物品使用价值的物理性转移，最终实现物品的社会价值。

不同学者对物流系统的概念有不同的描述，但以下两个观点是共同的：物流系统是社会经济大系统的一个子系统或组成部分；物流系统的直接目的是实现物资的空间效益和时间效益的最大化，在保障社会再生产顺利进行的前提下，实现物流活动中各环节的合理衔接，并取得最佳的经济效益。

1.2.2　物流系统的特点

1．层次性

物流系统具有明显的层次性。物流系统是社会经济系统的构成部分，同时从功能上来说也是社会经济系统的服务系统，像人体的血液循环系统一样支撑着社会经济系统的运作。物流系统从上至下可以划分为多个层次，而每个层次都有其自身的结构、性质与行为规则。物流系统从总体上可以分为微观的企业物流系统和宏观的社会物流系统。社会物流

系统为企业物流系统提供宏观环境。城市或区域物流系统是社会物流系统的主体和核心部分，在很大程度上集中体现了社会物流系统的功能。物流系统间的相互逻辑关系为：城市或区域物流系统 ⊂ 社会物流系统 ⊂ 物流系统 ⊂ 社会经济系统 。

2．多元性、相关性和整体性（集合性）

物流系统由多个要素（组成部分）组成，具有多元性；这些要素既具有各自独立的功能又相互联系，具有相关性；这些要素的关联共同构成统一的整体，具有整体性（整体的结构、特性、状态、行为和功能等）。

3．环境适应性

物流系统作为一个独立的系统，是在一定的环境下产生、生存、发展和演化的。系统所处的环境属于组合环境，也就是说各种环境情况都可能出现。系统环境的变化可能改变系统的内部结构，而内部结构的变化也要适应环境的变化，否则必然失去生命力，走向衰亡。

4．动态性

物流系统是在一定空间（城市、区域）内建立和运行的，随着时间而发展变化。物流系统在运行过程中，人们很难完全掌握其动态性，也就是掌握其运动规律。特别要指出的是，物流系统的不同子系统具有不同的动态性，只有深入研究各个子系统的动态性，才能掌握其整体运动规律。

5．稳定性

稳定性是指系统的结构、状态、行为的恒定性，即系统结构、状态、行为的抗干扰能力。如果系统在受到干扰作用之后，能够回到平衡状态，则称该系统为稳定系统。

物流系统的状态空间如果没有任何稳定态，必定是物理上不可实现的，理论上也不必讨论它。从应用角度讲，物流系统具有自组织性，随着时间的推移，物流系统能够依靠其自身的力量达到其内部的有序性，使其机能得以实现。

6．不确定性

所谓不确定性问题是指问题涉及的系统、事件的状态、过程是不确定的，这些系统（或事件）本身的结构和（或）参数包含着一些不确定的因素，或者系统的环境存在着不确定的因素，有不确定的干扰作用于系统，从而使问题的答案存在着多种可能性。

1.2.3　物流系统的模式

物流系统和其他系统一样，具有输入、转换和输出三大功能，通过输入和输出使系统与社会环境进行交换，使系统和环境相互依存，而转换则是这个系统带有特点的系统功能。另外，物流系统还具有反馈功能，并通过相关调控机能实现调控，以取得预期的目标。物流系统是人参与的人工系统，人是系统结构中的主体，直接或间接地影响着系统或子系统的形成。物流系统的基本模式如图 1-2 所示。

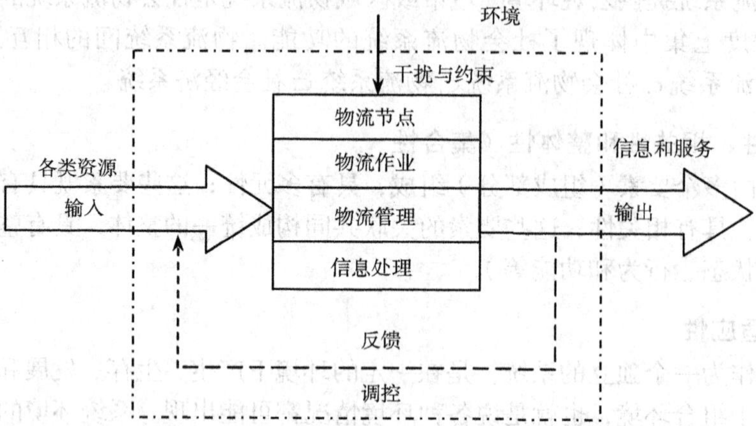

图 1-2 物流系统的基本模式

1. 物流系统的环境

物流系统的环境是指物流系统所处的更大的系统，它是物流系统不可缺少的组成部分，是物流系统转换处理面对的外部条件。物流系统与其环境之间的相互作用具体表现为物流系统的输入、输出、约束和干扰。它反映了物流系统不断与外界环境进行物质交换、能量交换与信息交换的本质特征。外界环境向物流系统提供各种输入和干扰，物流系统通过自身的功能转换后，又向外界环境输出信息和服务，而且物流系统功能的实现还受外界环境的约束或推动。目前，现代物流系统所处的环境发生了很大变化，例如，经济全球化导致的物流国际化发展趋势，消费行为的个性化、多样化，企业准时制经营模式的出现，物流管理的信息化等。这些变化导致现代物流向供应链管理方向发展，并呈现多品种化、小批量化、高频率化、快速反应等趋势。

2. 物流系统的输入和输出

物流系统的输入是外部环境对物流系统的直接输入，包括物品、设备、技术、信息等，它是物流系统运行的前提。物流系统的输出是物流系统对外部环境的作用和功能的体现，表现为物品的送达、储存及相应的信息，是通过物流系统的转换处理实现的，包含了物流的空间效用和时间效用，其最终表现是物流的服务水平和成本效益。另外，在提供物流服务输出的同时，也会产生一些负面或外部性输出，如环境污染、能源和资源消耗等。

3. 物流系统的约束、干扰和反馈

约束是外界环境对物流系统的间接输入，包括人力、物力、信息、能源及政策法规、政治环境、宏观经济环境、自然环境等。物流系统的运行离不开外界环境，这是系统情愿或不情愿都必须接受的外部条件，也是物流系统运行的约束条件。例如，国家出于资源环境的考虑，制定了关于废旧电子电器产品回收处理的政策，规定了电子电器产品生产商和销售商对电子产品报废处理和回收处理应负的责任。该政策对电子企业构建物流系统就形成一个约束，具体来说，就是电子企业不仅要考虑产品生产和销售的物流需求问题，还有考虑废旧产品回收导致的物流需求问题。物流系统的干扰是一种偶然的约束，也是一种间

接的、强迫性的输入。物流系统的反馈主要是信息的反馈，存在于输入过程和输出过程中，在约束或干扰中也有。

4．物流系统的转换处理

物流系统的转换处理是指物流系统本身的转化处理过程，即把输入的物品、信息转化成输出的物品和信息的过程。其基本原理就是通过运输、储存、包装、装卸、搬运、加工、信息处理等作业环节，并借助先进的技术与方法，对输入的物品或信息赋予空间效用、时间效用或形质效用，使之变成顾客所需的物品、信息或服务，并且向环境进行输出。

1.2.4 物流系统的要素

1．物流系统的资源要素

（1）人的要素。人的要素是核心要素、第一要素。提高供应商、仓储商、运输商等人员的素质是建立一个合理化的物流系统并使之有效运转的根本。

（2）财的要素。财的要素很关键。首先，物流系统规划与设计本身就是一个资本投入的过程。其次，实现交换的物流过程实际上也是资金流动过程，同时物流服务本身也要以货币为媒介。在物流系统中重视财的因素主要指降低物流成本、提高经济效益等方面的内容，它是物流系统规划与设计的出发点，也是物流系统设计和管理的归宿。

（3）物的要素。物的要素既包括物流系统的劳动对象，即各种物，还包括劳动工具、劳动手段，如自动化仓库、货车等各种物流设施、工具等。在物流系统中，物的管理贯穿于物流活动的始终，它涉及物流活动的诸要素，如物的运输、储存、包装、流通加工等。

物流系统的资源要素除了上述三个基本要素外，还有为完成物流过程所需要的管理技术和信息资源等要素。其中，管理技术是指各种物流技术的研究与推广普及、物流科学研究工作的组织与开展等。而信息是物流系统的神经中枢，只有做到有效地处理并及时传输物流信息，才能对系统内部的人、财、物等要素进行有效的管理。

2．物流系统的网络要素

（1）点。在物流过程中为流动的商品提供储存、停留以便进行相关后续物流作业的场所称为点，如工厂、商店、仓库、物流园区、物流中心、配送中心、车站、码头、堆场等。点也称节点，是物流基础设施比较集中的地方。

（2）线。连接物流网络中的节点的线路称为线，或者连线。物流网络中的线是通过一定的资源投入形成的。线是矢量，分为正向和反向，一般的物流正向是从供应链的上游经过连线到下游，而物流反向或称为逆向，则是从供应链的下游经过连线到上游。

物流网络不是由孤立的点或线组成的，点和线之间通过有机的联系形成了物流网络。点和线其实都是孤立的、静止的，但采用系统的方法将点和线有机地结合起来以后形成的物流网络则是充满联系的、动态的。点和线之间的联系也是物流网络的要素之一，这种联系才是物流网络有血有肉的灵魂。

3．物流系统的功能要素

（1）仓储功能要素。仓储包括堆存、保管、保养、维护等活动。对仓储保管活动的管理，要求正确确定库存数量，明确仓储以流通为主还是以储备为主，合理确定仓储保管制度和流程，对库存物品采取有区别的管理方式，力求提高仓储管理水平和保管效率，降低损耗，加速物资和资金的周转。

（2）运输功能要素。运输包括供应及销售物流中的公路、铁路、水运、航空等运输方式，生产物流中的管道、传送带等运输方式。对运输活动的管理，要求选择技术经济效果最好的运输方式及联运方式，合理确定运输路线，以实现迅速、准时、价廉的要求。

（3）包装功能要素。包装包括产品的出厂包装、生产过程中的在制品、半成品、零部件的包装及物流过程中换装、分装、再包装等活动。包装活动的管理根据物流方式和销售要求来确定，以商业包装为主还是以工业包装为主，要全面考虑包装对产品的保护作用、促进销售作用、提高装运率的作用、包拆装的便利性及废包装的回收及处理等因素。

（4）装卸搬运功能要素。装卸搬运包括对运输、仓储、包装、流通加工等物流活动进行衔接的活动，以及在保管等活动中为进行检验、维护、保养所进行的装卸活动，伴随着装卸活动的小搬运一般也包括在这一活动中。在全物流活动中，装卸搬运活动是频繁发生的，因而是物品损坏的重要原因。对装卸搬运活动的管理，主要是确定最恰当的装卸方式，力求减少装卸搬运次数，合理配置及使用装卸搬运机具，以做到节能、省力、减少损失、加快速度，获得较好的经济效益。

（5）流通加工功能要素。流通加工是指物品从生产地到目的地的过程中，根据需要施加包装、分割、计量、分拣、刷标志、拴标签、组装等简单作业的总称。流通加工是为了提高物流速度和物品的利用率，在物品进入流通领域后，按客户的要求进行的加工活动，即在物品从生产者向消费者流动的过程中，为了促进销售、维护商品质量和提高物流效率，需要对物品进行一定程度的流通加工。

（6）配送功能要素。配送是直接面向最终用户提供的物流服务功能，是综合了前几项功能要素的小范围的物流系统，它以订单处理、配货、拣货、配车配载、送货等形式提供社会物流服务。与运输功能相比，配送更强调它的顾客服务功能，是集经营、服务、社会集中库存、分拣、流通加工、装卸搬运于一体的综合物流活动。

（7）信息系统功能要素。信息对物流系统起着融会贯通的作用，通过信息的指导，才能保证物流系统各项活动灵活运转。物流系统的设计越有效，它对信息的准确性就越敏感，信息流反映了一个物流系统的动态，不准确的信息和作业过程中的延迟都会削弱物流表现。

上述功能要素中，运输及仓储分别解决了供给者与需要者之间场所和时间的分离，分别是物流创造空间效用及时间效用的主要功能要素，因而在物流系统中处于主要功能要素的地位。

4. 物流系统的流动要素

（1）流体。物流的对象，即物流中的“物”，一般指物质实体。

（2）载体。载体指流体借以流动的设施和设备，如运输设备、输送设备、包装材料及装卸搬运设备等，它是物流活动得以完成的物质基础。

（3）流向。流向指流体从起点到终点的流动方向，包括正向和反向。当流向为反向时，即构成通常所说的逆向物流，如回收物流、废弃物物流等。

（4）流量。流量是通过载体的流体在一定流向上的数量表现，是物流对象多少的反映。

（5）流程。流程是通过载体的流体在一定流向上行驶路径的数量表现，通常表现为物流经过的路径的长短，它直接影响物流的成本和效益。通常物流中的路线选择、路径优化等都是针对物流流程而言的。

（6）流速。流速是单位时间流体转移的空间距离大小，反映流体转移速度的大小。它在很大程度上影响物流的响应速度和服务质量，如物流里面的提前期在很大程度上受到流速的影响。

流体、载体、流向、流量、流程和流速这六要素在任何物流系统中都存在，它们之间有极强的内在联系。如流体的自然属性决定了载体的类型和规模，流体的社会属性决定了流向和流量，载体对流向和流量有制约作用，载体的状况对流体的自然属性和社会属性均会产生影响。物流六要素横跨整个供应链，存在于原材料采购、制造、销售、消费、废弃物回收等任何类型的物流环节中，也存在于运输、仓储、包装、装卸、流通加工、物流信息等各种物流活动中，存在于公路运输、铁路运输、水路运输、航空运输及管道运输等各种运输系统中。因此，分析物流六要素可以帮助我们更好地认识物流系统。从"流"的角度看，任何一个具体的物流业务可以分解为这六要素的结合，这种分类抽象掉了物流的具体特征，有助于把握物流的一般性质，从而可以研究出优化这种"一般物流"的方法和技术。

5．物流系统的支撑要素

（1）体制和制度。物流系统的体制和制度决定物流系统的结构、组织、领导和管理方式，因此国家需要建立完善的物流体制和制度对其进行控制和指挥。有了体制和制度的支撑，物流系统才能有一个健康稳定发展的软环境。

（2）法律和规章。物流系统的运行不可避免地涉及企业或消费者的权益问题。法律和规章一方面能够限制和规范物流系统的活动，使之与更高一层的系统协调；另一方面对物流系统的运行给予保障，如物流合同的执行、权益的划分、责任的确定等都需要依靠法律和规章来维系。

（3）物流标准化体系。物流系统涉及多个行业和领域，建立物流标准化系统是保证物流环节协调运行，提高系统效率，保证物流系统与其他系统在技术上实现联结的重要支撑条件。标准化体系包括物流的统一性通用标准（如与物流相关的专业术语标准、物流的计量单位标准）、相关行业的分系统的标准（如包装标准、运输标准、装卸搬运标准、仓储标准、流通加工标准、信息技术标准等），以及与环境和资源相配套的标准。目前我国这些标准有的已经建立；有的虽已建立但不够全面，还需要进一步完善；还有更多的标准尚未建立，这需要在标准的建立中引进国外先进的思想和管理方法，制定相关标准以保证物流系统的高效率和协调运行。

6．物流系统的物质基础要素

（1）物流基础设施。物流基础设施是组织现代物流系统运行的基础物质条件，包括物流园区、物流中心、配送中心、车站、码头、港口、物流线路等。

（2）物流系统设备。物流系统设备包括物流装备、物流工具、信息及网络设备。物流装备是保证现代物流系统得以存在和维系的前提和基础，包括仓库货架、进出库设备、加工设备、运输设备、装卸机械等；物流工具是现代物流系统运行的物质条件，包括包装工具、维护保养工具、办公设备等；信息及网络设备是掌握和传递物流信息的手段，根据所需信息水平不同，包括通信设备及线路、传真设备、计算机及网络设备等。物流系统设备作为物流系统组织并实施物流活动的重要手段，是整个物流系统得以有效运作的基础。

1.2.5 物流系统的冲突与集成

冲突与集成是物流系统各要素间有机联系的具体体现，物流系统各要素间的冲突与集成说明系统内部的要素之间及系统与环境之间，既存在整体同一性，又存在个体差异性。物流系统构筑的关键是通过系统的权衡，解决好这些冲突，实现物流系统各要素之间的协同。

1. 物流系统的冲突

效益背反（Trade-offs）也称二律背反，指的是物流系统要素之间存在着损益的矛盾，即某一要素的优化和利益发生的同时，必然会存在另一个或另几个要素的利益损失，反之亦然。效益背反的特性体现了物流系统中一方利益的追求要以牺牲另一方的利益为代价。这种此消彼长、此盈彼亏的现象，在物流系统中随处可见。图 1-3 和表 1-3 是物流系统中常见的效益背反现象。正是由于物流系统的效益背反现象，容易导致各环节之间的矛盾和冲突，因此，更需要运用系统、科学的思想和方法，寻求物流系统的整体最优。

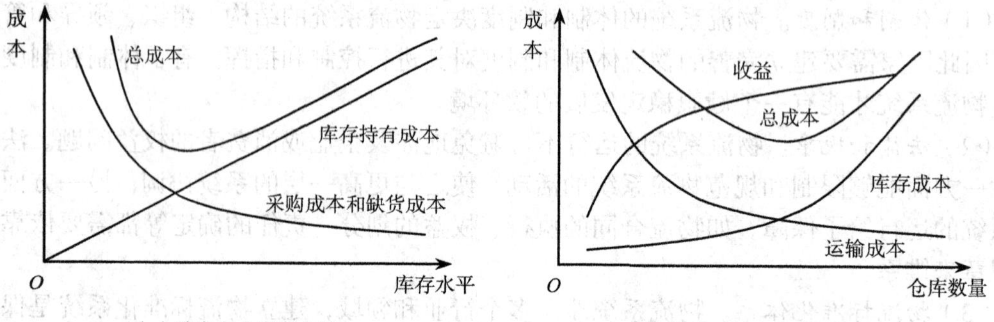

（a）确定安全库存水平　　（b）物流系统内仓库数量

图 1-3 物流系统中常见的效益背反现象

表 1-3 物流系统中常见的效益背反现象

要素	主要目标	实现目标的主要措施	可能导致的结果	对其他要素的影响
运输	运费最小	大批量运输 铁路运输 水路运输	货物集结时间长 交货批量大 交货期长 运输费用低	在途库存增加 平均库存增加

续表

要素	主要目标	实现目标的主要措施	可能导致的结果	对其他要素的影响
仓储	仓储费用最小	缩短进货周期 降低每次进货量 增加进货频次 增强信息功能	多频次、小批量送货增加 库存量降低 紧急进货增加	运输成本增加 信息成本增加 装卸成本增加 配送成本增加
包装	包装成本最低	降低包装材质 大包装增多 通用容器增多 反复使用容器增多	包装容器回收费用增加 商品破损率增加	运输破损率增多 容器回收费用增加 降低装卸效率
装卸	降低装卸费用	使用人力，节约装卸搬运成本 抢装抢卸 延长装卸时间	降低装卸费用 降低装卸效率 商品破损率高	降低运输效率 降低仓库利用率 增加包装费用 增加流通加工成本
流通加工	流通加工费用最小	产品在工厂生产定制化 采用简陋设备	降低流通加工费用 减少流通加工次数 降低流通加工效率	增加运输成本 增加库存量 增加商品包装费用
物流信息	现代化信息系统	建立计算机信息系统 扩大计算机网络 采用条码、RFID 技术 运用 GIS、GPS 技术	简化作业流程 提供订单处理能力 提高系统响应能力 提高信息传递速度 提高信息费用	降低运输费用 降低仓储费用 降低管理成本

（1）*各物流要素之间存在目标冲突。*物流系统中各功能独立存在时，各自的目标有互相冲突的地方。例如，运输功能要素追求的目标一般是及时、准确、安全、经济。为达到这样一个目标，企业通常会采用最优的运输方案，但在降低运输费用、提高运输效率的同时，可能会导致存储成本的增加。从储存的角度来看，为了达到降低库存水平的目的，企业可能会降低每次收货的数量，增加收货次数，缩短收货周期；或者宁可紧急订货，也不愿提前大批量订货，但这样就无法达到运输的经济规模，导致运输成本增加。

（2）*物流要素内部的目标冲突。*物流系统的要素可作为系统来分析。物流系统的功能要素都是物流系统的子系统，如果将物流系统内部功能要素之间的目标冲突应用于任何一个功能要素的话，物流系统要素内部也存在着类似的目标冲突。以运输功能为例，各种运输方式都存在各自的优劣势，比如，采用铁路运输成本比较低，但不够灵活；采用公路运输灵活性强，可提供“门到门”的服务，但长距离运输运费相当昂贵，且易污染和发生事故；采用航空运输速度快，不受地形的限制，但成本昂贵。因此，如果追求速度快、灵活性强，就要付出成本高的代价。由于任何运输方式有其特定目标和优势，各种运输方式的优势不能兼得，所以在选择运输方案时就要综合权衡。

（3）物流要素与外部系统之间存在冲突。物流系统本身也是一个更大系统中的一个子系统，物流系统要与外部系统发生联系，而构成物流系统环境的就是这些与物流系统处在同一层次的子系统。与物流系统一样，环境中其他系统都有着特定的目标，这些目标之间的冲突也是普遍存在的，物流系统以这种方式同环境中的其他系统发生联系。但是，物流系统要素之间的目标冲突不能在要素这个层次得到协调，必须在比要素高一个层次的系统才能解决。

因此，构筑一个科学合理的物流系统时必须满足三个条件：① 必须具备构成物流系统所需要的物流要素；② 必须充分掌握物流系统各要素之间的有机联系；③ 必须按照物流系统各要素间的有机联系来构筑物流系统。

2．物流系统的集成

“集成”（Integration）也可译成“一体化”或“整合”。物流系统集成就是要将分散的、各自为政的要素集中起来，形成一个新的整体，以发挥单个要素不可能发挥的功能，集成已经成为现代物流发展的一种趋势。

（1）物流系统要素集成原理。物流系统要素集成化是指通过一定的制度安排，对物流系统功能、资源、信息、网络要素及流动要素等进行统一规划、管理和评价，通过要素之间的协调和配合使所有要素能够像一个整体一样运作，从而实现物流系统要素之间的联系，达到物流系统整体优化的过程。理解物流要素集成原理应注意如下要点。

1）物流要素集成的最终目的是实现物流系统整体最优。没有经过集成的物流系统，均以要素为单位进行最优化，这种最优化是将物流系统内部要素之间的联系作为外部环境来对待，将本来应该内部化的关系外部化，如果外部化后并不能实现应有的协调和合作，就会导致更大的交易成本，为了减少这种成本，应该对这些要素进行集成，以恢复要素之间的联系。

2）物流要素都应该进行集成。物流系统的组成要素很多，为了实现物流系统整体最优，必须对所有的物流要素进行集成，而不是只对其中某些要素进行集成。在物流的网络要素、物质基础要素、功能要素、支撑要素等之间，首先最应该集成的是功能要素，其他要素的集成是功能要素集成的条件。一个物流系统要素如果不能去主动集成别的要素，它就肯定会被别的要素集成进去。

3）物流要素集成就是对要素进行统一规划、管理、评价，使要素之间实现协调和配合。不管要素的产权状况、隶属关系、运作安排如何，集成后的完整物流系统必须能够超越产权界限、隶属关系及运作安排，按照物流系统的规划和管理，统一运作、协调发展，并且按照物流系统的标准对物流系统要素集成进行评价，而不是按照要素自身的标准进行评价。

4）物流要素集成要靠一定的制度安排作保证。物流系统要素集成可以采用许多种方式，如多边治理、三边治理、双边治理和单边治理，这些方式构成了物流系统要素集成的制度安排。

5）集成需要成本，是有条件、分层次的。影响物流系统集成的因素包括物流发展的环境、物流竞争状况、集成者的领导能力等。

（2）物流系统要素集成的范围。

1）物流自身的集成化。物流自身集成化是指应用物流系统的观念，将运输、仓储及其他功能要素协调运作，实现系统化的统一规划和管理，这可看做物流功能要素的整合。物流功能要素的整合也是物流产业化发展过程中要解决的基本问题。

2）微观物流的集成化。微观物流的集成化是指市场主体企业将物流提高到企业战略的地位，并以物流战略作为纽带实现相关企业的联盟。这实质上是供应链上的物流要素的集成，即供应商、生产商、分销商通过物流功能的整合，实现优势互补而结成的战略联盟。

3）宏观物流的集成化。宏观物流的集成化是指物流产业发展到一定水平，通过产品在社会生产中的快速、低成本的流动，使供应链节点企业都能获益，使整个社会获得明显的经济效益，物流系统更加完善，物流产业高度发展，物流产业的产值占到国民生产总值的一定比例，成为社会生产链的协调者，处于社会经济生活的主导地位。

1.3　物流系统规划与设计的内容、基本原则和常用方法

1.3.1　物流系统规划与设计的内容

物流系统规划与设计是根据物流系统的功能要求，以提高系统服务水平、运作效率和经济效益为目的，确定各种要素的配置方案，其主要内容包括以下方面。

1. 物流战略规划

对企业物流而言，物流战略规划是企业提出物流的目标、任务、方向及未来服务的工作，并制定实现企业总体目标和自身分阶段目标的各项政策和措施，具体而言将重点关注客户服务战略目标、设施选择战略、库存决策战略、运输战略等方面。而社会物流系统则关注整个国民经济的发展，在把握社会经济发展规模与目标、科学技术发展动向、物流业发展基础与需求走势等要素的基础上，定位未来物流发展模式及中远期战略目标。

2. 物流网络规划

物流网络规划是指在一定的层次和地区范围内确定物流网络合理的空间布局方案。因此，物流设施选址规划和物流线路规划是物流网络规划的重点。社会物流的网络规划主要目的是要构筑公共物流网络，其对应着不同的规划区域范围，有不同的规划层次，如全国、区域、城市等多个层次。规划层次越高，其研究的对象就越宏观，随着规划层次的下降，研究的对象就越细化。例如，对节点的研究，在较高层次主要研究物流区域、物流枢纽城市等节点问题，如国际枢纽港。而在较低层次上，其研究的重点则是地区性物流节点问题，如物流园区等。社会物流网络规划的重点是综合运输网络和重要物流节点设施的配置。企业物流系统网络规划基本上是基于社会物流系统网络布局而进行的，企业物流系统依托自身物流节点（物流中心、配送中心、仓库、车站等）的选址，通过社会物流网络的共享，从而形成企业物流系统的物流网络。例如，一个经营时效性区域运输的企业往往将其配送中心选址于高速公路附近，使高速公路成为该企业物流网络的组成部分之一。企业物流系统的物流网络往往通过社会物流系统的物流通道资源来构筑。

（1）物流设施选址规划。这主要包括物流设施的数量及其规模、物流设施的设置地点、

物流设施的功能及其配置的确定等内容。对于业已存在的货运站场、港口码头、仓库等设施，重点研究对其合理改造和利用，拓展其服务功能。

（2）物流线路规划。对社会物流系统规划而言，物流线路规划包括铁路、公路、水路、航空和管道等运输网络的配置；而对企业物流系统规划而言，其规划重点是充分利用业已形成或将改造扩展的相应网络，通过分析现有网络是否能够满足物流系统的需求，根据物流系统发展需要，对原有网络进行补充改造，形成满足一定物流服务需求的物流线路方案。

3. 物流设施平面布局规划

物流设施的平面布局规划主要根据物流设施的功能、作业流程及服务质量等方面的要求，确定物流设施内部各种功能区域的平面布局方案，如物流园区或物流中心的功能区布局、配送中心的仓储区、分拣区、加工区、内部通道等的布局。

4. 物流设备选择与布置设计

根据物流系统的作业要求和特点，选择合适的物流设备和工具并制定其布置方案，以提高物流作业的效率，是物流设备选择与布置规划的重点。具体来讲，主要包括仓库货架系统、装卸搬运设备、包装及流通加工设备或工具、分拣设备的选择和平面布置设计等内容。

5. 物流信息系统规划

物流信息系统规划包括企业物流信息系统、物流节点信息系统和公共物流信息平台等三个层次的规划。各系统具体规划内容因服务对象的不同而有较大差异。

6. 物流运作系统规划

对于社会宏观物流系统而言，物流运作系统规划主要包括城市物流产业政策保障规划，具体包括综合协调机制的建立、物流供需市场的培育、物流标准化工作的推进、物流人才战略及为物流基础设施和物流信息平台规划的实施提供所需的政策保障等。而对于企业微观物流系统而言，物流运作系统规划主要包括运作流程、进货拣货作业、运输仓储作业、管理组织结构、品牌管理、订单管理等方面的内容。

1.3.2 物流系统规划与设计的基本原则

1. 服务性原则

社会物流系统是社会经济大系统的一个子系统，所以，物流系统的规划与设计必须服从社会经济发展的总战略、总目标。物流系统的规划、建设必须与所在区域的社会经济发展各阶段的目标相匹配，并为当地的社会经济发展服务，同时需要考虑环境污染、可持续发展、社会资源节约等因素。在实际规划设计过程中，要兼顾这两方面的效益，这样才能保证所规划的物流系统的可持续性。目前倡导的循环经济、绿色物流是其中重要的组成部分，政府在法律法规上应对物流系统的社会效益问题做出引导和规定。

2. 系统化原则

物流系统的系统性特征决定了物流系统的规划与设计必须遵循系统化原则，也就是物流系统通过要素之间的协调、配合，要实现的是物流系统的整体目标而不是局部利益。局部效益与整体效益要权衡考虑，但局部利益必须服从整体利益。

3．网络化原则

物流经营管理、物流作业、物流资源、物流信息等物流系统诸多要素的组织是按照网络方式在一定的地域内进行规划、设计、实施的，所以物流系统的规划与设计必须遵循网络化的原则。

4．节约性原则

物流系统的规划、建设要充分利用现有的物流基础设施资源，通过对现有物流基础设施资源的利用、改造，实现新建物流系统与原有物流系统的有效兼容与整合，减少土地占用和资金等投入。

5．统一规划原则

物流系统规划应以城市总体规划与布局为基础，适应城市产业结构调整和空间布局的变化，与城市功能定位和远景发展目标相协调。因此，物流系统规划应与城市总体规划、土地利用规划及其他相关规划相互一致。

6．循序渐进原则

物流系统规划是一个动态的过程，并有一定的超前性。因此，必须坚持循序渐进的原则，结合地区实际，权衡近期与远期规划之间的关系，保证系统规划的科学性、合理性。

1.3.3　物流系统规划与设计的常用方法

1．系统最优化技术

系统优化问题是系统设计的重要内容之一。所谓优化，就是在一定的约束条件下，求出使目标函数最大（或最小）的解。物流系统是一个多参数、多目标的复杂系统，物流系统参数多数是可变参数，且相互制约、互为条件。系统最优化就是在参数变化时，根据系统的目标，有效地确定可变参数的值，使系统经常处于最优状态。系统最优化主要是通过建立数学模型来处理系统问题，如物资调运的最短路径问题、最大流量、最小输送费用（或最小物流费用）及物流网点合理选择、库存优化策略等模型。常用物流系统优化方法有数学规划法、图论法、系统优化法等。

2．网络计划技术

网络计划技术是现代管理方法中的一个重要组成部分。网络计划技术的应用可以统筹安排物流系统中各个环节，特别是对于关系复杂、多目标决策的物流系统研究，网络技术分析是不可忽视的基本方法。网络技术是以时间为基础，用表达工作之间相互联系的“网络图”来反映整个系统的全貌，并指出影响全局的关键所在，从而对整体系统做出比较切实可行的全面规划和安排。

3．系统仿真技术

系统仿真是利用系统模型在仿真的环境和条件下，对系统进行研究、分析和实验的方法。因为物流系统涉及的活动领域十分广泛，其中各子系统功能部分又相互交叉、互为因果，复杂的物流系统设计很难做实验或实验的成本巨大，而通过物流系统仿真，可以低成本、有效地研究真实系统的现象或过程，促进理想物流系统的设计成功。仿真技术在物流系统中应用较广，已初见成效。但毕竟由于物流系统的复杂性，其应用受到多方限制，特别是数据搜集、检验、分析、标定工作难度较大，从而影响仿真质量，所完成的模型精度与实际还存在一定问题。加之仿真方法本身属于一种统计分析方法，有时不如一般解析方法精确，但这并不影响仿真方法在物流系统中的应用和推广。

4．分解协调技术

分解协调技术就是将复杂的大系统分解为若干相对简单的子系统，对各个子系进行局部优化；然后根据大系统的总任务、总目标的要求，使各子系统之间、子系统与外部环境之间相互协调配合，在各个子系统局部优化的基础上，通过协调控制，实现大系统的全局最优化。例如，物流系统可以分解为运输子系统、仓储子系统、包装子系统、装卸子系统、流通子系统及信息子系统等若干子系统。对物流系统的各子系统局部优化，并从系统的整体效益出发，不断协调各子系统物流环境的相互关系，达到物流系统的费用省、服务好、效益高的总目标。

除以上几种物流技术方法外，预测模型、决策论、排队论、协同论、耗散论、系统动力学方法、复杂系统理论等也开始逐步应用于物流系统的研究。随着物流系统的深入研究，将会出现更多、更有效的物流技术，使物流形成一个新的科学技术体系。

1.4 物流系统规划与设计的分类

物流系统规划与设计是以一定区域或一定范围的物流系统建设布局为研究对象，由于观察与分析的对象不同，分析问题的视角不同，物流系统规划与设计的方法与内容也有所区别，因此常有不同的划分。从规划所涉及的范围来看，物流系统规划与设计可分为宏观层面的物流系统规划与设计和微观层面的物流系统规划与设计。

宏观层面的物流系统规划与设计是从社会再生产总体角度来认识和研究物流系统的活动，它研究的是一定区域经济社会的物流系统的总体构成，与社会发展的关系，以及如何建立与运作等。它是区域性的物流系统规划与设计，因此也称为社会物流系统。

微观层面的物流系统规划与设计主要是从企业物流运营的角度进行系统规划与优化，它研究的是如何运用各种社会资源来构成自身系统，是整个物流活动中的局部、一个环节的具体物流活动。它包括一般企业的物流活动与物流企业的活动。

1.4.1 社会物流系统规划与设计

1．社会物流系统规划与设计的概念

社会物流系统规划与设计是通过对多种资源的整合，形成服务于一个城市、一个区域甚至一个国家或国家集团的社会基础服务体系，以提升全社会物流服务水平，降低物流成本。它通过将物流活动纳入整个社会活动加以调控，目的在于协调社会资源配置与企业经济活动之间的关系，构建一种良好的投资环境和社会活动基础，使整个社会物流系统可持

续发展。

社会物流系统是国民经济活动和区域经济发展的动脉，是联系生产与消费的纽带，是社会发展和人民生活水平提高的基础条件，也是衡量一个国家或区域现代化程度的重要标志之一。世界各国都将构筑社会物流系统作为增强综合竞争能力的基础要素和重要战略措施，西方发达国家早在几十年前，就通过加大国家基础设施建设的投入、在税收等方面给予优惠等方式，促进社会化物流系统的形成和发展。

2．社会物流系统规划与设计的特点

（1）社会物流系统规划与设计需要政府进行全局调控。构筑社会物流系统是为了支持物流产业发展，提升企业服务能力，降低社会物流成本，改善投资环境，将社会物流系统作为支持国民经济持续发展的基础服务体系之一。社会物流体系的构筑过程中，政府需要从全局的角度加以必要的调控，而企业则在政府的宏观指导下进行自主经营活动。

（2）社会物流系统的服务对象比较抽象。在社会物流系统的构筑过程中，政府需要从社会经济发展对物流服务需求的总体出发，从全局的角度考察企业物流系统发展要求，以实现社会物流系统配置的合理化。社会物流系统要面向整个社会经济活动，需要抽象出整个经济社会物流服务需求的共性、普遍性，为整个经济社会构筑一个优化的物流基础服务体系。

（3）社会物流系统是企业物流系统的共享资源。社会物流系统构筑的目的在于解决市场经济环境下由单个企业难以实现的某些物流资源配置问题，而且这些物流资源是每个企业物流系统不可缺少的物流要素，需要由政府干预创建一个公共物流资源平台，以满足企业物流系统构筑需要。因此，企业物流系统中最基础、企业难以配置的公共要素的集合就成为社会物流系统的主要组成部分，如物流园区、物流通道等社会物流系统所配置的资源就成为政府配置，企业在政府的宏观指导下共享物流资源。

根据我国物流系统规划与设计的实践，从物流系统服务的地域范围来看，主要有三种类型：国家物流系统规划与设计、区域物流系统规划与设计（包括经济区域、省、地区级）和城市物流系统规划与设计。另外，按照行业分类不同，还有军事物流、农业物流、医药物流、食品物流、汽车物流、石化物流、烟草物流、建材物流等行业物流系统规划与设计。

1.4.2　企业物流系统规划与设计

企业物流系统是从企业角度研究与之有关的物流活动，是具体、微观的物流活动，它是指某个企业或部门为满足一定的物流服务需求，实现具体的物流服务目标而构建的物流服务系统。

生产企业、销售企业、消费者个人等是物流服务的需求者，它们在生产经营或生活过程中产生了物流服务需求。这种物流服务需求的满足方式既可以采用“自给自足”的方式，也可以由专业物流服务提供商即第三方物流企业来承担。

从企业物流活动的范围与业务性质来看，物流系统的规划与设计应包括生产物流系统、供应物流系统、销售物流系统、回收物流系统、废弃物物流系统的规划与设计。企业类型不同，其包含的物流活动也不完全相同，规划与设计的内容也有所区别。因此，从企业类型来看，具体的规划与设计工作又可分为生产企业的物流系统、商业企业的物流系统及物流企业的物流系统的规划与设计。

1．生产企业的物流系统规划与设计

生产企业的物流系统是要将传统的物流运行环节进行一体化综合，即以传统的仓库储存、保管、仓库内的简单加工和长途运输为主，辅以物流配送、物流信息系统管理等功能，形成综合物流系统。通过物流系统的规划来降低成本和提高物流效率。目前规划与设计工作主要在以下行业的企业中进行，如汽车制造企业、家电和电子制造企业、医药行业企业、烟草行业企业、石化工业品制造企业、建材制造企业、冶金煤炭生产企业等。

2．商业企业的物流系统规划与设计

商业企业的物流系统是未来物流规划与设计的主流方向之一。如果说生产企业物流系统的作用在于提高企业的利益，而商业企业物流系统则直接面对广大消费者，从物流系统中直接受益的是消费者和社会全体。商业企业物流系统对提高人民生活水平与生活质量，促进经济发展至关重要。商业企业物流系统的规划与设计是追求物流配送的准确性和及时性，要做到既不缺货，又不能有过多的库存。商业企业物流系统涉及的品种多，而且是小批量、多批次，商业企业物流系统的成功依赖于销售数据的及时性与准确性。因此，商业企业的物流系统需要建设具有高水平、高效率的物流信息系统。

3．物流企业的物流系统规划与设计

物流企业需要建立物流（配送）中心，采用共同配送的形式开展业务。为了与商业企业进行有效、快速的沟通，物流企业需在物流（配送）中心里建立物流信息平台，在此信息平台上，物流（配送）中心与各商业企业保持及时准确的信息交换。

1.4.3 社会物流系统与企业物流系统的关系

1．社会物流系统与企业物流系统的区别

（1）两者的目标不同。建设社会物流系统的主要目标是满足整个经济的发展需要，追求整个社会的综合社会经济效益和可持续发展；而建设企业物流系统的目标是满足某个具体企业的经营需要，追求具体企业的经济效益。

（2）两者的服务对象不同。社会物流系统将社会经济领域的所有经济实体作为服务对象，包括生产制造企业、销售企业、物流企业，它要面向整个社会经济活动，要抽象出整个经济社会物流服务需求的共性、普遍性，为整个社会构筑一个优化的物流服务体系；企业物流系统则不一样，企业构筑物流系统的服务对象很明确，为自己或某一特定的客户群提供服务，服务的目标客户比较具体。

（3）两者的资源配置不同。社会物流系统配置的资源主要从整个社会对物流资源的需求考虑，配置社会物流资源，如铁路、公路、水路、航空、各种港站码头、公共物流园区、公共物流信息平台等公共物流资源；企业物流系统配置的物流资源往往从自身需求考虑，配置仅限于企业内部的资源及对社会资源的利用。

2．社会物流系统与企业物流系统的联系

社会物流系统与企业物流系统是相互联系、衔接与补充的关系。社会物流系统是企业物流系统的基础，企业物流系统是构筑于社会物流系统这一物流基础服务平台之上的具体物流服务实体，社会物流系统的功效通过企业物流系统实现，没有企业物流系统，社会物流系统就缺少存在的意义。企业物流系统也离不开社会物流系统的支持，没有政府建设的交通与物流基础设施，任何企业都将难以开展物流服务。

社会物流系统直接制约企业物流系统的构筑，以企业为主体的物流中心或配送中心选择都受到交通条件的限制。社会物流系统通过对企业物流系统的影响，引导物流资源优化配置。

同样，企业物流系统也是影响社会物流系统建设的关键要素，社会物流系统的构筑同样需要满足企业物流系统构筑的需要，否则将导致社会物流系统资源闲置，如物流园区建设的成败关键是有没有企业进驻。企业物流系统和社会物流系统的任何不协调，都将成为物流发展的瓶颈，都将导致物流系统的低效高成本运作。两者的关系可用图 1-4 表示。

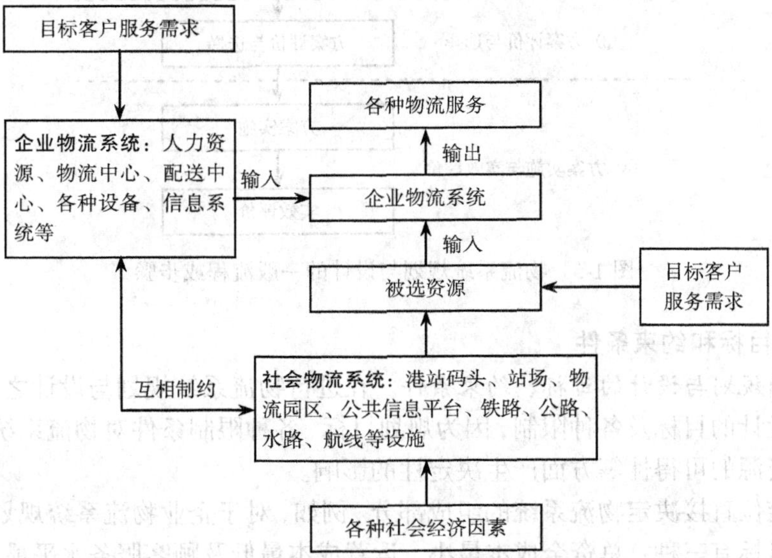

图 1-4　社会物流系统与企业物流系统的关系

1.5　物流系统规划与设计的步骤与主要任务

满足一定服务目标的物流系统往往由若干子系统（要素）组成，物流系统规划与设计时要根据系统的目标确定具体由哪些要素组成，并对每个子系统或要素进行规划与设计。每个子系统的规划与设计需要和整体物流系统规划过程中的其他组成部分相互平衡、相互协调。因此首先要形成一个总体框架结构，然后在此框架的基础上采用系统分析的方法对整个系统的各部分进行规划与设计，最后把各个独立部分结合成一个整体。虽然社会物流系统与企业物流系统的规划与设计步骤存在一定的差异，但总体上仍可以按照如图 1-5 所示的一般流程或步骤进行。以规划与设计工作的时间为主线，把整个规划与设计的流程或步骤分为四个主要阶段：① 确定目标和约束条件；② 现状调研、需求分析与方案拟定；③ 方案评价与选择；④ 方案实施与实效评价。

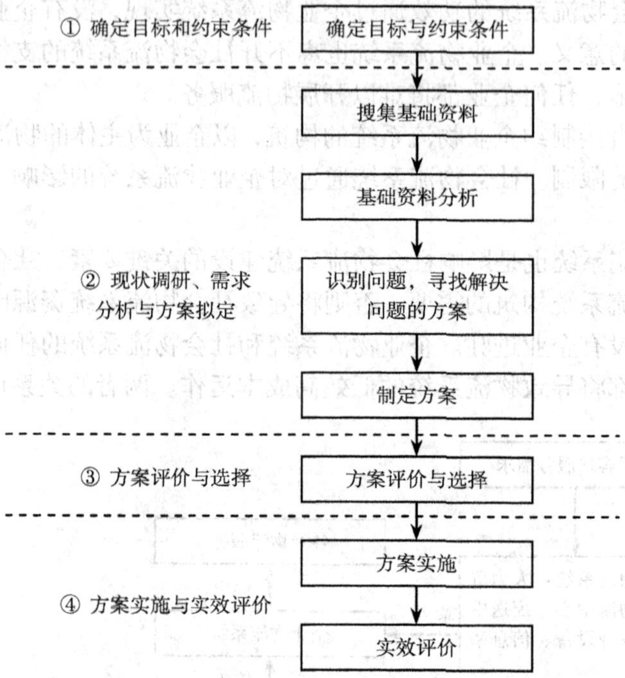

图 1-5　物流系统规划与设计的一般流程或步骤

1. 确定目标和约束条件

（1）明确规划与设计的目标、约束条件。在进行物流系统规划与设计之前，必须明确系统规划与设计的目标及各种限制，因为规划目标、各种限制条件对物流系统的规划内容、系统规模、资源的可得性等方面产生决定性的影响。

目标的定位直接决定物流系统的组成部分。例如，对于企业物流系统规划与设计来说，比较常用的目标有三种：总资金成本最小、运营成本最低及顾客服务水平最高。总资金成本最小的目标旨在使物流系统中总投资最小，相对的物流系统设计方案往往是减少物流节点的配置数量，直接将货送到用户手中或选择公共仓库而不是企业自建仓库；运营成本最低的目标也往往需要利用物流节点实现整合运输；顾客服务水平最高的目标又往往需要配置较多的物流节点、较好的信息系统等。

由于物流系统庞大而复杂，各子系统之间相互影响和互相制约也很多，而且系统受外部条件的限制也很多。如果存在系统制约就有必要加以说明，由于各种原因，系统中的有些因素无法加以改变，而这些制约因素可能与既定的目的和目标有冲突。

（2）确定系统的边界，明确规划与设计的内容。根据规划与设计的既定目标，确定物流系统的边界，并明确规划与设计的主要内容。不同的研究对象所涉及的范围与内容有所不同，规划的方法也有所区别，因此在规划工作开始准备阶段，应对物流系统的边界加以界定，为分析问题对象的要素间的相互关系和要素与环境间的关系奠定基础。

（3）设立组织机构。物流系统规划与设计的组织机构应包括为做好规划工作而设立的领导小组、工作机构与专家组。鉴于物流系统规划与设计工作的复杂性和系统性，规划工作必须有一个强有力的领导小组，同时考虑到规划与设计工作的专业性，还要设立专家组，负责提供专业技术咨询服务。

（4）制定整个项目的计划表。规划与设计工作本身就是一个系统工程，为了对整个项目进行有效管理，有必要引入项目管理的方法来进行统筹管理，制定项目的计划进度表，以控制整个项目按时保质完成。

2．现状调研、需求分析与方案拟定

在确立物流系统规划与设计的目标后，要对拟建物流系统的现状进行调查，搜集必要的资料与数据，并对这些数据进行分类、整理、分析，识别问题，寻找解决问题的方法，结合系统目标制订物流系统的初步方案。

（1）现状调研。了解拟建物流系统的现状，做各种调查，搜集相关资料与数据。

（2）需求分析。对基本资料进行分析、预测未来的需求，依据需求识别存在的问题，提出适当的解决问题的各种方法，拟定多套替代方案。

（3）方案的目标分析。确认方案的具体目标，并构思出物流系统方案必须达到的技术标准和经济效益标准。

（4）方案的总体规划。对物流系统进行总体功能设计与总体框架结构设计。

（5）子系统的功能设计。设计出总体框架结构中各子系统具体的功能、实施方法与步骤并加以说明。设计的内容要根据系统的目标与范围来确定，例如，企业物流系统按具体内容可分为物流运营网络子系统分析设计、物流管理子系统分析设计、物流信息管理子系统分析设计，也可分为物流载体子系统设计、物流技术子系统设计、物流管理子系统设计。对于具体的物流系统规划与设计的项目，可能是全部子系统的规划与设计业务，也可能是其中一部分子系统。

3．方案评价与选择

物流系统方案评价是物流系统规划与设计工作的一个必不可少的步骤和重要组成部分，它是对经分析和规划设计后形成的各种备选方案进行经济、技术与社会多个层面的比较与评价，即要根据物流系统的评价标准，采用有效的方法，比较这些备选方案的优劣，从而辅助决策者选择最优或最满意的方案并付诸实施；另外，还要研究方案实施的时间进度安排。

物流系统方案评价的目的是确定拟定的物流系统各备选方案是否达到了预定的各项性能指标，能否在满足各种内外约束条件下实现物流系统的预定目标。同时，按预定的评价指标体系评出参评的各备选方案的优劣，为决策即实施方案的最终选择打下基础。

由于具体规划的物流系统的结构互不相同，规划的内容与目标也千差万别，因此，物流系统评价时研究的对象、考虑的因素、评价的标准、所采用的方法、评价过程与步骤也各不相同。一般应经过以下步骤：确定评价目标与评价内容，确定评价因素，建立评价指标体系，制定评价准则，选择确定评价方法，进行单项与综合评价。方案评价方法的选用

应根据物流系统的具体情况而定，一般采用定量分析评价法、定性分析评价法及两者结合的方法（如程序评价法、层次分析法、模糊评价法、目标设计法等）。

4．方案实施与实效评价

规划好的物流系统方案实施过程也是一个相当复杂的过程，是一项系统工程。设计方案的科学性、合理性、效益性和实际可操作性必须通过规划的实施及实施的效果来检验。因此规划的目标能否实现，关键在于实施。

在方案实施过程中，可能会遇到各种各样实际问题，有些是设计者事先并未预料到的。这时，实施人员要充分领会方案的整体目标、构思和设计理念，在遇到问题时尽可能最大限度地满足设计要求。如果确有无法满足的部分，需要对规划与设计方案做必要的调整，但要保证不影响物流系统整体目标的实现。

方案评价是在没有实施方案的前提下，凭借专家、实践者的经验预先检验模拟效果并加以评价，因此，最后阶段的实效评价就是对实际方案实施结果的评价，实效评价方法和方案评价方法基本是一致的。最常用的评价方法是因素评估法和目标评价法。其中，对评估过程中指标打分的过程不再是专家经验的主观判断，而是实际结果的客观评判。实效评价的目的是实际检验方案设计的优劣，将作为今后物流系统规划与设计的参考和借鉴。

复习思考题

1．如何从系统的观点来理解物流系统？
2．物流系统各要素之间的冲突有哪些形式？如何解决这些冲突？
3．简述物流系统的构成要素。
4．举例说明物流系统的主要特征。
5．如何理解宏观物流与微观物流之间的关系及两者规划与设计的不同？
6．搜集一个物流系统规划与设计的案例，分析其工作的主要步骤和任务。

案例研究　宁波航空物流及空港物流中心规划简介

1．规划目的

2006年国务院批复的新一轮《宁波市城市总体规划》确立宁波为中国东南沿海重要的港口城市，长江三角洲南翼的经济中心，国家历史文化名城。其主要职能为：东北亚航运中心、深水枢纽港，华东地区重要的先进制造业基地、现代物流中心和交通枢纽；长江三角洲南翼重要对外贸易口岸；浙江省对外开放窗口和高教、科研副中心；东南沿海重要风景旅游城市。

“十一五”期间是宁波全面建成小康社会，基本实现现代化的关键时期，《宁波市国民经济和社会发展第十一个五年规划》指出，宁波将进一步依托口岸建设，形成以港口为龙头，公路、铁路、水路、航空等多种运输方式衔接协调的现代化立体综合交通运输网络，从而加快长三角地区经济中心的发展。

近年来，宁波海港在优越的自然条件和强大的经济支撑下，取得了举世瞩目的发展。宁波空港同样经历了快速发展，其客货运量排在长三角的第五名、浙江省的第二名。但由于起步较晚，面对周边机场的竞争压力及受到缺少国际航班航线等的制约，其发展相对滞后。因此，有必要对宁波航空物流发展进行规划，以指导全市航空物流业的发展。

2．规划年限

近期：2007—2010 年；中期：2010—2015 年；远期：2015—2020 年。

3．现状分析

（1）机场设施逐步完善，航空货运量迅速增长

宁波市经济快速增长，海港优势逐步突显，航空物流业借助国际国内的强大推动力，充分利用长江三角洲地区货源充足且较为集中的特点，展现了快速发展、稳步上升的良好态势。

1）航空货运量稳步上升。宁波栎社国际机场货邮吞吐量从 1998 年的 1.470 3 万吨/年增长到 2006 年的 5.283 7 万吨/年，实现了大幅增长，特别是近年来，发展尤其迅速，增速连续三年达 20%以上，在全国机场中名列前茅，如表 1-4 所示。

表 1-4　宁波栎社国际机场历年货邮吞吐量

年　　份	航空货运量（万吨）	增长率（%）
1998	1.470 3	18.11
1999	1.783 1	21.27
2000	2.192 2	22.95
2001	2.057 6	–6.13
2002	2.525 9	22.76
2003	2.647 1	4.70
2004	3.480 0	31.46
2005	4.276 4	22.89
2006	5.283 7	23.55

2）机场地位进一步提升。宁波栎社国际机场是我国重要的干线机场、浙江省的三大机场之一，飞行区技术等级为 4D，经过几年的建设和发展，已经具备了发展为 4E 等级国际机场的条件。其中，宁波栎社国际机场新航空货站建筑面积达 7 881m^2，可提供 1.5 万 m^2 的仓储容量，功能设置初步达到了现代物流要求的标准。表 1-5 为长三角地区运输机场的基本情况。

表 1-5　长三角地区运输机场的基本情况

名称	上海浦东	上海虹桥	南京禄口	杭州萧山	宁波栎社	温州	普陀山
等级	4F	4E	4E	4E	4D（具备 4E 条件）	4D	4D

3）国际机场地位确认。2005 年 4 月，国务院批复同意宁波航空口岸对外籍飞机开放，

2005 年 10 月，宁波机场正式更名为宁波栎社国际机场，这表明宁波机场成为长江三角洲地区继上海、南京、杭州之后的第四个国际机场。初步改变了“大海港、小空港”的局面，加快了宁波建设成为长江三角南翼交通枢纽的步伐。

（2）四大国际航空快递公司进驻宁波，航空物流市场逐步形成

长三角地区产业链的特点、宁波外向型经济的突出优势、宁波及其腹地经济的高速发展、全球经济一体化进程的不断加剧、四大国际航空快递公司的先后进驻，为依赖航空货运的成品贸易提供了较大的发展空间，促进了宁波航空物流的快速发展。

1）区域性市场逐步形成。随着航空货运区域性市场的形成和发展，宁波重要原材料和大宗货物大进大出的华东重要贸易口岸城市地位日益突出，随着国际贸易服务功能的强化和资源配置市场建设的推进，城市集散功能向综合集散、深度配置转型的趋势更加明显。表 1-6 为宁波栎社国际机场 2002—2006 年进出口贸易情况。

表 1-6 宁波栎社国际机场 2002—2006 年进出口贸易情况

年 份	进 口		出 口	
	货运量（吨）	贸易额（亿美元）	货运量（吨）	贸易额（亿美元）
2002	244 1	7.02	121 3	0.43
2003	294 3	9.67	240 0	0.93
2004	326 4	9.46	304 4	1.23
2005	335 1	7.95	290 7	1.49
2006	363 2	6.57	348 5	1.98

2）四大航空快递公司进驻宁波。世界各大航空物流公司瞄准宁波巨大的市场，目前 DHL、UPS、FedEx、TNT 四大国际航空快递公司，以企业兼并、独立控股等方式进入宁波，抢占了利润较大且刚刚起步的快件业务，加剧了航空物流市场的竞争。

3）集货转运的经营模式。四大快递巨头在宁波的运营模式还停留在以宁波为中心的一定范围内搜集货物，转运至上海和杭州两大机场出货，特别是美国和欧洲的货物基本选择从上海通关。

4）提升水平，改善服务。为吸引更多的国际大型物流企业进驻，宁波各有关部门正加快提高机场的服务水平和通关效率，可望在几年内转变宁波仅仅作为航空货运集货中心的地位，开辟直达航线、引入基地航空公司，实现货物在宁波直接通关。

（3）空港物流中心加紧建设，海空联动实质性启动

目前，空港物流中心的建设已正式列入议事日程，它的建成将推动宁波航空物流的发展，发挥空港及周边工业园区的产业优势，增强市区西南出口甬金（宁波—金华）高速及宁波绕城高速等高速公路的辐射范围，整合宁波及周边的物流资源，提升物流产业的规模、层次，真正实现海空联动。

（4）高额技术集聚区蓬勃发展，产业升级逐步体现

近年来，高附加值、深加工、技术密集型等产业的进步，带动了航空货运的发展，而电子信息、航空航天、机械制造、生物医药、新材料、新能源和节能产品的输出，则为航

空物流的发展营造了一个广阔的市场，如表 1-7 所示。临空经济产业带正在逐步形成，如表 1-8 所示。

表 1-7　宁波高新技术主要产业产品现状（2005—2006 年）

产品＼数量	进口		出口	
	产值（亿元）	占全市高新技术产品总产值（%）	产值（亿元）	占全市高新技术产品总产值（%）
产业产品	1 531.0		1 970.0	
光机电一体化	575.5	37.6	771.7	39.2
新材料	415.6	27.1	485.3	24.6
电子信息	203.4	13.3	258.4	13.5

表 1-8　空港周边主要工业园区

园区名称	规划总控制面积（km^2）	已开发面积（km^2）	重点发展产业
望春工业园区	31.5	4.5	新材料、电子信息、服装、机电
明州工业园区	80.0	6.7	服装、电子信息、电器、生物医药
经济技术开发区	90.0	41.0	能源、汽车、机械、原材料、模具

（5）国际国内航班航线不足

机场属地化改革之后，由于起步较晚，国际航空物流的网络还不够完善，国际航班航线还有待开辟。大型国际货代公司更倾向把宁波作为“二级中心”，集货后运至上海、北京等地报关，这已经成为制约宁波外向型经济发展的瓶颈。

宁波航空货运当地报关率低。据海关统计，由于上海、北京、杭州的强大吸引力，宁波企业有近 19%的外贸产品通过航空出口，但其中只有不到 5%的出口货物和不到 15%的进口货物是通过宁波当地的机场装机的。海关的统计数据显示，2004 年宁波的空运出口货物为 5.1 万吨，而实际经由宁波栎社国际机场转运的仅 826 吨，其余大量的当地国际空运物资流向了上海、杭州、北京等国际机场。

（6）航空物流发展对产业升级支持力度不够

全市目前共有物流企业近 4 000 家，具有国际货代资格的货代企业 500 家，其中包括浙江外运、宁波中亚控股公司、雅戈尔空运公司、大田宁波公司、浙江远洋、DHL、TNT、奥斯特国际空运、中海环球空运公司等，各种类型的物流企业数量和比例如表 1-9 所示。

表 1-9　宁波各种类型的物流企业数量及比例

企业类型	数量（家）	比例（%）	企业类型	数量（家）	比例（%）
联（快）运	420	10.54	海运（远洋）	144	3.61
配送	74	1.86	批发	75	1.88
集装箱	92	2.31	航空运输	116	2.91
航运	80	2.01	装卸	52	1.31
储运	165	4.14	船务	205	5.15

续表

企业类型	数量（家）	比例（%）	企业类型	数量（家）	比例（%）
公路运输	893	22.41	车队	18	0.45
邮政	355	8.91	货代	12	0.30
仓库	4	0.10	物流	336	8.43
货运	878	22.04	货柜	18	0.45
快递	47	1.18	合计	3 984	100.00

物流货代企业以海运业务为主。航空货代的企业很多，但大部分以海运业务为主，兼顾航空货代业务，航空业务量不成规模。这些代理公司以中小规模的地方性企业为主，管理和技术应用水平较低，服务质量不够稳定，成为航空物流发展和整个产业升级的瓶颈。

航空物流企业的滞后发展影响了宁波高新技术企业的物流成本，一定程度上影响了宁波产业整体升级的进程。

4．需求预测

采用弹性系数法和ARIMA模型对宁波空港物流进行预测，得到如表1-10的货运预测量。

表1-10　宁波空港物流中心货运量预测　　单位：万吨

年份＼预测量		航空货邮量	城市配送量	海空联动量	合　计
低方案	2010	11.2	97	32	140.2
	2020	25.6	193	128	346.6
中方案	2010	16.8	99	64	179.8
	2020	69.6	195	264	528.6
高方案	2010	20.0	113	96	229.0
	2020	83.2	225	328	636.2

5．发展目标

争取至2010年航空货邮吞吐量达到14万吨，开通国际货运航线3～5条，空港物流中心一期全面运作，培育年主营业务收入1亿元以上航空物流企业3～5家，宁波栎社国际机场作为国内干线机场和国际货运机场地位初步确定；至2020年，空港物流中心全面建成，宁波栎社国际机场的航空货邮吞吐量达到32万吨以上，开通国际货运航线5～10条，基本实现宁波作为长三角重要航空物流枢纽城市的战略定位。

6．发展战略

1）完善机场服务设施。

2）增加国际航班、航线。

3）吸引基地航空公司加盟。

4）拓展腹地范围。

5）提升区域竞争力。

6）加快空港物流中心及机场集疏运等基础设施建设。

7）争取建设宁波空港保税物流中心（B 型）。

8）发展加工贸易。

9）加强空港与海港的联动发展，实施新一轮大通关建设，基本建成电子口岸平台。

10）整合航空物流信息资源，构筑航空物流信息服务体系。

7. 宁波空港物流中心规划简介

（1）功能定位

宁波空港物流中心将依托信息技术与现代物流技术，建成集国内国际航空货代、货运、仓储、加工、包装、分拨、转运、配送、报关、保税、信息提供等服务为一体的现代化、开放型、高标准的空港物流中心，实现港区和保税区的资源整合，保税区与空港的联动发展，最终实现保税物流与非保税物流的结合，国际物流、国内物流和区域物流的结合。

（2）功能分区

1）航空作业区。航空作业区是空港物流中心的核心功能区，为宁波栎社国际机场提供进出港航空快件和航空普货的报关、仓储等业务。该作业区分为航空通关中心、快件中心、货站区和货代作业区四部分。

2）进出口海关监管区。进出口海关监管区主要为进出口货物提供监管仓储服务，以及出口拼装、查验等服务，主要面向货运代理公司、国际货运人进行进出口货物暂存需要。

3）保税物流中心（B 型）。

4）非保税功能区。

5）综合配套服务区。

（3）规模

宁波空港物流中心用地面积如表 1-11 所示。

表 1-11　宁波空港物流中心用地面积　　单位：hm^2

方案 / 功能区	低方案		中方案		高方案	
	2010 年	2020 年	2010 年	2020 年	2010 年	2020 年
航空作业区	12	19	18	48	20	54
进出口海关监管区	5	12	10	18	12	24
保税物流中心（B 型）	20	28	25	38	32	42
非保税功能区	25	34	26	39	33	49
综合配套服务区	1	1.5	1	1.5	1	2
合计	63	94.5	80	144.5	98	171

宁波空港物流中心总体布局如图 1-6 所示。

（4）建设策略

宁波空港物流园区建设按照总体规划、分步实施的开发战略，分三期建设。

1）一期建设。

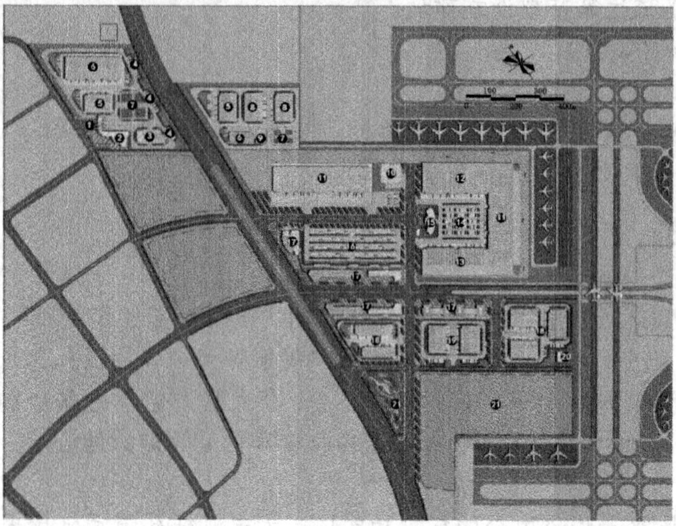

用地平衡表

序号	项目			面积（m^2）		比例（%）
1	建筑占地	仓库		206240		21.84
		办公室	保税物流中心	4880	36010	
			空港货运区	3400		
			商务与生活配套区	27730		
2	道路广场			482144		43.46
3	绿化			214746		19.36
4	停车场			57806.5		5.21
5	航空加油站			3000		0.27
6	二次雷达站			5271		0.48
7	预留用地			104220		9.39
8	规划总面积			1109414		100

① 海关卡口
② 保税物流中心办公楼
③ 海关查验区
④ 保税物流中心货车停车区
⑤ 海关监管仓库
⑥ 中转仓库
⑦ 集装箱堆场
⑧ 一般保税仓库
⑨ 海关检查点
⑩ 二次雷达
⑪ 国际货库
⑫ 快件中心
⑬ 国内货库
⑭ 空港货运区停车场
⑮ 空港货运区办公楼
⑯ 公共停车场
⑰ 综合（商务与生活）配套设施
⑱ 二级库
⑲ 货代作业仓库
⑳ 机场内部加油站
㉑ 预留用地

图 1-6 宁波空港物流中心总体布局

a. 重点发展业务，由于目前宁波栎社国际机场航线及运量等方面限制，空港物流中心一期建设以完善航空货运服务、培育航空货运市场为重点内容。

b. 重点建设内容，重点建设航空作业区（包含航空通关中心、航空快件中心、货站区和货代作业区）、进出口海关监管区和城市配送区。

c. 用地面积，规模在 $17hm^2$（低方案）到 $37hm^2$（高方案）。

2）二期建设。

a. 重点发展业务，空港物流中心二期建设以发展航空快件业务、建设保税物流中心（B型）、构筑多式联运中转枢纽、发挥会展仓储配送功能为重点。

在一期建设基础上，继续构建完善的多式联运中转业务，与北仑港呼应，具备更完善的“无水港”功能；加强保税物流中心（B型）业务，如保税仓储、简单加工，着力于航空货运相关行业的保税加工服务；逐步扩大仓储服务区，发挥公共物流中心的仓储功能。

b. 重点建设内容，重点建设航空快件中心、保税物流中心（B 型）、进出口海关监管区，完善和加强航空通关中心、货代作业区和货站区的服务水平。

c. 用地面积，在一期建设的基础上，规模将达到 $65 \sim 100\ hm^2$。

3）远期建设。远期，以强化已有功能、满足市场需求、重点发展特色功能、延伸已有功能服务链为原则，促进航空货运量的增加，推动保税加工向高附加值、高层次型出口加工转化，促使宁波空港物流中心发挥长三角地区航空物流基地的作用，成为宁波地区特色产业整合、产业集聚和产品增值的节点。

（5）一期工程交通影响分析

一期建设可容纳的年航空货邮量 6 万～8 万吨，进出口海关监管区货物共 15 万～20 万吨，保税物流中心（B 型）25 万～30 万吨，城市配送量 28 万～35 万吨，总量 60 万～75 万吨。

交通影响分析主要讨论以下几方面的工作：① 日平均货运交通量预测。一期（中方案）物流作业量为 60 万～75 万吨，则年平均日交通量为 1 200 pcu。② 出入口控制。③ 客运交通量预测。④ 停车需求预测。⑤ 空港物流中心一期交通组织如图 1-7 所示。

8．案例启示

（1）航空物流系统是社会物流系统的重要组成部分，特别是对于国际物流枢纽城市尤为重要。航空物流是支撑国际物流、区域物流发展的重要方式，而且对城市及地区的产业、社会经济有很强的带动作用。

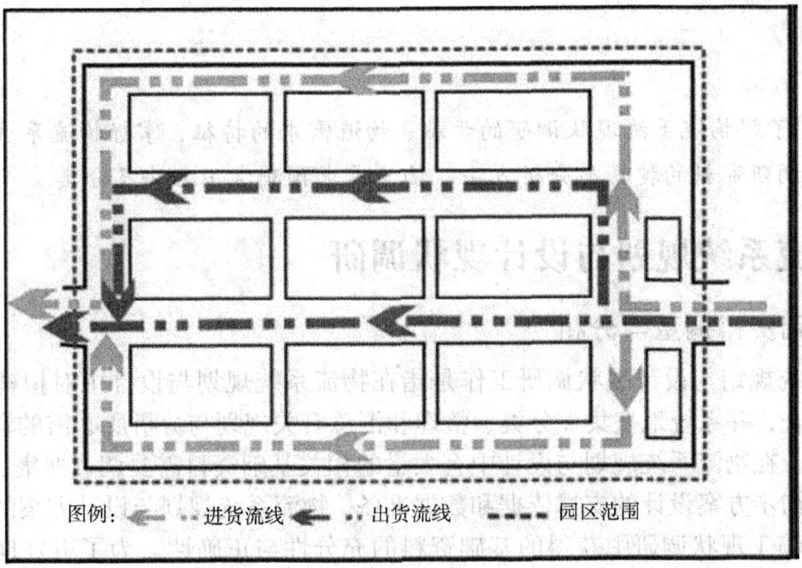

图 1-7　宁波空港物流中心一期建设交通组织

（2）空港物流中心是社会物流系统中的重要节点，是支撑航空物流发展的重要基础设施。空港物流中心与航空港的发展有密切的关系，相互促进，相互发展。

第 2 章

物流系统规划与设计现状调研和需求预测

【学习目标】了解物流系统现状调研的步骤、物流需求的特征，掌握物流系统现状调研的主要内容、调研资料的搜集与分析方法、物流需求预测常用方法及分类。

2.1 物流系统规划与设计现状调研

2.1.1 基础资料调查与分析

物流系统规划与设计现状调研工作是指在物流系统规划与设计中对拟建物流系统的现状进行调查，并系统地搜集、分类、整理和汇总有关规划与分析所必需的资料、数据和信息的活动。在物流系统规划与设计中有大量的相关基础资料需要调查搜集、整理分析，并作为系统初步方案设计的支撑依据和数据准备。物流系统规划与设计方案的可行性与有效性完全依赖于现状调研中获得的基础资料的充分性与正确性。为了更好地做好调研工作，必须明确调研的主要内容与工作步骤，掌握基础资料的搜集、分类、整理与分析的方法。

1. 现状调研的主要内容

现状调研工作是为物流系统规划与设计工作提供服务的，它的内容必须根据规划与设计的目标、研究对象来确定。对于宏观层面上的社会物流系统与微观层面上的企业物流系统，调研工作在内容与侧重面上都有所不同，但大体包含以下几个方面。

（1）物流服务需求调研。物流服务需求调研主要是调查特定范围内的物流需求结构与发展趋势，主要包括：① 服务水平，如物流消费水平、物流消费观念、送货时间、物流服务费用、物流服务质量等；② 物流需求的空间分布，如现有的和潜在的客户分布等；③ 物流服务对象的特征，如货物的尺寸、重量和特殊的搬运需求等；④ 需求特征，如客户的订单特征、需求的季节性变化、需求发展趋势等；⑤ 需求规模，如需求量、OD 流量等；⑥ 需求的环境条件。

（2）物流资源状况调研。物流资源状况调研主要是掌握特定区域物流服务的提供能力、空间分布、结构分布、发展动向、发展趋势等，主要包括：① 现有物流设施状况，如物流节点分布、规模、功能，交通网络，运输设备提供情况，仓储设备使用现状，信息系统运用情况等；② 现有物流系统的运营状况，如物流服务企业组织管理体系、服务模式、营业状况、服务种类、作业方式、作业流程等；③ 限制现有物流资源发挥的制约因素。

（3）物流服务的竞争状况调研。竞争状况调研主要是了解竞争对手的物流服务水平、服务方式、理赔情况、物流资源配置、网络布局、发展动向、市场占有率、优势与劣势等。

（4）社会经济发展状况调研。社会经济发展状况调研主要调查和分析物流服务区域内社会经济发展状况，如国家的产业政策和区域经济发展规划、区域经济规模、产业构成、空间布局、区域物流的总体构成；自然资源状况，如土地、水、气候、矿产等；社会资源状况，如劳动力数量、年龄构成、技能、受教育水平、使用成本等；经济资源状况，如工农业生产、交通运输、电力能源、城乡建设等状况。

（5）物流技术状况调研。物流技术状况调研主要调查与分析目前物流市场上物流技术的使用情况、发展水平、技术结构、发展趋势及新技术的开发能力与开发情况。

2．现状调研的步骤

（1）确定问题和调研目标阶段。在物流系统现状调研时，首先要界定清楚需要研究的问题，明确调研的目标。现状调研的问题与目标一般根据物流系统规划与设计的总目标与要采用的具体方法、技术与模型来确定。不同规划设计的方法、技术与模型对基础资料内容要求都不尽相同。

（2）制定调研计划。物流系统现状调研的第二个阶段是制订调研计划，该阶段工作主要是在充分理解调研目标的基础上，经过与设计人员共同讨论，形成调研计划：明确调研范围、对象、具体内容；设计调查大纲或调查表与调查问卷，确定调查方法、调研进度、管理协调控制方式。

（3）搜集原始资料与现状信息。这是具体执行调研计划的过程，即按照调研计划的要求，具体开展对原始资料与现状信息的实际调查工作。这个阶段是整个调研过程中最花时间与精力的阶段，也是能否获得调研计划规定的数据资料，实现调研目标的关键。

（4）分析原始资料与现状信息。原始资料与现状信息搜集上来以后，就要对其进行检查、确认、分类整理，保证原始资料与现状信息的完整性、真实性和可靠性，并进一步对原始资料与现状信息进行统计分析，以得到规划与设计所需的决策数据与信息，形成调研成果。

（5）提交现状调研报告。现状调研工作的最后阶段是提交现状调研报告。现状调研报告要全面、系统地总结整个调研工作的过程，充分分析与说明调研成果，总结调研工作的经验和教训，提出调研结论和建议方案。

2.1.2　基础资料的分类与来源

1．基础资料的分类

（1）按资料产生的范围分类：普查资料、重点调查资料和典型调查资料。普查资料是指将全部调查对象作为搜集调查资料的来源，在统计分析上把这种调查称为普查。普查资料的优点是，能够反映调查总体全面的原始资料和数据，能够全面反映客观事物。

重点调查资料是指将重点调查对象作为搜集调查资料的来源，在统计分析上把这种调查称为重点调查，它以获得的重点调查资料来反映总体的基本概况。采用重点调查搜集资料，由于调查对象较少，便于组织实施，能够进行详细、深入的调研，以较少的人力及资金投入，获取尽可能多的信息资料。

典型调查资料是指将部分具有代表性的调查对象作为搜集调研资料的来源。这种对典型调查对象的调查称为典型调查，一般分为两种情况：一种是对具有典型意义的少数对象进行解剖麻雀式调查；另一种是通过典型对象调查推断总体的全面情况。

（2）按资料获得途径分类：第一手资料和第二手资料。第一手资料也称为原始资料，它是指调研人员通过直接的现场实地调查，直接向调研对象搜集的信息资料。由于第一手资料是调研人员直接搜集的，它有真实性、针对性、实用性强等优点。但这种搜集方法也有不足之处，主要表现为投入人力较多、时间较长、费用较高。

第二手资料是指可以直接利用的，经过他人的搜集、记录、整理所积累的各种数据和资料的总称。第二手资料的主要优点包括搜集容易、成本低，来源途径多、范围广，比较可靠，搜集资料快捷、节省调研时间，如政府机构信息中心发布的资料。

2．基础资料的来源

（1）第二手资料的来源。第二手资料的来源是调研人员提高资料搜集效率的重要方法和途径。第二手资料种类多、数量大，因此，在调研中，按照资料的来源不同，一般分为内部第二手资料和外部第二手资料。内部第二手资料主要来自企业或政府的各相关职能部门，外部第二手资料是资料搜集的重点，包括政府机构资料、公共机构的资料、新闻媒体资料、行业组织资料、统计数据资料和金融机构供给的信息资料等。

（2）第一手资料的来源。在现状调研过程中，当第二手资料不能满足调研需要时，就应搜集第一手资料。从理论上分析，物流规划需要多少种信息资料，就需寻找多少种第一手资料来源。然而，在实践中，第一手资料的获取需要较大投入，也不可能完全实现，其来源主要是调查者现场调研获取的第一手资料等。

2.1.3 现状调研方法

1．访谈调查

这是一种通过问题交流讨论或座谈的方式进行的调查。调查人员根据调研目标的要求，明确调研所需要解决的问题，准备好要访谈的内容与调查大纲，做到心中有数，以提高访谈调查的效率和质量，然后与调查对象进行面对面的讨论式询问调查，询问过程中，在敏捷地捕捉信息、快速记录信息的同时，能够根据调查对象的陈述，及时补充、调整和完善调查内容。

2．发放问卷或调查表调查

这是一种以调查对象填写预先设计好的问卷或调查表的方式来进行的调查。调查人员根据调研目标的要求，事先设计制作问卷或调查表；然后运用各种方式将问卷或调查表分发给调查对象，由调查对象根据问卷或调查表的要求填写问卷或调查表；最后调查对象将填写好的问卷或调查表再返回给调查人员。这种调查方式的特点是调查对象自主填写，自主提供调查内容，有比较充足的时间进行思考，保证了调查内容的可靠性。问卷与调查表的发放与回收方式主要有邮寄、电子邮件、派专人分发或回收、电子商务网站提交等。

3. 查找历史资料

这是一种从第二手资料中搜集信息与数据的调查方法。调查人员根据调研目标要求，查找、搜集由其他人搜集、记录、整理所积累的可直接利用的相关历史数据与统计资料，从这些历史数据与统计资料中抽取所需信息。这些历史数据与统计资料主要包括：政府相关部门的统计资料与年鉴、企业经营的历史数据、各种学术文献、各类报纸杂志的信息等。利用计算机网络资源和互联网资源来查找历史资料是目前常见的资料搜集方式，它通过搜索引擎进行网上搜索查找或通过查询软件进行数据库查找与下载。

4. 现场调查

这是一种由调查人员直接进入现场进行实地调查的方法。调查人员根据调研目标要求，提前准备好本次调查所需要解决的问题，设计制作调查表、问卷，然后调查人员进入现场进行统计并直接填写表格，或者询问相关人员填写问卷。这种调查方式由于是调查人员直接搜集统计资料与问卷，因此所搜集的资料与信息有较强的真实性、针对性与实用性。不足之处是投入的人力较多、时间较长、费用较高。

2.1.4　基础资料调研的抽样方法

1. 随机抽样

随机抽样就是在若干个平等对象中随机地选择几个作为调研对象，具体又可以分为三种方法。

（1）单纯随机抽样。在所有对象中不进行任何区别，完全排除任何主观意志，采用纯粹、随意的方法选择调研对象。抽签、摇奖等方式都属于这种抽样方法，这种方法适用于所有对象完全平等、无任何区别的情况。

（2）分层随机抽样。把所有对象分成若干层，各层间有差别，而各层对象无差别。各层间按照比例抽样，层内则采用单纯随机抽样。

（3）分群随机抽样。把所有对象分成若干群，各群之间无差别，而群内有差别。各群之间按照单纯随机抽样，而群内则用分层随机抽样。

2. 非随机抽样

非随机抽样就是在若干个对象中主观地选择几个作为调研对象，具体也可以分为三种方法。

（1）便利抽样。便利抽样是根据抽样和调研的原则选择调研对象。

（2）判断抽样。判断抽样是根据预定的某种样本标准来判断、选取调研对象。

（3）配额抽样。配额抽样是给不同特征的对象群分配名额，在各群中按给定配额选取调研对象。

物流调研对象的选择要根据调研目的和要求、对象的具体情况及调研成本综合分析考虑，选用合适的抽样方法。

2.1.5　基础资料的分析与检验

1. 资料的查对——数据的核实评价

1）资料搜集的时间、地点是否符合实情。

2）原始资料是否准确、正确，是否符合设计时的科学要求。

3）资料是否完整，是否达到设计上预定的数量。

4）资料中哪些可靠性较低，哪些有残缺需要补充，哪些数值是可疑的。

5）比较有关资料，看它们之间有无矛盾，有无出入。

2．资料的确认——数据的准确性分析

对于搜集上来的现状调研数据可能在完整性和正确性上还存在问题，因此需要对调查所获得的原始资料进行科学的整理，首先是对调查资料的准确性进行审核并加以确认。

其次，要对调查资料的误差进行检查。产生误差通常是不可避免的，其原因一般有两种，一种是抽样误差，即由于抽样调查是用结果推算整体，因此推算结果与原来的整体必然有一定的误差，这类误差要加以测定。另一种误差是非抽样误差，如统计计算错误、调查表内容设计不到位，谈话记录不够完整，询问人员的偏见，调查对象回答不认真或前后矛盾等，这类误差应设法修正或删除。

再次，完整性检查，即检查是否有空缺与遗漏，并对丢失的数据进行处理。由于各种原因，搜集来的调查数据会出现数据丢失现象，如时间序列的数据少了某点时间的数据。对于丢失的数据要具体分析，考虑是否能重新搜集或做估计补充。

最后，要对现状调研资料进行总体评定。以保证搜集来的资料既满足调研的目标与内容要求，又满足真实性、正确性和完整性。

3．资料的整理——数据的聚类

聚类是将相似的物体归为一类的各种统计和数学模型的总称。聚类方法常用来对相似产品或地点进行归并汇总，以缩小问题的范围。聚类的关键是需要根据特定的特征值定义相似性测度。例如，产品的相似度可用产品的大小、形状、颜色、重量、密度等来定义。

相似性测度常用距离值定义。以产品为例，假设产品 j 有 n 个特征值为 $X_{j1}, X_{j2}, \cdots, X_{jn}$，产品 k 的 n 个特征值为 $X_{k1}, X_{k2}, \cdots, X_{kn}$，两种产品 j 和 k 之间的相似性可用明考夫斯基（Minkowski）距离矩阵表示：

$$d_{jk} = \left[\sum_{p=1}^{n} \left| X_{jp} - X_{kp} \right|^{r} \right]^{1/r} \tag{2-1}$$

式中，r 是正整数。当 $r = 1$ 时，上式为绝对值距离；$r = 2$ 时，上式为欧式距离。

此外，还有其他距离矩阵的定义，如 Hamming 距离矩阵。最常用的聚类方法是最近距离、最远距离和均值距离法，这几种方法的基本步骤都相同。这里只介绍最远距离聚类算法的步骤。

第一步：选择期望的最终分类数目，计算各产品的相似矩阵（可用任一种距离矩阵），初始化时设每一数据为一类，设有 n 个数据，分类数为 M，令 $M = n$。

第二步：找出距离矩阵中的最大元素（最大相似元素），将对应的两个元素 j，k 合并为新类 $t(t = \{j, k\})$，此时，M=M−1，并重新计算新的相似矩阵，设 t 与元素 s 的相似度为 max（s 与 j 的相似度，s 与 k 相似度）。

第三步：判断 M 是否达到分类数要求，如果达到，停止分类，否则，重复第二步。

4．对丢失数据或得不到数据的处理

对于丢失的数据可以用内插法、专家法进行估计。如果得不到的数据和未来信息有关，则可以通过预测的方法进行估计。

5．资料的分析

可量化的资料需进行整理、归纳、统计、汇总，制作成各种图表，通过对图表的分析，为物流系统规划与设计提供参考依据；对于不可量化的调查资料，专家通过推理分析，也可为物流系统规划与设计提供参考依据。

2.2　物流系统规划与设计需求预测

2.2.1　物流需求概述

1．物流需求的含义

物流需求即在一定时期内，对各物流职能的整体需要，且需求者具备支付这种需要的能力。物流需求是以物流规模和物流结构综合表示的。物流规模是物流活动中运输、储存、包装、装卸搬运和流通加工等物流作业量的总和。物流结构可以有以下不同的表述：① 从物流服务的内容来说，包括运输、仓储、包装、装卸搬运、流通加工、配送和信息服务等方面的需求；② 从物流需求的形态来说，包括有形需求和无形需求。有形需求是指对物流服务内容的需求；无形需求是指对物流服务质量的需求。

2．物流需求的特征

（1）物流需求的空间和时间特征。物流活动有空间和时间维度，在进行物流系统的规划与设计时，不仅要了解物流需求量的多少，更要知道这些需求量在何处发生、何时发生。规划仓库位置、平衡物流网络中的库存水平和按地理位置分配运输资源等都需要知道物流需求的空间位置，所选择的预测技术必须反映需求模式的地理性差异。物流需求的时间特性表现为物流需求随时间的变化而发生波动，多数预测方法都会处理物流需求随时间变化的波动。

（2）物流需求的规律性和不规律性。物流系统需要处理各种各样的产品、物料，这些不同的产品、物料都会随时间形成不同的需求模式。如果需求是规律性的，就可以用图2-1中的某个一般模式表示。如果随机波动只占时间序列其余变化部分的很小比例，那么利用常用的预测方法就可以得到比较满意的预测结果。

物流需求并不是所有阶段都显示出规律性，如果某些产品或物料由于其总体需求量偏低或需求时间和需求水平非常不确定，那么需求就是间歇式的，这样的时间序列就被称为“不平整的”或“不规律性的”，如图2-2所示。另外，刚刚进入产品线的新产品，或者将要退出生产的产品也会出现这种模式的需求，这是因为这时只有少量的需求出现，需求量极不稳定，而且分散在不同的地区，这样就会造成每个存储点上的需求量不平整性。而这类需求模式利用通常的预测方法是难以进行预测的，需要采用特殊的预测技术或组合预测技术来预测。

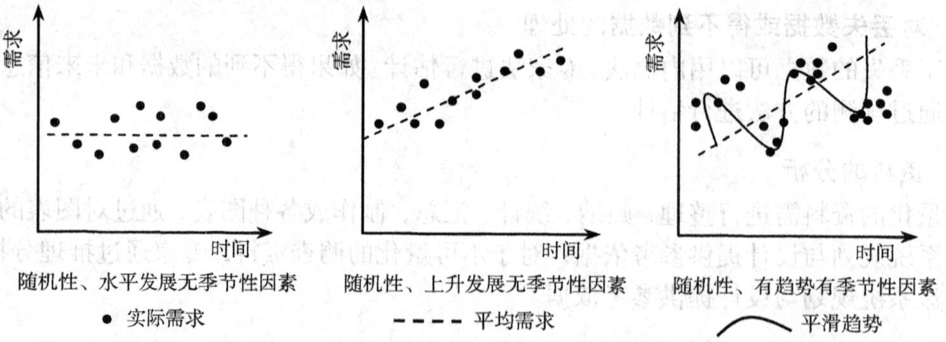

图 2-1 规律性需求模式

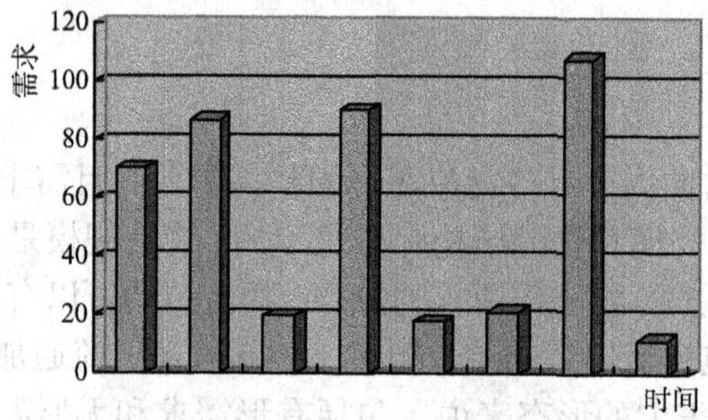

图 2-2 不规律性需求模式

（3）物流需求的派生性和独立性。如果物流的需求是随着某种需求的发生而发生的，具有从属性，则这种物流需求模式就称为派生性需求。派生性需求模式有很强的倾向性，而且不显随机性，我们一般采用推导的方法来计算，如采购物流需求就依赖于生产物流需求和物料的库存情况。

在另一情况下，物流需求的产生是随机的，影响物流需求变化的因素也众多，甚至不可获知，这样的需求模式被称为独立需求，以统计分析为基础的预测方法可以很好地解决独立需求问题。

2.2.2 物流需求预测概述

1．物流需求预测的作用

（1）需求预测是制定物流规划的依据。通过物流需求预测，可以揭示和描述市场需求的变动趋势，勾画未来物流需求发展的轮廓，并对物流需求发展可能出现的种种情况——有利方面和不利方面、成功的机会和失败的风险，进行全面系统地分析和预见，从而为制定物流发展战略目标和方向提供依据，避免决策的片面性和局限性。例如，可以通过对客户的需求预测了解采取什么样的经营方针对企业更有利，我们可以通过市场预测制定发展规划。

（2）需求预测是物流管理的重要手段。在物流管理活动中，如果能通过预测了解和把握市场的未来需求变化，就能采取有效的战略战术。例如，如果预测到下个月某种商品的市场需求量将大幅度上扬，就可以调整库存策略，以免到时供不应求而失去市场机会。

（3）需求预测是物流管理的重要环节。一般来说，物流管理是对物流活动的计划、组织、指挥、协调、控制，就是做决策。无论计划还是决策，首先都要做到对物流发展中的诸因素胸中有数，而这就必须依靠预测。因此，一切物流管理活动首先都是从对信息的了解分析和预测入手的，物流需求预测是物流管理的重要环节。虽然物流需求预测是物流管理的重要环节，但并不是最终目的。物流需求预测的作用和真正价值在于指导和调节人们的物流管理活动，以便采取适当的策略和措施，谋求更大的利益。

2. 物流需求预测的原理

（1）类推原理。类推原理也称类推原则。许多特性相近的客观事物，它们的变化有相似之处，类推预测的应用前提是寻找类似事物。通过分析类似事物相互联系的规律，根据已知某事物的变化特征推断具有近似特性的预测对象的未来状态，这就是所谓的类推预测。

类推预测可分为定性类推和定量类推。在缺乏数据资料的情况下，类似事物的相互联系只能作定性处理。这种预测就称为定性类推。定量类推需要一定的数据资料，已知事物是先导事物，根据先导事物（或称先导事件）的数据变动情况，建立先导事件与迟发事件（预测对象）的数量联系进行预测。例如，根据甲国达到一定国民生产总值时的能源消耗量来类推预测乙国达到同一国民生产总值时的能源消耗量。

（2）惯性原理。客观事物的发展变化过程常常表现出它的延续性，通常称这种表现为“惯性现象”。客观事物运动的惯性大小取决于本身的动力和外界因素制约的程度。例如，一项新技术的应用前景，其技术性固然是一个重要方面，但工业部门和企业的要求、其他技术的替代作用，也起到激发或限制的作用。研究对象的惯性越大，说明延续性越强，越不容易受外界因素的干扰而改变本身的运动倾向。

根据惯性原理，由研究对象的过去和现在状态向未来延续，从而预测其未来状态。惯性原理是趋势外推方法的理论依据。

（3）相关原理。任何事物的变化都不是孤立的，而是在与其他事物的互相影响下发展的，事物之间的相互影响常常表现为因果关系。例如，耐用消费品的销售量与人均收入水平密切相关，与人口结构也有关系。深入分析研究对象与相关事物的依存关系和影响程度，是揭示其变化特征和规律的有效途径，并可用以预测其未来状态。

相关原理有助于预测者深入研究预测对象与相关事物的关系，有助于预测者对预测对象所处的环境进行全面分析，相关原理是因果分析预测方法的理论基础。

（4）误差原理。预测是根据现在推知未来，除非极端巧合，误差是不可避免的，或多或少总会存在。在预测中，使预测结果能够尽量与实际情况相符，是所有预测方法的根本目的。预测结果与实际情况是否符合的标志就是通过对预测结果与实际情况相比较，得到两者的偏差结果：

预测误差=预测值−实际观测值

外部环境的变化、预测模型的选择都会对预测误差的大小产生影响。反过来，预测误差的大小也成为选择合适预测工具的重要依据。

为了更好地利用预测做出决策，通常在预测的同时对误差有所估计，对预测模型所产生的误差可以引入修正因子等方法进行修正。在外部环境发生大幅度变化时，还要对预测结论重新分析，甚至重新选择预测模型，适应变化的进度，做到尽可能贴近实际观测值。

3．物流需求预测的分类

（1）长期预测。长期预测的期限一般为五年或五年以上，主要是根据社会发展或企业长远发展战略和市场的需求发展趋势进行预测分析。长期预测由于预测期较长，不确定因素较多，因而预测结果和实际情况之间的误差也较大。一般来讲，它只能对预测对象作一个大概的、粗略的描述。例如，对社会经济发展形势的预测、对推行 JIT 管理方式带来的后果预测等。

（2）中期预测。中期预测的期限一般为一至三年，主要是围绕企业的经营战略、新产品的研发等方面进行预测。中期预测由于预测期不长，不确定因素较少，相关的数据资料也较完整，因而预测的结果比较准确，能够避免长期预测所带来的某些局限性。例如，对新产品的市场需求进行预测、对企业所需原材料的可获得程度进行预测等。

（3）短期预测。短期预测的期限一般以月为时间单位，大致为三个月至一年。主要是确定某种产品或服务季度或年度的市场需求量，从而调节企业自身的生产能力。例如，编制生产计划表，确定企业短期经营目标等。

（4）近期预测。近期预测的期限一般以周、旬为时间单位，主要是对企业内部的各个环节进行预测，确定物料或零部件的需求量，以保证生产过程的连续性和稳定性。近期预测的目标一般比较明确，不确定的因素较少，因而可预见性较强，预测结果也比较准确。例如，预测某段时间内生产某种产品所需的零部件数量，确定生产批量和批次等。

4．物流需求预测的步骤

（1）确定预测目标。预测是为决策服务的，在进行具体预测之前，必须首先根据决策提出的要求确定预测目标，包括确定预测目的、对象和预测期限。确定预测目标非常重要，它关系到随后如何搜集资料、选择预测方法、预测精度和费用等一系列问题。

（2）搜集、分析有关资料。资料是预测的重要依据。做预测必须占有大量的、系统的、适用于预测目标的资料。一般资料可分为两类，一类为纵向的资料，另一类为横向资料。纵向资料是指历史数据资料，如历史上的产品销售、成本资料等。利用这类历史资料，可由动态数据变化的分析作为预测未来的依据。横向资料是指在某一时期内（主要是当前的）作用于预测对象的各种影响因素的数据资料。

（3）选择预测方法进行预测。该步骤包括三方面的内容：选择预测方法、建立预测模型和利用模型进行预测。

预测方法合适与否，将对预测精度产生很大影响。在确定预测方法时主要考虑的因素有：预测对象的种类和性质、对预测结果的精度要求、已搜集到的资料与情报的数量和质量，以及预测的人力、物力、财力和时间限制等。建立预测模型就是运用搜集到的资料和选定的预测方法进行必要的参数估计与计算，以建立能描述和概括研究对象变化规律的模型。利用模型进行预测就是根据预测模型，输入有关资料和数据，进行计算与处理并得到预测结果。

（4）分析评价预测方法与预测结果。预测毕竟是对未来事件的预计和推测，建立的模型也只是对实际情况的近似模拟，其结果不一定与将来发生的实际情况相符，同时，在计算或推测过程中难免产生误差，因此，在得到预测结果后，还应对预测进行分析评价。通过对误差的计算，分析产生误差的原因，评价预测结果是否符合实际。如果预测误差主要是由于所选用的预测模型或预测方法造成的，就应该改进预测模型和预测方法。

（5）修正预测结果。如果误差已减到最小，但还与实际情况有较大出入，则在误差计算的基础上，可以通过定性、定量分析及预测的常识和经验修正预测结果，使之更加适用于实际情况并形成最终预测结果。

（6）提交预测报告。预测报告应该给出预测的主要过程，叙述预测目标、对象及预测要求，说明预测资料的搜集方式、方法及其分析结果，详细阐述选择预测方法的原因及建立模型的过程，并反映对预测结果进行评价与修正的过程及结论。

2.2.3　物流需求预测方法

1. 定性预测法

定性预测法是利用判断、直觉、调查或比较分析对未来做出估计的方法。影响预测的相关信息是非量化的、模糊的、主观的。历史数据或者没有，或者与当前的预测关联度较低；影响未来发展的不可知因素或者过多，或者难以预料。由于定性预测法带有很强的主观性，往往导致对其准确性的怀疑。但当影响需求的某些因素难以预料时（如某项物流新技术的发展和应用前景、未来政府产业政策的变化等），定性预测法可能是唯一的方法，中长期的预测常常采用此方法。

（1）德尔菲法。德尔菲法是一种典型的定性预测方法。它是以匿名的方式，轮番向所选取的多个专家投送预测调查问卷或预测调查表，在收到专家匿名反馈的意见后，进行析同辨异的统计分析。对于分歧较大的观点，在补充材料后编制进一步的调查问卷或调查表，再发送给专家征询。这样经过多次的轮番征询，使专家意见大致趋于一致，最后得出统一的预测值。这种方法由于接受了新的信息，对该组专家而言也是一个学习的过程，而且不存在群体压力或有支配权力的个体对整个群体的影响。

（2）市场调查法。市场调查法主要是通过各种不同的市场调查方法（如问卷、面谈）搜集对未来发展的趋势估计，依据调查结果，确定预测的定性判断。这种方法适合中长期预测。

（3）小组意见法。小组意见法是指用会议的方式组织一批专家相互沟通、自由讨论，发表各自意见，然后综合各个专家的意见做出判断。这种方法的基本思路是认为群体讨论将得出比任何个人所能得到的更好的预测结果。这种方法也适合中长期预测。

（4）历史类比法。历史类比法是通过未来与历史进行对比分析，发现相似的模式，利用相似模式的历史数据进行预测。历史往往有惊人的相似性，这种方法适合中长短期预测。

（5）综合评估法。综合评估法是一种定性与定量相结合的方法。它主要用于对事物未来发展速度的大致估计，这种估计不能得到一个确切的数值，但可以得到一个大致的范围。例如，最高值是多少、最低值是多少、最可能值是多少、取值范围是多少等。又例如，可以用它来预测某地区物流市场明年的物流需求量是多少，物流提供能力是多少等。根据这些数据进行综合分析，可以求得一个统一的综合评估值。

1）选择专家，可以是各种类型的专家，每种类型的专家选择若干名，并为每种类型、各种类型中的每个专家设定权重值。

2）分别搜集各种类型的每个专家的评估值（包括最高值、最低值、最有可能值）及发生的概率。

3）对他们的评估值进行统计分析，得出一个统一的综合评估值。

【例 2.1】某物流公司对两位主管经理、两位业务部门经理、三位业务员进行调查，征询他们对公司下一季度物流业务量的估计。试用综合评估法对公司下一季度的物流业务量进行预测。物流业务量估计值、权重值与预测结果如表 2-1 所示。

解：表 2-1 中每位专家的期望值为各估测值乘以相应概率并相加得出，而类别期望值是各位专家的期望值乘以相应的权重值并相加得出，综合预测值是各专家类别的期望值乘以相应的权重值并相加得出。

表 2-1　物流业务量估计值、权重值与预测结果

<table>
<tr><th colspan="2">专家类</th><th colspan="2">专家名</th><th colspan="2">最高值</th><th colspan="2">最低值</th><th colspan="2">最可能值</th><th rowspan="2">期望值</th><th rowspan="2">类别期望值</th></tr>
<tr><th>类</th><th>权重</th><th>人</th><th>权重</th><th>估测值</th><th>概率</th><th>估测值</th><th>概率</th><th>估测值</th><th>概率</th></tr>
<tr><td rowspan="2">主管经理</td><td rowspan="2">0.5</td><td>甲</td><td>0.60</td><td>155</td><td>0.3</td><td>115</td><td>0.2</td><td>140</td><td>0.5</td><td>139.5</td><td rowspan="2">142.3</td></tr>
<tr><td>乙</td><td>0.40</td><td>165</td><td>0.3</td><td>110</td><td>0.2</td><td>150</td><td>0.5</td><td>146.5</td></tr>
<tr><td rowspan="2">部门经理</td><td rowspan="2">0.3</td><td>甲</td><td>0.52</td><td>163</td><td>0.3</td><td>120</td><td>0.2</td><td>149</td><td>0.5</td><td>147.4</td><td rowspan="2">140.68</td></tr>
<tr><td>乙</td><td>0.48</td><td>158</td><td>0.3</td><td>105</td><td>0.2</td><td>130</td><td>0.5</td><td>133.4</td></tr>
<tr><td rowspan="3">业务员</td><td rowspan="3">0.2</td><td>甲</td><td>0.33</td><td>135</td><td>0.3</td><td>100</td><td>0.2</td><td>125</td><td>0.5</td><td>123.0</td><td rowspan="3">129.75</td></tr>
<tr><td>乙</td><td>0.33</td><td>140</td><td>0.3</td><td>105</td><td>0.2</td><td>130</td><td>0.5</td><td>128.0</td></tr>
<tr><td>丙</td><td>0.34</td><td>150</td><td>0.3</td><td>115</td><td>0.2</td><td>140</td><td>0.5</td><td>138.0</td></tr>
<tr><td colspan="11">综合预测值</td><td>139.3</td></tr>
</table>

2. 时间序列分析法

时间序列是分析数据按照时间先后顺序依次排列的数列。时间序列分析法是最常用的预测方法，它是根据所预测对象的纵向历史数据资料，按时间进程组成的动态数列进行分析，预测未来的方法。时间序列分析法是基于历史继承性这一原则而进行的预测，即短期内某个事物的发展趋势是其过去历史的延伸，它注重研究事物发展变化的内因。这类预测方法通常适合在外界影响比较稳定的条件下做短期预测。

（1）简单平均法。简单平均法是取前几个时段（如日、周、月、季、年等）的数值的平均值作为后一时段的预测值。这种方法主要适用于那些变化比较稳定的预测对象，预测对象在各个时段的发生值大体差不多，总体都围绕一个固定值上下随机波动，无趋势和季节性变化。

（2）加权平均法。加权平均法是对于时间序列的数值，根据它们各自对于预测值的重要程度分别设置重要度权数，然后将它们加权平均来求得预测值的预测方法。

（3）一次移动平均法。一次移动平均法是从时间序列的第一项数据开始，按一定的项

数（或称为组距）求平均值，而后逐项向后移动，按相同的项数求平均值，这些平均值构成了一个新的时间序列，也称为移动平均数列。这个移动平均数列对原数据的随机性加以修正，变化趋于平滑，更显现长期变动趋势，然后将这组移动平均数列的最后一个数值直接作为下一期预测值，或者求这组移动平均数列的平均值作为下一期预测值。

一次移动平均法的计算公式为：

$$F_{t+1}=\frac{1}{n}(X_t+X_{t-1}+X_{t-2}+\cdots+X_{t-n+1})=\frac{1}{n}\sum_{i=t-n+1}^{t}X_i \quad (2\text{-}2)$$

式中，X_t 为 t 期的观察值；F_{t+1} 为 $t+1$ 期的预测值；n 为时间跨度。

一次移动平均法得出的预测结果都是引入了最新一期的数据，因此，减少了早期历史数据对预测值的影响，并对新的变化做出一定程度的反应。

【例 2.2】某国 2002—2012 年货运量如表 2-2 所示，用一次移动平均法来预测 2013 年的货运量，分别取 n=3 和 n=4 计算，并进行比较。

表 2-2　某国 2002—2012 年货运量

年　份	2002	2003	2004	2005	2006	2007	2008	2009	2010	2011	2012
货运量（亿吨）	123.5	129.8	127.8	126.7	129.3	135.9	140.2	148.3	156.1	170.6	183.7

解：分别取 n=3 和 n=4，用一次移动平均法的计算公式计算各时期的平均值，并与实际值比较，求出各预测值的误差平方，如表 2-3 所示。

表 2-3　一次移动平均法预测值及误差平方

年　份	货运量（亿吨）	预 测 值		误差平方	
		n=3	n=4	n=3	n=4
2002	123.5				
2003	129.8				
2004	127.8				
2005	126.7	127.03		0.11	
2006	129.3	128.10	126.95	1.44	5.52
2007	135.9	127.93	128.40	63.47	56.25
2008	140.2	130.63	129.93	91.52	105.58
2009	148.3	135.13	133.03	173.36	233.33
2010	156.1	141.47	138.43	214.13	312.41
2011	170.6	148.20	145.13	501.76	648.98
2012	183.7	158.33	153.80	643.64	894.01
2013		170.13	164.68		

由于 n=3 时的误差平方比 n=4 时的要小，故可以认为 n=3 时的模型要比 n=4 时的模型好。一次移动平均法认为各期历史数据对预测结果的影响都是相同的，每次只能预测最近一期的数值，逐一移动，逐一预测。对于 n 的选择也有很大的随意性，所以预测结果的偏

差往往很大。此预测法常用于数据变化不大，能保证一定数据量的近期预测。

（4）加权移动平均法。使用一次移动平均法预测的前提是各历史数据对预测值的影响都是相同的，但实际情况并非如此，因此，我们可以将每个历史数据对预测值的影响表示为一个权数，以避免一次移动平均法中过早数据对预测值的影响，这种预测方法就是加权移动平均法。

一般认为最近的数据比早期数据对预测值的影响更大，所以近期数据分配的权数较大，而较远期数据则较小，从而解决了预测结果的滞后性，解决了一次移动平均法中存在的问题。

加权移动平均法的公式为：

$$F_{t+1} = a_t X_t + a_{t-1} X_{t-1} + a_{t-2} X_{t-2} + \cdots + a_{t-n+1} X_{t-n+1} = \sum_{i=t-n+1}^{t} a_i x_i \tag{2-3}$$

式中，a_i 为 t 期数据相对应的权重，满足 $a_t \geqslant a_{t-1} \geqslant a_{t-2} \geqslant \cdots \geqslant a_{t-n+1} \geqslant 0$ 且 $\sum_{i=t-n+1}^{t} a_i = 1$。

【例 2.3】继续采用例 2.2 的数据，运用加权移动平均法预测 2013 年的货运量，取 n=3，权重分别取 1/2，1/3，1/6 和 5/9，1/3，1/9 两组。

解：取两组权重，得出加权移动平均值，并与实际值比较，得到各时期预测值和误差平方，如表 2-4 所示。

表 2-4 加权移动平均法预测值及误差平方

年份	货运量（亿吨）	预测值		误差平方	
		权值为 1/2，1/3，1/6	权值为 5/9，1/3，1/9	权值为 1/2，1/3，1/6	权值为 5/9，1/3，1/9
2002	123.5				
2003	129.8				
2004	127.8				
2005	126.7	126.32	126.08	0.15	0.39
2006	129.3	128.62	128.79	0.47	0.26
2007	135.9	127.68	127.60	67.51	68.89
2008	140.2	129.10	128.59	123.21	134.82
2009	148.3	133.32	132.71	224.50	243.01
2010	156.1	139.40	138.71	278.89	302.37
2011	170.6	145.55	144.67	627.50	672.54
2012	183.7	162.50	163.29	657.92	595.90
2013		174.73	176.27		

（5）指数平滑法。指数平滑法的预测思路是根据上一期实际值和上一期预测值导出下一期预测值，在预测中引入了一个平滑系数 a，$0 \leqslant a \leqslant 1$，其计算公式为：

$$F_{t+1} = aX_t + (1-a)F_t \tag{2-4}$$

式中，F_t为 t 期指数平滑预测值；X_t为 t 期实际观察值；a 为平滑系数。

式（2-4）也可以写成：

$$F_{t+1} = F_t + a(X_t - F_t) \tag{2-5}$$

从式（2-5）可以看出，下一期的预测值是上一期预测值加上一个修正的上一期预测的误差。在这里，平滑系数的大小决定了下一期预测对前一期预测误差的修正程度。在选择平滑系数 a 时，需要一定程度的主观判断。a 值越大，对近期实际需求情况给的权重值越大，模型就越快地对时间序列的变化做出反应。但 a 过大可能使预测过于敏感，会随时间序列的随机波动而波动，而不是根本性变化。a 值越小，实际值的分量越轻，预测值的分量越重，数据平滑均匀的程度越大，预测值越不受时间序列的随机因素的干扰而波动，而对时间序列的根本性变化需要的时滞就越长。因此，要根据时间序列变化程度和对预测值的要求程度决定 a 取值的大小。

【例 2.4】 表 2-5 中给出了某物流公司近三年来各季度的实际货物配送量，试用指数平滑法预测 2012 年第四季度的货物配送量，在这里分别取 a=0.03，0.1，0.3，0.9 来预测货物配送量，并对不同的平滑系数进行误差比较。

解：表 2-5 是利用式（2-2）计算得到的预测结果，在计算时平滑系数 a 取 0.03，0.1，0.3，0.9，第二期的预测值取第一期的实际值。表 2-6 是计算得到的预测误差。

表 2-5　指数平滑法预测需求量

年　份	季　度	时　期	实际值	预测值			
				a=0.03	a=0.1	a=0.3	a=0.9
2010	1	1	390.00				
	2	2	275.00	390.00	390.00	390.00	390.00
	3	3	420.00	386.55	378.50	355.50	286.50
	4	4	210.00	387.55	382.65	374.85	406.65
2011	1	5	413.00	382.23	365.39	325.40	229.67
	2	6	287.00	383.15	370.15	351.68	394.67
	3	7	426.00	380.27	361.83	332.27	297.77
	4	8	236.00	381.64	368.25	360.39	413.18
2012	1	9	428.00	377.27	355.02	323.07	253.72
	2	10	293.00	378.79	362.32	354.55	410.57
	3	11	432.00	376.22	355.39	336.09	304.76
	4	12		377.89	363.05	364.86	419.28

表 2-6　指数平滑法预测误差

平滑系数	误　差		绝对误差		误差平方	
	总　计	平　均	总　计	平　均	总　计	平　均
a=0.03	–403.7	–40.4	836.6	83.7	92 408.4	9 240.8

续表

平滑系数	误　差		绝对误差		误差平方	
	总　计	平　均	总　计	平　均	总　计	平　均
a=0.1	−269.5	−27.0	875.2	87.5	91 543.3	9 154.3
a=0.3	−83.8	−8.4	977.1	97.7	104 673.9	10 467.4
a=0.9	32.5	3.3	1 460.7	146.1	223 145.8	22 314.6

从表 2-6 可以看出，当 a 取 0.1 时误差的平方和最小，预测效果较好。对于时间序列数值波动较大时，平滑系数尽量取较小的值。

（6）*带有需求趋势校正的指数平滑法*（Holt 模型）。从物流需求的特征分析可知，物流需求包含系统期望需求部分与随机特征的需求部分，而系统需求部分在一般形式下又包含需求水平、需求趋势和季节性需求。系统需求计算有以下几种形式：

复合型：系统需求=需求水平×需求趋势×季节性需求

附加型：系统需求=需求水平+需求趋势+季节性需求

混合型：系统需求=（需求水平+需求趋势）×季节性需求

在预测系统需求时运用哪种具体形式取决于需求的性质。

对于趋势和季节性变化不很明显的时间序列，用指数平滑法来预测可以获得很好的效果，但时间序列中有明显的趋势和季节性特征时用指数平滑法来预测将会造成很大的误差。如果序列中的趋势和季节性因素明显有别于随机特征，则可对指数平滑法做一些修正后再进行预测。

当假设系统需求有需求水平和需求趋势而没有季节性要求时，选用带有需求趋势校正的指数平滑法即 Holt 模型较为合适。本节中选用下列公式来预测带有需求趋势的系统需求：

系统需求=需求水平+需求趋势

Holt 模型只是在指数平滑法的基本模型基础上进行简单的修改，在观察完 t 期的实际需求后，整个预测模型做如下修正：

$$S_{t+1} = aA_t + (1-a)(S_t + T_t) \tag{2-6}$$

$$T_{t+1} = \beta(S_{t+1} - S_t) + (1-\beta)T_t \tag{2-7}$$

$$F_{t+1} = S_{t+1} + T_{t+1} \tag{2-8}$$

式中，a 为需求水平的平滑系数，$0<a<1$；β 为需求趋势的平滑系数，$0<\beta<1$；S_t 为第 t 期的需求水平预测值；S_{t+1} 为第 t+1 期的需求水平预测值；T_t 为第 t 期趋势预测值；T_{t+1} 为第 t+1 期趋势预测值；F_{t+1} 为第 t+1 期趋势校正后的预测值。

【例 2.5】 *以例 2.4 的数据为例，仍然预测 2012 年第 4 季度的货物配送量，只是在这里增加了对趋势的修正。假设需求水平的平滑系数 a=0.1，需求趋势的平滑系数 β=0.3。又令需求水平的初始值为 S_2=390，同时需求趋势的初始值 T_2=0。*

解： 现从第 3 期（2010 年第 3 季度）开始预测，根据式（2-4）、（2-5）和（2-6），按照第 2 期预测结果计算：S_3=0.1×275+0.9×(390+0)=378.5，T_3=0.3×(378.5−390)+0.7×0=−3.45，F_3=S_3+T_3=378.5−3.45=375.05。其余各期依次计算，结果如表 2-7 所示。

表 2-7　需求趋势校正后的预测结果

年份	季度	时期	实际值	需求水平（S）	需求趋势（T）	系统需求（F）	预测误差	绝对误差	误差平方
2010	1	1	390.00						
	2	2	275.00	390.00	0	390.00	115.00	115.00	13 225.00
	3	3	420.00	378.50	−3.45	375.05	−44.95	44.95	2 020.50
	4	4	210.00	379.55	−2.10	377.44	167.44	167.44	28 036.15
2011	1	5	413.00	360.70	−7.13	353.57	−59.43	59.43	3 531.93
	2	6	287.00	359.52	−5.34	354.18	67.18	67.18	4 513.15
	3	7	426.00	347.46	−7.36	340.10	85.90	85.90	7 378.81
	4	8	236.00	348.69	−4.78	343.91	107.91	107.91	11 644.57
2012	1	9	428.00	333.12	−8.02	325.10	−102.90	102.90	10 588.41
	2	10	293.00	335.39	−4.93	330.46	37.46	37.46	1 403.25
	3	11	432.00	326.71	−6.05	320.66	−111.34	111.34	12 396.60
	4	12		331.79	−2.71	329.08			

从表 2-7 可以得出预测的误差和为 262.27，绝对误差和为 866.51，而误差的平方和为 94 738.37。

（7）带有需求趋势和季节性需求校正的指数平滑法（Winter 模型）。当需求的时间序列中可观察到既有趋势变动特征又有季节性波动的特征时，使用带需求趋势和季节性需求校正的指数平滑法比较合适。在这里，用如下等式来校正预测：

系统需求=（需求水平+需求趋势）×季节性需求

在应用此模型之前，有两个条件要满足：① 需求模型的季节性波动的高峰与低谷产生的原因必须已知，这些峰谷值必须在每个周期的同一时间出现；② 季节性变化要比随机波动大。

如果季节性需求不平稳、不明显，无法与随机变化区分开来，那么很难建立准确预测下一期需求走势的模型。如果情况如此，基本的指数平滑模型配以合适的平滑系统就可以降低时滞的影响，可以比更复杂的模型效果更好。因此，在选择模型时要非常慎重。

现假定需求的周期数为 L，在 t 期，已给定实际值 A_t、初始需求水平 S_t、初始需求趋势 T_t 及一个周期的初始季节性需求 I_t，I_{t+1}，…，I_{t+L-1} 的预测，则第 t+1 期的对需求水平、需求趋势、季节性需求及总的需求预测做如下校正：

$$S_{t+1}=a(A_t/I_t)+(1-a)(S_t+T_t) \tag{2-9}$$

$$T_{t+1}=\beta(S_{t+1}-S_t)+(1-\beta)T_t \tag{2-10}$$

$$I_{t+L}=\gamma(A_t/S_t)+(1-\gamma)I_t \tag{2-11}$$

$$F_{t+1}=(S_{t+1}+T_{t+1})I_{t+1} \tag{2-12}$$

式中，L 为季节性需求的周期；I_t 为第 t 期的季节性需求预测值；γ 为季节性需求的平滑系数，$0<\gamma<1$；F_{t+1} 为第 t+1 期趋势与季节性需求校正后的预测值；其他定义与 Holt 模型

中定义相同；

【例 2.6】以例 2.4 的数据为例，仍然预测 2012 年第 4 季度的货物配送量，在这里既要考虑需求趋势的修正，还要考虑季节性需求的修正。假设需求水平的平滑系数 a=0.1，需求趋势的平滑系数 β=0.3，季节性需求的平滑系数γ=0.1，又令需求水平的初始值为第一周期中的实际值的平均值作为第 1 期需求水平的初始预测值 S_1=324，同时第 1 期需求趋势的初始预测值 T_1=0，而各季度的季节性需求的初始预测值分别为第一周期中各季度实际值与平均值之比，即 I_1=1.205，I_2=0.849，I_3=1.297，I_4=0.649。

解：从第 2 期开始计算预测值，分别运用式（2-7）、（2-8）、（2-9）、（2-10）来得到第 2 期的需求水平和需求趋势的预测值，以及第 5 期的季节性需求预测，$S_2=0.1\times(390\div1.205)+0.9\times(324+0)=323.965$；$T_2=0.3\times(323.97-324)+0.7\times0=-0.01$；$I_5=0.1\times(390\div324)+0.9\times1.205=1.205$；$F_2=(323.97-0.01)\times0.849=275.174$。其余各期依次计算，结果如表 2-8 所示。

表 2-8 需求趋势与季节性需求校正后的预测结果

年份	季度	时期	实际值	需求水平（S）	需求趋势（T）	季节性需求（I）	系统需求（F）	预测误差	绝对误差	误差平方
2010	1	1	390.00	324.00	0	1.205				
	2	2	275.00	323.965	–0.010	0.849	275.174	0.174	0.174	0.030
	3	3	420.00	323.934	–0.017	1.297	420.217	0.217	0.217	0.047
	4	4	210.00	323.901	–0.022	0.649	210.084	0.084	0.084	0.007
2011	1	5	413.00	323.866	–0.026	1.205	390.186	–22.814	22.814	520.479
	2	6	287.00	325.734	0.543	0.849	277.128	–9.872	9.872	97.456
	3	7	426.00	327.439	0.891	1.297	425.918	–0.082	0.082	0.007
	4	8	236.00	328.337	0.893	0.649	213.545	–22.455	22.455	504.227
2012	1	9	428.00	332.692	1.932	1.212	405.532	–22.468	22.468	504.811
	2	10	293.00	336.478	2.488	0.853	288.980	–4.020	4.020	16.160
	3	11	432.00	339.437	2.629	1.298	443.866	11.866	11.866	140.802
	4	12		341.152	2.355	0.656	225.215			

从表 2-8 中可得出预测的误差和为–69.37，绝对误差和为 94.052，而误差平方和为 1 784.026。从结果分析中可以得出用需求趋势与季节性需求校正后的指数平滑法来预测此时间序列，效果较好。

（8）趋势外推预测法。趋势外推预测法可以用于当时间序列无明显的随周期变动的特征时的预测，这种时间序列是随时间的推移而呈现某种上升或下降的趋势，用时间变量的函数来反映这种变化趋势，并延伸至未来，通过计算未来时间的函数值来进行预测。预测模型主要包括线性预测模型，幂函数曲线预测模型、对数曲线预测模型、指数曲线预测模型、修正指数曲线预测模型、龚珀兹曲线预测模型、逻辑曲线预测模型等。此预测方法比较适合中长期预测。

3．因果关系预测法

因果关系预测的基本前提是预测变量的变化取决于其他相关变量的变化水平。因果关系预测有很多不同形式：统计形式，如回归模型、弹性系数预测模型、计量经济模型等；描述形式，如投入产出模型、生命周期模型、先行指标模型等。每种模型都从历史数据中建立预测变量和被预测变量之间的联系，从而进行有效的预测。建立因果关系预测模型的关键是能够从历史数据中找出与被预测变量真正有因果关系的变量，并能准确地描述它们之间的因果关系。

在物流需求的预测中，也有很多因果关系，如物流量的增长与经济发展水平呈因果关系，经济发展水平（如 GDP）的增长会导致物流量的增长，除了经济发展水平之外，物流量的增长还与交通基础建设投资、流通范围的大小有关，因此，物流量的增长与 GDP、交通基础建设投资、流通范围的大小等因素就构成了一元的或多元的因果关系。

（1）回归分析预测法。回归分析预测法是根据预测对象与影响预测对象的因素之间的关系来建立回归模型，并通过回归模型进行预测。根据考虑因素的多少，回归模型可分为一元回归或多元回归模型。预测对象与影响预测对象的因素之间的相关关系往往存在着非确定性关系，即不能用精确的函数关系式来表达，但在统计学意义上，它们之间的相关关系可以通过统计的方法给出某种函数表达方式，这种处理变量间关系的方法就是回归分析法。回归分析预测法是通过大量统计数据，在分析变量间非确定性关系的基础上，找出变量间的统计规律性，并用统计意义上的函数关系式来表达变量间的统计规律，并通过此函数关系式进行预测。

1）回归分析预测的步骤。

a．进行相关关系分析，分析要预测的变量间是否存在相关关系及相关程度，若没有相关关系则不能利用回归预测模型进行预测。

b．确定预测模型，若变量间存在相关关系，则需确定变量间是线性关系还是非线性关系，可以通过做散点图进行分析。

c．建立回归预测模型，根据上一步的分析结果，计算模型中的系数，具体写出变量间的回归方程式，并进行初步检验。

d．利用模型进行预测，根据要求，利用模型进行预测计算。

e．统计检验，通过置信度检验，对预测结果进行评定。

2）一元线性回归预测法。一元线性回归预测法是当预测对象（也称因变量）只受一个主要因素（也称自变量）影响，并且它们之间存在着明显的线性相关关系时所采用的回归预测方法。

一般一元线性回归模型为：

$$y_i = b_0 + b_1 x_i \tag{2-13}$$

式中，x_i，y_i 为自变量和因变量的观察值；b_0，b_1 为回归系数。

一般采用最小二乘法来确定线性回归模型的系数 b_0，b_1，可得：

$$b_0 = \overline{y} - b_1 \overline{x} \tag{2-14}$$

$$b_1=\frac{\sum_{i=1}^{n}(x_i-\overline{x})(y_i-\overline{y})}{\sum_{i=1}^{n}(x_i-\overline{x})^2} \tag{2-15}$$

式中，$\overline{x}=\frac{1}{n}\sum_{i=1}^{n}x_i,\ \overline{y}=\frac{1}{n}\sum_{i=1}^{n}y_i$。

得到预测结果后，可通过相关系数 r 对这组变量的相关性进行检验。

$$r=\frac{\sum(x_i-\overline{x})(y_i-\overline{y})}{\sqrt{\sum(x_i-\overline{x})^2}\sqrt{\sum(y_i-\overline{y})^2}} \tag{2-16}$$

$r\in[-1,1]$，$r=0$ 时，x 与 y 不相关；$|r|\to 1$ 时，x 与 y 相关程度高。

x 与 y 的关系：$0<|r|\leqslant 0.3$ 为微弱；$0.3<|r|\leqslant 0.5$ 为低度；$0.5<|r|\leqslant 0.8$ 为显著；$|r|>0.8$ 为高度。

【例 2.7】某国货运量与进出口总额的统计数据如表 2-9 所示，预测当该国进出口总额达到 20 000 亿美元时的货运量。

表 2-9　某国货运量与进出口总额的统计数据

年　份	2003	2004	2005	2006	2007	2008	2009	2010	2011	2012
货运量（亿吨）	123.5	129.8	127.8	126.7	129.3	135.9	140.2	148.3	156.1	170.6
进出口总额（亿美元）	2 808.6	2 898.8	3 251.6	3 239.5	3 606.3	4 742.9	5 096.5	6 207.7	8 509.9	11 545.5

解：将该国货运量与进出口总额的关系绘制散点图，如图 2-3 所示，两者之间呈线性关系，故采用一元线性回归模型进行预测。

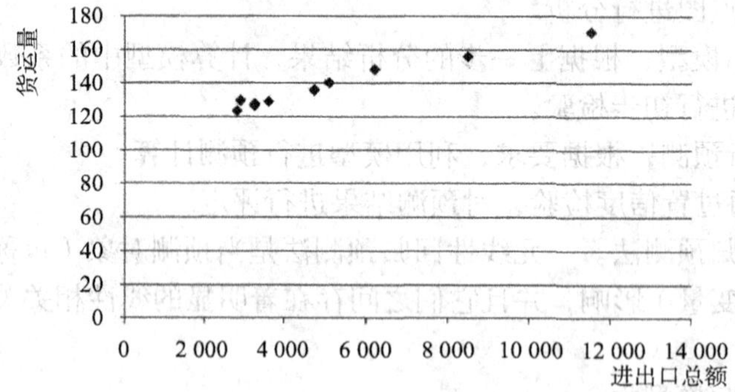

图 2-3　货运量与进出口总额散点图

计算模型参数得到：

$$\overline{x}=\frac{1}{n}\sum_{i=1}^{n}x_i=138.82$$

$$\overline{y}=\frac{1}{n}\sum_{i=1}^{n}y_i=5190.73$$

$$b_1 = \frac{\sum_{i=1}^{n}(x_i - \overline{x})(y_i - \overline{y})}{\sum_{i=1}^{n}(x_i - \overline{x})^2}$$

$$= \frac{(2808.6 - 5190.73) \times (123.5 - 138.82) + \cdots + (11545.5 - 5190.73) \times (170.6 - 138.82)}{(2808.6 - 5190.73)^2 + \cdots + (11545.5 - 5190.73)^2}$$

$$= 0.00526$$

$$b_0 = \overline{y} - b_1\overline{x} = 138.82 - 0.00526 \times 5190.73 = 111.517$$

得到一元线性回归模型：$y_i = 111.517 + 0.00526x_i$

进行相关性检验：

$$r = \frac{\sum(x_i - \overline{x})(y_i - \overline{y})}{\sqrt{\sum(x_i - \overline{x})^2}\sqrt{\sum(y_i - \overline{y})^2}} = 0.98$$

因为 r 值为 0.98，所以可以认为货运量与进出口总额的相关性程度非常高。

当 x_i=20000 时，y_i=111.517+0.00526×20000=216.717（亿吨）

3）多元线性回归预测法。在物流系统中，不仅存在预测对象只受一个主要因素影响的情况，多个因素同时作用于这个预测对象的情况也很常见。对于后一种情形，一般可以用多元回归分析方法来进行预测。

多元线性回归预测法是对各个自变量和因变量的 n 组观察数据，在明确因变量与各个自变量间存在线性相关关系的基础上，给出适当的多元回归方程，并据此做出关于因变量的发展变化趋势的预测。建立一个多元回归模型需要复杂的统计方法，可以利用统计软件包，如 SPSS、SAS 等来建立多元线性回归方程。

4）非线性回归预测法。除了上述的线性回归预测法外，还有非线性回归预测法，即数据的散点图呈非线性状态。非线性回归分为一元非线性回归和多元非线性回归。曲线的形式也根据实际数据的不同而呈现出不同弯曲形状，如双曲线、指数曲线、S 型回归曲线等，依据不同的曲线来确定预测模型。多元非线性回归是回归预测模型中最为复杂的，其数据量大，计算复杂，通常需要借助计算机来进行预测，这里不做详细介绍。

（2）弹性系数预测法。弹性系数预测法是在对一个因素发展变化预测的基础上，通过弹性系数对另一个因素的发展变化做出预测的一种间接预测方法。该方法在物流需求量预测时是一种简单的数学模型：

$$\hat{Y}_{T+L} = Y_T(1+i)^L \tag{2-17}$$

$$i = E_s q = \frac{i'}{q'} q \tag{2-18}$$

式中，$\hat{Y}_{T+L}$ 为预测对象在未来第 L 期的预测值；Y_T 为预测对象在当前统计期值；i' 为预测对象在过去一段时间的平均增长率（%）；i 为预测对象在今后一段时间的平均增长率（%）；E_s 弹性系数；q' 为类比变量在过去一段时间的平均增长率（%）；q 为类比变量在今后一段时间的平均增长率（%）。

（3）投入产出模型。投入产出模型是研究经济系统各个部分间表现为投入与产出的相互依存关系的数量经济分析方法，是在投入与产出的相互关系的模型基础上通过观察投入量的变化来预测产出量的变化。

（4）先行指标法。在预测对象与其制约因素的相互联系时，有时出现某些因素先发生可观察的变化，而后预测对象也随后发生变化的现象。先行指标法就是统计那些与所预测的序列同方向变动，但其变动发生在所预测的序列变动之前的变量数据，再利用这些先行变量来进行预测。

随着计算机技术的快速发展，出现了很多利用计算机技术来进行预测的方法，这些方法涉及较多的数学知识，是比较复杂的预测方法。在进行需求预测时，要把定性预测与定量预测结合起来进行多种方法的组合预测，从而提高需求预测的质量，为后续的规划设计决策提供可靠的依据。

常见的预测方法如表 2-10 所示。

表 2-10　常见的预测方法

方　法	说　明	预测期
德尔菲法	以一定顺序的问卷询问一组专家，对一份问卷的回答将用来制作下一份问卷。这样，仅有某些专家掌握的信息都会传递给其他专家，使所有专家都掌握所有预测信息。该方法剔除了跟随多数意见的跟风效应	中长期预测
市场调查法	对市场展开系统调查，依照调查结果，确定预测数据	中期期预测
小组意见法	一组专家相互沟通，发表各自意见，然后综合专家意见	中长期预测
销售人员估计法	预测时征求销售人员意见，因为销售人员接近客户，所以他们能很好地估计客户的需求	中短期预测
综合评估法	利用个人的见解判断需求，可能情况下利用未来不同情景下的事实做出预测。该方法的特点是主观猜想和想象，对预测人员的专业水平要求较高	中长期预测
历史类比法	通过未来对历史进行对比分析，对相似模式做出预测	中长期预测
移动平均法	时间序列上移动平均的每点都是一系列连续点的算数平均数或加权平均数。需要选择若干数据点，以消除季节性影响或不规律性或两者的共同影响	短期预测
指数平滑法	类似于移动平均法，只是对更近期的点给予更大的权数。在描述上，新的预测值等于旧的预测值加上过去预测误差的一定比重。两重或三重指数平滑法是基本模型的变型。该方法解决了时间序列的趋势和季节变化问题	短期预测
伯克斯—詹金斯法	对季节性和趋势性因素进行调查，估计相应的权重参数，通过复杂的计算机迭代过程，不断地检验模型，建立自回归的、综合的移动平均模型	中短期预测
时间序列分解法	将时间序列分解成季节性、趋势性和规律性因素	中短期预测
趋势映射法	运用数学方程式拟合趋势曲线，然后利用方程将其映射到未来	中短期预测

续表

方　法	说　明	预测期
谱分析法	将时间序列分解成几个基本成分（称做谱），这些成分以几何的正弦-余弦曲线来表示。重新组合这些谱，求出其数学表达式，并用来进行预测	中短期预测
回归模型	根据历史统计数据，建立需求与其他变量或解释变量间的联系。这是一种常用的预测技术	中短期预测
弹性系数预测法	对一个因素发展变化预测的基础上，通过弹性系数对另一个因素的发展变化做出预测的一种间接预测方法	中短期预测
计量经济模型	是一组相互依赖的回归方程组，用来描述各种经济活动的关系	中短期预测
购买意向和预期调查法	对公众进行调查，获取公众购买意向或得到指数来衡量公众对现在和未来的普遍想法，并估计这些想法将如何影响购买习惯。用这一预测方法进行跟踪和预警，比一般预测更有用。该方法的主要问题是可能发生错误的转折点信号	中期预测
投入-产出模型	主要研究经济领域中产品和服务在产业间或部门间的流动关系	中期预测
经济投入-产出模型	计量经济模型与投入-产出模型的组合。投入-产出模型为计量经济模型提供长期趋势	中期预测
先导性指标法	利用一个或多个先行变量作预测，这些先行变量都与预测变量系统有关	中短期预测
生命周期法	根据 S 曲线分析、预测新产品的增长。在不同阶段，产品可分别被创新者、早期接受者、早期多数、晚期多数、滞后者接受，这一划分是该预测方法的核心	中长期预测
适应模拟法	是实际产出和预计产出加权之和的导数，通过系统的变化反映数据模式的变化	中短期预测
动态模拟法	利用计算机模拟不同时期各影响因素对需求的影响	中短期预测
精确反应法	获取可靠信息后再做出的预测，如利用信息系统及时提取销售信息，做出库存、采购决策	短期预测
神经网络法	受生物神经功能的启发而形成的数学预测模型。模型的特点是新数据到来后，模型可以学习。对不连续的时间序列，该方法比其他时间序列模型预测得更准确	短期预测
灰色预测法	通过少量的、不完全的信息，建立灰色微分预测模型，对事物发展规律做出模糊性的长期描述的方法	中长期预测

复习思考题

1．物流系统现状调研的主要内容包括哪些？

2．举例说明物流需求的时间特征和空间特征。

3．简述物流需求的含义。

4．如何理解独立需求和相关需求的区别与联系？

5．物流需求预测的方法有哪些？

6．某市2008—2012年的物流量与该市社会总产值的统计资料如表2-11所示，试分析该市物流量与社会总产值之间的关系，并用回归分析法预测该市社会总产值达到52亿万元时，该市的物流量是多少？

表2-11 某市2008—2012年的物流量与该市社会总产值的统计资料

年 份	2008	2009	2010	2011	2012
总产值（亿万元）	15.0	25.8	30.0	36.6	44.4
物流量（千万吨）	39.4	42.9	41.0	43.1	49.2

案例研究 基于组合预测的城市物流需求预测

在预测的实践中，往往对于同样的问题，可以选择不同的预测方法，人们一般根据不同预测方法的比较，选择在精度方面比较高的模型，而弃用误差相对大的方法。由于不同的预测方法原理不尽相同，直接弃用可能导致有用信息的缺失。目前，应用于物流需求预测方法的种类繁多，常见的有回归分析、灰色模型、人工神经网络等，在实际应用中较广泛，但不可避免的都有其局限之处。如回归分析对统计数据要求高，必须呈一定的规律性；灰色模型对异常数据反应敏感；人工神经网络需要大量的训练样本，样本太少时模型外推性能差。为了综合利用各单项预测模型的信息，分散单项预测方法的预测风险，Bates和Granger首先提出了线性组合预测模型，以期产生更好的预测效果。理论和实证表明，在单项预测模型不同且数据来源不同的情况下，组合预测模型可能获得一个比任何独立预测值更好的预测值。组合预测模型将各种不同类型的单项预测模型综合运用，各取所长，集中了更多的有用信息与预测技巧，能减少预测的系统误差，显著改善预测效果。

根据某城市物流预测指标体系，我们选择货运量（Y_1）、周转量（Y_2）两个变量为物流预测指标，GDP（X_1）、工业总产值（X_2）、第一产业产值（X_3），第二产业产值（X_4）、第三产业产值（X_5）、固定生产投资（X_6）、交通运输仓储及邮政业总值（X_7）、消费品零售总额（X_8）、批发零售总额（X_9）、进出口贸易总额（X_{10}）和居民人均消费支出（X_{11}）共11个影响指标进行分析，原始数据如表2-12所示。

表2-12 原始数据

年份	Y_1（百万吨）	Y_2（亿吨·公里）	X_1（亿元）	X_2（亿元）	X_3（亿元）	X_4（亿元）	X_5（亿元）
1992	1 198.80	713.36	255.42	356.30	30.44	122.56	102.42
1993	1 203.10	724.90	357.23	506.48	35.87	177.46	143.90
1994	1 239.20	723.40	485.76	741.79	44.01	242.62	199.13
1995	1 326.70	751.60	606.91	777.41	60.74	294.67	251.50

续表

年份	Y_1（百万吨）	Y_2（亿吨·公里）	X_1（亿元）	X_2（亿元）	X_3（亿元）	X_4（亿元）	X_5（亿元）
1996	1 245.00	739.81	782.13	1 012.66	71.61	366.19	344.33
1997	1 269.00	673.70	912.33	1 154.19	78.79	422.06	411.48
1998	1 469.30	643.38	1 001.89	1 228.82	75.85	449.72	476.32
1999	1 544.20	636.11	1 085.68	1 277.66	78.54	478.39	528.75
2000	1 622.80	638.61	1 206.84	1 422.37	81.36	533.31	592.17
2001	1 624.40	655.02	1 347.80	1 611.76	85.03	594.84	667.93
2002	1 594.26	737.70	1 492.74	1 769.93	89.54	660.46	742.74
2003	1 660.98	764.00	1 662.18	1 994.90	95.13	701.87	825.18
2004	1 704.48	835.20	1 882.24	2 402.34	102.23	825.78	954.23
2005	1 961.17	1 277.70	2 261.17	2 674.41	109.57	1 026.27	1 125.33
2006	2 081.88	1 312.73	2 679.33	3 162.06	115.91	1 205.42	1 358.00
2007	2 255.49	1 418.00	3 209.47	4 010.30	129.15	1 440.00	1 640.32
2008	2 914.30	1 750.01	4 115.51	6 251.79	144.70	1 867.21	2 103.60
2009	3 440.92	1 900.05	4 620.86	6 317.94	149.06	2 142.14	2 329.66
2010	4 150.20	2 263.20	5 515.76	6 424.59	170.04	2 532.82	2 812.9

年份	X_6（亿元）	X_7（亿元）	X_8（亿元）	X_9（亿元）	X_{10}（亿美元）	X_{11}（元）
1992	68.36	27.70	123.55	59.82	5.79	1 844.28
1993	118.98	34.71	170.55	58.63	7.93	2 551.08
1994	206.02	41.72	234.55	60.88	19.88	3 318.24
1995	322.23	48.73	298.90	83.20	25.46	4 058.76
1996	387.03	55.74	374.11	131.71	18.40	4 455.84
1997	408.18	66.74	438.02	168.99	21.23	4 719.12
1998	420.43	70.16	491.89	192.38	18.36	5 264.40
1999	431.25	77.57	539.55	204.19	17.40	5 452.80
2000	461.93	82.43	628.56	225.076	20.31	6 074.7
2001	508.44	89.38	711.23	248.58	21.56	6 342.24
2002	570.43	94.29	798.64	243.61	22.02	6 833.40
2003	645.06	112.00	885.69	269.93	31.36	7 251.36
2004	822.20	141.00	996.22	303.85	42.98	7 792.63
2005	1 055.18	165.59	1 128.64	343.00	61.88	8 234.48
2006	1 325.29	167.21	1 293.33	382.61	80.12	9 182.04
2007	1 732.79	182.74	1 518.30	433.14	99.62	10 600.00
2008	2 252.05	228.36	1 850.05	565.01	139.77	11 432.97
2009	3 001.10	235.07	2 164.09	606.28	114.73	12 710.29
2010	3 753.17	306.94	2 523.20	733.00	180.50	14 490.07

1. 单项预测

（1）时间序列预测

由于各指标之间量纲的不同，可以先把原始数据进行归一化（使数据归一到0到1之间）处理。通过相关性分析，确定货运量作为物流需求预测指标。然后直接把物流需求（货运量）看做时间序列，利用简单回归、趋势外推、指数平滑法、灰色模型进行预测。用前17年数据作为训练样本，后2年数据作为检验样本。利用SPSS、MATLAB进行分析，拟合结果如表2-13所示。

表2-13 城市物流需求时间序列预测的拟合结果

实际值	简单回归		趋势外推（4次）		灰色预测	
	拟合值	相对误差	拟合值	相对误差	拟合值	相对误差
1.198 8	1.001 6	0.164 5	1.237 3	0.032 1	1.198 8	0.000 0
1.203 1	1.081 7	0.100 9	1.181 7	0.017 8	1.068 5	0.111 9
1.239 2	1.161 7	0.062 5	1.192 2	0.037 9	1.128 4	0.089 4
1.326 7	1.241 8	0.064 0	1.243 5	0.062 7	1.191 7	0.101 8
1.245 0	1.321 8	0.061 7	1.315 2	0.056 4	1.258 5	0.010 8
1.269 0	1.401 9	0.104 7	1.391 5	0.096 5	1.329 0	0.047 3
1.469 3	1.481 9	0.008 6	1.461 4	0.005 3	1.403 6	0.044 7
1.544 2	1.562 0	0.011 5	1.519 0	0.016 3	1.482 2	0.040 1
1.622 8	1.642 1	0.011 9	1.562 9	0.036 9	1.565 3	0.035 4
1.624 4	1.722 1	0.060 2	1.596 5	0.017 1	1.653 1	0.017 7
1.594 3	1.802 2	0.130 4	1.628 3	0.021 4	1.745 8	0.095 0
1.661 0	1.882 2	0.133 2	1.671 2	0.006 2	1.843 6	0.110 0
1.704 5	1.962 3	0.151 3	1.743 3	0.022 8	1.947 0	0.142 3
1.961 2	2.042 3	0.041 4	1.867 1	0.047 9	2.056 1	0.048 4
2.081 9	2.122 4	0.019 5	2.070 3	0.005 6	2.171 4	0.043 0
2.255 5	2.202 5	0.023 5	2.385 0	0.057 4	2.293 1	0.016 7
2.914 3	2.282 5	0.216 8	2.848 5	0.022 6	2.421 7	0.169 0
MAPE		8.04%		3.31%		6.61%

从时间序列预测的结果可以看出，趋势外推法的平均绝对误差和要明显优于简单回归和灰色模型。

（2）因果分析法预测

以主成分p为输入变量，货运量Y_1为输出变量，同样用前17年数据进行拟合。多元回归法与BP神经网络的拟合结果见表2-14所示。

表 2-14　因果预测法拟合结果

实 际 值	多元回归		BP 神经网络	
	拟 合 值	相对误差	拟 合 值	相对误差
1.198 8	1.085 1	0.094 9	1.170 6	0.023 5
1.203 1	1.134 2	0.057 3	1.209 9	0.005 7
1.239 2	1.209 0	0.024 4	1.269 7	0.024 6
1.326 7	1.289 4	0.028 1	1.334 1	0.005 6
1.245 0	1.359 3	0.091 8	1.390 3	0.116 7
1.269 0	1.421 3	0.120 0	1.440 2	0.134 9
1.469 3	1.449 4	0.013 6	1.463 0	0.004 3
1.544 2	1.479 4	0.041 9	1.487 4	0.036 8
1.622 8	1.533 4	0.055 1	1.531 6	0.056 2
1.624 4	1.587 3	0.022 8	1.576 0	0.029 8
1.594 3	1.636 1	0.026 3	1.616 7	0.014 1
1.661 0	1.715 8	0.033 0	1.684 2	0.014
1.704 5	1.837 7	0.078 1	1.791 0	0.050 7
1.961 2	1.981 2	0.010 2	1.924 4	0.018 8
2.081 9	2.129 1	0.022 7	2.074 7	0.003 5
2.255 5	2.345 2	0.039 8	2.327 7	0.032 0
2.914 3	2.722 2	0.065 9	2.915 1	0.000 3
MAPE		4.86%		3.36%

与多元回归法相比，BP 神经网络模型的拟合性能更强，误差更小。

2. 组合预测

（1）单项模型的选择

根据组合预测模型选取的原则，综合考虑时间序列分析与因果分析各模型的差异性及预测的精确度，我们选择时间序列中的趋势外推法和因果分析中的 BP 神经网络两种方法作为组合预测的单项预测模型。

（2）组合权重的确定

设组合预测模型趋势外推法和 BP 神经网络模型的权重分别为 l_1、l_2，采用三种确定权重的方法，分别计算各自权重。

1）等权平均法。等权平均法的思想是将 n（$n \geqslant 2$）种预测模型同等看待，平均分配权重，多用于单项预测精度未知的情况。

$$l_1 = l_2 = 0.5$$

2）方差倒数加权法。这种方法是对等权平均法的改进，主要利用误差与权系数成反比关系，误差和越大，表明该项预测方法精度较低，则它在组合预测模型中的重要性就越低，即误差大的预测方法赋予较小的权数，而误差小的预测方法赋予较大的权数。基本思想是分别计算出每种预测方法所有预测值的方差，权系数取方差倒数所占总方差倒数和的比值即可。

$$l_1 = 0.5513$$

$$l_2 = 1 - l_1 = 0.4487$$

3）基于方差最小化的组合预测模型。方差最小化法又称最小方差法，是一种经典算法，由 Bates 和 Granger 首次提出，目标是使均方预测误差达到最小时来确定组合权重。在具体求解时，一般都是将此类问题转化为线性或非线性规划模型进行求解，不少学者尝试了很多新的思路和方法来解决此类问题，比较流行的有简化单纯形法，动态规划法、递归等权法、Frank-wolfe 法、遗传智能算法等。

$$l_1 = 0.6425$$

$$l_2 = 1 - l_1 = 0.3575$$

（3）组合预测的拟合结果

分别选用三种组合模型，对原数据进行预测和拟合，结果见表 2-15。

表 2-15　组合预测模型拟合结果

实际值	组合模型（1）		组合模型（2）		组合模型（3）	
	拟合值	相对误差	拟合值	相对误差	拟合值	相对误差
1.198 8	1.204	0.005 1	1.207 4	0.008 6	1.213 5	0.012 2
1.203 1	1.195 8	0.007 3	1.194 4	0.008 7	1.191 8	0.009 4
1.239 2	1.231 0	0.008 3	1.227 0	0.012 2	1.219 9	0.015 6
1.326 7	1.288 8	0.037 9	1.284 2	0.042 5	1.275 9	0.038 3
1.245 0	1.352 7	0.107 7	1.348 9	0.103 9	1.342 0	0.078 0
1.269 0	1.415 8	0.146 8	1.413 4	0.144 4	1.408 9	0.110 3
1.469 3	1.462 2	0.007 1	1.462 1	0.007 2	1.462 0	0.005 0
1.544 2	1.503 2	0.041	1.504 8	0.039 4	1.507 7	0.023 6
1.622 8	1.547 3	0.075 6	1.548 9	0.073 9	1.551 7	0.043 8
1.624 4	1.586 3	0.038 1	1.587 3	0.037 1	1.589 2	0.021 7
1.594 3	1.622 5	0.028 2	1.623 1	0.028 8	1.624 2	0.018 7
1.661 0	1.677 7	0.016 7	1.677 0	0.016 0	1.675 8	0.008 9
1.704 5	1.767 2	0.062 7	1.764 7	0.060 2	1.760 4	0.032 8
1.961 2	1.895 8	0.065 5	1.892 8	0.068 4	1.887 6	0.037 5
2.081 9	2.072 5	0.009 4	2.072 3	0.009 6	2.071 9	0.004 8
2.255 5	2.356 3	0.100 8	2.359 3	0.103 8	2.364 5	0.048 3
2.914 3	2.881 8	0.032 5	2.878 4	0.035 9	2.872 3	0.014 4
MAPE		2.99%		3.02%		3.08%

结合上述表格分析，组合预测模型的整体误差均比单项预测模型误差值要小，精确度

要高，且三种组合模型的误差都很小（3%左右）。

（4）模型检验

以下用 2009 年和 2010 年的数据作为检验样本，来检验模型的外推性能，采用各模型的预测结果如表 2-16 所示。

表 2-16　预测结果

实际值	物流需求预测值				
	趋势外推	BP 神经网络	组合模型（1）	组合模型（2）	组合模型（3）
3 440.92	3 502.60	3 198.90	3 366.33	3 350.75	3 394.03
4 150.20	4 394.10	4 115.70	4 269.18	4 254.90	4 294.58
MAPE	3.83%	3.93%	2.56%	2.57%	2.42%

从表 2-16 可以看出，在组合预测模型与单项模型的对比中，组合预测的平均误差均比单项预测的预测误差要小，说明组合预测模型能够适应环境的变化，模型稳定性更强，能够有效地规避预测风险；在选择的三种组合模型中，相比较而言，基于方差最小化的组合模型（3）在预测精度和稳定性方面最令人满意，因此可以选择组合模型（3）来对某城市未来的物流需求量进行预测。

第3章

物流战略规划

【学习目标】了解物流战略的概念和基本内容，掌握物流战略规划的内容和层次、物流战略规划的SWOT分析方法、社会物流战略规划的内涵和主要内容、企业物流战略规划的步骤和内容。

3.1　现代物流战略规划概述

战略是对相对较长时期内重大事项的全局谋划与决策。战略具有指导性、全局性、长远性、竞争性、系统性、风险性的特点，战略规划是制定全局性、长远性、战略性目标的策划。经济全球化与信息技术的迅速发展推动现代物流业不断发展壮大，大到一个国家，小到一个企业，物流战略规划已逐步成为战略规划的重要组成部分，它的成功与否关系到经济发展在市场竞争中的进退得失。从某种程度上讲，无论一个国家，抑或是一个地区或城市，或者是一个企业都应根据自己的战略发展要求把物流规划纳入议事日程。

3.1.1　战略与物流战略

1. 战略与物流战略的概念

（1）战略。战略和物流一样，最初也是在军事领域中被提出来的，随着人类社会实践的发展，战略逐步被人们用于军事领域之外，并被赋予新的含义。战略具备以下几方面的特征。

1）全局性。战略是以全局为对象的，根据总体发展的需要制定企业整体行动，追求的是整体效果。

2）长远性。战略既是谋取长远发展要求的反映，又是对未来较长时期内生存和发展的整体考虑。

3）抗争性。战略是关于激烈竞争中如何与对手抗衡的行动方案，也是针对来自各方的挑战和压力。

4）纲领性。战略所规定的是整体的长远目标、发展方向和重点，这些都是原则性的、概括性的规定，具有行动纲领的意义，必须层层分解、分步实施，才能完成有价值的行动计划。

5）风险性。战略考虑的是未来，而未来具有不确定性，因而战略必然带有一定的风险性。这就要求决策者关注环境的变化，并且能根据环境的变化及时调整战略，提高抗风险的能力。

从以上特征中不难发现，战略决策是一项非常复杂的决策活动，它要求决策者具有较高的素质和决策水平。

（2）物流战略。将战略思想运用于物流的经营管理中，就产生了“物流战略”的概念。根据国家标准，物流战略的定义为：为寻求物流的可持续发展，就物流发展目标及达成目标的途径与手段而制定的长远性、全局性的规划与谋略。

物流战略作为社会经济发展战略与企业总体战略的重要组成部分，要服从社会经济总目标和企业目标。有时城市、地区、国家或企业战略的制定是针对竞争对手的策略，此时，高效的物流系统往往是体现一个城市、一个地区、一个国家或一个企业竞争力的重要因素。

随着我国经济的发展，以及经济全球化、国际化的加快，社会分工越来越发达，传统的低效率、高能耗的物流已不适应现代物流的发展需要，现代物流作为一个产业出现，已成为由生产到消费过程的一个重要组成部分，研究物流的发展战略，使政府和企业从更高、更远、更全面的角度全面认识和解决物流中存在的问题，对促进物流产业的形成和发展，具有极其重要的意义。

2．物流战略的目标

现代物流战略的最终目标是使物流运作的效率最高和效益最大。效率最高是物流战略规划首要达到的目标。现代物流的根本宗旨是提高物流效率、降低物流成本、满足客户需求，通过制定有效的物流战略规划可以大幅度提高物流运作的效率，如整合社会和企业资源，实现规模效应，提高信息技术的运用，实施一体化、信息化的管理。对企业物流、资金流、信息流进行统筹，将采购、销售、客户服务、财务同物流紧密结合，实现财务、业务的一体化运作，保证资金流、物流和信息流的高效、有序流动。效益最大是现代物流战略最终实现的目标之一。效益最大是指消耗最低的成本，获得最大的效益，并且能够提供最优的服务。

3．物流战略的基本内容

（1）物流系统的宗旨。物流系统的宗旨是指物流在社会经济发展中所承担的责任或主要目的。物流系统的宗旨一旦确定，将直接影响政府或企业参与物流系统设计与运营的任务、目的和目标。

（2）物流战略目标。物流战略目标是指由物流系统宗旨引导、表现为物流系统目的并可在一定时期内实现的量化成果或期望值。物流战略目标对物流战略基本要素的设计与选择有重要的指导作用，是物流战略规划中各种专项策略制定的基本依据。

（3）物流战略导向。物流战略导向是指物流系统生存、成长与发展的主导方向。影响物流系统生存、成长与发展的主导因素主要包括物流活动中的服务、市场、技术、规模、资源、组织、文化等。

（4）物流战略优势。物流战略优势是指物流系统能在战略上形成的有利形势和地位。

物流战略优势可以包括如下几个方面：产业优势、资源优势、地理优势、技术优势、组织优势和管理优势。

（5）物流战略类型。物流战略类型是指物流战略的种类，由于标准不同，可以划分很多种。例如，根据物流战略对象的范围，可以划分为社会物流战略、企业物流战略；从目的和功能角度来讲，可以划分为时效性战略、资产生产力战略、技术战略和关系战略；从战略行为角度出发，可以划分为扩张型物流战略、稳定型物流战略、收缩型物流战略等；从战略重点角度来分，可以划分为物流系统的生存战略、经营战略、发展战略等。

（6）物流战略态势。物流战略态势是指物流系统的服务能力、营销能力、市场规模在当前的有效方位及随着战略逻辑过程不断演变的过程和推进趋势。在做物流战略规划时，要着重考虑物流系统的凝聚力、适应力、抗风险能力等，弄清楚其在动态发展中的现状和走向。

（7）物流战略措施。物流战略措施是指物流战略的实施与控制及附带的有关技术手段。在战略实施过程中，战略规划制定和其进入实施阶段的措施是密切相关的，如果配合得当，则将使物流管理获得成功，反之，则不然。

（8）物流战略步骤。物流战略步骤是指阶段性目标的制定和实施。物流战略在总体上要按时间做一个整体的规划，使其在分阶段实施时有所侧重。反过来，这种分阶段目标的实现也是实现物流战略总目标不可缺少的一部分。

物流系统战略的核心思想就是让物资在流通过程中的每个环节相互衔接，形成完整、一体的供应链管理，也就是将传统意义上的点对点间的运输功能进行延伸，实现包括订货、取货、分拣、包装、仓储、装卸、搬运、配送、咨询及其相关信息服务等所有功能的一体化和专业化。

3.1.2 物流战略规划的内容和原则

1. 物流战略规划的内容

物流战略规划就是通过对规划对象的内外部环境因素的分析和组合来确定其规划宗旨的性质，设定其所要达到的目标，并以此制定规划对象要达到目标的战略和政策。

对于企业而言，物流战略规划主要包括两个方面的内容：一是物流环境分析，二是物流战略管理。其中物流环境分析又包括宏观环境分析、行业环境分析和企业内部环境分析，而物流战略管理主要包括战略目标制定、物流战略选择、物流战略实施三个方面。值得注意的是，国家物流战略规划和区域物流战略规划对于企业物流战略来讲，规划的内容、侧重点不尽相同。纵向来看，国家物流战略规划主要是从整个国民经济的发展来考虑的，而区域物流战略规划侧重于区域的经济发展，而且以区域企业的物流整体发展水平为参照物。横向来看，区域与区域之间的情况不同，区域物流战略规划也各具特点。同样，即使处于一个区域内的企业，在进行物流战略规划时，固然可以参考其他企业的规划方案，但更重要的还是结合企业自身的优劣态势进行制定。

2. 物流战略规划的原则

（1）科学评价。在进行物流战略规划时，要综合考虑影响整个物流系统的外部条件和内部要素，并决定其取舍；在对战略优势进行评价时，要从地理优势、资源优势、技术优势、组织优势、管理优势、产业优势等方面进行逐一分析；对于战略类型的选择要根据自身的发展方向而有所侧重，切不可一味求全而形不成自己的竞争核心；在评价战略态势时，要对自身的发展力、竞争力、凝聚力进行综合考察，对一个企业来讲，还要及时更新补充新的物流理念和企业文化。

（2）全局意识。全局意识指的就是持续性、长远性、前瞻性。在进行物流战略规划时，必须考虑各方面的制约因素，把重点放在可持续发展这个侧重点上；另外，因为战略规划是一个中长期的计划工作，就要特别重视其长远的效果和持久的优势。

（3）柔性可行。因为物流系统的外部环境和内部各要素并不是一成不变的，所以在制定物流战略时，要充分考虑环境和内部要素的可能变化，使物流战略规划具备一定的柔性，从而减少适应成本。物流战略规划虽然针对的是长期发展，但也不能脱离国情、社情，其规划的定位必须具有可实现性，即经过一定的努力可以达到或实现这些定位和目标，否则，物流战略即使规划出来，也不能顺利实施，如此，也失去了规划的意义。

3.1.3　物流战略规划层次

从大的层面可以将物流战略规划划分为社会物流战略规划和企业物流规划两个层次，而社会物流战略规划又可细分为国家物流战略规划、区域物流战略规划和城市物流战略规划等层次，具体如图 3-1 所示。

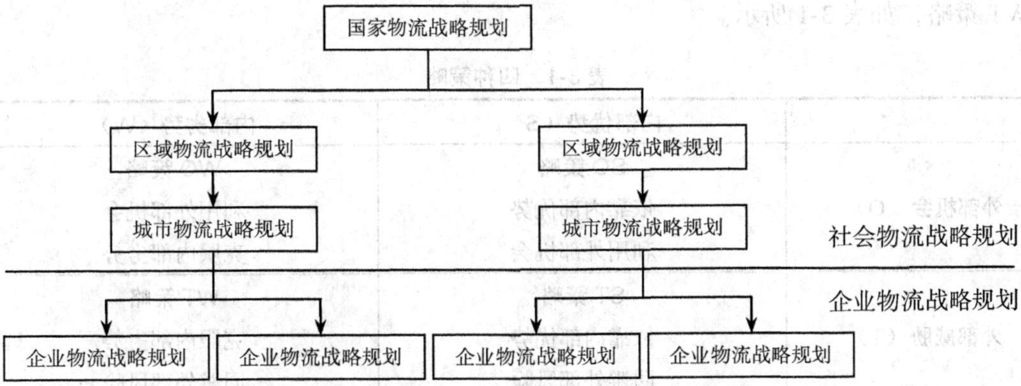

图 3-1　物流战略规划层次

在确定物流战略目标和战略对策时，必须要考虑其战略依据。这里讲的战略依据包括很多方面，诸如经济状况、法律法规等。例如，对于国家物流战略规划来讲，必然要综合考查国民经济发展规划、国际物流环境、国际物流标准、国际物流技术等；对于区域物流战略来讲，就要考虑区域经济发展规划、区域产业结构特点、区域交通基础设施建设情况等；对于企业物流战略来讲，则要考虑企业发展战略规划、企业产品销售市场情况、原料供应情况等，当然也要依据所在区域的物流战略规划、国家物流战略规划等。只有这样，才能上下一致，从而有利于各方面的物流资源进行整合，促进物流业的整体发展，形成科学的物流产业链和物流体系。

当然，在进行本级规划时，不但要参照上一级的战略规划，还要充分考察下一级的物流发展状况。比如在进行区域物流战略规划时，不但要参照国家物流战略规划，而且还要考虑本区域物流企业的发展状况。

3.1.4 物流战略规划的 SWOT 分析方法

在物流战略规划里，有很多规划分析的方法，如 SWOT 分析法、PEST 法、平衡计分卡法、经验曲线法等，下面主要介绍 SWOT 分析法。

SWOT 分析法是把分析对象的内外环境所形成的优势（S）、劣势（W）、机会（O）、威胁（T）四个方面的情况结合起来分析，以寻找制定适合实际情况的经营战略和策略方法。SWOT 这四个英文字母分别代表：S（Strength）——内部优势，是在竞争中拥有明显优势的方面；W（Weakness）——内部劣势，是指在竞争中相对处于弱势的方面；O（Opportunity）——外部机会，是指较之竞争对手更容易获得的能够轻松带来收益的机会；T（Threat）——外部威胁，是指不利的趋势或发展带来的挑战。这是一套在综合考虑内部条件和外部环境等各种因素的条件下，对整体进行系统评价，并采用策略配对的方法，利用内在的优势，克服本身的劣势，把握外部的机遇，避开竞争者的威胁，制定符合未来发展战略的分析决策体系。

1．SO 策略、WO 策略、ST 策略和 WT 策略

基于 SWOT 分析法，可以通过配对得到四组策略，即 SO 策略、WO 策略、ST 策略和 WT 策略，如表 3-1 所示。

表 3-1 四种策略

	内部优势（S）	内部劣势（W）
外部机会（O）	SO 策略 依靠内部优势 利用外部机会	WO 策略 利用外部机会 克服内部劣势
外部威胁（T）	ST 策略 依靠内部优势 回避外部风险	WT 策略 克服内部劣势 回避外部风险

SO 策略就是依靠内部优势去抓住外部机遇、寻求快速发展的战略。如一个资源雄厚的城市（内在优势）发现某一国际市场未饱和（外在机会），那么它就应该引导企业和市场采取 SO 策略去开拓国际市场。

WO 策略是利用外部机遇来改进内部弱点、提高综合实力的战略。如一个面对计算机服务需求增长的企业（外部机会），却十分缺乏技术专家（内部劣势），那么就应该采用 WO 策略培养招聘技术专家，或购入或加盟一个高科技的计算机公司。

ST 策略是利用优势避免或减轻外部威胁的打击。如一个企业的销售渠道很多（内部优势），但由于各种限制又不允许它经营其他商品（外部威胁），那么就应该采取 ST 策略，走集中型、多样化的道路。

WT 策略是以克服内在弱点来避免或应对外部威胁的战略。如一个商品质量差（内在劣势），供应渠道不可靠（外在风险）的企业应该采取 WT 策略，强化企业管理，提高产品质量，稳定供应渠道。

2．建立 SWOT 矩阵的步骤

首先，分析内外环境因素，列出关键外部机会、关键外部威胁、关键内部优势和关键内部劣势。运用各种调查研究方法，分析所处的各种内外环境因素。外部环境因素包括机会和威胁，一般可分为经济的、政治的、法律的、社会的、技术的等不同范畴；内部环境因素包括优势和劣势，一般可分为管理的、组织的、财务的、人力资源的等不同范畴。在调查分析这些因素时，不仅要考虑历史和现状，而且要考虑未来的发展趋势。

其次，构建 SWOT 矩阵。将内部优势与外部机会相匹配，从而把 SO 策略填入相应的空格中，将内部劣势与外部机会匹配并填写得出 WO 策略，将内部优势与外部威胁相匹配并记录 ST 策略，将内部劣势与外部威胁相匹配并记录 WT 策略。

SWOT 分析法经过提炼发展已不仅仅局限在分析单个项目的规划发展，而被广泛用来评判事物是否具有强大的生命力、是否有发展前景，成为当前市场分析研究和策略学的主要分析理论之一，是重在研究解决现实问题的方法，目前在众多行业、地区经济分析中被广泛应用。对于分析现实的物流问题、寻求解决方案，它同样十分有效。

3.2　社会物流战略规划

3.2.1　社会物流的含义及社会物流系统规划的意义

1．社会物流的含义

从社会整体及可持续发展理念的角度来看，为了有效地配置社会资源和环境资源，以及构筑更加具有吸引力的投资环境，需要实现从企业物流向社会物流的迈进。

所谓社会物流，是将物流活动纳入整个社会活动加以调控，其目标在于协调社会资源配置与企业经济活动之间的关系，构筑一种良好的投资环境和社会经济活动基础。在社会物流系统的构筑过程中，政府从全局的角度加以必要的调控，而企业则在政府的宏观指导下进行自主经营活动，这种协作的产物表现为共同配送、联合运输、公共物流中心、综合物流公共信息平台、交通需求管理等概念。社会物流系统是一个涉及领域非常广泛的综合系统，它涉及国民经济、社会环境、政策法规、交通运输、货运代理、仓储管理、流通加工、配送、信息服务、营销策划等领域。社会物流系统又是一个开放的复杂系统，影响其发展的内外部因素多且变化大，其依托的外部环境的变化有很大的不确定性，因此，无论改进现有物流系统还是开发新物流系统，进行社会物流系统规划都显得尤为重要。

2．社会物流系统规划的意义

进行社会物流系统规划有利于社会经济的可持续发展，对物流业的发展、物流设备的配置、物流用地的布局、物流行业的经营与管理模式的确定，以及制造业的生产组织与优化都有十分重要的意义。

进行社会物流系统规划有利于区域规划和城市建设，能有效降低物流发展过程中出现的设施重复建设现象，能进一步优化协调社会物流需求与物流供应，将有利于改善区域交通运输、城市交通状况、促进城市用地模式的合理化；有利于设计合理的投资和建设方案，减少资源浪费，提高资源利用率，是社会发展与城市建设的需要。

进行社会物流系统规划有利于整个社会物流行业的健康持续发展，有利于社会上物流用地的合理布局和物流设施的合理配置，有利于从宏观层面上对物流企业进行指导和管理。

社会物流系统规划对社会上物流市场进行充分的调查和分析，有助于本区域的物流企业制定合理的经营管理模式，有助于形成社会物流行业标准化和个性化的统一协调管理。

3.2.2 社会物流战略的构成

1. 社会物流战略目标

1）依据国民经济发展战略规划，优化国家、区域和城市的物流结构。

2）创造促进物流业发展的外部环境，包括体制、机制、制度及政策等相关要素。

3）把国家和区域作为一个整体，促进物流系统的合理布局，明确其基础设施建设的战略重点，并紧密结合城乡物流体系的建设。

4）形成物流业适应物资流通需要的社会化、专业化服务体系。

5）形成一批具有市场竞争力、经营规模合理、技术装备和管理水平较高的大型物流企业。

6）形成与国家、区域和城市经济发展水平相适应的高效率物流网络。

2. 社会物流战略导向

1）物流业相关制度创新的导向，主要包括提高制度效率、提升公共部门效率、实施科学决策、建立健全社会信用体系等方面的内容。

2）物流技术创新的导向，主要包括技术创新的路线与定位、加强创新型人才培养、建立技术创新体系（如建立以企业为主体、市场为导向、产学研相结合的技术创新体系）等。

3）物流资源节约的导向，主要是要倡导大型物流企业之间、各区域之间进行物流资源的广泛整合，即不同的物流实体联结起来，形成共享物流资源的模式。

3. 社会物流战略优势

1）产业优势，一个国家、区域和城市的其他主要经济支柱产业的发展会促进物流产业的发展，产业优势决定了物流业的服务重点。

2）资源优势，包括人力资源、国土矿产资源、生产资料资源等。

3）地理优势，主要是指社会物流发展的交通基础条件，如是否临近海边，是平原地形为主还是山区为主等。

4）社会物流发展的技术优势，主要是指和物流产业相关的科学技术发展状况。

5）物流的组织优势和管理优势，主要是指国家、区域和城市的物流业发展的隶属、运行体制等。

4. 社会物流战略态势

物流战略态势分析是制定国家、区域和城市物流战略的基础，其分析过程一方面要和战略优势结合起来，同时还要分析其劣势，以及面临的发展机遇和挑战。

5．社会物流战略部署

物流战略部署主要包括两层含义——社会物流战略措施和步骤。主要涉及的内容有：政府如何引导、组织协调产业结构，如何建立完善、物流发展相关的科学研究工作，政策措施的制定等。

3.2.3　社会物流战略规划的内涵、主要内容及关注重点

1．社会物流系统战略规划的内涵

社会物流战略规划是指确定社会物流系统战略目标，以及设计实现该目标的策略与行动的过程。即社会物流战略规划是根据现有的条件和未来发展的需要，从社会的整体利益出发，结合国民经济、社会发展长远计划，综合考虑自然条件、社会经济、物流环境、交通运输条件等各个方面的影响因素，合理利用资源，对社会区域内的物流发展的产业政策、物流活动模式、物流基础设施建设规模、速度和物流企业发展方向、功能定位等进行全面的宏观战略规划，并对物流基础设施进行合理空间布局，对运输活动、网络等进行合理规划，使一定社会地区内物流软、硬件设施能满足社会经济发展及人民生活需要，并且有效降低物流在仓储、运输、装卸搬运、包装、流通加工及信息服务等各个环节的经济成本和社会成本，缓解不合理物流所带来的区域环境污染、交通恶化等问题，以最小的社会消耗、最佳的效益、最高的效率实现发展目标。

社会物流战略规划将规划对象视为一个相互联系的有机整体，从全局的观点出发，进行全面的综合分析，从整体上进行宏观控制。战略规划要遵循局部服从全局、个别服从整体、微观服从宏观、治标服从治本、眼前服从长远、子系统服从大系统的原则，只有重视了全局、整体和大系统的要求，使系统整体上合理、经济上最优，才能体现系统的综合效益和整体效率。

2．社会物流系统战略规划的主要内容

（1）物流业发展模式的选择及中长期发展目标的确定。物流战略规划的重要作用在于为整个物流业的发展指明方向，这当然是建立在科学把握社会经济发展规模与目标、科学技术发展动向、物流业发展基础与需求走势等要素的基础之上的。

（2）物流发展战略框架体系的构建。物流发展战略框架体系主要包括物流节点总体布局、物流通道的总体构建、物流信息平台的总体框架等。这些物流基础设施的规模与水平、分布形态均应满足包含物流需求在内的社会经济发展总体要求。

（3）物流业发展的政策保障体系。物流的发展必须有稳定、开放、公正、公平的市场环境，这需要一系列政策作保障。政府在制定物流战略目标和设计达到目标的对策时，必须有正确、科学、配套的政策保障。借鉴先进国家与地区的经验，充分考虑自身的基础与发展历程，制定有效的对策是物流业健康、持续发展的基础。

3．社会物流系统战略规划的关注重点

社会物流是从政府行为角度来表述，从目前规划实践情况来看，在进行社会物流系统

战略规划时，需要重点对三大服务平台、三大服务领域和一个企业集群进行关注。

（1）三大服务平台。

1）物流基础设施平台。物流基础设施平台是为整合社会物流资源，改善物流企业发展环境，提高参与物流活动的相关企业或部门之间协同性，支撑社会物流系统高效运作，降低社会物流成本，支持经济持续发展而构筑的硬件环境。

物流基础设施是物流活动的载体，是物流合理化的基础，包括物流通道与物流节点及它们之间的相互联系。它们的组成、位置、联系方式不同，形成了不同的物流网络结构，物流网络辐射能力的大小、功能的强弱、结构的合理与否直接取决于网络中两个基本元素（物流通道、物流节点）的配置情况。

2）公共物流信息平台。物流系统信息化是现代物流发展的必然要求，公共物流信息平台不同于企业物流信息系统，它通过对物流信息资源的全面整合，实现全社会物流信息共享，满足企业内部信息化、企业外部信息化和社会物流系统信息化的要求。公共物流信息平台提供基础信息服务、行业监管、电子商务信息服务、货运交易服务、物流跟踪及交通状态服务、物流数据交换服务和应用服务等综合功能。

3）物流发展政策保障平台。与发达国家物流业发展环境不同，我国物流业是从计划经济体制下脱胎而来，在逐步完善的社会主义市场经济体制环境下运行发展起来的，相对于具有数百年资本主义市场经济运作环境下产生、发展、形成的西方发达国家物流业，我国物流业发展基础薄弱，外部环境更加复杂、特殊和多变，这一特征决定了我国物流业的发展必须由政府和市场并举推进。

在发展物流业的过程中，政府需要根据现代物流发展的功能定位和战略目标，切实担负起宏观管理和调控作用，制定相应的政策来扶持物流业的发展。完善的政策保障系统有利于为整个体系框架的实施创造良好的发展环境，政策保障平台的内容主要有以下几方面：① 鼓励现代物流业发展的产业政策规划；② 政府物流业管理协调机制的规划建议；③ 物流业行业管理体制的规划建议；④ 物流业市场的规范化策略；⑤ 物流产业的发展策略；⑥ 物流人才战略；⑦ 为物流基础设施规划和物流信息平台规划的实施提供政策保障等。

（2）三大服务领域。三大服务领域为：国际物流、区域物流和城市物流。根据现代物流发展趋势，三大领域的基本发展目标为：① 适应跨国公司全球经营战略需求的国际物流体系；② 高时效性的区域物流服务体系；③ 提供快速、准时、多样化服务的城市配送服务体系。

（3）一个企业集群。现代物流业是由具有不同核心业务能力的企业集群构成的，包括具有综合物流能力的第三方和第四方物流企业、具有综合运输组织能力的多式联运服务商、提供多样化服务的货运代理、提供准时快速服务的配送业服务商、具有先进运输仓储管理能力的专业物流企业等。因此，在进行社会物流战略规划时，需要考虑市场准入制度和促进企业间战略协同，提高企业集群的核心能力。

另外，在进行社会物流战略规划时，需要充分发挥规划的整合能力，如进行国家物流通道的总体构建时，需要整合国家层面的高速公路网和铁路网的规划，如图 3-2 和图 3-3 所示，而不能按纵向分割的计划体制将社会物流系统人为割裂。

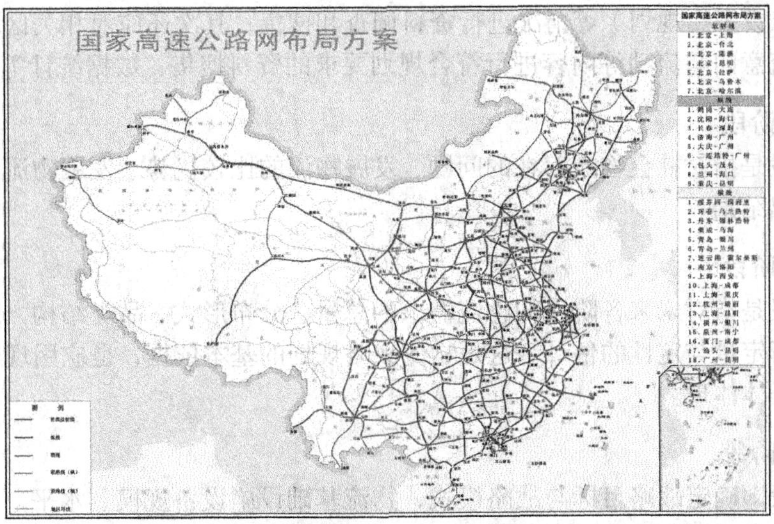

图 3-2 国家高速公路网布局方案

（资料来源：交通运输部网站）

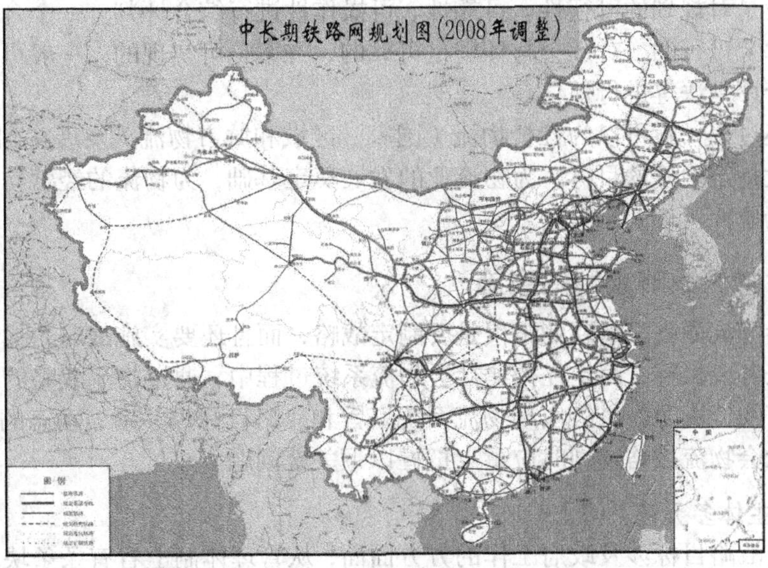

图 3-3 国家中长期铁路网规划

（资料来源：铁道部网站）

3.2.4 社会物流战略规划的工作程序

1．调查阶段

调查阶段首先包括对国内外物流发展的动向、规划区域内的自然环境（位置、气候、资源、地质等）、社会发展（人口规模与结构、民族、社会形态等）、产业经济（主要产业类别、GDP、三次产业结构、收入与消费水平等）、城市规划与建设（土地规划、城市总体规划、分区规划）、交通运输（线路、场站）、工业发展（现状、规划）、商业网点（商业发展、网点设置、规划）等情况进行资料调查和搜集；其次还应对相关区域的物流状况与动向、物流意向与流动等内容进行符合规划要求的资料搜集、数据统计等工作。

2．分析阶段

分析阶段是指对社会物流存在的问题、发展物流的比较优势、发展物流的必要性等深入研究，得出结论。

3．预测阶段

预测阶段是指对未来各阶段的物流需求的总量、分布形式、品类结构、服务水平与信息需求等进行定量与定性的估计。这是物流战略规划的基本依据，是应用现代物流规划理论与原理的具体体现。

4．规划阶段

规划阶段即确定战略目标与战略模式，物流基础设施设备规模、水平、分布的规划，物流信息平台的设计与构建规划，制定宏观政策的过程。

5．评估阶段

评估阶段是对规划的可行性、可靠性、可操作性进行综合评判。一个合理的规划必须是经济与技术上可行的，对社会与环境是可靠的，方案是可实现的。一般可运用层次分析法、模糊综合评判法等进行评估。

通过上述过程，就可以为社会物流（国家、区域和城市物流）发展找到正确的方向，为物流的建设指定明确的目标，为物流业的发展奠定基础，为物流的经营与管理创造好物流政策、市场条件。

3.2.5 社会物流战略规划的实施

对于社会物流而言，重要的不仅是要制定战略，而且还要实施战略。战略实施绝不是一件简单的任务或目标，而是在构建社会物流系统过程中，通过物流战略的管理与实施的各环节，调节物流资源，最终实现物流系统宗旨和战略目标等一系列动态的过程。

在实施社会物流战略规划时应重点把握以下关键问题。

1．实施主体多元化

社会物流战略目标涉及政府工作的方方面面，从管理体制上看有条条块块和各种要素在影响物流发展，同时社会与企业的参与和关注也将影响物流的发展。在实施社会物流战略规划时应调动政府、社会、企业各个方面的积极性。

2．实施推动的权威性

社会物流的推动应该由具有权威的力量实施，这是由物流战略规划的跨行业、跨区域、跨时间的特征决定的。

3．实施目标的阶段化

社会物流战略规划是长期的、宏观的、整体的、综合的发展目标与措施，必须将其分阶段逐步实施，具备可操作性。

4．实施要素的集约化

物流战略规划最终都要落实在具体的地位、具体的产业、具体的项目上，这都需要人、财、物的投入。对于一个国家、区域和城市而言，人财物的投入必须做出资源的调整，需要资源的集聚，才可能有投入产出的社会效益和经济效益。

5．实施环境的法制化

实施社会物流战略规划需要良好的社会环境，应有健全的法律、法规、制度做保障。

3.3　企业物流战略规划

3.3.1　企业物流战略模式

企业物流战略是企业在充分了解市场环境和物流环境及分析自身物流条件的基础上，为适应未来环境的变化，以求得长期生存和不断发展，对企业物流发展目标、实现物流发展目标的途径和手段所进行的总体谋划。

企业物流战略对于不同的企业有不同的含义，对物流企业而言就是企业的总体战略，对工商企业而言是企业职能战略，是企业总体战略的一部分，物流战略与制造、营销、财务战略共同构成企业战略。它具有全局性、长远性、竞争性、指导性、稳定性等特点。

随着市场竞争的日益加剧，企业为了能以较低的交付成本、更好的物流服务在国内、国际市场中赢得竞争优势，纷纷在降低物流成本、提高物流服务水平上下工夫。物流战略的制定越来越成为企业总体战略中不可分割的组成部分。在企业物流战略制定时，企业应根据自身的情况和需求来选择适合自身的物流战略模式。目前，主要有以下三种物流战略模式。

1．企业自营物流

企业自营物流是指货主企业自身利用已有的物流资源，采用先进的物流管理系统和物流技术，不断优化物流运作过程，为生产经营过程提供高效优质服务的物流运行模式。

2．业务外包

业务外包是指货主企业为集中精力增强自身的核心竞争力，将经营活动所需的物流服务外包给专业的第三方物流企业完成的经营方式。

3．协作物流

协作物流是指货主企业自身已有的物流资源难以满足生产经营活动需要时，与供应商、社会物流企业及消费者联合起来为有效解决物流需要开展的物流协作的基本方式，并通过资源互补、合理运作，实现企业物流协作的顺利进行。

3.3.2　企业物流战略构成

1．战略态势分析

战略态势分析就是对企业所面临的竞争环境做全面、深入、客观的分析。它包括如下三个方面的工作：首先是宏观环境分析，就是对社会经济环境进行分析，并进行发展趋势的客观预测；其次，进行行业环境分析，就是对市场需求状况、竞争对手状况进行分析；最后是企业内部环境分析，主要分析企业自身的优势和劣势。现在很多企业通常采用的方法是 SWOT 分析方法和 PEST 分析方法。

2．战略思想

战略思想是整个企业物流战略与企业物流管理的指导思想与准则。要形成一个正确的战略思想，首先要对企业物流的竞争态势有科学的分析；其次企业对市场竞争环境要有敏感的、超前的意识，在这两者结合的基础上，形成战略性的总体设想，并进而确定战略方针是进攻战略、防御战略，还是有进有退战略等；最后确定方针后，还必须确定战略主攻方向。

企业物流的战略思想应该从以下几个方面来重点体现和把握：① 释放物流需求，实施业务外包；② 资源整合、流程再造；③ 实施供应链管理；④ 建立经济效益评价体系。

3．战略目标

企业的战略目标对企业经营战略的制定和实施有着直接的指导作用。单纯有正确的战略思想是不足以具体指导整个企业的物流活动的，为此，必须把战略思想演化为具体的、可指导实际行动的、可操作的战略目标。企业的战略目标以企业宗旨为依据，以战略分析结果为基础。一般来说，企业战略目标应满足可接受性、灵活性、可度量性、激励性和可实现性及易理解性等几个基本要求。根据企业面临的环境，战略目标的制定应包括以下三个方面。

（1）降低物流运作成本。降低物流运作成本是指在保持满意的客户服务水平的条件下尽量将物流运营成本降到最低。必须注意的是，这里的成本最低指的是追求总成本最优，而不是单项成本最优，所以在目标设定时不能只考虑某个部门、某项物流活动的效益，而应追求供应链系统整体的总效益。

（2）提高投资效益。提高投资效益包括两个方面的内容，一方面使物流系统的总投资最小化，其根本出发点是实现投资回报最大化；另一方面在物流设施投资方面，不但要注重硬件投资，还应注重信息系统等软件设施的投资。

（3）改进服务质量和水平。物流管理的最终战略目标是满足用户要求，这是企业物流战略的全局性目标。当然，企业服务水平的改进会增加企业的总成本，但成本增加的同时也带来了企业收益的增加。只要成本增加的幅度小于收益增加的幅度，企业改进服务的物流战略就有实施的可能性与必要性。

4．战略重点

有了战略思想，有了正确且明确的战略目标，下一步就是要确定关键的、全局性的策略。具体来讲，工商企业和物流企业应根据战略目标来确定战略重点。

（1）核心业务和重点区域。核心业务指仓储、运输、第三方物流、第四方物流业务等，重点区域指的是重点发展的领域、未来拓展的区域。

（2）正确的产品组合战略。用什么产品去竞争，对物流而言意味着是采用运输、仓储、货代等单一服务，还是发展多式联运、综合物流等。

（3）市场竞争战略。一般来说，就是要在以下四种策略中进行选择，即抢先策略、紧随策略、模仿策略和市场服务策略等。

5．战略部署

任何战略行动都需要周密的、现实可行的资源配置与思想动员来保证，因此，要仔细计算、全面筹划与协调平衡的战略部署。简单地讲，就是必须有三个方面的支撑体系与部署：① 战略资源配置，主要是资金、设备、人力资源的支撑体系与计划；② 战略文本的编制；③ 战略动员计划，包括培训、研讨和战略安排等。

3.3.3　企业物流战略规划的层次

1．全局性战略

物流管理的最终目标是满足客户需求，因此客户服务应该成为全局性战略目标。对于全局性战略应建立用户服务的评价指标体系，实施用户满意工程是战略实施的关键措施。

2．结构性战略

结构性战略包括渠道设计与网络分析两方面内容。

（1）渠道设计。渠道设计是指通过优化物流渠道、重构物流系统，提高物流系统的敏捷性和适应性，使供应链成员企业降低物流成本。

（2）网络分析。网络分析主要通过库存分析、用户调查、运输方式分析、信息及其系统状况分析、合作伙伴绩效评价等为优化物流系统提供参考。其目的在于改进网络化的库存控制和运输管理，提高服务水平，增强信息交流与传递效率。

3．功能性战略

功能性战略主要指通过加强物料管理、运输、仓储管理等物流功能环节的管理，实现物流过程的适时、适量、适地的高效运作。其主要内容有运输工具的使用与调度优化、采购与供应方法策略的采用、库存控制及其仓储管理等。

4．基础性战略

基础性战略主要是为保证企业物流系统的正常运行提供基础性保障，其内容包括组织系统管理、信息系统管理、策略管理、基础设施设备管理等。

3.3.4　企业物流战略规划的步骤和内容

1．企业物流战略的环境分析

制定企业物流战略应该充分对企业所处的环境进行分析。这里的环境指的是外部宏观环境、行业环境及企业内部环境。

（1）外部宏观环境。外部宏观环境指的是以国家宏观社会经济要素为基础，结合物流企业的行业特点而制定的指标，所针对的是整个行业而不是单个物流企业。主要包括自然环境（原料资源、能源、污染等）、经济环境（购买力水平、消费支出模式、供求状态等）、人口环境（人口规模及构成、教育程度、地区间流动等）、技术环境（科技进步等）、政治法律环境（政治体制、法令法规等）和社会文化环境（风俗习惯、观念等）。

（2）行业环境。行业环境分析是指对企业所处行业的情况和发展进行分析，它是企业物流所必须研究的重要方面，直接影响企业物流运行的外部环境。行业环境分析的内容包括：市场规模与发展、竞争者情况、技术经济支持情况、新技术和新产品的影响。

（3）企业内部环境。企业内部环境分析包括对企业内部各职能部门和生产要素的分析。对企业职能部门的分析涉及各职能部门的现状及发展，以及各职能部门之间的联系和沟通，目的是找出制约企业发展的“瓶颈”。对生产要素的分析应从纵向出发，打破职能的界限，站在整体发展的高度研究各生产要素对企业的影响，以适合企业总体战略。

2. 企业物流资源和需求调查与分析

（1）企业物流资源和需求调查。企业物流资源和需求调查是指对企业物流战略发展所拥有的资源，以及所处环境的需求调查，主要包括以下内容。

1）企业业务运作流程调查，包括工商企业或物流企业现有业务流程的形式、环节、作业等，要分析现有流程是否有利于物流活动的高效展开。

2）物流基础设施与装备调查，包括物流中心、配送中心、仓储设施、运输车辆、装卸设备、搬运工具、分拣设备及其他设施与设备的调查。

3）企业物流组织机构调查，主要指对物流管理部门是否存在、物流管理机构的功能进行调查。

4）物流从业人员调查，主要指对物流从业人员的数量和素质、物流人才的需求进行调查。

5）客户资源调查，主要指对主要客户数量、主要客户行业分布、区域分布、主要客户的稳定性或亲和性、主要客户的物流发展计划、未来物流发展需求、客户资源离散程度进行调查。

6）物流流量和流向调查，主要指对库存商品的出入库数量、主要运输方式、承运商品的运量、主要仓储方式、商品流向及物流过程所覆盖的区域进行调查。

7）信息技术资源和需求调查，主要指对计算机及其辅助设备、软件及系统应用、信息网络建设、信息技术计划等进行调查。

8）竞争情报调查和搜集，主要指对竞争者现有的物流资源、现有的用户资源及竞争者物流计划进行调查。

9）城市（区域）内的物流调查，主要指对政府物流规划、物流设施建设、物流企业发展状况进行调查。

（2）企业物流资源和需求分析。

1）在资源优势与劣势分析方面，应注意企业物流的人力、财力等方面的分析，尤其是赖以生存的硬件设施基础和网络情况，最后从分析结果得出企业物流资源优势和劣势所在，以便为决策者提供正确信息，做出战略决策。

2）在业绩与经验分析方面，主要对自身的客户量、物流量、营业收入等数据进行统计分析，与同行业其他企业对比形成比较说明；对企业市场开发能力、人才能力、物流功能及国际合作经验等方面进行评估。

3）在核心能力分析方面，企业要力保自身独具的能力，充分体现市场链、供应链和价值链的统一能力。具体包括：主要竞争优势、企业主导业务、潜在市场优势及企业独有或擅长的、不易被其他企业模仿的能力等几方面。

4）在竞争分析方面，主要是确定同行业内不同竞争对手及不同地域的服务竞争情况，掌握竞争对手在市场中的信息，对竞争对手和自身企业在市场和竞争力方面进行评估，确定自己具有优势的服务领域。

5）在机遇和挑战分析方面，主要针对以下几个方面影响物流的因素进行分析，即政策、法律、重要事件、技术进展、改革发展、市场潜力等。

3．企业物流战略规划定位

企业物流战略规划定位主要包括明确物流战略展望和业务宗旨、物流战略的竞争选择、物流战略目标等。

（1）物流战略展望和业务宗旨。企业物流战略展望是企业管理者对企业物流战略发展前景和发展方向高度概括的描述。物流战略展望指明了企业未来物流业务前进的目标，从而提出企业独特的长期发展方向，制定企业需要遵循的物流战略途径，塑造企业物流方向的特性。物流战略展望是企业物流发展的线路图，提供实现企业物流战略目标的合理路径。

企业物流战略展望的焦点是企业物流运作能力的长远性，而企业物流的业务宗旨则主要集中于企业现阶段物流战略的规划。企业物流的业务宗旨是对企业经营范围、市场目标、物流领域等的概括描述，它相比战略展望而言，更具体地表明了企业物流服务水平的方向。

企业当前的物流业务选择和供应链的结构体系构成了企业的物流业务宗旨。明确的业务宗旨应清晰地表述企业现在正在从事的业务及需要满足的顾客需求。业务宗旨强调现阶段的使命，即正在从事的业务体系，相对于战略展望更注重短时间内的规划。企业在进行物流战略描述时，要将战略展望和业务宗旨相结合，不但要清晰描述企业现阶段的业务，还要明确企业未来前进的方向和业务范围。

（2）物流战略的竞争选择。根据物流战略目标，特别是结合本企业所拥有的供应链和面对供应链的竞争与合作态势，考虑企业所处产业的竞争作用力，确定企业物流战略的竞争选择模式。企业物流战略的定位可以分为 3 种类型：成本领先战略、差异化战略和目标集聚战略。

1）成本领先战略。从物流管理角度出发的成本领先战略需要积极建立起达到经济规模的各种物流设施，利用经济效应，加强物流成本与费用的控制，最大限度地减少运输、仓储、包装、装卸搬运等各个环节的物流成本，并实现物流总体成本处于最低水平。在成本领先战略中，物流成本的控制是企业物流管理的重点。当然，成本领先战略的最高前提是所有经营成本的总和最低，物流成本领先是为企业总成本领先服务的。构成企业总成本的各个要素都应尽可能削减支出，并平衡彼此间的相互影响而达到最优的综合效果。若增加部分物流成本可以换取生产、营销成本更大幅度的降低，这种物流管理同样是以成本领先为核心的。

2）差异化战略。所谓差异化战略，是为了使企业所提供的产品或服务标新立异，形成一些在全行业范围内具有独特性，而且不易被别人所模仿的东西。物流管理有利于这种差异化的形成，它强调物流在采购、生产、分配各个环节的及时到位，高质量和应付紧急情况的反应能力，确保物流供求协调、可靠。但是，差异化意味着物流成本会有不同程度的上升。物流作为一种提供时间和空间价值的服务而存在，服务水平的提高必然伴随着成本的提高。当然，差异化可以获得客户对特定品牌的忠诚，以及对高水平物流服务的偏爱。因此，客户对价格的敏感性会有所下降，企业可以制定较高的价格来弥补增加的物流成本。以前，企业把注意力放在了其他方面而忽视了物流管理，当绝大多数企业在取得共识并都拼尽全力时，物流管理的作用和在实现差异化方面所具有的潜力便会逐渐显现出来。

3）目标集聚战略。在目标集聚战略的指导下，物流管理的服务目标将是某个狭窄的特定对象，从而可能在竞争力上超越更广范围内的经营对手。这种物流服务既可以是保持一定的物流成本来满足特定对象的需要，也可以是在特定服务中力求实现低成本。

（3）物流战略目标。设置物流战略目标，其主要作用是将企业的物流战略展望和业务宗旨转换为明确具体的绩效目标，即想要达到的效果和成果，从而使企业有一个可参照的对象和测量标准，跟踪企业的发展和绩效。制定优秀的企业物流战略目标需要管理者付出艰辛的努力，同时，目标制定时要有创造性，并具有一定的挑战性，以促使企业和员工更加努力地为实现企业的整体目标而奋斗。

企业物流战略目标包括以下具体内容：① 如何扩大企业的物流市场份额；② 如何获得低于竞争对手的物流成本；③ 如何在市场上获得充分的发展；④ 如何获得供应链的优势；⑤ 如何成为新产品和服务的领导者；⑥ 如何抓住发展的机遇。

企业的物流战略目标包括：短期目标和长期目标。长期目标的实现期限通常超出一个现行的会计年度，一般为 3～5 年，甚至更长的时间；短期目标是执行目标，是为实现长期战略目标而设计的，它的时限通常在一个会计年度内。如果企业的短期目标和长期目标发生冲突，应当优先考虑长期目标。

4．企业物流战略规划的详细内容

企业物流战略规划的详细内容包括核心业务战略、重点区域战略、市场开发战略、国际合作战略、人力资源战略、企业资源配置和详细计划等。

核心业务战略包括仓储业务、运输业务、第三方物流业务等；重点区域战略指的是重点发展核心企业所在的区域、未来拓展的区域的战略；市场开发战略包括目标区域、目标行业、目标用户等；国际合作战略是指积极寻求国际合作、制定合作合资计划、选择合作伙伴等方面的战略；人力资源战略包括物流人才选拔、人才培养及人才引进等方面的战略；企业资源配置，主要包括企业资源、人力资源、物质资源、客户资源、技术资源等的配置情况，以确保制定的物流战略能够顺利实施；详细计划是落实战略所需要的详细实施计划与工作安排。

3.3.5 企业物流战略的实施

1．对总体战略的说明

对总体战略的说明包括企业为什么进行物流战略的选择，实现此战略将给企业带来怎样的重大发展机遇，总体物流战略目标和实施总体战略的方针政策。

2．企业物流资源配置

资源配置是物流战略实施的重要内容。企业物流战略资源是指企业用于物流战略行动

及其计划推行的人力、物力和财力等总和。具体来讲包括：采购与供应的实力、生产能力和产品实力、财务能力、人力资源实力、物流技术开发实力、物流管理实力、时间及物流信息等无形资源的把握能力。在企业的物流战略实施过程中，必须对所属资源进行优化配置，归纳起来主要有设备、资金、人力等资源的配置。

3．企业组织结构的调整及物流战略子系统的接口协调

为了实现企业的战略目标，必须以相应的组织结构来适应企业物流战略发展的要求。由于企业物流战略需要适应动态发展的环境，因此，组织结构必须要具备相当的动态弹性。另外，企业物流战略规划往往包括若干子系统，如何协调、发展、控制这些子系统，以及整个总系统对这些子系统间接口处的管理、控制应相当明确。

4．制定应变计划

有效的物流战略规划要求企业必须具备较强的环境适应能力。要获得这种能力，就要有相应的应变计划作为保障。要看到各种可能条件在一定时间内可能发生的突如其来的变化，因此制定应变计划也是企业物流战略规划实施的主要内容之一。

复习思考题

1．物流战略的目标是什么？如何理解这些目标？
2．如何理解 SWOT 战略分析方法的四种组合策略？
3．城市物流战略规划应该包括哪些主要内容？
4．物流企业战略规划的内容有哪些？
5．区域和企业物流战略实施和控制需要把握哪些关键的问题？

案例研究　山西 JM 集团的物流战略规划

山西 JM 集团物流资源的总体特点是产地资源丰富、中转资源简单、销地资源空白。图 3-4 是山西 JM 集团物流产业组织结构，可以看出企业各产业部门都紧紧围绕煤炭物流而展开。

为了对企业有个全面了解，采用 PEST［Political（政治）、Economic（经济）、Social（社会）、Technological（科技）］分析模型对企业所处的政治法律环境、经济环境、社会文化环境和技术环境进行分析。外部环境的分析是为了确定企业发展的方向，找到企业发展的突破口。内部环境的分析是为了找出自身的优势和劣势，以合理的方式转换各种资源，达到企业最终的赢利目的。

1．发展定位和布局规划

（1）发展定位

集团的整体战略定位是依托山西 JM 集团，立足于煤炭产业供应链物流一体化服务体系，构建煤炭产地到销地物流资源平台网络；打造 JM 物流特色化供应链物流的核心能力；

形成可复制延伸的煤炭产业集群生产性服务商业模式，成为国内知名、行业领先的煤炭特色供应链物流集成服务商。

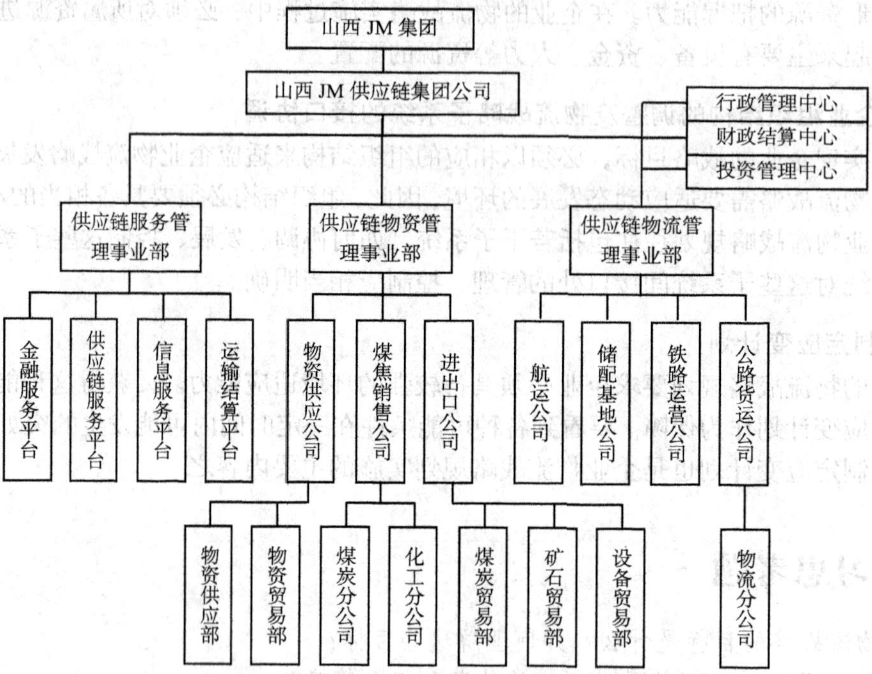

图 3-4　山西JM集团物流产业组织结构

集团物流产业战略目标是2015年成为山西JM集团新兴核心产业，初步形成煤炭产地到销地物流资源网络节点布局，企业具备上市条件。2020年成为国内知名大型煤炭产业特色供应链物流集成服务商。

（2）布局规划

集团的发展思路是以煤炭资源为纽带，以煤炭产业与供应链互动物流为核心，以掌控煤炭物流关键节点为突破口，以满足煤炭相关企业的需求为导向，形成JM集团新的主导产业，成为煤炭行业领先的供应链物流服务商："立足JM、产供互动、物贸联动、网联发展。"

物流产业布局规划为：建立一个中心，把握两大方向，掌控三大资源，搭建四大平台。

一个中心：建立JM集团现代物流产业组织管理中心——"山西JM供应链管理集团公司"。

两大方向：从两大业务方向发展JM集团物流产业：① 从采购到销售的煤炭供应链贸易服务；② 从产地到销地的煤炭一体化物流服务。

三大资源：占三种关键的资源或节点：① 大宗物资供应资源；② 煤焦产地物流节点；③ 煤焦销地物流节点。

四大平台：构建四大现代物流产业发展服务（保障）平台：① 电子商务交易结算平台；② 供应链金融服务平台；③ 供应链物流公共信息平台；④ 供应链服务管控平台。

2. 分阶段发展目标

结合 JM 集团物流发展的现状和物流产业的战略定位，JM 集团物流产业的发展分为三个阶段：战略导入期、战略发展期和战略跨越期，如图 3-5 所示。

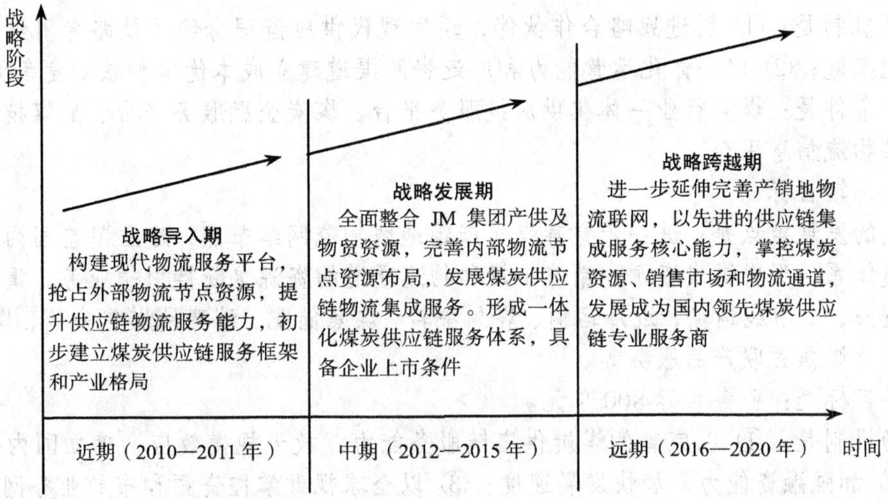

图 3-5　JM 集团分阶段发展战略

（1）近期目标

近期的发展重点是：① 抢占煤炭产地、中转、销地物流节点资源，建设煤炭集货基地、煤炭储配基地，为上下游的纵向业务延伸做好准备；② 完善对内的生产服务物流保障体系，构建“四流合一”的现代物流服务平台，改善并提升现代物流服务能力；③ 稳固扩大国贸现有采购贸易业务规模。加强开发生产资料市场，扩大煤炭、焦炭及相关产品贸易、带动运输、仓储配送、港口转运等业务的跨越式发展。

业务重点是：以集团内部服务整合为主，初步实现集团企业大宗生产物资集采集供集配服务业务；扩大国贸现有煤焦贸易业务；发展第三方物流服务集成业务；拓展近海航运业务；延伸外部煤炭及相关产品的贸易物流综合业务。

财务目标是：业务目标达到 260 亿元。

市场机制是：① 借助、引进国内外优秀 3PL 企业成功经验，快速提升 3PL 企业运营能力、运营网络，发展和培育一批稳定的区域市场客户；② 依靠集团政策，扩展大宗物资、零配件供应物流业务；③ 通过租赁、并购等方式建立煤焦物流节点，加大煤炭资源掌控，延伸发展煤焦贸易。

技术条件是：建立物资供应管理系统、物流业务应用系统、物流服务质量管控体系及相应信息化管理平台。

（2）中期目标

中期的发展重点是：① 整合 JM 集团内外部物流资源节点，铁路专线、集货场站、国铁运输、中转基地、储配基地等形成公铁港水一体化物流服务网络体系；②在煤焦消费集聚区域，发展煤焦储配增值服务业务；③ 形成产供互动、物贸联动、网络关联的服务体系，形成 JM 集团现代物流产业核心优势；④ 完成企业上市条件准备。

业务重点是：产地煤焦贸易、专用线运输、近海运输、煤焦中转、煤焦储配、消费地煤焦分销等。

财务目标是：业务目标达到 425 亿元。

市场机制是：① 引进战略合作伙伴，运用现代供应链理念经营铁路专用线、近海运输和储配基地；② 以一体化运营能力和广泛资源渠道建立成本优势和核心竞争力。

技术条件是：煤炭行业一体化供应链服务平台、煤炭金融服务平台、配煤技术、煤炭行业公共物流信息平台。

（3）远期目标

远期的发展重点是：进一步完善煤焦产销地域物流网络节点，建立覆盖国内沿海的煤炭供应链体系，形成煤炭资源、销售市场和物流通道的资源垄断性引领业务，重点包括产地煤焦贸易、专用线运输、近海运输、煤焦中转、煤焦储配、消费地煤焦分销、煤焦配送、金融服务及煤焦关联产品服务等。

财务目标是：业务目标 800 亿元。

市场机制是：① 以完善的煤炭供应链服务能力，放大规模效应，确立国内行业领先地位；② 加强融资能力，加快发展速度；③ 以全球视野掌控资源和布局业务网络。

3. 战略发展重点

根据战略规划，未来 JM 集团煤炭物流的重点为第三方物流、铁路运输和航运业务。

（1）第三方物流业务

第三方物流业务的发展思路是：依托 JM 集团物流资源，立足煤炭物流市场，以构建第三方物流运营平台为切入点，通过整合全集团的公路物流资源，整合当地个体、非正式组织的运输队伍，发展煤炭上站运输、厂间运输、市内配送、项目运输等，建立完善的第三方物流管理体系和物流网络，成为山西地区优秀的公路第三方物流企业。

（2）铁路运输业务

铁运业务总体发展思路是：利用山西煤矿整合时机，以资本运作、战略联盟等多种方式抢占煤炭物流节点，包括铁路专用线、煤炭集运场站或快速装车站等，并以铁路专用线和集运场站为基础，开展煤炭运输、仓储等一系列专业铁路运输业务，既能满足自身资源外运，又能吸引整合周边资源，为产地煤炭贸易提供资源会聚、交易的基地条件，与储配煤基地形成对接网络。整合 JM 集团下属企业现有的铁运资源（专用线、集运场地），完善铁运网络布局，进一步发展成为太原地区甚至“三西”地区一流的铁路运营公司，实现煤炭物流整体协同效应和规模经济优势。

铁路运输业务在发展过程中重点进行市场细分和定位。结合 JM 集团现有资源和未来发展，铁运业务进一步细分和定位为三类业务：运输业务——空车接送、重车接送、货车装运；衍生业务——煤炭仓储、铁路运输代理；增值业务——整列集配、铁路信息咨询、煤炭报销、配煤加工。

JM 集团拟新建煤炭集运场站的布局如图 3-6 所示。

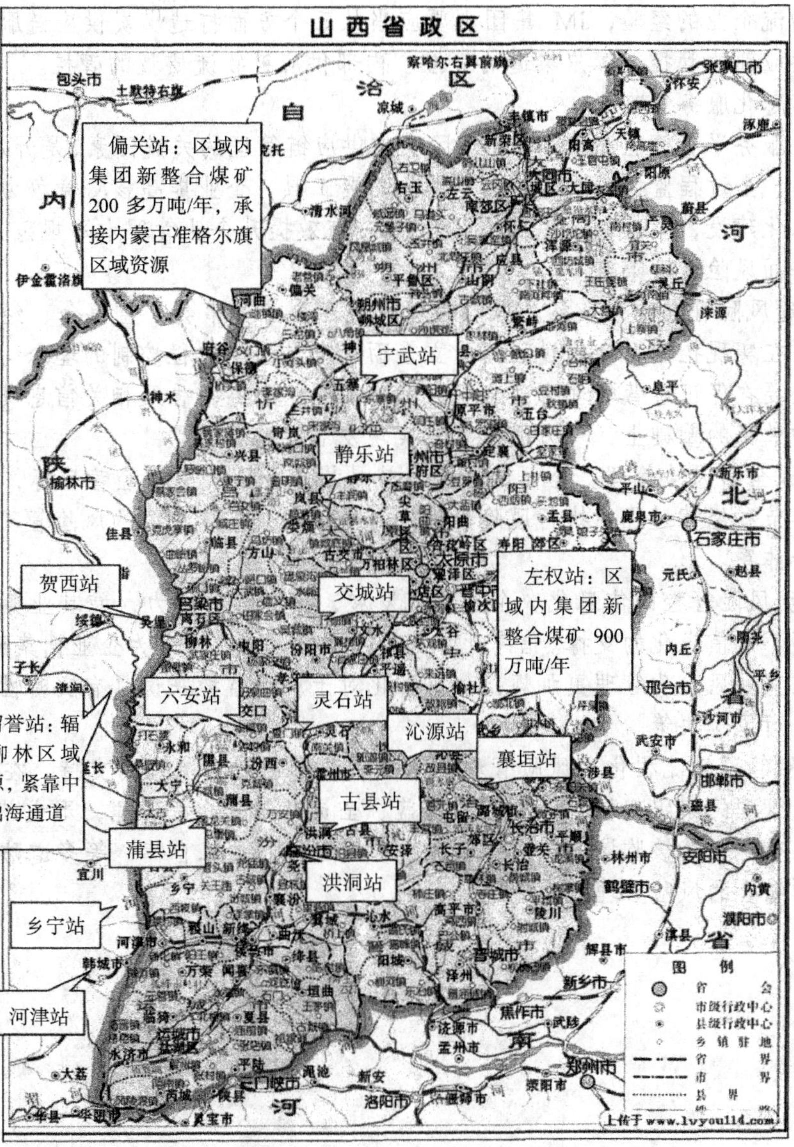

图 3-6　JM 集团拟新建煤炭集运场站的布局

（3）航运业务

航运业务总体发展思路是：立足于 JM 集团及自身的海河运输需求，稳健、逐步发展海河煤炭运输。以合资/合作方式引进具有先进船舶运营经验的船务公司组建航运公司。坚持逐步“从近海/内河船运向远洋运输”、“从自有业务向社会市场”、“从租赁船舶向购买船舶、建造船舶”的发展步骤，循序渐进地发展成为国内一流的航运企业。

4．战略发展策略

（1）质量标准化策略

良好的质量管控是 JM 集团物流产业健康发展的基础，是实现战略目标的必要保证。

结合先进物流企业的经验，JM 集团主要应当从三个方面打造煤炭供应链服务质量标准管控平台：供应商的管控、客户渠道的管控、内部供应链物流质量的管控。

（2）信息化服务策略

信息化服务平台管理系统是JM集团实施供应链管理的关键因素，是开展跨区域发展、多业务集成、全过程监控、快速信息处理的必要工具。企业提高核心竞争力的重要途径就是企业信息化建设，它支持着企业的战略发展，有效提升企业管理水平规范业务流程执行。

（3）全面风险管理策略

1）构建风险管理体系架构。风险管理系统由企业董事会、监事会、经理层和全体员工实施，旨在实现控制目标的过程，树立全面、全员、全过程控制的理念。加强风险管理的目标就是要在保证经营管理合法合规、资产安全、财务报告及相关信息真实完整、提高经营效率和效果的基础上，着力促进企业实现发展战略。

2）实施全面风险管理。全面风险管理就是指企业围绕总体经营目标，通过在企业管理的各个环节和经营过程中执行风险管理的基本流程，培育良好的风险管理文化，建立健全全面风险体系。

3）实现风险管控的信息化。企业实现发展，提高管理能力，使其业务流程精细化、规范化都离不开信息化的支撑。信息化作为一个重要手段，可以为企业搜集到全面的信息，可以将企业实现风险化管理更加规范。信息化对于风险监控来说具有实时性，可以有效地帮助企业进行风险决策。

4）风险管理的流程化。风险管理体系发展依赖组织和流程的支持，在提升期内应考虑完善风险管理的组织架构，做到全面覆盖、全员参与、全程管理，形成“董事会总控、经营管理层布控、稽核监控、部门间互控、部门自控、员工自律”等多道防线，从而打造自律与他律结合的风险管理组织流程。

第4章

物流系统网络规划与设计

【学习目标】了解物流系统网络的含义、组成要素与特征，掌握物流节点与物流线路的功能和分类、物流系统网络的主要结构模式及特点、物流系统网络规划与设计的主要内容和步骤、物流节点选址模型。

4.1 物流系统网络概述

4.1.1 物流系统网络的含义

"网络"一词通常用来描述一种结构，这种结构既可以是实体的（如交通线路网、通信线路网等），也可以是抽象的（如社会网络）。每种网络都包括两种要素，即点和线，因此，人们将网络定义为由点集和连接点集的线段集组成的集合。这样的点称为"节点"，节点间的连线称为"边"，每条边代表两节点所在区域间的所要研究的线路总和。边代表了各线路的大体趋势走向，但不能描述所有线路的具体走向。

物流系统网络是物流系统的空间网络结构，是物流活动的载体。它是指货物从供应地到需求地的整个流通渠道的结构。从图论的角度，可以把物流系统的网络结构抽象成由点与线及它们之间相互关系所构成的网络。

我国国家标准《物流术语》中将"物流网络"定义为"物流过程中相互联系的组织与设施的集合"。这是一个概括性的定义，基本说清了物流网络中所包含的主要要素，但并没有包括作为物流网络运转支撑作用的信息网络。

本书将物流系统网络定义为：在信息技术、网络技术和通信技术等高新技术的支持下，为适应物流系统化和社会化的要求而发展起来的，由物流基础设施网络、物流组织网络和物流信息网络三者有机结合而形成的物流服务网络体系的总称。物流基础设施网络是物流系统网络高效运行的基本前提和条件；物流组织网络是物流系统网络运行的组织保障；物流信息网络是物流系统网络运行的重要技术支撑。目前无论政府还是企业，都越来越意识到物流系统网络对于发展经济与现代物流业的重要作用，在全国范围内兴起了物流基础设施网络规划和建设的热潮。本章主要从物流基础设施网络和物流组织网络角度对物流系统网络规划进行了阐述。

1．区域物流网络

在一个经济区域内，各个地区或企业之间经济上的关联性和互补性往往会比较大，经济活动比较频繁，物流规模总量较大，物流成本占整个经济成本的比重大，物流改善潜力巨大。因此，在经济关联性较大的经济区域建立物流网络非常必要，例如，当前我国的几个典型经济区域如环渤海经济区域、珠三角经济区域、长三角经济区域等都在构建或重建物流网络。

按经济区域建立物流网络已经在国际上得到认可。美、日等发达国家的物流网络一般也是按照经济区域构建的，这不但能够承担该经济区域内的物流服务，而且健全、完善的物流网络还能大大促进该经济区域内的经济活动，带动区域经济发展。因此，在考虑构建物流网络时，要从整个经济区域的发展来考虑，构建区域物流网络。

在一个经济区域范围内，城市成为经济活动的中心，大量的物流活动产生在城市之间和城市内部，城市成为区域物流网络的重要节点，如何有效地将城市连接起来成为构建物流网络需要考虑的一个重要问题。在考虑物流网络结构时，城市作为厂商和客户的集聚点，由于其基础节点建设和相关配套支持比较完备，所以有成为物流中心的优势。另外，经济区域内中心城市的经济辐射能力比较强，其作为物流中心能更好地发挥物流网络的效用。

2．服务经营网络

服务经营网络战略是一种市场竞争战略，一旦企业占领了某一市场，该企业就有了在这一领域的竞争优势。企业服务网络和经营网络是物流系统网络规划与设计的重要内容，也是构筑物流枢纽的关键问题之一。企业经营网络和服务网络领域应尽量扩大，延伸到区域服务内的所有网点。

服务经营网络规划建设的意义：一是利用企业间的协作拓展自己的业务范围；二是利用核心业务能力战略，提升自己的业务服务水平；三是加强与客户之间的联系，稳固旧关系，开拓新关系；四是尽力满足客户各种服务要求，提高企业信誉；五是更新企业陈旧设备，提高设备的现代化水平；六是在服务区域范围内布设服务网点，随时接受客户服务要求；七是利用物流系统信息平台和相应的管理软件，实现企业内部、企业之间、企业与客户之间的信息实时交换。

4.1.2 物流系统网络的组成要素

物流过程如果按其运动的程度即相对位移的大小来观察，又可看做由多次的运动—停顿—运动—停顿所组成，与这种运动形式相对应，物流系统网络结构也是由执行运动使命的各种运输方式和执行停顿的节点两种基本要素组成。各种运输方式与节点相互联系、相互匹配，通过不同的连接方式与结构组成，形成不同的物流系统网络。物流系统网络辐射能力的大小、功能的强弱、结构的合理与否直接取决于网络中这两个基本元素的匹配程度与方式。

按照网络的一般定义，可以将物流系统网络定义为由物流节点集和线路集组成的集合，集合体中的构成元素之间相互制约、相互联系，可用下面的数学表达式抽象地表示物流系统网络：

$$LSN = (N, L, R) \tag{4-1}$$

式中，LSN 为物流系统网络；N 为物流系统网络内的节点元素的集合；L 为物流系统网络内的线路元素的集合；R 为元素间各种关系的集合。

按照这一定义，物流系统网络由物流节点和物流线路两个基本要素组成。物流系统网络服务水平高低、功能强弱取决于网络中两个基本要素的配置和两个基本要素本身。全部物流活动是在节点与线路上进行的。物流节点上的活动离不开物流线路的连接；物流线路上的活动需要节点的组织和联系。只有两者的有效结合，才能实现物流网络的高效化运作。物流节点包括物流园区、物流中心、配送中心及分布在生产制造、商贸流通及交通运输领域的货运站场、仓库、港口码头等。物流线路包括为物流服务的公路线路、铁路线路、水运线路、航空线路、管道线路。物流系统网络的组成要素如图 4-1 所示。

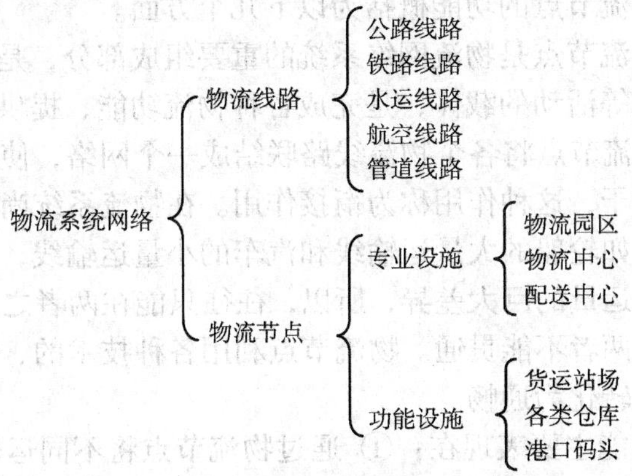

图 4-1　物流系统网络的组成要素

4.1.3　物流系统网络的特征

1．整体性

物流系统网络的节点和线路是相互依赖和相互联系的，它们共同构成一个有机整体，实现物流运作的综合功能，发挥着 1+1>2 的整体效应。物流系统网络不是各节点和线路组成的简单集合，节点和线路的连接有一定的规律性和随机性，这种连接是以实现物流系统网络的整体效果为目标的。

2．层次性

组成物流系统网络的节点和线路在规模、地理区位和功能等方面都存在着差异，这种差异使物流系统网络对外体现出一定的层次性，如区域和城市的物流系统网络。

3．环境适应性

物流系统网络规模、物流节点规模及线路规模等会随着区域的经济、交通、区位环境的改变而改变，从而带来物流系统服务能力的增强或减弱。

4．复杂性

物流系统网络的复杂性体现在组成物流系统网络要素的复杂性，有时构成物流系统网络的要素本身就是一个复杂的集合体，如物流园区、物流中心中就含有许多典型的物流基础设施和物流功能。

4.1.4 物流节点和物流线路的功能和分类

1. 物流节点的功能

物流系统网络中物流节点对优化整个物流网络起着重要作用，现代物流中的物流节点不仅执行一般的物流职能，而且还越来越多地执行协调管理、调度和信息等职能。因此，根据节点在物流系统中的地位和层次作用的不同，有时物流节点也被称为物流结点、物流中枢或物流枢纽等名称。

在物流活动中，物流节点和物流线路承担了不同的物流功能，综观物流节点在物流活动中的作用，可以将物流节点的功能概括为以下几个方面。

（1）处理功能。物流节点是物流网络系统的重要组成部分，是仓储保管、物流集散、流通加工、配送、包装等活动的载体，是完成各种物流功能、提供物流服务的重要场所。

（2）衔接功能。物流节点将各个物流线路联结成一个网络，使各个线路通过节点变得更为贯通而不是互不相干，这种作用称为衔接作用。在物流系统尚未网络化之前，不同线路的衔接有很大困难，如轮船的大量运输线和汽车的小量运输线，两者的输送形态、输送装备都不相同，再加上运量的巨大差异，所以，往往只能在两者之间有长时间的中断后再逐渐实现转换，这就使两者不能贯通。物流节点利用各种技术的、管理的方法可以有效地起到衔接作用，将中断转化为通畅。

物流节点的衔接功能主要表现在：① 通过物流节点将不同运输方式或同一运输方式连接起来，通过多式联运，实现集疏运输与干线运输、干线运输与支线运输的衔接。② 通过物流节点将运输、仓储、加工、搬运、包装等物流功能有效地联系起来，实现物流作业的一体化。

（3）信息功能。物流节点是整个物流系统网络或与节点相接的物流信息传递、搜集、处理、发送的集中地，这种信息在物流系统网络中起着重要的作用，也是物流活动能联结成有机整体的重要保证。在物流系统网络中，每个节点都是物流信息的一个点，若干个这种类型的信息点和物流系统网络的信息中心结合起来，便形成了指挥、管理、调度整个物流系统网络的信息网络，这是一个物流系统网络建立的前提。物流系统网络规划与设计过程其实也是物流信息网络规划与设计的过程。

（4）管理功能。物流系统中的管理部门和指挥机构往往集中设置于物流节点中。实际上，物流节点大都是集管理、指挥、调度、信息、衔接及货物处理为一体的物流综合设施。整个物流系统运转是否有序化、合理化和效率化都取决于物流节点的管理水平，网络规划也是物流组织结构与管理方式的规划。

（5）配套功能。配套功能包括：① 车辆停靠及辅助服务，可提供车辆停靠的场地和车辆检修、加油、配件供应等服务；② 金融生活配套服务，提供餐饮、住宿、购物、提款、保险等服务功能；③ 工商、税务、海关等服务。

（6）延伸功能。

除了具备以上基本功能外，现代物流节点还附加以下功能：① 货物调剂中心（库存处理中心），物流节点一般能够有效处理库存物资与召开新产品展示会；② 系统技术设计，吸引高科技进入节点，从事物流软件的开发设计和物流设备的开发设计；③ 咨询培训服务，利用丰富管理经验，为进区企业或客户提供咨询，提供高附加值服务。

物流处理功能和衔接功能是物流节点的基础功能，管理功能和信息功能是现代化的物流节点所必需的功能要素。

2. 物流节点分类

在物流系统发展过程中产生了若干类型的物流节点，它们在物流活动中起着不同的作用。按物流节点的主要功能不同可分为以下三类。值得说明的是，在这里对物流节点的分类主要以物流节点主要功能来进行分类，这并不意味着这些物流节点除了承担的主要功能以外不能承担其他物流功能。例如，转运型物流节点也可具有储存功能，只是转运是其主要功能。

（1）*转运型物流节点*。转运型物流节点是以连接不同运输方式或相同运输方式为主要功能的物流节点，是处于运输线路上的中转节点，如铁路货站（或货场）和编组站、水运港口码头、航空空港和公路货站等。一般来说，由于转运型物流节点处于运输线路上，以转换不同运输方式或同一运输方式为主，所以货物在这种节点上的停留时间较短。随着物流服务的快速、准时、低成本的发展趋势，转运型物流节点已成为物流服务目标实现与否的关键因素。转运型物流节点具备搬运、装卸、存储、配载及一定的流通加工和信息服务功能，在这个意义上，它同物流中心、配送中心具有一定的共性，但其主要功能体现在交换运输上。

物流系统的运作是以综合运输体系为依托的，而多种交通方式之间的转换往往是在转运型物流节点中进行的，以下是主要的转运型物流节点。

1）公路货运站。公路货运站是公路运输线上衔接公路运输进行中转或换载的设施。

2）铁路货运站。铁路货运站是铁路运输上衔接两段或多段铁路线进行铁路运输货物中转或换载的设施。

3）公铁联运站。公铁联运站是衔接公路、铁路两种不同运输方式的中转站。这种中转站一般有两种中转方式：汽车实行集货，由铁路完成大量运输；铁路运输到站后，由汽车完成小批量配送。

4）港口。港口是衔接两种水路运输方式或同一种水路运输方式，对水运货物进行重组的转运站，有海运—内河航运中转运输、海运—海运中转运输及内河航运—内河航运中转三种转运方式。其实现方法有三种：利用码头卸货、重组再重新装船，实现转运；在港湾中两船直接靠接转运；利用港湾船从一船卸货再装至另一只船或另几只船的方式转运。

5）水陆联运站。水陆联运站是衔接水运及陆运的转运站。货物转运通过码头进行装卸和货物重组，实现陆运与水运的转换。水陆联运站也是港口的另一种衔接形式。

6）空运转运站。空运转运站是衔接两种空中航线或衔接空运与其他运输方式的转运站，以后者为主要形式，一般称为空港。

7）综合转运站。综合转运站是衔接两种以上运输方式，且结构复杂、功能完善的转运站。

（2）储存型物流节点。储存型物流节点是以存放货物为主要职能的物流节点，货物在这种节点停滞时间较长。在物流系统中，储备仓库、营业仓库、货栈等都属于这种类型的节点。

尽管不少发达国家仓库职能在近现代发生了很大的变化，一大部分仓库转化成不以储备为主要职能的流通仓库甚至物流中心。但任何一个国家，为了保证社会经济的正常运行，保证企业经营的正常开展，保证市场的流转，仓库的储备职能仍将长期存在。

仓库有多种类型，按照不同的分类方法有不同的分类。

1）按照仓库的使用对象和权限分类。可分为以下几种类型：① 自有仓库，是附属于各类企业、为了储存企业自有物资（如原料、半成品、成品）而建设的仓库；② 营业仓库，是社会化的一种仓库，面向社会，以经营为手段、赢利为目的。③ 公共仓库，为公用事业配套服务的仓库，如铁路站库、港口站库等。

2）按照仓库结构和构造分类，可分为以下几种类型：① 平房仓库，有效高度一般不超过 5～6 米的单层仓库；② 楼房仓库（楼库），仓库楼房各层间依靠垂直运输机械联系；③ 高层货架仓库，也称立体仓库，内部设施层数很多，自动化程度较高，存货能力较强，主要使用计算机控制，用自动化的装卸设备运转，货物自动进出仓库，实现仓库运作的机械化与自动化，也称自动化仓库或无人仓库；④ 罐式仓库，以各种罐体为储存库的大型容器型仓库，如球罐库、柱罐库等；⑤ 散装仓库，是指专门用来保管散粒状或粉状物资（如谷物、饲料、水泥等）的容器式仓库。

3）按照仓库的技术处理方式和保管方式分类，可分为以下几种类型：① 普通仓库，一般指具有常温保管、自然通风、无特殊功能的仓库；② 冷藏仓库，有制冷设备，并有良好的保温隔热性能以保持较低温度（从–20℃至 10℃分等级）的仓库；③ 恒温仓库，具有保持一定温度和湿度功能的仓库；④ 危险品仓库，能保管危险品并能对危险品起一定防护作用的仓库。

（3）流通型物流节点。流通型物流节点是以组织物流快速流转为主要职能的物流节点。

1）流通型仓库。流通型仓库是指除了储存功能以外，还具有更强的组织货物流通能力的仓库。它和一般仓库的主要不同之处在于：① 仓库的位置不同，普通仓库往往位于地价较低的偏远地区，而流通型仓库则为了实现货物的快速流转，其往往选址于交通环境条件较好的地区；② 仓库相对的吞吐能力不同，普通仓库中货物往往长期存放，周转速度较慢，而流通型仓库中货物的周转速度较快，货物相对停滞的时间较短；③ 仓库内部构造及机械装备不同，普通仓库内部规划是以存货场地为主，作业机械较少。而流通型仓库中进出货物及理货工作所占面积相对较大，库内机械设备数量较多，运行频率高，通道面积比例大。

2）集货中心。集货中心是将一定范围内分散的、小批量的，但总数量较大的货物集中起来，以便进行大批量处理或大批量运输的物流节点。

3）分货中心。分货中心是将集中到达的大批量货物进行处理，以满足小批量、多频次物流需求的场所。

4）加工中心。顾名思义，其主要职能是进行流通加工。这类物流节点一般集加工厂和仓库的两种职能于一身，将商品的加工业务和仓储业务结合在一起。

5）配送中心。配送中心是一类以组织配送性销售或供应，执行实物配送为主要职能的物流节点。其业务范围包括拣选、配货、检验、分类等作业，并具有多品种、小批量、多批次等收货配送功能及附加标签、重新包装等流通加工功能。由于能实现货物的迅速配送，配送中心日益受到人们的重视，在物流系统中占据重要地位。

6）物流中心。物流中心通常是指综合性的物流场所，它既具备配送中心的功能，又具有货物运输中转的功能。

7）物流园区。物流园区是指多个物流中心、配送中心在空间上集中布局的场所，或者指社会中各类物流企业共同使用的物流空间场所，是具有较大规模和综合物流服务功能的物流集结点，是社会化的公共园区，是多种运输方式汇集、物流产业积聚发展的大型物流转运枢纽。

除了以上的分类方式外，物流节点还可以概括分类为两大类：一类是指为了实现物品流通顺畅，确保各种运输方式无缝连接的物流功能性设施，如分布在生产制造企业、商贸流通企业及各职能部门的货场、仓库、港口、码头等；另一类是指通过新建和改扩建的方式建设起来的，实现物流基本服务功能和综合服务功能的物流专业性设施，如物流园区、物流中心和配送中心等。

3．物流线路及其构成

物流线路是物流节点的连接线，包括公路、铁路、航空、水运和管道等线路，主要承担物品流通过程中的运输和信息传递功能。这些线路通过不同的连接载体，形成不同的网络，如公路网、铁路网、航空网等，而这些线路通过物流节点的衔接形成物流系统网络。

（1）铁路线路。铁路线路主要有以下几种类型：双轨线路、单轨线路，宽轨线路；标准轨线路和窄轨线路；普通线路、快运线路等。不同类型的铁路线路有不同的物流运营要求，所承担的物流服务和服务水平也是不同的。铁路物流基础设施的发展对物流的发展至关重要，在运送大件货物方面铁路发挥着重要作用，特别是近年来铁路的跨越式发展使铁路在发展物流方面起到了越来越重要的作用。

（2）公路线路。公路线路的种类是线路里最多和最复杂的，可以分为以下几种类型：国道、省道、城市道路；高速公路、快速公路、一般公路；货运线路、非货运线路；干线公路、支线公路、连接公路等。不同类型公路线路能够提供的车辆运行条件不同，对车辆的通过能力和管理方式也不同。公路物流基础设施的发展对物流的发展至关重要，是解决我国物流运输的主要方式之一。

虽然公路运输比铁路和水路的费用要高，但在中国它仍然是运输包装成品的较佳选择。总的来说，公路运输可以使物流拥有更大的灵活性，可以更好地控制物流交货时间和条件。

（3）水运线路。水运线路分为沿海运输线路、近海运输线路、远洋运输线路和内河运输线路。这四种线路的航运条件不同，所使用的航运设备也有所区别。沿海运输是使用船舶通过大陆附近沿海航道运送货物的一种方式，一般使用中、小型船舶。近海运输是使用船舶通过大陆邻近国家海上航道运送货物的一种运输形式，视航程可使用中型船舶，也可使用小型船舶。远洋运输是使用船舶跨大洋的长途运输形式，主要依靠运量大的大型船舶。内河运输是使用船舶在陆地内的江、河、湖、川等水道进行运输的一种方式，主要使用中、小型船舶。

（4）空运线路。空运线路指已经开辟的能够进行管制、导航、通信等管理的空中航线。随着经济全球化的发展，作为五种运输形式之一的航空运输因其所特有的高速度的优势，已经成为世界经济持续增长和全球物流市场健康发展的重要推动力量。

（5）管道线路。发展管道物流是一个新的思路，把管道物流从只能配送液体、气体等物品向配送固体物品延伸，把地面上以车辆配送为主要形式的物流转向管道中，是一个具有划时代意义的研究与发展领域。通过实施地下管道物流，可以极大地减少城市环境污染。

4.2 物流系统网络结构

4.2.1 物流系统网络的基本结构

1. 按照结构复杂程度分类

根据物流系统网络点线联系之间的结构复杂程度划分，物流系统网络可以分为五类，具体如图 4-2 所示。

（1）点状结构。由孤立的点组成的物流网络，这是物流系统网络结构的一种极端情况，如图 4-2（a）所示。实际上，这种点状图只在封闭的、自给自足的系统中才存在，但这样的系统，除了废弃的仓库、站台等情况以外，在现实生活中基本上不存在。

（2）线状结构。由点和连接这些点的线组成且满足以下两个条件：两点之间只有一条线，线没有连成圈，如图 4-2（b）所示。农副产品供应链可能是这样的，在产地建立配送中心先将农副产品搜集起来，然后卖给公路线上的各个销售点。

（3）圈状结构。由至少包含一个连接成圈的线组成的物流网络。例如，一家电器生产厂家在两个市场区域各设置一个配送中心（DC），每个配送中心覆盖各自的市场区域，区域内部各供货点之间的商品可以调剂，同时两个配送中心之间通过干线连接。这是一种物流效率比较高的物流网络结构，如图 4-2（c）所示。

（4）树状结构。无圈但能够连通的网络，如图 4-2（d）所示。汽车行业的销售物流基本上采取这种方式，汽车制造商按照市场区域设置分销网络和配送网络，每个细分市场选择一个经销商。为了便于市场管理，不同经销商的市场范围之间有严格的界限，配送中心之间通过干线运输连接，每个配送中心覆盖一定的市场区域，从一个配送中心发出的汽车不能流向另一配送中心负责供应的经销商，因此，经销商之间的物流是不连通的。

（5）网状结构。由点点相连的线组成的网络，是一种非常复杂的网络结构，如图 4-2（e）所示。例如，某集团公司构建的网状物流网络结构，公司根据物流业务的需要建立物流中心、配送中心来建立面向全国服务的物流网络，各物流中心、配送中心之间的业务区域没有十分严格的区分，可以按照总公司的统一调度来完成相应的物流业务。这种结构有利于整个网络的物流配送服务，但管理的难度很大，如果没有完善的信息网络和集中统一的数据平台支持，物流和配送环节就会出现混乱和缺乏效率。

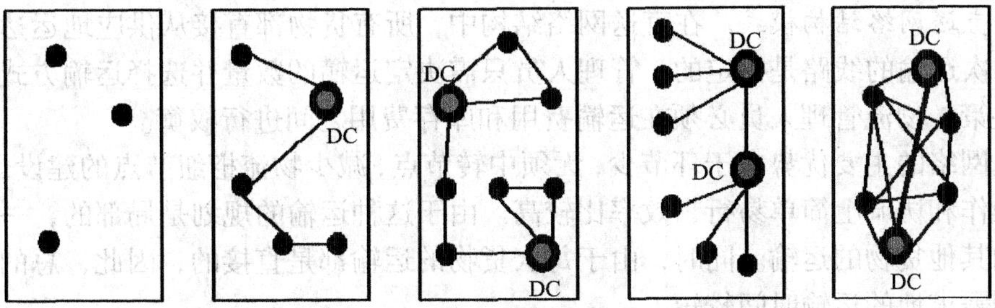

（a）　（b）　（c）　（d）　（e）

图 4-2　物流系统网络的基本结构

综上所述，点状结构没有什么现实意义；线状结构过于简单，树状结构的物流成本过高，两者适用范围都有限；网状结构的网点之间的联系处于原始状态，组织化程度不高。通过对网状结构进行优化，在不改变网络的“商流”模式的前提下，将该网络的“物流”模式改造成圈状结构，则物流效率会大大提高。

2．按照货物从供应地到需求地的连接形式分类

不同的物流系统因功能目标不同，需要有不同的物流系统网络结构模式。但从综合来看，将货物从供应地运送到需求地的连接形式一般都可采用三种基本的物流系统网络结构模式，即一种是直送结构模式，一种是经过物流枢纽节点中转结构模式，还有一种是回路运输结构模式，而物流系统网络的其他结构模式都可看做这三种基本结构模式的混合或变形，物流系统网络的三种典型结构模式如图 4-3 所示。

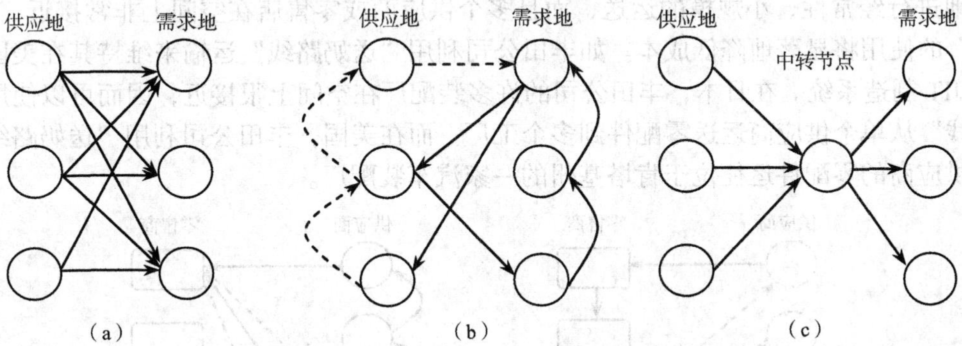

（a）　（b）　（c）

图 4-3　物流系统网络的典型结构模式

图 4-3 中，（a）为物流直送模式示意图，即一个或多个供应地直送到一个或多个需求地。（b）为回路运输模式示意图，即从一个供应地提取的货物连续运送到多个需求地，或者从多个供应地连续搜集货物后送至一个需求地。这种运送的线路是一种旅行商问题（TSP）的线路结构，也称为“送奶路线”（Milk Run）网络结构。（c）是多个供应地通过物流枢纽节点处理后配送到多个需求地的示意图。图中只是一般形式，多个供应地可以用直送方式运到物流枢纽节点，也可用“送奶路线”方式集货到物流枢纽节点，同样配送也是如此，这种物流系统网络结构模式是一种可以普遍应用于经济活动的集运物流模式。

（1）直送网络结构模式。在直送网络结构中，所有货物都直接从供应地运达到货物需求地。每次运输的线路是指定的，管理人员只需决定运输的数量并选择运输方式。要进行这样的决策，物流管理人员必须在运输费用和库存费用之间进行权衡。

直送网络的主要优势在于环节少，无须中转节点，减少物流枢纽节点的建设运营成本，而且在操作和协调上简单易行，效率比较高。由于这种运输的规划是局部的，一次运输决策不影响其他货物的运输。同时，由于每次货物的运输都是直接的，因此，总的来说，从供应地到需求地的运输时间较短。

如果需求地的需求足够大，每次运输的规模都与整车的最大装载量相近，那么直送网络是行之有效的。但如果各个需求地的运输需求量过小，没有达到满载的话，则直送网络的成本会过高。另外，随着物流系统业务范围扩大，“一对一”的直送方式将变成“多对多”的直送方式，这种直送方式的效率将大幅下降，从而无法满足业务增长的需要。区域物流系统无法使用这种方式。

（2）利用“送奶路线”的直送网络结构模式。这种网络结构模式是通过一辆卡车（或其他运输工具）把一个供应地的货物直接向多个需求地运送，或者由一辆卡车从多个供应地装载一个需求地的货物，再直接运送。一旦选择这种物流网络结构模式，管理者就必须对每条“送奶路线”进行规划。利用“送奶路线”的直送网络结构模式如图 4-4 所示。

直接运送具有无须中转仓库的好处，而“送奶路线”通过多个供应商或零售商的货物装载在一辆卡车上的联合运输降低了运输成本。例如，由于每家零售店的库存补给规模较小，这就要求使用非满载方式进行直接运送，而“送奶路线”使多家零售店的货物运送可以装载于同一辆卡车上进行，从而更好地利用车辆的装载能力，降低了运输成本。如果有规律地进行经常性、小规模的运送，而且多个供应商或零售店在空间上非常接近，“送奶路线”的使用将显著地降低成本。如丰田公司利用“送奶路线”运输来维持其在美国和日本的 JIT 制造系统。在日本，丰田公司的许多装配厂在空间上很接近，因而可以使用“送奶路线”从单个供应商运送零配件到多个工厂。而在美国，丰田公司利用“送奶路线”将多个供应商的零配件运往位于肯塔基州的一家汽车装配厂。

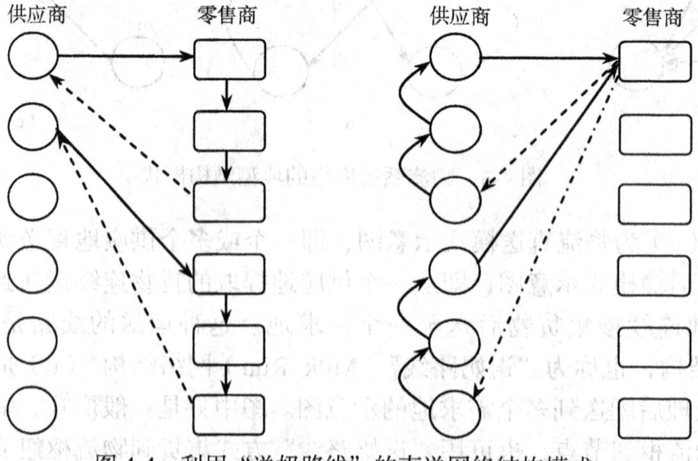

图 4-4　利用“送奶路线”的直送网络结构模式

（3）通过配送中心中转的网络结构模式。在这种物流网络结构模式中，供应地的货物不是直接运送到需求地，而是先运到配送中心中转后，再运到需求地。如在零售供应物流网络中，依据零售店的空间位置将零售店划分成几个区域，并在每个区域建立一个配送中心。供应商将货物送至相应的配送中心，然后由配送中心进行分拣后选择合适的运输方式，再将货物送到零售店，如图 4-5 所示。

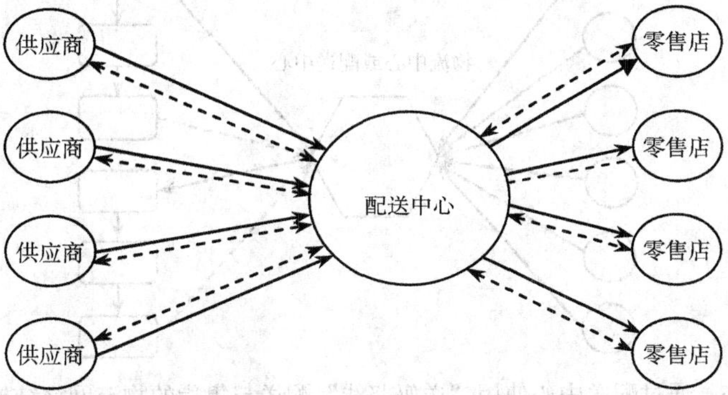

图 4-5　通过配送中心中转的网络结构模式

在这种物流网络结构模式中，其核心集中表现在：搜集（Collection）、交换（Exchange）和发送（Delivery），简称 CED 模式。配送中心是供应地与需求地之间运输的中间环节，它发挥两种不同的作用：一方面进行货物库存保管与分拣，另一方面则起着各种运输方式转换与货物交换的作用。利用这些特点，配送中心有利于降低整个物流网络的成本耗费。

如果运输的规模经济要求大批量地进货而需求地的需求量又偏少，那么配送中心就保有这些库存，并为需求地的库存更新进行小批量送货。例如，沃尔玛商店在从海外供应商处进货的同时，把商品保存在配送中心，因为配送中心的批量进货规模远比附近的沃尔玛零售店的进货规模来得大。

如果需求地对某一供应地的产品需求规模大到足以获取进货的规模经济效益，这样配送中心就没有必要为需求地保有库存了。在这种情形下，配送中心通过把进货分拣成运送到每个需求地的较小份额，并与来自不同供应地的产品进行对接，这种方式称为对接仓储或货物对接（Cross-docking）。当配送中心进行货物对接时，每辆进货卡车上装有来自同一个供应地并将运送到多个需求地的货物，而每辆送货卡车上则装有来自不同供应地并将被运送至同一个需求地的货物。

货物对接的主要优势在于无须库存，并加快了物流网络中产品的流通速度。货物对接也减少了物流处理成本，这是因为它不需要从仓库中搬进搬出，但成功的货物对接常常需要高度的协调和进出货物的节奏高度一致。货物对接适用于大规模的可预测商品，要求建立配送中心，以便在进、出货物两个方面的运输都能获得规模经济。

沃尔玛已成功地运用货物对接，减少了物流网络中在途库存量，而且也没有引起运输成本增高。沃尔玛在某一区域内建立许多由一个配送中心支持的商店，因此在进货方面，所有商店从供应商处的进货能装满卡车并获得规模经济；同样，在送货方面，为了获取规模经济，他们把从不同供应商运往同一零售店的货物装在一辆卡车中。

（4）通过配送中心使用“送奶路线”配送与集货的物流网络结构模式。以配送为例，如果每个需求地的要货规模较小，配送中心就要使用“送奶线路”向需求地送货。“送奶线路”通过拼装小批量运送量来减少送货成本，如图 4-6 所示。

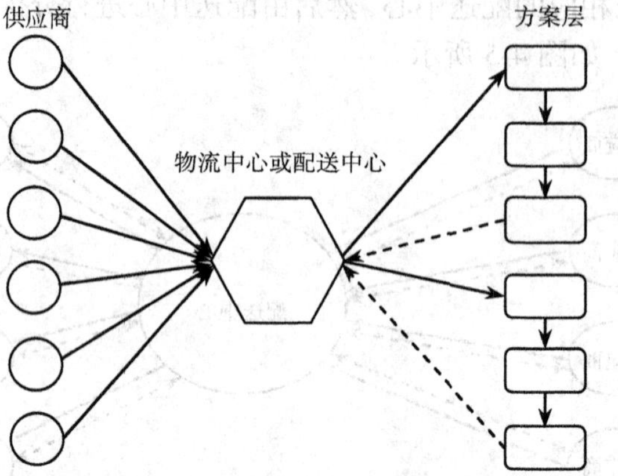

图 4-6 通过配送中心使用“送奶路线”配送与集货的物流网络结构模式

例如，日本的 7-11 公司将来自新鲜食品供应商的货物在配送中心进行货物对接，并通过“送奶线路”向连锁商店送货。因为单个商店向所有供应商的进货还不足以装满一辆卡车，货物对接和“送奶线路”的使用使该公司在每家连锁商店提供库存商品时降低了成本，同时使货物对接和送奶线路要求高度协调及配送线路合理规划与安排。

（5）多枢纽节点的 LD-CED 网络结构模式。这种网络结构是由通过配送中心中转的物流网络结构模式演变而来的，即采用多级“物流园区+物流中心+配送中心”的模式，也就是“Logistics Center+Distribution Center”（简称 LD）。

在这种物流网络结构中存在两类以上的枢纽节点，即物流园区、物流中心和配送中心。物流园区和物流中心更多地侧重于为上游供应厂商方面提供服务与货物中转业务，而配送中心更多地侧重于为下游客户方面提供服务。这些枢纽节点不但是物流活动的核心，而且大量的物流信息也汇集到核心节点，并进行进一步的有效传递，这种网络结构模式如图 4-7 所示。

LD–CED 网络结构模式通过多级枢纽节点进行货物运送，实现物流规模化处理，降低物流总成本，这种物流网络结构模式广泛存在于一些范围较大的经济区域内，一些大型企业的销售网络也是通过这种结构模式实现的。

4.2.2 轴辐式网络结构模式

上述介绍的各种物流网络模式中的货物运输都是单向运输，即从一个地方运送到另一个地方，而没考虑车辆返回的空载率。为了提高物流系统的效率，必须建立一种双向运输的网络。轴辐式（Hub-and-spoke）网络结构模式（也称中枢辐射式网络结构模式）就是双向运输网络。

轴辐式网络结构是通过中转进行双向运输的网络结构，是干线运输与地方支线运输相结合的网络，这是相对于点到点直运网络结构的一个概念。这类网络在实际工作中有广泛应用，如航空运输管理、第三方物流运输管理、邮政包裹业务、供应链管理等，另外还可应用于通信网络的信息传输。

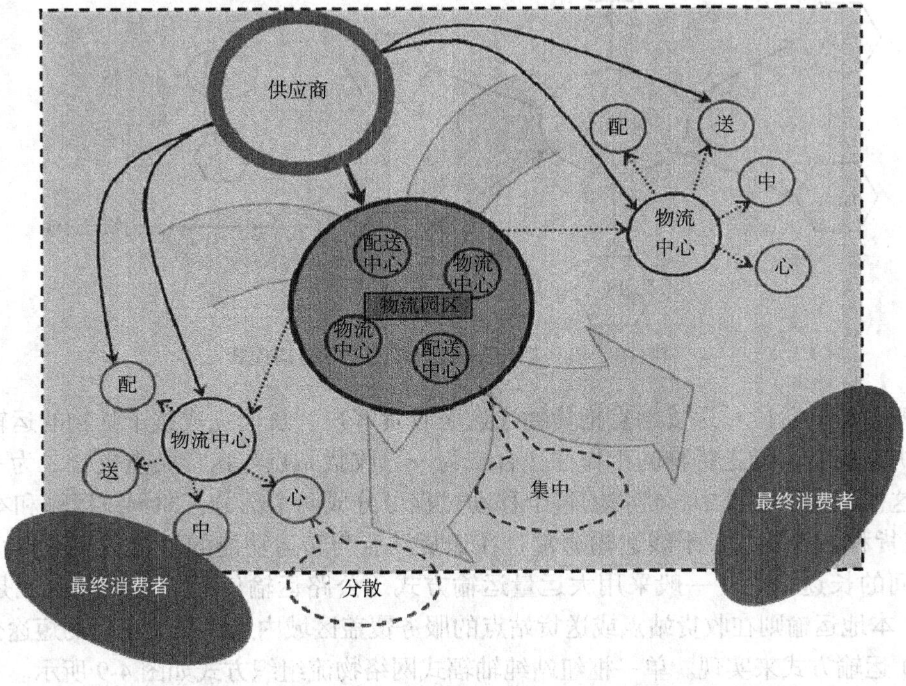

图 4-7　多枢纽节点的 LD–CED 物流网络结构模式

这类网络结构由一些节点组成，每对节点之间双向都具有一定运输量，形成两条 OD 流（Origin-Destination，即从起点到终点的运输流）。网络规划问题是如何选择中枢节点，使每条 OD 流通过一或两个枢纽节点（Hub）后到达目的地。由于中枢节点之间干线运输的规模效应，虽然增加了运输距离与运输时间，但网络中总的运输成本下降了。

1. 单一枢纽站纯轴辐式网络结构模式

单一枢纽站纯轴辐式网络结构模式是由若干站点（Depots）和一个枢纽站点组成的。其中这些站点覆盖了由相关集货和递送点所组成的区域；同时，这些站点又与枢纽站点或转运中心相连。站与站之间的物流货物必须由站点到转运中心再到站点的运输得以实现。单一枢纽站纯轴辐式网络结构模式如图 4-8 所示。

单一枢纽站纯轴辐式网络系统中的运输组织工作方式如下所示。

第一个运输阶段：收货站点搜集其服务区内货主的货物（这一过程简称集货）并把货物运送到相应的站点。

第二个运输阶段：不同的站点将搜集的目的地不是本站服务区的货物选择合适的运输方式运到转运中心转运。

第三个运输阶段：将来自不同站点的货物按照去向的不同在转运中心处进行分类组合。在工作时间内，选择合适的运输方式将货物运送至相应的送货站点。

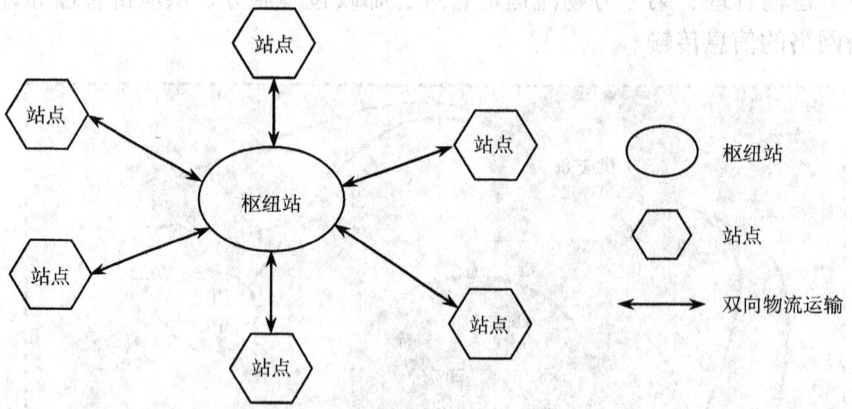

图 4-8　单一枢纽站纯轴辐式网络结构模式

第四个运输阶段：送货站点把货物递送至收货客户，从而完成整个货物的运输过程。一般来讲，集货与递送货物的工作往往合二为一，收货站点与送货站点也合二为一。

在这样的网络系统中，货物的整个移动过程可分成两个部分，即干线运输和本地运输（包括集货和递送）：① 干线运输通常是在送货站点与转运功能的枢纽站间和枢纽站与收货站点间的长途运输，一般采用大运量运输方式（公路运输使用的车辆一般也是大型卡车）；② 本地运输则在收货站点或送货站点的服务覆盖区域内采用小型车辆的短途公路（城市道路）运输方式来实现。单一枢纽站纯轴辐式网络物流组织方式如图 4-9 所示。

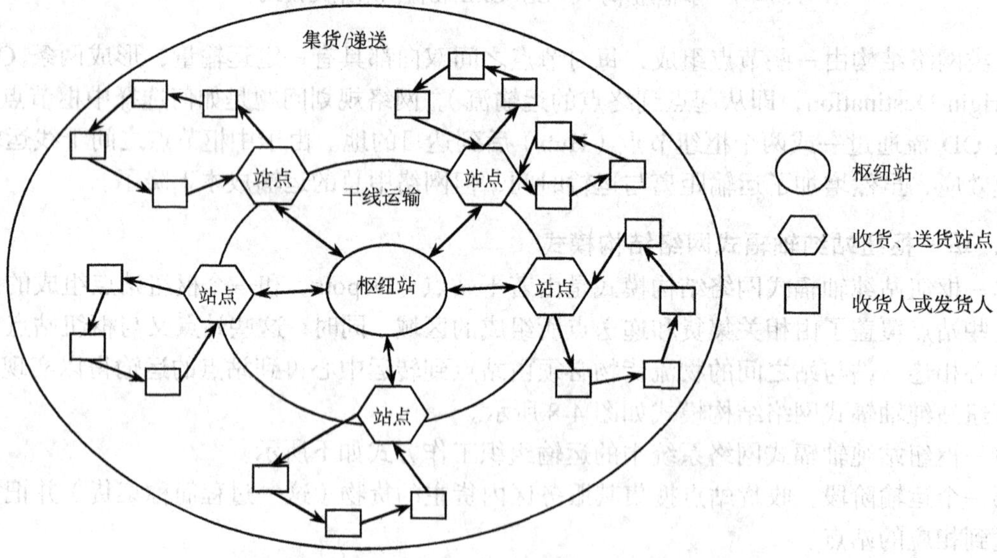

图 4-9　单一枢纽站纯轴辐式网络物流组织方式

从图 4-9 中可以看出，单一枢纽站纯轴辐式网络像一个车轮的轮辐，因此，把这种网络命名为轴辐式网络。单一枢纽站纯轴辐式网络的网络辐射能力较弱，辐射范围小，一般适用于区域性运输服务网络。

2．单一枢纽站复合轴辐式网络结构模式

在单一枢纽站复合轴辐式网络结构模式中，货物的运输也可以直接由发送站点运至收货站点，而不通过转运中心或枢纽站的转运，特别是当发送到收货站点的货物是整车时，这种网络可以有效地缩短运输时间，降低运输成本。单一枢纽站复合轴辐式网络结构模式如图 4-10 所示。

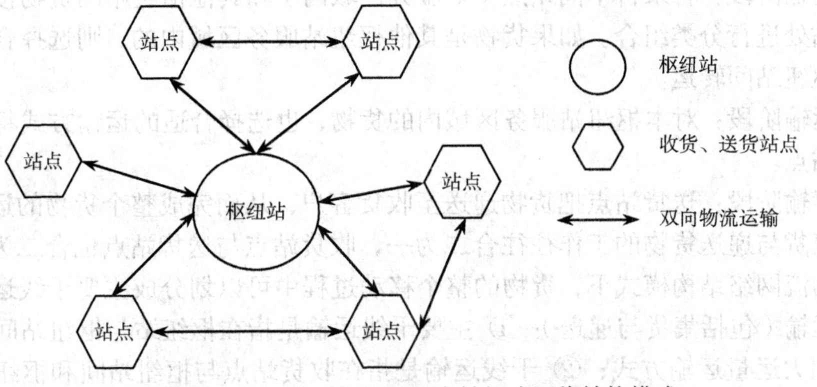

图 4-10　单一枢纽站复合轴辐式网络结构模式

单一枢纽站复合轴辐式网络是纯轴辐式网络的扩展。复合轴辐式网络与纯轴辐式网络在服务能力、服务范围上基本相同，也同样适用于区域性运输服务网络。但复合轴辐式网络在网络构成和运输组织上，与纯轴辐式网络存在较大的差异，其运输组织更加复杂灵活。

3．多枢纽站单一分派轴辐式网络结构模式

在多枢纽站单一分派轴辐式网络结构模式中，收、发货站点与纯轴辐式网络一样，必须与其中一个枢纽站唯一连接，所有出发和到达的货物也必须在其所对应的枢纽站进行处理。其网络结构模式如图 4-11 所示。

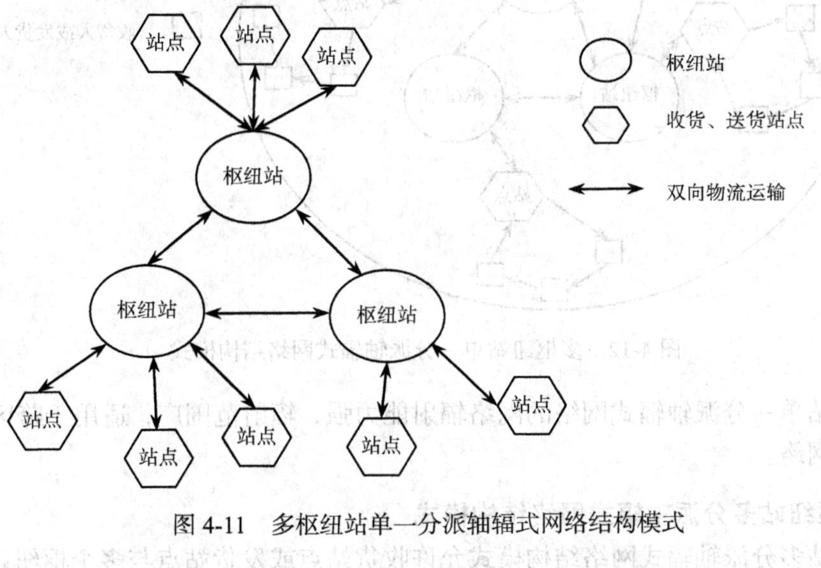

图 4-11　多枢纽站单一分派轴辐式网络结构模式

多枢纽站单一分派轴辐式网络系统中的货物流转的组织方式如下所示。

第一个运输阶段：收货站点搜集其服务区内货主的货物，并把货物运送到相应的站点，这是集货过程。

第二个运输阶段：不同的站点将搜集的目的地不是本站服务区的货物选择合适的运输方式运到相对应的唯一分派的枢纽站。

第三个运输阶段：将来自不同站点（本服务区域内）和其他枢纽站的货物按照去向的不同在枢纽站处进行分类组合。如果货物是其他枢纽站服务区域内的，则选择合适的运输方式将其在枢纽站间转运。

第四个运输阶段：对本枢纽站服务区域内的货物，也选择合适的运输方式将其运送至相应的送货站点。

第五个运输阶段：送货站点把货物递送至收货客户，从而完成整个货物的运输过程。一般来讲，集货与递送货物的工作往往合二为一，收货站点与送货站点也合二为一。

在这种物流网络结构模式下，货物的整个移动过程中可以划分成主要干线运输、干线运输和本地运输（包括集货与递送）：① 主要干线运输是指在枢纽站与枢纽站间的长途运输，一般采用大运量运输方式；② 干线运输是指在收货站点与枢纽站间和枢纽站与送货站点间的长途运输，一般采用较大运量运输方式；③ 本地运输是指在收货站点或送货站点服务区域内采用小型车辆的短途公路（或城市道路）运输来实现。

多枢纽站单一分派轴辐式网络结构模式如图 4-12 所示。

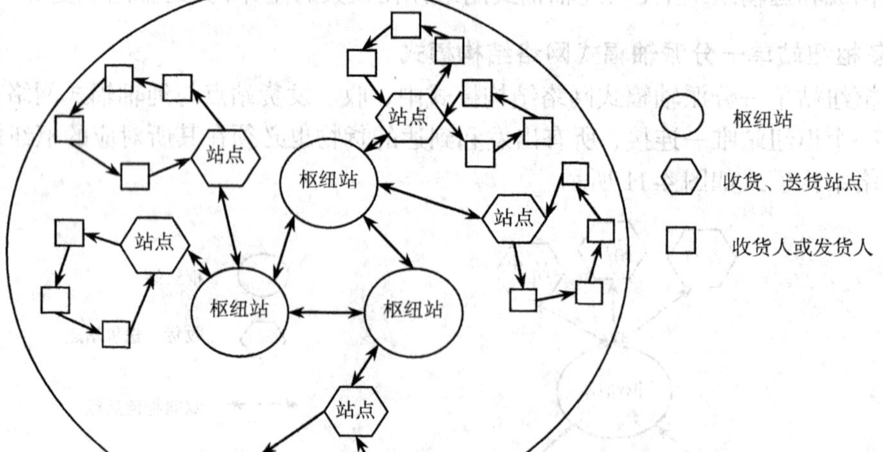

图 4-12 多枢纽站单一分派轴辐式网络结构模式

多枢纽站单一分派轴辐式网络的网络辐射能力强，辐射范围广，适用于跨区域多式联运运输服务网络。

4．多枢纽站多分派轴辐式网络结构模式

多枢纽站多分派轴辐式网络结构模式允许收货站点或发货站点与多个枢纽站相连，收发货站点可以根据实际情况（如枢纽站拥挤、交货期要求）选择与其连接的枢纽站，从而提高整个网络的转运效率，缩短运输时间，降低物流成本。当然，收发货站点的这种选择也要从全局出发来进行规划与设计。多枢纽站多分派轴辐式网络结构模式如图 4-13 所示。

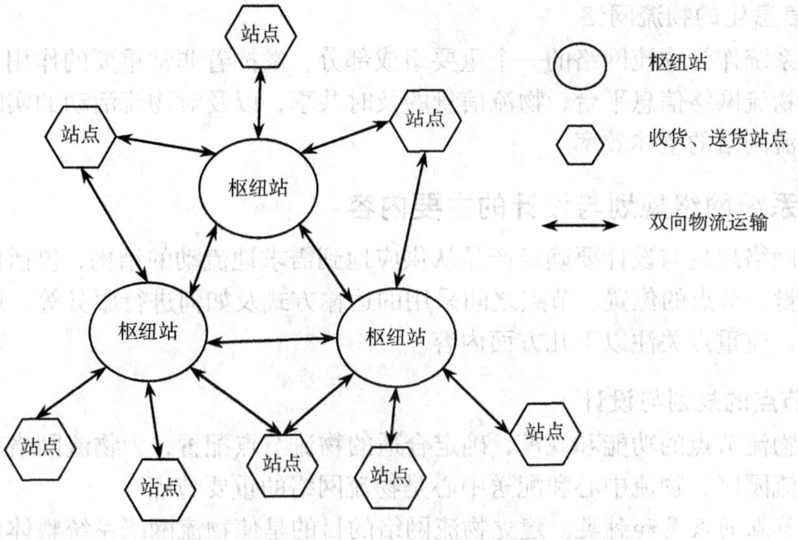

图 4-13　多枢纽站多分派轴辐式网络结构模式

4.3　物流系统网络规划与设计的原则、主要内容、影响因素

4.3.1　物流系统网络规划与设计的原则

1．按经济区域建立网络

物流系统网络的构建必须既要考虑经济效益，也要考虑社会效益。考虑经济效益就是要通过建立物流网络降低综合物流成本，考虑社会效益是指物流网络系统要有利于资源的节约。

在一个经济区域内，各个地区或企业之间经济上的关联性和互补性往往会比较大，经济活动比较频繁，物流规模总量较大，物流成本占整个经济成本的比重大，物流改善潜力巨大。因此，在经济关联性较大的经济区域建立物流网络非常必要，要从整个经济区域的发展来考虑构建区域物流网络。

2．以城市为中心布局网络

作为厂商和客户的集聚点，其基础节点建设和相关配套支持比较完备，可以作为物流网络布局的重点，可有效地发挥节省投资和提高效益的作用。因此，在宏观上进行物流网络布局时，要考虑物流网络覆盖经济区域的城市，把它们作为重要的物流节点；在微观上进行物流网络布局时，要考虑把中心城市作为依托，充分发挥中心城市现有的物流功能。

3．在商物分离的基础上形成网络

集聚经济是现代经济发展的重要特征，厂商集聚不仅降低运营成本，而且将形成巨大

的物流市场。物流作为一种实体经济活动，显然与商流存在明显区别，物流活动对地域、基础节点等依赖性很强，因此很多企业把其生产基地设立在物流网络的中心。在进行物流网络构建时，将商业中心和物流节点分开布局，自成系统，以促进物流合理化。

4．建设信息化的物流网络

物流信息系统作为物流网络的一个重要组成部分，发挥着非常重要的作用。物流信息系统通过搭建物流网络信息平台，物流信息的及时共享，以及对物流活动的实时控制，能够大大提高物流网络的整体效率。

4.3.2 物流系统网络规划与设计的主要内容

物流系统网络规划与设计要确定产品从供应地到需求地流动的结构，包括使用何种节点、节点的数量、节点的位置、节点之间采用的运输方式及如何进行服务等，所以在进行规划和设计时，应重点关注以下几方面内容。

1．物流节点的规划与设计

根据不同物流节点的功能和规模，确定合适的物流节点配置，为物流网络功能的实施提供支撑。物流园区、物流中心和配送中心是物流网络的重要节点。

（1）*物流节点的数量和种类*。建立物流网络的目的是使物流网络系统整体最优，而要实现这一目的，就要在物流网络中建立合适数量的物流节点和确定这些节点的种类。物流节点包括物流园区、物流中心、配送中心货场、仓库、码头等，它们的作用不同，实现的功能也不相同，所以要根据需要确定物流节点的种类。

（2）*物流节点的设置地点*。物流节点的设置地点即对物流节点进行选址，具体内容将在下节中做详细说明。

（3）*物流节点的功能配置*。物流节点的功能配置是由节点的种类决定的，如物流中心和配送中心的功能是不同的，物流中心主要是大量货物的集散地，而配送中心主要是将多品种、少批量的货物配送给用户。在物流网络布局规划中，要根据物流节点的种类配备相应的功能。

（4）*物流节点规模的确定*。目前对物流节点规模的确定，还没有统一的方法，但规模的确定主要是由物流节点的种类及用户的需求决定的。

2．物流线路的规划与设计

物流线路的规划与设计，从宏观层面来说，就是对各种运输方式的网络配置，通常也称为物流通道规划。从微观层面来说，就是充分利用企业已形成的网络，制定满足一定物流服务需求的物流线路方案。

3．信息网络的规划与设计

在物流网络各节点之间不仅存在产品实体的流动，而且还存在着大量的信息在各节点之间的传递。在物流网络系统内，物流信息的及时传递、共享及信息的处理都会对整个物流网络的效率产生重要影响，所以在物流系统网络规划与设计时，既要考虑有形的节点硬件建设，更要考虑无形的信息网络体系建设，只有物流信息网络的支持，物流系统网络才能够真正激活，才能大大提高运作效率。

4．物流网络组织的规划与设计

物流网络的运行离不开组织管理，因此在进行物流系统网络规划与设计时不仅要考虑节点等的配置，还要考虑人力资源的配置及对整个物流网络的组织管理。只有建立一套好的物流网络组织管理和运行机制，物流网络才有可能实现持续良性运转。

以上几个方面既是物流系统网络规划与设计时需要重点考虑的方面，同时它们又是物流系统网络的重要组成部分，它们既有明确分工，又相互协作，所以要规划好物流系统网络，就要注重对它们的规划，只有这样，才能规划出一个合理可靠的物流系统网络。

4.3.3　影响物流系统网络规划与设计的主要因素

1．物流量的大小与流向

进行物流系统网络规划与设计需要综合考虑的物流量的大小和流向，这样才能保证物流线路和物流节点的容量、位置、规模等设计的合理性，保证物流设施运行的高效率。

2．物流服务对象的分布

物流系统网络规划与设计必须考虑物流服务的客户分布，从而进行物流节点位置和规模的设计，如果物流的服务客户主要是流通的零售店，大部分分布在人口密集的地方，那么为了提高服务水准及降低配送成本，物流节点的选址应该在客户分布地区的附近。如果物流的商品全部是由供应商供应的，那么物流节点越接近供应商，则越不需要太多的商品安全库存。

3．交通条件

交通条件是影响物流的运输成本及效率的重要因素之一，在选择物流节点位置时必须特别考虑道路交通的条件，一般物流网络节点应尽量选择在交通方便的高速公路、国道及快速道路附近的地方。

4．人力资源条件

物流运作需要大量的劳力，所以人力资源条件也是物流系统网络规划与设计尤其是物流节点选址所必须考虑的主要因素之一。人力资源条件通常包括人口、上班交通条件、薪资水准等几项。

5．城市的扩张与发展

物流节点尤其在城市内物流节点的选址，既要考虑城市扩张的速度和方向，又要考虑节省分拨费用和减少装卸次数。一般道路通达之后，立即就有住宅和工商企业兴起，城市实际上沿着道路发展和迁徙，物流节点的选择也不是固守一地的。例如，许多大型仓储企业的仓库 20 世纪 70 年代以前处于城乡结合部，不对城市产生交通压力，但随着城市的发展，这些仓库现处于闹市区，大型货车的进出受到管制，专用线的使用也受到限制，不得不选择外迁。

6．土地因素

依据目前国内的物流节点设置，可分为工业区、住宅区、商业区、农业区、仓储区或物流专业园区等几种用地性质，而大部分的物流节点是在工业区设置，也有一部分是在住宅区、商业区及农业区设置，尤其是经销商及营业所最为常见，也有一部分设置于仓储区；一旦有了物流专业园区或仓储区，物流业者应该优先考虑使用。此外，物流用地价格因素也是影响物流成本的重要因素之一。所以，物流节点进行选址规划时最好是既符合经济性又符合交通便利的条件。

7．自然环境因素

进行物流系统网络规划与设计时，事先了解自然环境条件有助于降低物流系统网络建构的风险，因此自然环境因素也是规划者必须考虑的。自然环境因素一般包括地理因素和气候因素。例如，地形对仓库基建投资的影响很大，地形坡度一般应设为 1%～4%，在外形上可选择长方形，不宜选择狭长或不规则形状；库区设置在地形高的地段，容易保持物资干燥，减少物资保管费用；临近河海地区，必须注意当地水位，不得有地下水上溢；土壤承载力要高，避免地面以下存在淤泥层、流沙层、松土层等不良地质条件，以免受压地段造成沉陷、翻浆等严重后果。此外，有的地方靠近山边湿度比较高，有的地方湿度比较低，有的地方靠近海边盐分比较高，这些都会影响商品的储存品质，所以在进行物流系统网络规划与设计时，需要注意温湿度和降雨量、台风、地震及河川等气候灾害的影响。

8．政策环境因素

政策环境因素也是影响物流系统网络规划与设计的主要因素之一，尤其现在取得物流用地越来越困难，如果有政府政策的支持，则更有助于物流业者的发展。政策环境因素包括企业优惠措施（土地提供、减税）、城市规划（土地开发、道路建设计划）、地区产业政策等。例如，我国许多城市都建立了现代物流园区，其中除了提供物流用地外，也有关于税负方面的减免，有助于降低物流业者的运营成本。

4.4 物流系统网络规划与设计的主要步骤

物流系统网络规划与设计基本上都是以追求最低物流总成本与最大顾客满意度为出发点的，同时兼顾成本与服务水平，从整合物流角度来规划整体的物流系统网络。物流系统网络规划与设计的目的是根据物流基础设施、物流需求与服务水平之间的相互关系，找出彼此间的约束和联系，采用数学方法和原理，求得最优解，主要步骤如图 4-14 所示。

1．物流系统现状分析

物流系统现状分析也就是分析物流系统网络规划与设计的现实约束条件，了解物流系统的本身能力与资源状况，确定今后发展的方向，使物流系统网络规划与设计能够有效地利用现有的设施设备等。

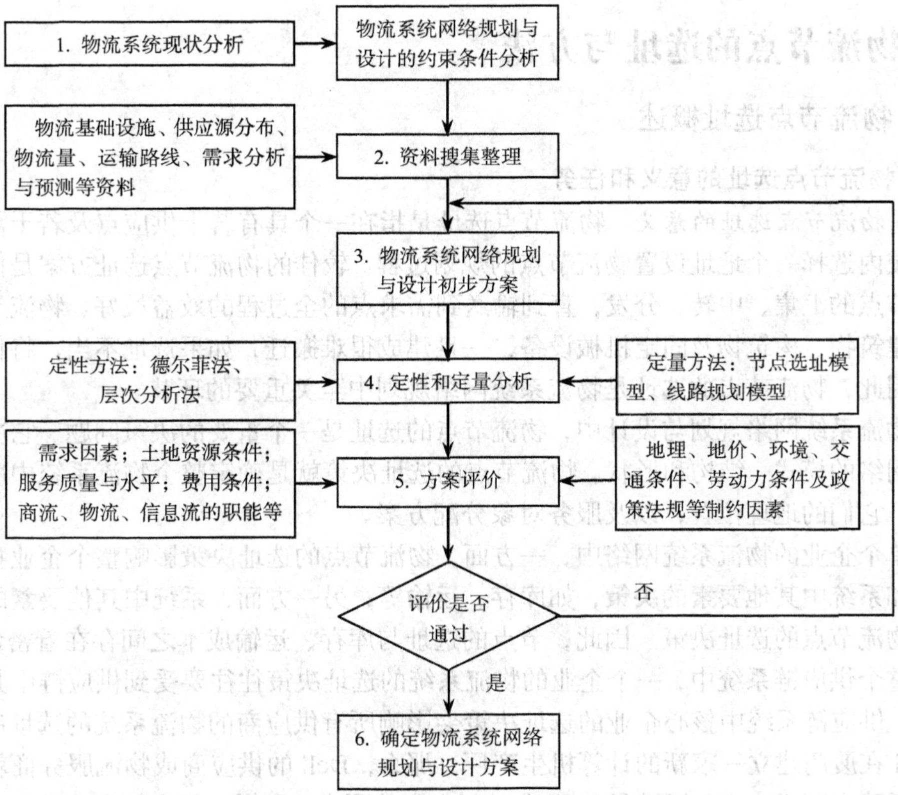

图 4-14　物流系统网络规划与设计的主要步骤

2. 资料搜集整理

物流系统系统网络规划与设计所需的文件和数据通常包括物流基础设施、供应源分布、物流量、运输路线、需求分析与预测等资料。

3. 物流系统网络规划与设计初步方案

可以通过已有条件的分析，根据物流发展战略的要求，确定几套物流系统网络规划与设计的初步方案。

4. 定性和定量分析

通过德尔菲法和层次分析法等定性方法及节点选址模型、线路规划模型等对物流系统网络规划与设计初步方案进行分析、修正和完善，最终确定方案及其实施路径。

5. 方案评价

考虑更为广泛的因素，如购置土地条件，服务质量，总费用，商流、物流和信息流的职能，地理因素，地价，气候因素，交通条件，劳动条件及政策法规等，对实施方案进行评价。

6. 确定物流系统网络规划与设计方案

根据方案评价，进行最后复查，确定最终行之有效的方案。

4.5 物流节点的选址与方法

4.5.1 物流节点选址概述

1. 物流节点选址的意义和任务

（1）物流节点选址的意义。物流节点选址是指在一个具有若干供应点及若干需求点的经济区域内选择一个地址设置物流节点的规划过程。较佳的物流节点选址方案是使商品通过物流节点的汇集、中转、分发，直到输送到需求点的全过程的效益最好。物流节点拥有众多的建筑物、构筑物及固定机械设备，一旦建成很难搬迁，如果选址不当，将付出长远代价。因此，物流节点的选址是物流系统网络规划中至关重要的环节。

在物流系统网络规划与设计中，物流节点的选址是一个重要的决策问题，它决定了整个物流网络的模式、结构和形状。物流节点的选址决策就是确定整个物流系统中所需的节点数量、它们的地理位置，以及服务对象分配方案。

在单个企业的物流系统网络中，一方面，物流节点的选址决策影响整个企业物流系统的结构和系统中其他要素的决策，如库存、运输等；另一方面，系统中其他要素的决策也会影响物流节点的选址决策。因此，节点的选址与库存、运输成本之间存在着密切联系。

在整个供应链系统中，一个企业的物流系统的选址决策往往要受到供应链中其他企业的影响，供应链系统中核心企业的选址决策会影响所有供应商的物流系统的选址决策。例如，Dell 在厦门建立一家新的计算机生产厂，那么，Dell 的供应商或物流服务商就必须在工厂附近建立配送中心，以满足 Dell 准时制生产的要求。同样，很多厂商在选址时，会考虑在零配件产业集群的地方建厂，以减少采购成本。

一个物流系统中，物流中间节点的数量增加，可以提高服务及时率，减少缺货率，但同时往往会增加库存量与库存成本。因此，在规划与设计中，尽量减少物流中间节点的数量，扩大物流中间节点的规模是降低库存成本的一个重要措施。在物流园区、物流中心规划中采用集约化设计，可以实现大规模配送，降低成本。同样，在规划与设计中，物流节点的数量与运输成本之间也形成制约关系，随着物流节点的数量增加，可以减少运输距离、降低运输成本，但物流节点数量增加到一定程度时，由于单个订单的数量过小，增加了运输频率，并且达不到运输批量，从而造成运输成本大幅上涨。因此，确定合适的物流节点数量，也是选址规划的目标之一。

（2）物流节点选址的任务。

1）推进物流资源整合，提高物流系统运作效率。在对物流节点进行选址时，要分析城市或区域物流现状和现有物流系统运作情况，了解现有设施、装备等硬件问题，了解现有交通运输网络的运输能力，了解目前的物流管理、运营状况等，进而确定物流节点的最佳地址，实现各物流节点基础设施和配套服务的共享，实现物流企业的专业化和互补，从而降低整个物流网络的运营成本和获得规模效益。物流节点的选址是加强城市或区域物流资源整合及协调布局的有效措施。

2）加强物流节点功能的综合协调。社会化生产要求各物流节点实现功能协调，同一层次级别的物流节点由于服务对象、功能设置的相似性，更容易实现协调运作；不同层次的物流节点间的整合更多考虑的是技术水平、信息网络的协调整合与共享，以及物流服务的一体化等。

物流节点选址包括两个层次的问题：一是选位，即选择什么地区（区域）设置物流节点；二是定址，具体选择在该地区什么位置设置节点。

2．物流节点选址的目标

（1）成本最小化。成本最小化是物流节点选址决策中最常用的目标，与物流节点选址规划有关的成本主要有运输成本和设施成本。

1）运输成本。运输成本取决于运输数量、运输距离与运输单价。运输数量如果没有达到运输批量，就不能形成规模经济，从而影响总的运输成本。当物流节点的位置设计合理时，总的运输距离就小，运输成本就会下降。而运输单价取决于运输方式与运输批量，与物流节点所在地的交通运输条件和顾客所在地的交通运输条件直接相关。

2）设施成本。与设施相关的成本包括固定成本、存储成本和搬运成本。固定成本是指那不随设施的经营活动水平而改变的成本，如设施建造成本，税金、租金、监管费和折旧费都属于固定成本。

存储成本是指那些随设施内货物数量变化而改变的成本。也就是说，如果某项成本随设施中保有的库存水平增加或减少，该项成本就可以归为存储成本。典型的存储成本有仓储损耗、某些公用事业费、库存占用的资金费用、库存货物的保险费等。

搬运成本是指随着设施吞吐量变化的成本。典型的搬运成本有存取货物的人工成本、某些公共事业费、可变的设备搬运成本等。

（2）物流量最大化。物流量是反映物流节点作业能力的指标，而反映物流量的主要指标是吞吐量和周转量，从投资物流节点来看，这两个指标用来测量物流节点的利用率，物流量越大，效益越高。如在港口经营管理中，需要不断挖掘潜力，提高港口吞吐量。但从整个物流系统来看，吞吐量与周转量无法适应现代物流的多品种、小批量、高频度的趋势，如物流节点与顾客距离越远，则周转量越大，费用也越高。如果以吨公里最大为决策目标时，物流节点选址是与客户的距离越远越好，这显然违背设置物流节点的根本目的。因此，在物流节点选址决策中，是在成本最小化的前提下考虑物流量最大化。

（3）服务最优化。与物流节点选址决策直接相关的服务指标主要是送货时间、距离、速度和准时率。一般来说，物流节点与客户的距离越近，则送货速度越快，订货周期也越短，准时率也越高。

（4）发展潜力最大化。物流节点投资大，服务时间长，因此，在选址时，不仅要考虑在现有市场条件下的成本、服务等目标，还要考虑将来发展的潜力，包括物流节点生产扩展的可行性及顾客需求增长的潜力。

（5）综合评价目标。单纯考虑成本、服务或发展潜力可能都不能满足投资决策者的需要，这时，可以采用多目标决策方法来综合评价。

3．物流节点的选址原则

物流节点存在的价值在于能够通过物流节点将各种物流活动进行集约化处理，在满足降低物流成本、减少物流活动对城市影响的条件下，支持企业各种物流活动。不同的物流系统对物流节点的选址要求不同，但总体来说物流节点的选址应遵从以下原则：① 充分考虑服务对象的分布；② 经济发展中心地区或城市；③ 各种交通方式重叠和交会地区；④ 物流资源较优地区；⑤ 土地开发资源较好地区；⑥ 符合区域物流特点；⑦ 有利于整个物流网络的优化；⑧ 有利于各类节点的合理分工、协调配合；⑨ 地区管理和人才资源较好地区。

4.5.2 物流节点选址模型概述

1．物流节点选址问题分类

在物流节点选址决策时，需要建立选址模型进行分析。而要建立选址模型，需要首先确定以下几个问题：① 选址的对象是什么？② 选址的目标是怎样的？③ 选址目标和成本函数是什么？④ 有什么样的约束？

根据以上这些不同的问题，选址模型可以分为相应的类型，根据不同的选址问题类型建立不同的数学模型，进而可以选择相应的算法进行模型求解，就可以得到该选址问题的方案。

（1）按设施对象划分。不同的物流设施其功能不同，选址时所考虑的因素也不相同。在决定设施选址的因素中，通常某个因素会比其他因素更重要。

在工厂和仓库选址中，最重要的因素通常是经济因素；零售网点选址时，一般最重要的因素是零售服务的顾客的消费偏爱；服务设施（如医院、银行）选址时，到达的容易程度则可能是首要的选址要素，在收入和成本难以确定时，尤其如此。在地点带来的收入起决定性作用的选址问题中，地点带来的收入减去场地成本就得到该地点的赢利能力。

（2）按设施的数量划分。根据选址设施的数量，可以将选址问题分为单一设施选址问题和多设施选址问题。单一设施选址与多设施选址是截然不同的两个问题，单一设施选址无须考虑竞争力、设施之间需求的分配、集中库存的效果、设施成本与数量之间的关系等，运输成本是要考虑的首要因素。单一设施选址是以上两类选址问题中较为简单的一类。

（3）按选址的离散程度划分。按照选址目标区域的特征，选址问题分为连续选址和离散选址两类。连续选址问题是指在一个连续空间内所有点都是可选方案，要求从数量无限的点中选择其中一个最优的点。这种方法称为连续选址法（Continuous Location Methods），常应用于设施的初步定位问题。

离散选址问题是指目标选址区域是一个离散的候选位置的集合。候选位置的数量通常是有限的，可能事先已经过了合理分析和筛选。这种模型是较切合实际的，称为离散选址法（Discrete Location Methods），常应用于设施的详细选址设计问题。

（4）按目标函数划分。按照选址问题所追求的目标和要求不同，模型的目标函数可分以下几种。

1）可行点（Feasible Solution）和最优点（Optimal Solution）。对于许多选址问题来说，

首要的目标是得到一个可行的解决方案，即一个满足所有约束条件的解决方案。可行方案得到以后，第二步的目标是找到一个更好的解决方案。

2）中值问题（Median Problem）。在区域中选择（若干个）设施位置，使得该位置离需求点到最近设施的距离（或成本）的“合计”距离最小。这种目标通常在企业问题中应用，所以也称为“经济效益性”。它的目标函数通常写成如下形式：

$$\min_x \left\{ \sum_j D_j(X) \right\} \tag{4-2}$$

式中，X 为新的待定设施的位置坐标；j 为已存在且位置固定的需求点编号；$D_j(X)$为新设施在 X 位置时到需求点 j 的距离（或成本）。

在中值问题中，在数量预先确定的被选择设施位置集合中，选择其中 P 个设施并指派每个需求点到一个特定的设施，这个问题称为 P-median Problem（P-中值问题）。

3）中心问题（Center Problem）。根据使得被选择设施位置离最远需求点的距离（或成本）集合中取最小的原则，在区域中选择设施位置的方法称为中心问题。中心问题的目标由已存在设施的单个成本（或距离）最大的部分组成。目标是优化最坏的情况，这种目标通常在军队、紧急情况和公共部门中使用，它追求的是“经济平衡性”。中心问题的目标函数可以表示为：

$$\min_x \left\{ \max_j D_j(X) \right\} \tag{4-3}$$

式中，X 为新的待定设施的位置坐标；j 为需求地编号；$D_j(X)$为新设施在 X 位置时到需求点 j 的距离（或成本）。

中心问题也称为 min-max 问题。

4）反中心问题（Anti-center Problem）。根据在一定区域内使得被选择设施位置离最近需求点的距离（或成本）集合中取最大的原则，在该区域中选择设施位置的方法称为反中心问题。反中心问题的目标由已存在设施的成本（或距离）最小的个体组成。目标也是优化最坏的情况，这种目标通常在有害设施（如废水处理厂、垃圾回收站等）选址中使用。反中心问题的目标函数通常写成如下形式：

$$\max_x \left\{ \min_j D_j(X) \right\} \tag{4-4}$$

式中，X 为新的待定设施的位置坐标；j 为需求地编号；$D_j(X)$为新设施在 X 位置时到需求点 j 的距离（或成本）。

5）单纯选址问题（Pure Location Problem）和选址分配问题（Location-allocation Problem）。如果新设施和已存在设施间的关系与新设施的位置无关，而且是固定的，则选址问题称为单纯选址问题，也称为有固定权重的选址问题。

如果新设施和已存在设施间的关系与新设施的位置相关，那么，这些关系本身就成为变量，这种问题被称做“选址分配问题”。例如，配送中心的客户分配问题，添加一个新的配送中心不仅改变了原配送中心的客户分配，同时也改变了配送中心到客户的距离。

（5）按能力约束划分。根据选址问题的约束种类，可以分为有能力约束的选址问题和无能力约束的选址问题，如果新设施的能力可充分满足客户的需求，那么，选址问题就是无能力约束的设施选址问题，无能力约束设施选址问题有时也被称为“单纯设施配置问题”；反之，若新设施的能力不能充分满足客户的需求，具有满足需求的上限，就是有能力约束的选址问题。

2. 物流节点选址的方法

（1）专家评估法。专家评估法是以专家为索取信息的对象，运用专家的知识和经验，考虑选址对象的社会环境和客观背景，直观地对选址对象进行综合分析研究，寻求其特性和发展规律并进行评估选择的一类选址方法。

专家评估法中最常用的有因素评分法、德尔菲法、模糊综合评价法与层次分析法等。关于专家评估法的一些方法与内容在后面的“物流系统评价”一章里详细介绍。

（2）精确法。精确法是通过数学模型进行物流网点布局的方法。采用这种方法首先根据问题的特征、已知条件及内在的联系建立数学模型或图论模型，然后对模型求解，获得最佳布局方案。采用这种方法的优点是能够得到较为精确的最优解，缺点是对一些复杂问题建立恰当的模型比较困难，因而在实际应用中受到很大的限制。

精确法中最常用的有精确重心法和线性规划法。

（3）模拟计算法。模拟计算法是将实际问题用数学方法和逻辑关系表示出来，然后通过模拟计算及逻辑推理确定最佳布局方案。这种方法的优点是比较简单，缺点是选用这种方法进行选址时，分析者必须提供预定的各种网点组合方案以供分析评价，从中找出最佳组合。因此，决策的效果依赖于分析者预定的组合方案是否接近最佳方案。

该方法是针对模型的求解而言的，是一种逐次逼近的方法。对这种方法进行反复判断、实践修正，直到满意为止。该方法的优点是模型简单，需要进行方案组合的个数少，因而容易寻求最佳的答案。缺点是这种方法得出的答案很难保证是最优的，一般情况下只能得到满意的近似解。

（4）启发法。启发法（Heuristic Methods）是指有助于减少求解平均时间的任何原理或概念，也可以是用启发法表示为指导问题迅速解决的经验原则。当经验原则运用在选址问题上时，这类有助于加快求解过程的经验可迅速从大量备选方案中找出好的解决方案。虽然启发法不能保证找到的解一定是最优解，但由于使用该方法带来合理的计算时间和内存空间要求，可以很好地表现实际情况，可以得到满意解。

4.5.3 单一物流节点选址模型与方法

随着应用数学和计算机技术的发展，选址决策的方法不再只是定性的方法，而更多的是定量的方法，通过建立模型来寻求选址决策方案。目前最常见的节点选址可以分为单一物流节点选址和多物流节点选址。

1. 选址问题中的距离计算

选址问题模型中，最基本的一个参数是各个节点之间的距离。已知两节点的坐标，一般采用三种方法来计算节点之间的距离：一种是直线距离，也叫欧几里得距离（Euclidean Metric）；另一种是折线距离（Rectilinear Metric），也叫城市距离（Metropolitan Metric），如图 4-15 所示。上述两种是最常见的方法，还有一种是大圆距离，利用球面三角学（Spherical Trigonometry）计算。

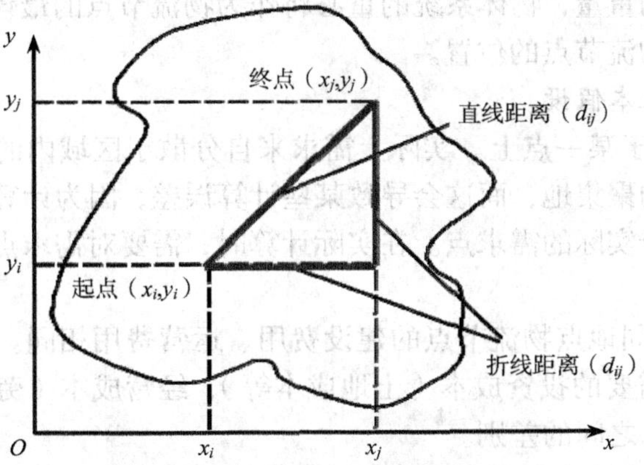

图 4-15　直线距离与折线距离

（1）直线距离。当选址区域的范围较大时，节点间的距离常可用直线距离近似代替，或者用直线距离乘以一个适当的系数 ω 来近似代替实际距离，如城市间的运输距离、大型物流园区间的间隔距离等都可用直线距离来近似计算。区域内两点（x_i,y_i）和（x_j,y_j）间的直线距离 d_{ij} 的计算公式为：

$$d_{ij} = \omega_{ij}\sqrt{(x_i - x_j)^2 + (y_i - y_j)^2} \tag{4-5}$$

式中，ω_{ij} 称为迂回系数，$\omega_{ij} \geqslant 1$，一般可取定一个常数，当 ω_{ij} 取 1 时，d_{ij} 为平面上的几何直线距离。ω_{ij} 取值的大小要视区域内的交通情况：在交通发达地区，ω_{ij} 取的值较小；反之，ω_{ij} 的取值较大。例如，在美国，ω_{ij} 取 1.2，而在南美洲，ω_{ij} 取 1.26。

（2）折线距离。如图 4-15 所示，折线距离也称为城市距离，当选址区域的范围较小而且区域内道路较规则时，可用折线距离代替两点间的距离。如城市间的配送问题，具有直线通道的配送中心、工厂及仓库内的布置、物料搬运设备的顺序移动等问题。折线距离的计算公式如下：

$$d_{ij} = \omega_{ij}(|x_i - x_j| + |y_i - y_j|) \tag{4-6}$$

（3）大圆距离。由于各种地图制图技术都是将球体映射到平面上，必然会引起变形。用平面坐标来计算距离可能产生计算误差，误差的大小取决于地图映射方法及在地图的什么位置计算距离。更好的方法是利用经纬度坐标和大圆距离公式，大圆距离公式不仅能避免平面地图的偏差，而且还考虑了地球的弯曲程度。大圆距离的计算公式如下：

$$\begin{aligned} d_{AB} = 3959\{&\arccos[\sin(\mathrm{LAT}_A)] \times \sin(\mathrm{LAT}_B) + \cos(\mathrm{LAT}_A) \times \cos(\mathrm{LAT}_B) \\ &\times \cos(|\mathrm{LONG}_A - \mathrm{LONG}_B|)\} \end{aligned} \tag{4-7}$$

式中，d_{AB} 为点 A 与点 B 之间的大圆距离（单位：英里；1 英里=1.6092 公里）；LAT_A 为点 A 的纬度（弧度，即角度乘以 $\pi/180$）；LONG_A 为点 A 的经度（弧度）；LAT_B 为点 B 的纬度（弧度，即角度乘以 $\pi/180$）；LONG_B 为点 B 的经度（弧度）。

2. 重心法

重心法是将物流系统的需求点看成分布在某一平面范围内的物体系统，各点的需求量和资源量看成物体的重量，物体系统的重心将作为物流节点的最佳设置点，利用确定物体重心的方法来确定物流节点的位置。

（1）重心法的基本假设。

1）需求量集中于某一点上。实际上需求来自分散于区域内的多个需求点，区域的重心通常被当做需求的聚集地，而这会导致某些计算误差，因为计算出的运输成本是到需求聚集地而不是到每个实际的需求点。在实际计算时，需要对需求点进行有效的聚类，减少计算误差。

2）选址区域不同地点物流节点的建设费用、运营费用相同。模型没有区分在不同地点建设物流节点所需要的投资成本（土地成本等）、经营成本（劳动力成本、库存持有成本、公共事业费等）之间的差别。

3）运输费用随运输距离成正比增加，是线性关系。实际上，多数运价是由不随运距变化的固定费用（起步价）和随运距变化的分段可变费率组成的，起步运费和运价分段则扭曲了运价的线性特征。

4）运输线路为空间直线。实际上这样的情况很少，因为运输总是在一定的公路网络、铁路系统、城市道路网络中进行的。因此，可以在模型中引入迂回系数把直线距离转化为近似的公路、铁路或其他运输网络里程。

（2）重心法模型。设在某计划区域内，有 n 个资源点和需求点，各点的资源量或需求量为 ω_j（j=1,2,…,n），它们各自的坐标是（x_j,y_j），该网络如图 4-16 所示。

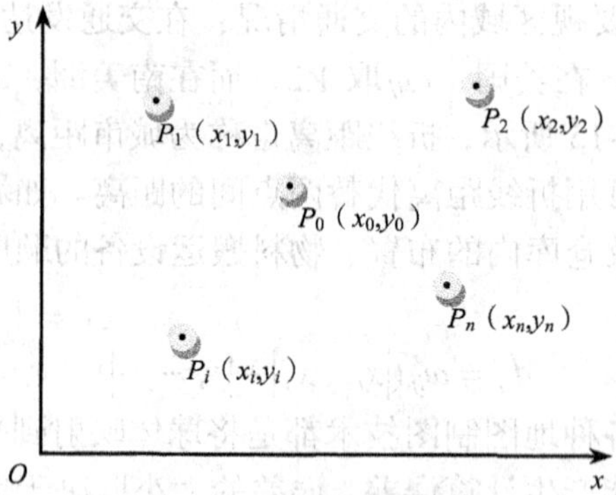

图 4-16　重心法坐标网络

在计划区域内准备设置一个物流节点，设该物流节点的坐标是 P_0（x_0,y_0），物流节点至资源点或需求点的运费率为 c_j。根据求平面中物体重心的方法，可以得到：

$$x_0=\frac{\sum_{j=1}^{n}c_j\omega_j x_j}{\sum_{j=1}^{n}c_j\omega_j} \tag{4-8}$$

$$y_0 = \frac{\sum_{j=1}^{n} c_j \omega_j y_j}{\sum_{j=1}^{n} c_j \omega_j} \tag{4-9}$$

带入数值，实际求得 P_0（x_0,y_0）的值，即为所求的物流节点位置的坐标。

如果 c_j 为一固定常数，则可以得到：

$$x_0 = \frac{\sum_{j=1}^{n} \omega_j x_j}{\sum_{j=1}^{n} \omega_j} \tag{4-10}$$

$$y_0 = \frac{\sum_{j=1}^{n} \omega_j y_j}{\sum_{j=1}^{n} \omega_j} \tag{4-11}$$

【例 4.1】某物流企业计划在某区域内设置配送中心，为区域范围内的各个需求点提供配送服务，区域内各需求点的坐标和运费率如表 4-1 所示，求在该区域内选址最佳位置 P 的坐标。

表 4-1　需求点分布情况和运费率表

需求地	需求量	运费率	坐标位置	
			x	y
A_1	5 000	0.3	10	15
A_2	3 000	0.5	15	50
A_3	1 800	0.9	30	40
A_4	3 200	0.6	40	40
A_5	4 500	0.3	30	20

解：根据式（4-8）和式（4-9），可以得到：

$$x_0 = \frac{5000\times0.3\times10+3000\times0.5\times15+1800\times0.9\times30+3200\times0.6\times40+4500\times0.3\times30}{5000\times0.3+3000\times0.5+1800\times0.9+3200\times0.6+4500\times0.3} = 25.78$$

$$y_0 = \frac{5000\times0.3\times15+3000\times0.5\times50+1800\times0.9\times40+3200\times0.6\times40+4500\times0.3\times20}{5000\times0.3+3000\times0.5+1800\times0.9+3200\times0.6+4500\times0.3} = 33.73$$

该区域选址的最佳位置 P 的坐标为（25.78,33.73）。

必须指出的是，通过上述方法求得的物流节点坐标还不是最优的，因为它没有考虑设置一个物流节点后现有资源点和需求点之间将不再直接联系而要通过该物流节点中转，运输距离将发生变化，从而运输成本也将变化。所以提出对以上方法进行优化，需要用到精确重心法。

（3）精确重心法模型。

1）问题描述及建模。设有 n 个客户（如便利连锁店、工厂）$P_1,P_2,\cdots,P_n$ 分布在平面上，其坐标分别为（x_j,y_j），各客户的需求量为 ω_j（$j=1,2,\cdots,n$），准备设置一个物流节点（如配送中心）为这些客户服务，假设节点 P_0 的位置在（x_0,y_0）处，希望确定其位置使总运费最小。

设 α_j 为节点到客户 P_j 每单位运量、单位距离所需运费（运费率）；ω_j 为客户 P_j 的需求量；d_j 为节点 P_0 到客户 P_j 的直线距离。

则总运费 H 为：

$$H=\sum_{j=1}^{n}a_j\omega_j d_j=\sum_{j=1}^{n}a_j\omega_j\left[(x_0-x_j)^2+(y_0-y_j)^2\right]^{1/2} \tag{4-12}$$

求 H 的极小值点（x_0^*，y_0^*），由于式（4-12）为凸函数，最优解的必要条件为：

$$\left.\frac{\partial H}{\partial x}\right|_{x=x_0^*}=0,\ \left.\frac{\partial H}{\partial y}\right|_{y=y_0^*}=0$$

$$令\ \frac{\partial H}{\partial x_0}=\sum_{j=1}^{n}\frac{a_j\omega_j(x_0-x_j)}{d_j}=0,\ \frac{\partial H}{\partial y_0}=\sum_{j=1}^{n}\frac{a_j\omega_j(y_0-y_j)}{d_j}=0$$

$$得到：\ x_0^*=\frac{\sum_{j=1}^{n}a_j\omega_j\dfrac{x_j}{d_j}}{\sum_{j=1}^{n}a_j\dfrac{\omega_j}{d_j}},\ y_0^*=\frac{\sum_{j=1}^{n}a_j\omega_j\dfrac{y_j}{d_j}}{\sum_{j=1}^{n}a_j\dfrac{\omega_j}{d_j}} \tag{4-13}$$

式（4-13）右端 d_j 中包含未知数 x_0、y_0，故不能一次求得显式解，但可以导出关于 x 和 y 的迭代公式：

$$x^{(q+1)}=\frac{\dfrac{\sum_{j\in J}a_j\omega_j x_j}{\left[(x^{(q)}-x_j)^2+(y^{(q)}-y_j)^2\right]^{1/2}}}{\dfrac{\sum_{j\in J}a_j\omega_j}{\left[(x^{(q)}-x_j)^2+(y^{(q)}-y_j)^2\right]^{1/2}}} \tag{4-14}$$

$$y^{(q+1)}=\frac{\dfrac{\sum_{j\in J}a_j\omega_j y_j}{\left[(x^{(q)}-x_j)^2+(y^{(q)}-y_j)^2\right]^{1/2}}}{\dfrac{\sum_{j\in J}a_j\omega_j}{\left[(x^{(q)}-x_j)^2+(y^{(q)}-y_j)^2\right]^{1/2}}} \tag{4-15}$$

应用上述迭代公式，可采用逐步逼近算法求得最优解。

1）算法求解。

第一步：选取初始迭代点。一般的做法是采用重心法求得的初始重心作为迭代初始点，也可以采用任选初始迭代点的方法。例如，$x_0{}^0=\dfrac{1}{n}\sum_{j=1}^{n}x_j$，$y_0{}^0=\dfrac{1}{n}\sum_{j=1}^{n}y_j$，初始点的选取方法可以不同。然后计算该点到各客户点的直线距离 d_j 和费用 H^0。

$$d_j=\left[(x_0{}^0-x_j)^2+(y_0{}^0-y_j)^2\right]^{1/2}，H^0=\sum_{j=1}^{n}a_j\omega_j d_j$$

第二步：令

$$x_0{}^1=\frac{\sum_{j=1}^{n}a_j\omega_j\frac{x_j}{d_j}}{\sum_{j=1}^{n}a_j\frac{\omega_j}{d_j}}，y_0{}^1=\frac{\sum_{j=1}^{n}a_j\omega_j\frac{y_j}{d_j}}{\sum_{j=1}^{n}a_j\frac{\omega_j}{d_j}}，d_j=\left[(x_0{}^1-x_j)^2+(y_0{}^1-y_j)^2\right]^{1/2}$$

$$及\ H^1=\sum_{j=1}^{n}a_j\omega_j d_j$$

转第三步。

第三步：若 $H^0\leqslant H^1$，运费已无法减小，输出最优解（$x_0{}^0,y_0{}^0$）和 H^0，否则，转第四步。

第四步：令 $x_0{}^0=x_0{}^1$，$y_0{}^0=y_0{}^1$，$H^0=H^1$ 转第二步。

【例 4.2】 某企业两个工厂 P_1、P_2 分别生产 A、B 两种产品，供应三个市场 M_1、M_2、M_3，已知条件如表 4-2 所示。现需设置一个配送中心，A、B 两种产品通过该配送中心向三个市场供货，请使用精确重心法求出配送中心的最优选址。

表 4-2　场址坐标、年运输量及运费率表

节点	运输量	运费率	坐标位置	
			x	*y*
P_1	2 000	0.5	3	8
P_2	3 000	0.5	8	2
M_1	2 500	0.75	2	5
M_2	1 000	0.75	6	4
M_3	1 500	0.75	8	8

解：① 根据式（4-8）和式（4-9），可以得到：

$$x_0{}^0=\frac{2000\times0.5\times3+3000\times0.5\times8+2500\times0.75\times2+1000\times0.75\times6+1500\times0.75\times8}{2000\times0.5+3000\times0.5+2500\times0.75+1000\times0.75+1500\times0.75}=5.16$$

$$y_0{}^0=\frac{2000\times0.5\times8+3000\times0.5\times2+2500\times0.75\times5+1000\times0.75\times4+1500\times0.75\times8}{2000\times0.5+3000\times0.5+2500\times0.75+1000\times0.75+1500\times0.75}=5.18$$

② 将 $x_0{}^0=5.16$，$y_0{}^0=5.18$，分别代入式（4-14）和式（4-15），得到：

$$x_0{}^1=5.04，y_0{}^1=5.06$$

计算与（$x_0{}^1,y_0{}^1$）相对应的总运费 H^1，有 $H^1<H^0$，因此需继续进行迭代计算，求得 $x_0{}^2=4.99$，$y_0{}^2=5.03$，再比较总费用，$H^2<H^1$。

③ 这样反复迭代，直到 $H^k\geqslant H^{k-1}$，求得配送中心的最优解为 P_0（4.91,5.06），最低运输费用为 214 250 元。

由于精确重心法需要进行多次迭代计算和比较，因此适合用计算机编程进行求解。重心法模型属于连续型选址模型，相对于离散型模型来说，在这种模型中，节点位置的选择是不加特定限制的，有自由选择的长处。可是从另一方面来看，重心法模型的自由度过多也是一个缺点。因为由迭代法计算求得的最佳地点实际上往往很难找到，有的地点很可能在河流湖泊上或街道中间等。此外，迭代计算比较复杂，这也是连续型模型的缺点之一。

3．交叉中值模型（Cross Median）

当在网格环境下进行选址计算时，可用交叉中值模型进行单点选址。

设有 n 个客户 P_1，P_2，…，P_n 分布在平面上，其坐标分别为（x_i,y_i），各客户的需求量为 ω_i（$i=1,2,\cdots,n$），费用函数为节点与客户之间的距离乘以需求量，准备设置一个物流节点（如配送中心）为这些客户服务，假设节点 P_0 的位置在（x_0，y_0）处，希望确定其位置使得总运费最小。

通过交叉中值的方法可以对单一选址问题在一个平面上的加权的城市距离和进行最小化，其目标函数为：

$$\min H = \sum_{i=1}^{n} \omega_i (|x_i - x_0| + |y_i - y_0|) \tag{4-16}$$

显然，式（4-16）可以分解为两个互不相干的部分之和：

$$H = \sum_{i=1}^{n} \omega_i |x_i - x_0| + \sum_{i=1}^{n} \omega_i |y_i - y_0| = H_x + H_y$$

其中，

$$H_x = \sum_{i=1}^{n} \omega_i |x_i - x_0| \tag{4-17}$$

$$H_y = \sum_{i=1}^{n} \omega_i |y_i - y_0| \tag{4-18}$$

因此，求式（4-16）的最优解等价于求式（4-17）和式（4-18）的最小值点。

对于式（4-17），因为：

$$H_x = \sum_{i=1}^{n} \omega_i |x_i - x_0| = \sum_{i \in \{x_i \geqslant x_0\}} \omega_i (x_i - x_0) + \sum_{i \in \{x_i \leqslant x_0\}} \omega_i (x_0 - x_i) \tag{4-19}$$

求式（4-19）的极小值点，由于 x_0 在区域内可连续取值，可对式（4-19）求微分，并令其为零，得：

$$\frac{\mathrm{d}H}{\mathrm{d}x_0} = \sum_{i \in \{x_i \leqslant x_0\}} \omega_i - \sum_{i \in \{x_i \geqslant x_0\}} \omega_i = 0$$

$$\sum_{i \in \{x_i \leqslant x_0\}} \omega_i = \sum_{i \in \{x_i \geqslant x_0\}} \omega_i \tag{4-20}$$

式（4-20）的结论证明了当 x_0 是最优解时，其两方的权重都为 50%，即 H_x 最优值点是 x_0 在 x 方向对所有的权重 ω_i 的中值点。同样可得 H_y 的最优值点 y_0 是在 y 方向对所有的权重 ω_i 的中值点，即 y_0 需满足下列公式：

$$\sum_{i \in \{y_i \leqslant y_0\}} \omega_i = \sum_{i \in \{y_i \geqslant y_0\}} \omega_i \tag{4-21}$$

由于 x_0，y_0 两者可能同时取某一范围内的值，所以最优的位置也相应的可能是一个点，或者地段，或者一个区域。

4．其余选址方法

（1）图解法。图解法是早期的一种古典方法，它是韦伯提出来的，所以也叫韦伯图解法，如图 4-17 所示。该方法利用二维坐标图进行直接分析，先在图上以资源点和需求点为中心画出等成本线，然后由等成本线画出总等成本线。总成本等位线必收敛于总成本最小的点，则此点为节点最佳设置点。

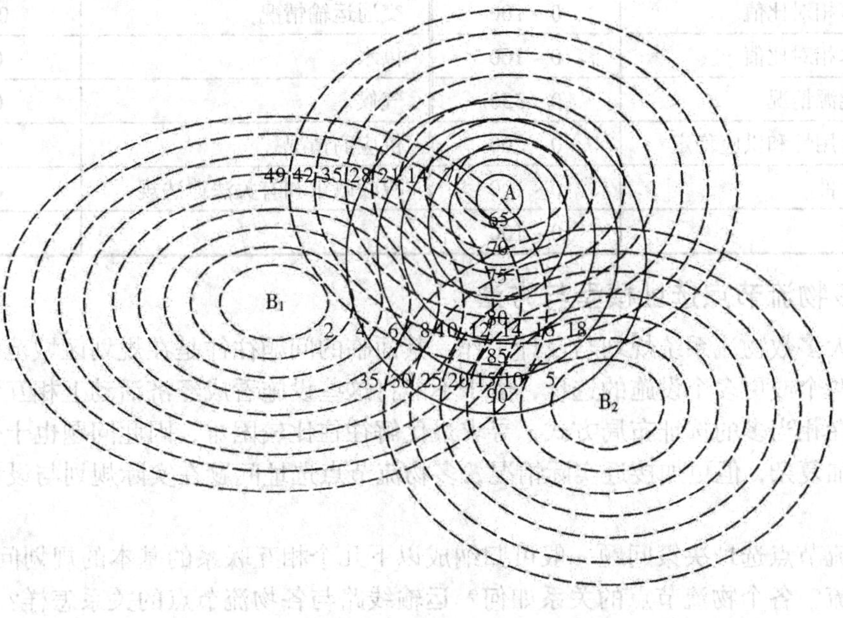

图 4-17　韦伯图解法

由于单一节点选址问题在计划区域内只设置一个节点，则节点规模可根据需求预测确定。因此，节点规模是已知的，与节点规模有关的节点设置成本和仓储费用也是固定不变的，而且与节点位置无关。绘制成本曲线时可不考虑此两项费用，只考虑运杂费。

图解法对费用函数为非线性情况的处理是很方便的，成本线的密度是非均匀的，不仅可以找到最优解，还能给出最优解附近的各种总成本等位线。有时因为某些因素，如土地成本、公共设施等，不得不放弃最优解，选择稍次之于最优解的满意解。

（2）因素评分法。因素评分法常用来解决离散型单点物流节点的选址问题，这也是在实际选址问题中最常用的一种有效方法。

离散节点选址指的是在有限的候选位置里面选取最为合适的一个或一组位置为最优的方案，相应的模型就叫做离散点选址模型。它与连续选址模型的区别在于，它所拥有的候选方案只有有限个元素，我们考虑问题的时候，只需要在这些有限个位置上进行分析。

因素评分法是将每个备选地点都按因素计分，在允许的范围内给出一个分值；然后将每个地点各因素的得分相加或加权相加，求出总分后加以比较；最后，以选择得分最多的地点为最终的方案。

使用因素评分法选址的主要步骤如下：① 给出备选地点；② 列出影响选址的各个因素；③ 给出每个因素的分值范围，（如表 4-3 所示，给出了物流节点选址问题中影响选址的一些因素及其取分参考值范围）；④ 由专家对各个备选地点就各个因素评分；⑤ 将每地点各因素的得分相加，求出总分后加以比较，得分最多的地点中选。

表 4-3 影响物流节点选址的因素及其分值范围

影响因素	分值范围	影响因素	分值范围
建没成本相对比值	0 ~ 100	交通运输情况	0 ~ 100
运输成本相对比值	0 ~ 100	供水	0 ~ 10
区域内能源情况	0 ~ 330	气候	0 ~ 50
动力的可用性和供应稳定	0 ~ 200	供应商情况	0 ~ 60
劳动力条件	0 ~ 100	税收政策和有关法律法规	0 ~ 20
生活条件	0 ~ 100		

4.5.4 多物流节点选址模型与方法

对于大多数物流系统规划与设计工作，其面临的问题往往是在规划区域范围内，需要同时确定两个或更多个设施的选址，由于不能将这些设施看成经济活动上相互独立的，而且可能存在相当多的选址布局方式，寻求最优解往往比较困难，因此问题也十分复杂。虽然问题更加复杂，但更加接近实际情况，多物流节点选址问题在实际规划与设计工作中更普遍。

多物流节点选址决策问题一般可归纳成以下几个相互联系的基本的规划问题：① 如何组织货流？各个物流节点的关系如何？运输线路与各物流节点的关系怎样？② 网络中应该设几个物流节点？处于什么位置？③ 物流节点服务于哪些顾客或市场区域？规模多大？具有哪些功能？

1. 多重心法

对于前面所述的重心模型，如果用一个物流节点数量不能满足规划区域内全部服务对象的服务需求时，则需要设立多个物流节点。多重心法通过分组后再运用精确重心法来确定多个物流节点的位置与服务分派方案。多重心法的计算分为以下几步。

（1）*初步分组*。确定分组原则，将需求点按照一定原则分成若干个群组，使分群组数等于拟设立的物流节点数量。每个群组由一个物流节点负责，确立初步分配方案。这样，形成多个单一物流节点选址问题。

（2）*选址计算*。针对每个群组的单一物流节点选址问题，运用精确重心法确定该群组新的物流节点的位置。

（3）*调整分组*。对每个需求点分别计算到所有物流节点的运输费用，并将计算结果列表，将每个需求点调整到运输费用最低的那个物流节点负责服务，这样就形成新的分配方案。

（4）重复（2），直到群组成员无变化为止。此时的物流节点分配方案为最佳分配方案，物流节点的位置是最佳地址。

如果存在能够评估所有分组群落的方法，那么该选址方法是最好的。尽管如此，就实际问题的规模（数量过多）而言，在计算上是不现实的。即便预先将大量客户点分配给很少的几个物流节点，也是一件极其庞杂的工作。因此，还需要使用其他选址方法。

【例 4.3】某公司计划建立 2 个药品配送点向 10 个药品连锁店送货，各药品连锁店的地址坐标和药品每日需求量如表 4-4 所示，运价均为 1，试确定这 2 个药品配送点的地址，使送货运输费用最低。

表 4-4　各药品连锁店地址坐标与药品每日需求量

连锁店号 j	1	2	3	4	5	6	7	8	9	10
X_j	70	95	80	20	40	10	40	75	10	90
Y_j	70	50	20	60	10	50	60	90	30	40
需求量	8	10	6	5	7	8	12	5	11	9

解：① 将 10 家药品连锁店分成两组。初步分为｛1，2，3，4，5｝和｛6，7，8，9，10｝两组，每组由一个配送点负责送货。

② 按精确重心法进行迭代计算，求出 2 个配送点的地址坐标为：$(P_1,Q_1)=(74.342, 46.147)$，$(P_2,Q_2)=(40,60)$。

③ 计算各药品连锁店到这 2 个配送点的送货运输费用，计算结果如表 4-5 所示。考察表 4-5，按运输费用最低的节点送货原则重新分组，调整后的分组情况为：｛1，2，3，5，8，10｝和｛4，6，7，9｝。

表 4-5　第一次迭代的选址分配方案及运输费用

连锁店号 j	X_j	Y_j	需求量	到（P_1,Q_1）的运输费用	到（P_2,Q_2）的运输费用
1	70	70	8	193.959 8	252.982 2
2	95	50	10	210.142 5	559.017
3	80	20	6	160.513	339.411 3
4	20	60	5	280.399 7	100
5	40	10	7	349.017 1	350
6	10	50	8	515.658 1	252.982 2
7	40	60	12	444.369 3	0
8	75	90	5	219.289 7	230.488 6
9	10	30	11	729.708 7	466.690 5
10	90	40	9	151.392 4	484.664 8

④ 按第一次迭代后的分配方案进行重新选址，还是应用精确重心法进行迭代计算，求出 2 个配送点新的地址坐标为：$(P_1,Q_1)=(87.144,44.292)$，$(P_2,Q_2)=(17.676,49.679)$。

⑤ 再次计算各药品连锁店到这两个配送点的送货运输费用。计算结果如表 4-6 所示。

考察表 4-6，重新调整后的分组情况为：{1，2，3，8，10}和{4，5，6，7，9}。

表 4-6　第二次迭代的选址分配方案及运输费用

连锁店号 j	X_j	Y_j	需求量	到（P_1，Q_1）的运输费用	到（P_2，Q_2）的运输费用
1	70	70	8	247.201	449.051 9
2	95	50	10	97.107 16	773.246 7
3	80	20	6	151.924 2	414.179 3
4	20	60	5	344.784 6	52.897 07
5	40	10	7	408.076 5	318.694 9
6	10	50	8	618.839 1	61.461 67
7	40	60	12	596.304 4	295.132 7
8	75	90	5	236.468 7	350.422
9	10	30	11	863.024	232.353 8
10	90	40	9	46.398 47	656.719 1

⑥ 按第二次迭代后的分配方案进行重新选址，经过迭代计算后，求出 2 个配送点的地址坐标为：$(P_1,Q_1)=(90.063,47.843)$，$(P_2,Q_2)=(19.906,45.474)$。

⑦ 计算各药品连锁店到这两个配送点的送货运输费用，计算结果如表 4-7 所示。考察表 4-7，发现分组情况不变。仍然为{1，2，3，8，10}和{4，5，6，7，9}，因此，这一物流服务分配方案为最佳方案。

表 4-7　第三次迭代的选址分配方案及运输费用

连锁店号 j	X_j	Y_j	需求量	到（P_1，Q_1）的运输费用	到（P_2，Q_2）的运输费用
1	70	70	8	239.126	446.205 9
2	95	50	10	53.876 36	752.302 7
3	80	20	6	177.630 1	391.621 9
4	20	60	5	355.549 5	72.631 52
5	40	10	7	439.296 5	285.388 3
6	10	50	8	640.736 4	87.127 86
7	40	60	12	618.215 1	297.535 5
8	75	90	5	223.836 2	354.186 2
9	10	30	11	902.298 9	202.104 9
10	90	40	9	70.589 28	632.766 8

在此方案下，总的最低送货运输费用为 1 709.85，第一个配送点的地址坐标为$(P_1,Q_1)=(90.063,47.843)$，主要对 1、2、3、8、10 号药品连锁店提供服务；第二个配送点的地址坐标为$(P_2,Q_2)=(19.906,45.474)$，主要对 4、5、6、7、9 号药品连锁店提供服务。

2．覆盖模型

覆盖模型是一类离散点选址模型。所谓覆盖模型，是指对于需求已知的一些需求点，如何确定一组服务设施来满足这些需求点的需求。在这个模型中，需要确定服务设施的最小数量和合适的位置。该模型适用于商业物流系统（如零售点的选址问题、加油站的选址、配送中心的选址等）、公用事业系统（如急救中心、消防中心选址等），以及计算机与通信系统（如有限电视网络基站、无线通信网络基站、计算机网络中的集线器设置等）。

根据解决问题的方法的不同，覆盖模型常用的有两类主要模型：集合覆盖模型（Set Covering Location），即用最小数量的设施去覆盖所有的需求点，如图 4-18 所示；最大覆盖模型（Maximum Covering Location），即在给定数量的设施下，覆盖尽可能多的需求点，如图 4-19 所示。

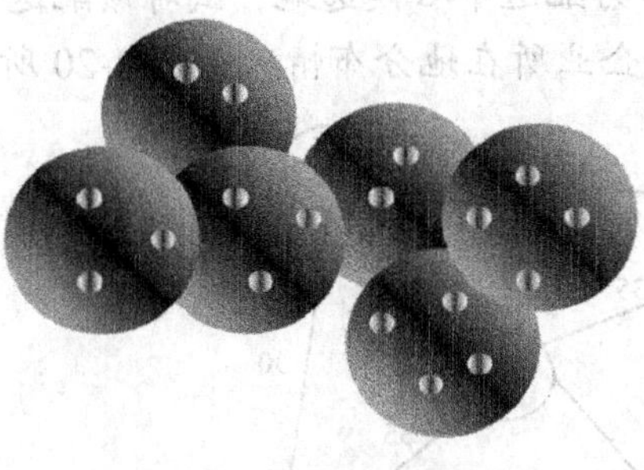

图 4-18　集合覆盖模型

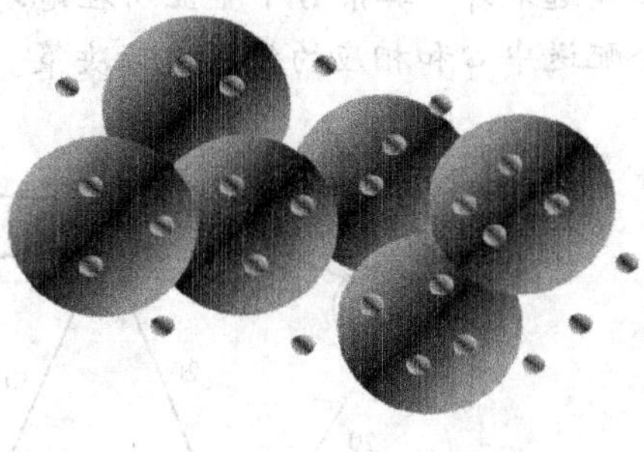

图 4-19　最大覆盖模型

这两类模型的区别是：集合覆盖模型要满足所有需求点的需求，而最大覆盖模型则只覆盖有限的需求点，两种模型的应用情况取决于服务设施的资源充足与否。

（1）集合覆盖模型。集合覆盖模型的目标是用尽可能少的设施去覆盖所有的需求点，其数学模型表述如下：

$$\min \sum_{j \in N} x_j \tag{4-22}$$

$$\text{s.t.} \quad \sum_{j \in B(i)} y_{ij} = 1, \ i \in N \tag{4-23}$$

$$\sum_{i \in A(j)} d_i y_{ij} \leqslant C_j x_j, \ j \in N \tag{4-24}$$

$$y_{ij} \geqslant 0, \ i, j \in N \tag{4-25}$$

$$x_j \in \{0,1\} \tag{4-26}$$

式中，N 为 n 个需求点集合；d_i 为第 i 个需求点需求量；C_j 为设施节点 j 的容量；$A(j)$为设施节点 j 所覆盖的需求点的集合；$B(i)$为可以覆盖需求点 i 的设施集合；y_{ij} 为节点 i 需求中被分配给设施节点 j 服务的部分，$y_{ij} \leqslant 1$；x_j 为节点 j 是否被选中成为设施，如选中则为 1，未被选中则为 0。

式（4-22）是目标函数，为被选设施的节点数最小化，式（4-23）保证每个需求点的需求都得到完全满足，式（4-24）是对每个设施的服务能力的限制，式（4-25）允许一个设施为某个需求点提供部分需求。x_j 和 y_{ij} 是决策变量，表明哪些节点选为设施节点，并且分配方案如何。这是一个混合型的 0-1 整数规划问题。

对于此类带有约束条件的极值问题，有两大类方法可以进行求解。一是应用分枝定界求解的方法，能够找到小规模问题的最优解，但只适用小规模问题的求解。在求解中，可用 Lingo、Matlab 等优化软件求解。二是启发式方法，所得到的结果不能保证是最优解，但是可以得到较满意的可行解，对于大型问题的分析与求解，应用启发式算法可以显著减少运算量。

【例 4.4】有一个配送企业，拟为 7 个生产企业 A_1，A_2，A_3，A_4，A_5，A_6 和 A_7 提供即时配送。生产企业要求配送企业在接到订单后 6 小时内将所需物品送至其生产线上，配送企业为满足生产企业配送要求，准备在每个生产企业周围 30 公里范围内至少设置一个配送中心，配送中心的服务能力不受限制。除生产企业 A_6 处受城市规划用地限制不能作为配送中心候选地外，其余 6 个企业所在地均可作为配送中心候选地，试对该配送企业至少建设几个配送中心和相应的位置进行决策。7 个企业所在地分布情况如图 4-20 所示。

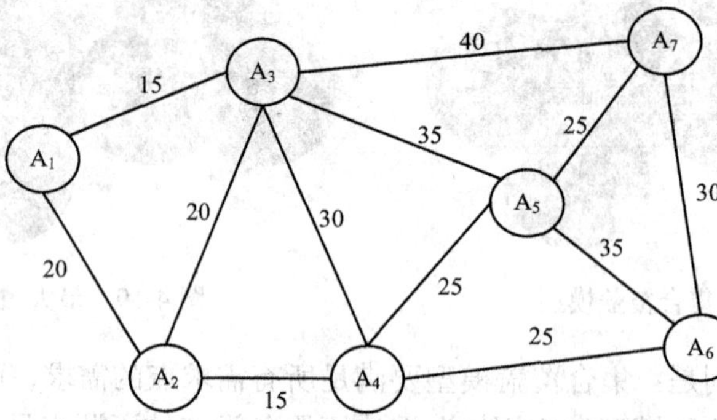

图 4-20 企业所在地分布情况

解：① 根据约束条件服务距离≤30 公里要求，求出每个候选地（生产企业所在地）所服务企业集合 A(*j*)和可以为每个企业服务的候选地集合 B(*i*)。如在 A_1 处建配送中心，其能服务的企业集合 A(1)为{A_1，A_2，A_3}，同样，如果在 A_1 处建配送中心能够服务 A_1，在 A_2，A_3 处建配送中心也能够服务 A_1，而在其他地方建配送中心则不能服务 A_1，因此能为 A_1 提供服务的候选地集合 B(1)是{A_1，A_2，A_3}，其他结果见表 4-8。

表 4-8 候选地的服务范围

生产企业所在地	A(*j*)	B(*i*)
A_1	A_1，A_2，A_3	A_1，A_2，A_3
A_2	A_1，A_2，A_3，A_4	A_1，A_2，A_3，A_4
A_3	A_1，A_2，A_3，A_4	A_1，A_2，A_3，A_4
A_4	A_2，A_3，A_4，A_5，A_6	A_2，A_3，A_4，A_5，A_6
A_5	A_4，A_5，A_7	A_4，A_5，A_7
A_6		A_4，A_7
A_7	A_5，A_6，A_7	A_5，A_7

一般情况下两个集合相同，但若有其他条件限制，可能会出现差异（本例由于企业所在地 A_6 不能作为候选地，就会出现差异）。

② 根据表 4-8，将 A(*j*)中可以作为为其他生产企业服务的候选地集合的子集删除，以简化问题。

A_2 可以为 A_1，A_2，A_3，A_4 提供服务，A_1 可以为 A_1，A_2，A_3 提供服务，所以 A_1 是 A_2 的子集，不考虑在 A_1 建设配送中心，同理将 A_3 排除。（A_2，A_4，A_5，A_7）是候选地的集合。

③ 确定合适解。{A_2，A_4，A_5，A_7} 本身就是一组可行解，但为了满足经济性要求，尽可能将配送中心的数量降到最少，因此需要进一步提出可以合并的候选地。{A_2，A_7} 是可以覆盖所有生产企业数量最少的组合解，因此，应在 {A_2，A_7} 建设两个配送中心。

（2）最大覆盖模型。最大覆盖模型的目标是对有限个服务设施进行选址，并为尽可能多的需求点提供服务，但可能不能满足所有需求点的需求。最大覆盖模型的数学模型表述如下：

$$\max \sum_{j\in N}\sum_{i\in A(j)} d_i y_{ij} \tag{4-27}$$

$$\text{s. t.} \sum_{j\in B(i)} y_{ij} \leqslant 1, i\in N \tag{4-28}$$

$$\sum_{i\in A(j)} d_i y_{ij} \leqslant C_j x_j,\quad j\in N \tag{4-29}$$

$$\sum_{j\in N} x_j = P \tag{4-30}$$

$$y_{ij} \geqslant 0, i, j\in N \tag{4-31}$$

$$x_j \in \{0,1\} \tag{4-32}$$

式中：N 为 n 个需求点集合；d_i 为第 i 个需求点的需求量；C_j 为设施节点 j 的容量；$A(j)$为设施节点 j 所覆盖的需求点的集合；$B(i)$为可以覆盖需求点 i 的设施集合；P 为允许投建的设施数；y_{ij} 为节点 i 需求中被分配给设施节点 j 服务的部分，$y_{ij}\leqslant 1$；x_j 为节点 j 是否被选中成为设施，如选中则为 1，未被选中则为 0。

式（4-27）是目标函数，尽可能多地为需求点提供服务，满足它们的需求；式（4-28）是表明需求点的需求有可能得不到满足；式（4-29）是每个设施的服务能力的限制；式（4-30）是设施数的限制，表明设施只能建设有限多个。式（4-31）允许一个设施为某个需求点提供部分需求。x_j 和 y_{ij} 是决策变量，表明哪些节点选为设施节点，并且分配方案如何。这也是一个混合型的 0-1 整数规划问题。

同集合覆盖模型一样，最大覆盖模型可采用精确求解方法与启发式方法求解，由 Richard Church 和 Charles R.Velle 设计的贪婪启发式算法可以对最大覆盖模型进行求解，该算法首先求出可以作为候选点的集合，并以一个空集作为原始解的集合。然后在候选点集合中选择一个具有最大满足能力的候选点进入原始解集合，作为二次解。以此往复，直到设施数目满足要求为止。

【例 4.5】仍以例 4.4 选址问题为例，假设最多建设配送中心的个数为 2 个，并为尽可能多的企业提供服务。

解：例 4.4 已得出候选地为集合为｛A_2，A_4，A_5，A_7｝，按贪婪启发式算法进行求解。

① 初始解为 S=空集 φ；

② 比较 A_2，A_4，A_5，A_7 的服务能力，A_4 的覆盖能力最大为 5 个企业，因此将 A_4 加入 S，S=｛A_4｝；

③ 重复② 除去 A_4 服务的范围，将能覆盖剩下的待服务企业能力最大的候选地加入 S，形成新的解集。本例中除去 A_4 服务的范围，剩下待服务企业为 A_1，A_7，候选地 A_2 可以对 A_1 提供服务、候选地 A_5，A_6 可以为 A_7 提供服务，服务能力相同，因此 S=｛A_4，A_1｝或 S=｛A_4，A_5｝或 S=｛A_4，A_6｝为可作为新的解集，两个候选地被选中建设配送中心，满足建设两个配送中心的要求。

显然该解不是最优解，这也是启发式算法的特点。

3．P-中值模型

P-中值模型是指在一个给定数量和位置的需求集合和一个候选设施位置集合下，分别为 p 个设施找到合适的位置，并指派每个需求点被一个特定的设施服务，使之达到在各设施点和需求点之间的运输费用之和最低。图 4-21 所示的是 P-中值模型的原理。

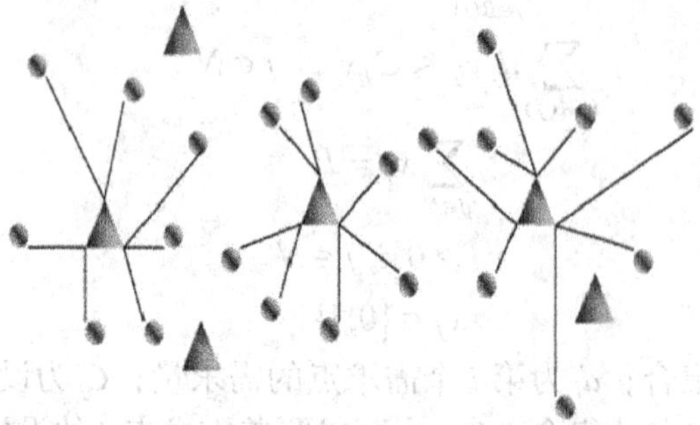

图 4-21　P-中值模型原理

基本的 P-中值模型的数学模型表述如下：

$$\min \sum_{i\in N}\sum_{j\in M} d_i C_{ij} y_{ij} \tag{4-33}$$

$$\text{s.t.} \sum_{j\in M} y_{ij} = 1,\ i\in N \tag{4-34}$$

$$y_{ij} \leqslant x_j,\ i\in N,\ j\in M \tag{4-35}$$

$$\sum_{j\in M} x_j = P \tag{4-36}$$

$$x_j,\ y_{ij} \in \{0,1\},\ i\in N,\ j\in M \tag{4-37}$$

式中，N 为 n 个需求点集合；d_i 为第 i 个需求点需求量；C_{ij} 为从需求点 i 到设施 j 的单位运输费用；M 为 m 个建设设施节点候选点集合；P 为允许投建的设施数（$P<m$）；y_{ij} 为需求点 i 是否由设施 j 来提供服务；x_j 为设施 j 是否被选中成为设施，如选中则为 1，未被选中则为 0。

式（4-33）是目标函数，表明在达到各需求点到它服务设施的运输费用总和最低；式（4-34）保证每个需求点只有一个服务设施来提供服务；式（4-35）有效地保证没有选中的设施候选点不能为需求点提供服务；式（4-36）限制了可以投建的设施总数为 p 个。x_j 和 y_{ij} 是 0-1 决策变量；这是一个 0-1 整数规划问题。

求解 P-中值模型需要解决两方面的问题：① 选择合适的设施位置，即模型中的 x 决策变量；② 指派需求点到相应的设施中去，即模型中的 y 决策变量。

一旦设施的位置确定之后，由于设施的服务能力在模型中没有限制，因此再确定指派每个需求点到不同的设施中，使费用总和最小就十分简单了。如有能力限制，问题就更为复杂。选择设施位置如穷举的活，共有 C_M^p 种可能方案。

与覆盖模型一样，求解一个 P-中值模型问题，主要有两大类方法：精确法（Exact Methods）和启发式算法（Heuristic Methods）。下面介绍一种启发式求解 P-中值模型的算法——贪婪取走启发式算法（Greedy Dropping Heuristic Algorithm）。这种算法的基本步骤如下。

1）初始化，令循环参数 k=m，将所有的 m 个候选位置都选中，然后将每个客户指派给距离其最近的一个候选位置。

2）选择并取走一个位置点，满足以下条件：假设将它取走，并将它的客户重新指派后，总费用增加量最小，然后 k=k–1；

3）重复 2），直到 k=p。

【例 4.6】某医药公司有 8 个分销公司（A_1～A_8），公司拟新建 2 个配送仓库，用最低的运输成本来满足 8 个分销公司的需求。经过实地考查后，公司确定 5 个候选地（D_1～D_5），从候选地到各分销公司的单位运输成本与各分销公司的需求已确定，如表 4-9 所示，各分销公司分布及候选仓库位置如图 4-22 所示，试确定仓库的位置与分销公司分派情况，并计算出各仓库的运输成本。

表 4-9　从候选地到各分销公司的单位运输成本与各分销公司的需求

	D_1	D_2	D_3	D_4	D_5	需求量
A_1	30	45	48	10	35	10
A_2	25	60	70	35	50	6
A_3	28	15	25	32	10	11
A_4	45	30	20	24	12	25
A_5	58	12	25	60	30	15
A_6	65	30	15	57	33	13
A_7	65	35	16	45	28	20
A_8	22	30	35	20	16	8

解：① 对表 4-9 的单位运输成本进行比较，按距离最近进行分派，得到初始化结果，如图 4-23 所示，总费用=150+180+195+320+100+128+300+110=1 483，k=5。

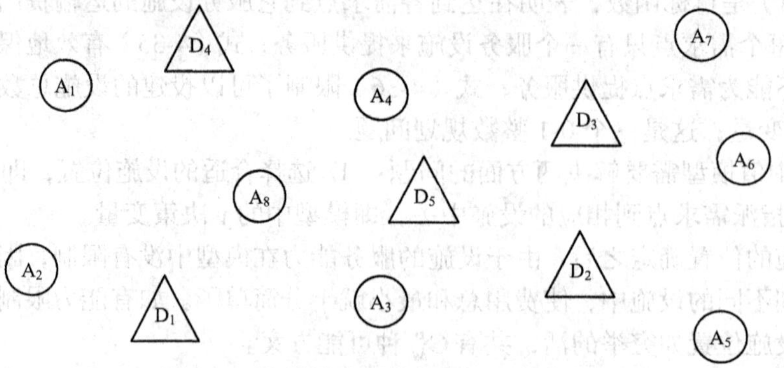

图 4-22 各分销公司分布及候选仓库位置

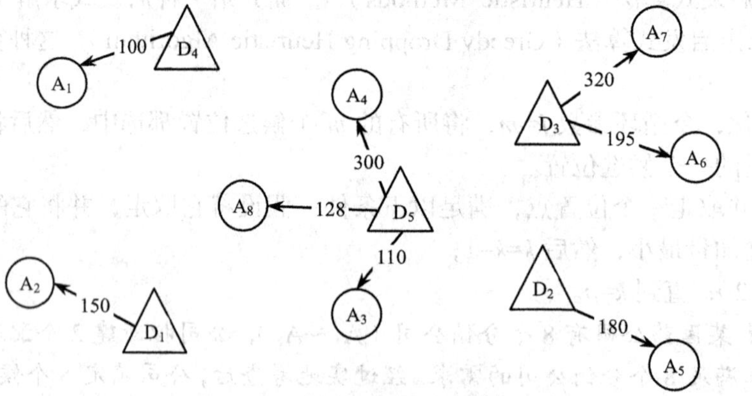

图 4-23 客户和候选位置分布

② 分别对移走候选地 D_1，D_2，D_3，D_4，D_5 进行重新指派，并对各自的增量进行计算。

当移走 D_1 后，受影响的是 A_2，A_2 指派给 D_4 后，所产生的增量=210−150=60；

当移走 D_2 后，受影响的是 A_5，A_5 指派给 D_3 后，所产生的增量=375−180=195；

当移走 D_3 后，受影响的是 A_6、A_7，A_6 指派给 D_2，A_7 指派给 D_5 后，所产生的增量=390+560−320−195=435；

当移走 D_4 后，受影响的是 A_1，A_1 指派给 D_1 后，所产生的增量=300−100=200；

当移走 D_5 后，受影响的是 A_3、A_4、A_8，A_3 指派给 D_2，A_4 指派给 D_3，A_8 指派给 D_4 后，所产生的增量=165+500+160−110−300−128=287；

所以，第一个被移走的候选地是 D_1，并把 A_2 指派给 D_4，k=4。

③ 分别对移走候选地 D_2，D_3，D_4，D_5 进行重新指派，并对各自的增量进行计算。

当移走 D_2 后，受影响的是 A_5，A_5 指派给 D_3 后，所产生的增量=375−180=195；

当移走 D_3 后，受影响的是 A_6、A_7，A_6 指派给 D_2，A_7 指派给 D_5 后，所产生的增量=390+560−320−195=435；

当移走 D_4 后，受影响的是 A_1、A_2，A_1 指派给 D_5，A_2 指派给 D_5 后，所产生的增量=350+300−100−210=340；

当移走 D_5 后，受影响的是 A_3、A_4、A_8，A_3 指派给 D_2，A_4 指派给 D_3，A_8 指派给 D_4

后，所产生的增量=165+500+160−110−300−128=287；

所以，第二个被移走的候选地是 D_2，并把 A_5 指派给 D_3，k=3。

④ 分别对移走候选地 D_3，D_4，D_5 进行重新指派，并对各自的增量进行计算。

当移走 D_3 后，受影响的是 A_5、A_6、A_7，A_5 指派给 D_5，A_6 指派给 D_5，A_7 指派给 D_5 后，所产生的增量=450+429+560−375−195−320=549；

当移走 D_4 后，受影响的是 A_1、A_2，A_1 指派给 D_5，A_2 指派给 D_5 后，所产生的增量=350+300−100−210=340；

当移走 D_5 后，受影响的是 A_3、A_4、A_8，A_3 指派给 D_3，A_4 指派给 D_3，A_8 指派给 D_4 后，所产生的增量=275+500+160−110−300−128=397；

所以，第三个被移走的候选地是 D_4，并把 A_1 指派给 D_5，A_2 指派给 D_5，k=2，循环结束。最后的结果在候选地 D_3、D_5 上投建新的仓库，总的运输成本为 2 078，其中 D_3 仓库的运输成本为 890，D_5 仓库的运输成本为 1 188，指派结果如图 4-24 所示。

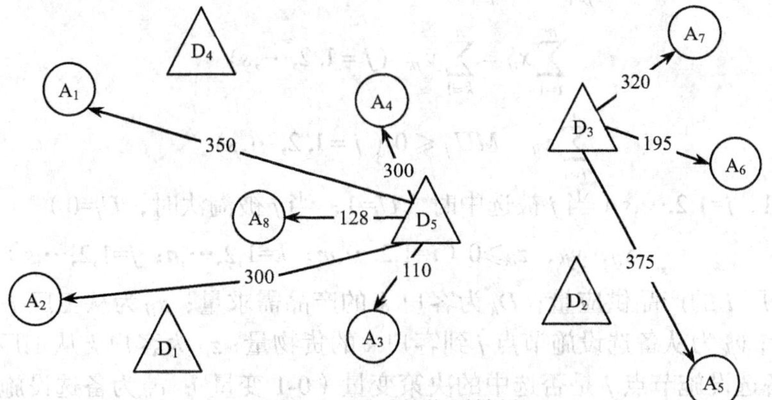

图 4-24　最后的指派结果

4. 鲍摩—瓦尔夫（Baumol-Wolfe）模型

（1）问题描述。鲍摩—瓦尔夫模型又称多节点单品种选址模型，即模型中只考虑一种产品，模型的系统结构如图 4-25 所示。模型假设有 m 个资源点（如工厂）的单一品种产品，经从候选集选出的物流设施节点发运给 n 个地区的客户或直送。问题是如何从 s 个候选的地点集合中选择若干个位置作为物流设施节点（如配送中心），使得从已知若干个资源点（如工厂），经过这几个选出的设施节点（配送中心），向若干个客户运送同一种产品时总的物流成本（或运输成本）为最小。模型中也可能存在从工厂直接将产品送往某个客户点。

（2）建立模型。假设 F 是多节点选址方案的总成本，根据网络布局的目标应使总成本最低，可以得到多节点单品种物流节点布局的数学模型如下：

$$\min F=\sum_{i=1}^{m}\sum_{j=1}^{s}c_{ij}x_{ij}+\sum_{j=1}^{s}\sum_{k=1}^{n}d_{jk}y_{jk}+\sum_{i=1}^{m}\sum_{k=1}^{s}e_{ik}z_{ik}+\sum_{j=1}^{s}(v_jU_j+\omega_j\sum_{i=1}^{m}x_{ij}) \tag{4-38}$$

$$\text{s. t.}\quad \sum_{j=1}^{s}x_{ij}+\sum_{k=1}^{n}z_{ik}\leqslant s_i\ \ (i=1,2,\cdots,m) \tag{4-39}$$

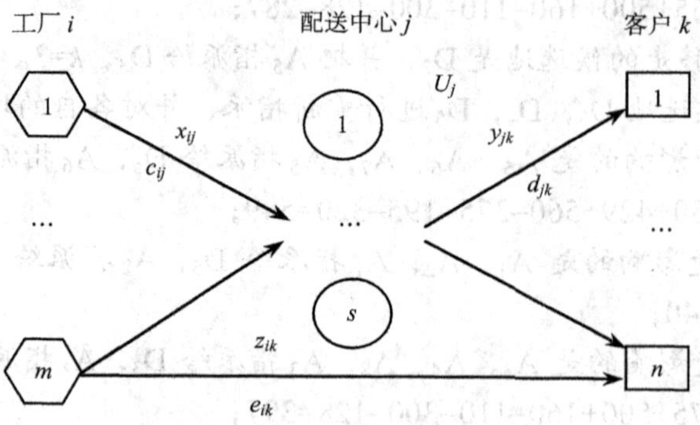

图 4-25　多节点单品种选址问题

$$\sum_{j=1}^{s} y_{jk} + \sum_{i=1}^{m} z_{ik} \geqslant D_k \ (k = 1, 2, \cdots, n) \tag{4-40}$$

$$\sum_{i=1}^{m} x_{ij} = \sum_{k=1}^{n} y_{jk} \ \ (j = 1, 2, \cdots, s) \tag{4-41}$$

$$\sum_{i=1}^{m} x_{ij} - MU_j \leqslant 0 \ (\ j = 1, 2, \cdots, s) \tag{4-42}$$

U_j=0 或 1，j=1,2,…,s（当 j 被选中时，U_j=1；当 j 被淘汰时，U_j=0）

$$x_{ij},\ y_{jk},\ z_{ik} \geqslant 0\ (i=1,2,\cdots,m;\ k=1,2,\cdots,n;\ j=1,2,\cdots,s) \tag{4-43}$$

式中，s_i 为工厂 i 的产品供应量；D_k 为客户 k 的产品需求量；x_{ij} 为从工厂 i 到备选设施节点 j 的货物量；y_{jk} 为从备选设施节点 j 到客户 k 的货物量；z_{ik} 为客户 k 从工厂 i 直接进货的数量；U_j 为备选设施节点 j 是否选中的决策变量（0-1 变量）；c_{ij} 为备选设施节点 j 从工厂 i 进货的单位货物配送费用；d_{jk} 为备选设施节点 j 向客户 k 供货的单位货物配送费用；e_{ik} 为客户 k 从工厂 i 直接进货的单位货物直接配送费用；ω_j 为备选设施节点 j 每单位货物通过量的变动费用（如仓库管理或加工费等，与规模相关），即存储费用率；v_j 为备选设施节点 j 选中后的基建投资费用（固定费用，与规模无关的费用）

式（4-38）是目标函数；式（4-39）表示每个工厂运出的货物总量不大于该工厂的生产、供货能力；式（4-40）表示所有客户的需求必须得到满足，做到不缺货；式（4-41）表示对于每个物流设施节点，运进的货物总量应等于运出的货物总量。

由于物流设施节点的布局经过优化求解后，可能有的备选地址被选中，而另外一些被淘汰，被淘汰的备选物流设施节点，经过它中转的货物数量为零，这由式（4-42）来确定。当 j 点被选中时，U_j=1：当点被淘汰时，U_j=0。不等式中的 M 是一个相当大的正数，由于 x_{ij} 是货物运输量，不可能小于零，故当 U_j=0 时，x_{ij}=0 成立；当 U_j=1 时，M 是一个相当大的正数，MU$_j$ 足够大，x_{ij} 为一有限值，所以不等式成立。

在式（4-38）中，$\omega_j \sum_{i=1}^{m} x_{ij}$ 项是备选设施节点 j 的存储费用项，如果把存储费用看成设施节点吞吐量 $\sum_{i=1}^{m} x_{ij}$ 的线性函数，即存储费用率 ω_j 与设施节点的规模的大小无关，那整个模型是一个混合型 0-1 整数规划的数学模型。而实际情况是存储费用率一般与设施节点的规模（吞吐量）的大小有关。鲍摩—瓦尔夫模型中用非线性函数来描述物流设施节点的存储费用函数，如图 4-27 所示。

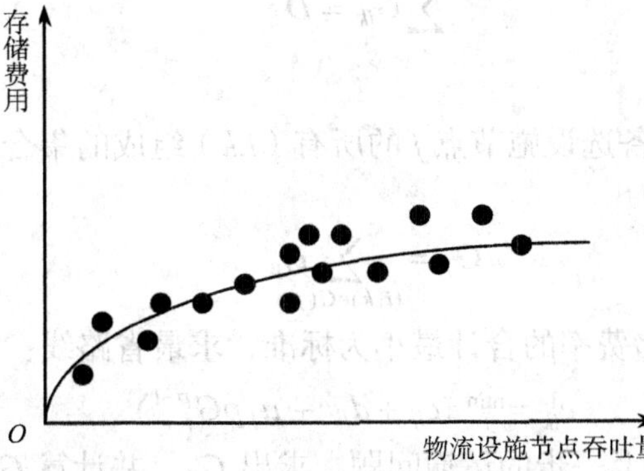

图 4-26　物流设施节点的存储费用函数

从图 4-27 中的曲线可以看出，随着设施节点的规模的增大，存储费用曲线变得平坦，即存储费率下降了，这是符合实际情况的。存储费用的非线性函数的引入，使整个模型变为非线性规划模型，这也使计算求解变得复杂。为了使问题简化，鲍摩—瓦尔夫模型给出了一个启发式算法，这个方法是在迭代求解中，对非线性函数采取分段线性化的做法，即在每次迭代过程中用边际成本表示存储费用率。边际成本表示在一定设施节点规模下的单位货物存储费用，因此可与单位运输费用直接相加。经过这样处理后，就可直接利用运输规划问题的解决方法计算求解了。鲍摩—瓦尔夫的启发式算法在求解过程中只需要运用一般的运输规划问题的计算方法即可，避免了混合整数规划模型的求解困难，大大降低了计算成本，不仅如此，它还较好地解决了设施节点存储费用的非线性问题。

通过对物流设施节点的存储成本与规模（吞吐量）的数据拟合，可以得到它们互相关系的数学表达式为：

$$H_j = \mu_j G_j^p \tag{4-44}$$

式中，H_j 为设施节点 j 的存储成本；G_j 为节点的吞吐量；μ_j、p 为常系数。

设物流设施节点在某一规模时的边际成本为 ω_j，则 $\omega_j = \dfrac{\partial H_j}{\partial G_j} = \mu_j p G_j^{p-1}$，当 p=0.5 时，时，$H_j = \mu_j \sqrt{G_j}$，$\omega_j = \dfrac{\mu_j}{2\sqrt{G_j}}$，因此，如果已经确定了设施节点的规模，那此规模下的存储费率就可按上述边际成本的公式计算得到。

（3）算法求解步骤。

1）求初始解。首先，令各备选设施节点的规模均为 0，即 G_j=0，则ω_j=0。对工厂与客户间所有组合（i，k），求每单位运输成本最小值，即运输成本最低的路线，其运输成本为 $c_{ik}^0 = \min_j (c_{ij} + d_{jk})$，引入变量 G_{ik}，表示从工厂 i 经某一个备选设施节点 j 到客户 k 的流通量。解下列线性规划的运输问题：

$$\min f=\sum_{i,k}c_{ik}^{0}G_{ik}$$

$$\text{s. t.}\ \sum_{k}G_{ik}=S_i$$

$$\sum_{i}G_{ik}=D_k$$

求出 G_{ik}。

2）求二次解。设经过备选设施节点 j 的所有（i,k）组成的集合为 $G(j)$，备选设施节点 j 的吞吐量为：

$$G_j=\sum_{(i,k)\in G(j)}G_{ik}$$

以运输费率和变动存储费率的合计最小为标准，求最省路线：

$$c_{ik}^{1}=\min_{j}\ (c_{ij}+d_{jk}+\mu_j pG_j^{p-1})$$

以 c_{ik}^{1} 代替 c_{ik}^{0}，重新解上一步的运输问题。求出 G_{ik}，并计算 G_j。

3）求最优解。按 2）方法反复计算，直至 G_j 不变，即获得满意解。

鲍摩—瓦尔夫启发式算法的每次迭代使系统总成本单调下降的趋势是明显的，它总是在使系统总费用最小的前提下寻求新的更好的布局方案。但对于设施节点设置的固定投资成本，此算法在计算过程中没有考虑。

5. 奎汉—哈姆勃兹（Kuehn-Hamburge）模型

（1）问题描述。奎汉—哈姆勃兹模型是一个多节点多品种选址模型，从表面上看，只需在单品种选址问题中增加多品种的因素就行了，即可分解成多个单品种选址子问题。但从实际情况看，由于各个品种都要按照各自的优化方案选择物流节点中转，因此，同一客户可能需要不同品种的货物，他们将分别从几个不同的物流节点进货，这势必出现运输某些需求量不多的货物的运输工具低效率而运输成本增大的现象。在这种情况下，无论客户自己开汽车提货，还是货物供应部门组织配送，其效果都不是最经济的。为此，有必要将各客户所需的所有货物的供货地点相对集中，最好由一个物流节点供货。

由此，多节点多品种选址问题可描述如下：有 m 家工厂生产多种产品，其中，这些工厂的各种产品的产能已知，而每个销售区对每种产品的需求量也已知。产品经由物流节点运往销售区，每个销售区的所有产品都由某一指定的物流节点独家供货，并考虑由于缺货，延误交货而支付的损失费，另外物流节点的候选地也是给定的，并且有容量限制，希望从这些候选地中选择若干个作为配送中心中转，以达到总的运营成本最低的目标。物流节点成本可表示为固定成本（实际用地所承担的费用或租金）和可变成本（可用吞吐量的线性表示）。整个系统网络也没有考虑直送情况，网络示意图可参见图 4-25。

（2）建立模型。多节点多品种选址问题的数学模型如下：

$$\min f=\sum_{hijk}(c_{hij}+d_{hjk})x_{hijk}+\sum_{j}F_jZ_j+\sum_{hj}S_{hj}(\sum_{ik}x_{hijk})+\sum_{hk}D_{hk}T_{hk} \tag{4-45}$$

$$\text{s.t.}\sum_{ij}x_{hijk}\leqslant \text{Q}_{hk}\text{V}_{jk} \tag{4-46}$$

$$\sum_{jk} x_{hijk} \leqslant Y_{hi} \tag{4-47}$$

$$\sum_{hik} x_{hijk} \leqslant W_j \tag{4-48}$$

$$\sum_{j} V_{jk} = 1 \tag{4-49}$$

$$V_{jk} \in \{0,1\} \tag{4-50}$$

$$x_{hijk} \geqslant 0 \tag{4-51}$$

式中，c_{hij} 为工厂 i 至物流节点 j 运输产品 h 的单位运输费；d_{hjk} 为物流节点 j 至客户 k 运输产品 h 的单位运输费；x_{hijk} 为从工厂 i 经物流节点 j 向顾客 k 运输产品 h 的数量；Y_{hi} 为工厂 i 生产产品 h 的能力；Q_{hk} 为客户 k 需要产品 h 的数量；W_j 为物流节点 j 的吞吐能力；F_j 为货物在物流节点 j 期间的平均固定管理费；S_{hj} 为物流节点 j 中为保管产品 h 而产生的单位可变费用；D_{hk} 为由于缺货延误向顾客 k 配送产品 h 的量；T_{hk} 为由于缺货延误向顾客 k 配送产品 h 的单位损失费；Z_j 为 0-1 变量，表示当物流节点 j 有吞吐量时为 1，否则为 0；V_{jk} 为若物流节点 j 为客户 k 供货时取 1，否则为 0。

式（4-45）为目标函数，第一项为物流节点的内向与外向运输费用，第二项为物流节点固定费用，第三项为物流节点变动成本，第四项为由于缺货延误向顾客配送产品的损失费，$D_{hk} = Q_{hk} - \sum_{ij} x_{hijk}$；式（4-46）表示产品需求约束；式（4-47）表示满足工厂生产能力；式（4-48）表示满足物流节点的吞吐能力；式（4-49）表示满足同一销售地的所有产品必须由同一物流节点供货。这是一个混合整数规划模型，对于此模型的小规模问题的求解可用分枝定界法求解，可选用一些现成的优化软件；对于大规模问题可用现代优化技术，如模拟退火算法、禁忌搜索算法、遗传算法、蚁群算法等进行求解。

6. CFLP 模型

（1）问题描述。CFLP（Capacitated Facilities Location Problem）模型是带容量限制的多设施选址问题。其问题描述如下：某公司有 n 个销售地区，每个销售地区的需求量已知。公司决定拟建立若干个配送中心，经考察确认候选地点有 m 个，每个候选地都有容量限制，并且有固定成本（如建造成本或租赁成本），问题是如何从 m 个候选地点中选择 k 个地点修建配送中心，使物流费用达到最小。

模型中没有考虑配送中心的进货成本。这里有一个假设，即货物的各供应地距离布局网络的规划区域都足够远。这是因为当供应地距离规划区域较远时，各配送中心从供应处进货的进货成本的差异相对于进货成本本身来说，可忽略不计。这样各配送中心候选地的进货成本均相等，所以在此模型布局时可不考虑。

当然，如果供应地并不是远离规划区域，那就必须考虑进货成本。这样的话，此问题就接近于鲍摩—瓦尔夫模型。

（2）建立模型。CFLP 问题的数学模型可如下表述：

$$\min Z = \sum_{i=1}^{m}\sum_{j=1}^{n} C_{ij} X_{ij} + \sum_{i=1}^{m} F_i Y_i \tag{4-52}$$

$$\text{s.t.}\sum_{i=1}^{m} X_{ij} = D_j \quad (j = 1, 2, \cdots, n) \tag{4-53}$$

$$\sum_{j=1}^{n} X_{ij} \leqslant W_i Y_i \quad (i = 1, 2, \cdots, m) \tag{4-54}$$

$$\sum_{i=1}^{m} Y_i \leqslant k \tag{4-55}$$

$$Y_i \in \{0,1\} \tag{4-56}$$

$$X_{ij} \geqslant 0 \tag{4-57}$$

式中：i 为配送中心候选地，i=1,2,…,m；j 为销售地区，j=1,2,…,n；k 为拟建配送中心个数；D_j 为销售地 j 的需求量；F_i 为配送中心候选地 i 的固定成本；W_i 为配送中心的容量；C_{ij} 为从配送中心候选地 i 到销售地 j 的单位运输费用；X_{ij} 为从配送中心候选地 i 到销售地 j 的运输量（决策变量）；配送中心候选地 i 被选中时 Y_i 取 1，否则为 0（0-1 决策变量）。

式（4-52）为目标函数，它由两部分成本组成，第一项为配送中心的外向运输成本，第二项为配送中心的建造成本；式（4-53）表示所有销售地的需求得到满足；式（4-54）表示被选中的配送中心候选地的吞吐量不能超过它的容量限制；式（4-55）表示拟建的配送中心数不能超过 k 个。这是一个混合整数规划问题。

（3）模型求解。关于 CFLP 问题的求解，只要从 m 个候选地中确定了 k 个配送中心，整个问题变为运输规划问题。因此，如果穷举的话，要解 C_m^k 个运输规划问题。对于小规模问题的求解可用分枝定界法求解，可选用一些现成的优化软件；对于大规模问题也可用现代优化技术，如模拟退火算法、禁忌搜索、遗传算法、蚁群优化算法等。当然，针对这个模型的特点，也可用启发式算法来求解。

7．其余常用方法

（1）多准则决策方法。在物流系统的研究中，人们常常会遇到大量多准则决策问题，如物流节点的选址、运输方式及路线选择、供应商选择等。这些问题的典型特征是涉及多个选择方案（对象），每个方案都有若干个不同的准则，要通过多个准则对方案（对象）做出综合性的选择。对于物流节点的选址问题，人们常常以运输成本及配送中心建设、运作成本的总成本最小化满足顾客需求及社会、环境要求等为准则进行决策。多准则决策的方法包括多指标决策方法与多属性决策方法两种，比较常用的有层次分析法（AHP）、模糊综合评判、数据包络法（DEA）、TOPSIS、优序法等。有关多准则决策方法，特别是层次分析法和模糊综合评判的方法，在多物流节点的选址研究中有着广泛的应用。但是，这两种方法都是基于线性的决策思想，在当今复杂多变的环境下，线性的决策思想逐渐暴露出其固有的局限性，非线性的决策方法是今后进一步研究的重点和趋势。

（2）遗传算法。遗传算法（Genetic Algorithm，GA）是在 20 世纪 60 年代提出来的，是受遗传学中自然选择和遗传机制启发而发展起来的一种搜索算法。它的基本思想是使用模拟生物和人类进化的方法求解复杂的优化问题，因而也称为模拟进化优化算法。遗传算法主要有三个算子：选择、交叉、变异。通过这三个算子，问题得到了逐步的优化，最终得到满意的优化解。

遗传算法作为一种随机搜索的、启发式的算法，具有较强的全局搜索能力，但是，往往比较容易陷入局部最优情况。因此，在研究和应用中，为避免这一缺点，遗传算法常常和其他算法结合应用，使得这一算法更具有应用价值。

（3）*人工神经网络*。人工神经网络（Artificial Neural Network，ANN）是由大量处理单元（神经元）广泛互联而成的网络，是对人脑的抽象、简化和模拟，反映人脑的基本特征，可以通过对样本训练数据的学习，形成一定的网络参数结构，从而可以对复杂的系统进行有效的模型识别。经过大量样本学习和训练的神经网络在分类和评价中，往往要比一般的分类评价方法有效。

这一研究的不足是神经网络的训练需要大量的数据，在对数据的获取有一定的困难的情况下，用神经网络来研究是不恰当的。在应用 ANN 时，应当注意网络的学习速度、是否陷入局部最优解、数据的前期准备、网络的结构解释等问题，这样才能有效而可靠地应用 ANN 解决实际存在的问题。

（4）*模拟退火算法*。模拟退火算法（Simulated Annealing，SA）又称模拟冷却法、概率爬山法等，是于 1982 年由 Kirkpatrick 提出的一种启发式的、随机优化算法。模拟退火算法的基本思想是由一个初始的解出发，不断重复产生迭代解，逐步判定、舍弃，最终取得满意解的过程。模拟退火算法不但可以往好的方向发展，也可以往差的方向发展，从而使算法跳出局部最优解，达到全局最优解。

（5）*蚁群算法*。蚁群算法是模仿自然界的蚂蚁行为而发展起来的一种随机搜索方法，是一种仿生学算法，由意大利学者 M. Dorigo 等提出，具有并行性、正反馈等特点，易与其他方法相结合的优点，但搜索时间长是基本蚁群算法突出的缺点。该算法适用于求解复杂的组合优化问题，已广泛应用于求解选址问题、TSP 问题、分配问题等，取得了较好的效果。

基本蚁群算法的寻优机制包含两个基本阶段：适应阶段和协作阶段。在适应阶段，各候选解根据积累的信息不断调整自身结构，路径上经过的蚂蚁越多，信息量越大，则该路径越容易被选择，时间越长，信息量会越小；在协作阶段，候选解之间通过信息交流，以期望产生性能更好的解，类似于学习自动机的学习机制。

（6）*仿真方法*。仿真是利用计算机来运行仿真模型，模拟时间系统的运行状态及其随时间变化的过程，并通过对仿真运行过程的观察和统计，得到被仿真系统的仿真输出参数和基本特征，以此来估计和推断实际系统的真实参数和真实性能。国内外已经有不少文献将仿真的方法运用于物流节点选址或是一般的设施选址的研究，研究结果相对解析方法更接近于实际的情况。

仿真方法相对于解析的方法在实际应用中具有一定的优点，但也存在一定的局限性，如仿真需要进行相对比较严格的模型的可信性和有效性的检验。有些仿真系统对初始偏差比较敏感，往往使仿真结果与实际结果有较大的偏差。同时，仿真对人和机器要求往往比较高，要求设计人员必须具备丰富的经验和较高的分析能力，而相对复杂的仿真系统，对计算机硬件的相应要求是比较高的。

关于未来的研究，各种解析方法、启发式算法、多准则决策方法与仿真方法的结合，是一种必然的趋势。各种方法的结合可以弥补各自的不足，充分发挥各自的优点，从而提高选址的准确性和可靠性。

复习思考题

1．物流节点的主要功能有哪些？
2．如何理解物流系统网络的组成要素？
3．物流网络的基本形式有哪些？各自有何特点？
4．何为轴辐式网络系统？常见的轴辐式网络有哪些？
5．物流节点选址规划主要有哪些选址问题？
6．物流节点选址决策重点需要考虑哪些因素？

案例研究　传化物流基地网络协同模式

传化物流由中国知名民营企业集团——传化集团投资运营。传化集团自从 1997 年起开始在物流领域进行探索，从改组“传化自备车队”成立“杭州传化储运有限公司”起步。1998 年，随着制造业市场的快速拓展，传化开始了整合社会资源的尝试，对物流服务业务实施了市场化运作，开始涉足简单的第三方物流业务，经历了“为集团内企业服务”和“为集团外企业服务”的转变过程。

在从事第三方物流业务的过程中，传化物流逐渐意识到物流资源的整合有赖于相应的平台机制的实现，该平台不仅能够整合物流供方资源，而且也可以有效对物流需求进行整合，高效匹配物流供需双方和显著降低物流成本，对整个物流行业的发展具有巨大的推动作用。1999 年传化物流开始对物流平台的构建进行了大量的前期调研。在 2000 年便设计出了“以信息为核心，整合分散资源，促进物流资源高效利用”为特色的物流平台基本方向，确立了“公路港”物流发展战略。2002 年开始投资建设首个基地——浙江传化（萧山）物流基地，2003 年 4 月正式营业。萧山基地成功运营后，传化物流逐步脱离原先的具体物流操作业务，专注于为中小物流企业提供服务的平台运营业务，并开始思考物流平台的连锁复制经营模式。2005 年传化签约投资首个物流平台连锁复制项目——苏州传化物流基地项目，正式启动“公路港”物流基地连锁经营战略，2007 年传化成都、宁波物流基地签约，2008 年成都、苏州物流基地开始建设，2009 年成都物流基地开始运营。2010 年苏州物流基地投产运营，富阳物流基地项目开工建设。当前，投资 10 亿元的昆明传化公路港项目正处于前期筹备当中。传化物流规划未来五年内签约十个以上物流基地项目，形成覆盖全国的物流基地平台网络。

传化物流作为一家民营物流企业，经过多年的探索，创造性地建立了“公路港”物流服务平台，以“物流平台整合运营商”的角色，为中小物流企业提供一揽子服务，实现了“公路港”物流的集约化经营和组织化管理，促进了制造业与物流业的联动发展，探索出了一条促进第三方物流企业健康发展的成功之路。通过建设大型公共平台，积聚与整合物流资源，实现了物流企业和社会车辆这两大物流主体在平台内"集约化经营、信息化管理"的目标，彻底改变了物流业"散、小、乱"的局面，赋予了公路运输板块高效低耗、集成化、信息化管理的时代特征。在继海港、航空港之后，以全新的"公路港物流模式"拉升中国公路运输短板，从而助推了中国现代物流集海、陆、空于一体的完整体系构建。

目前，传化物流已形成由浙江传化公路港物流发展有限公司进行投资和管理，萧山物流基地、苏州物流基地、成都物流基地、宁波物流基地、富阳物流基地等多个现代化物流基地协同运营的企业集团，如图4-27所示。

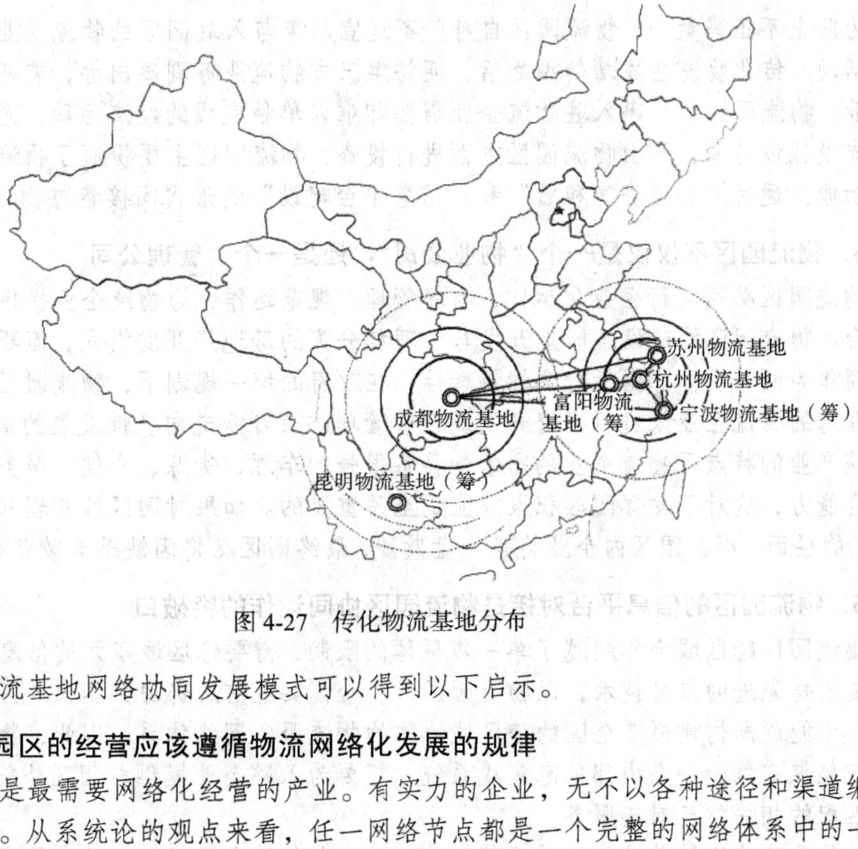

图4-27 传化物流基地分布

从传化物流基地网络协同发展模式可以得到以下启示。

1. 物流园区的经营应该遵循物流网络化发展的规律

物流行业是最需要网络化经营的产业。有实力的企业，无不以各种途径和渠道编织自己的物流网络。从系统论的观点来看，任一网络节点都是一个完整的网络体系中的一个子节点，单独依靠某一节点的功能是无法完全发挥节点设施的预期功能的，也就是说，节点之间的运作存在一定的网络效应，这种效应获得的收益由所有参与运作的网络节点共同分享。一个机场建设的功能设施再齐全先进，也无法满足旅客航空出行服务，必须通过多个机场的协同服务，才能为顾客提供一站式的出行服务，每个机场的定位都应该是整个航空运营网络平台的一个不可分割的网络节点。从这一点上来看，传化"公路港"的定位和属性，与已经成熟的"海运港"、"航空港"有异曲同工之妙。

传化物流的实践表明，物流基地（园区）是资源整合的重要平台，如果各个物流基地（园区）之间实现物流信息互联、互通，那么任何一个物流基地的入驻企业都可以从任一接口进入平台网络，同时获得其他平台的信息资源，准确高效地进行车辆的调配和货物安排。

2．物流园区运作模式的创新来源于对本土物流现状的充分熟悉

传化正是基于对我国公路货运市场的熟悉和了解，敏锐发现了我国公路货运市场中的“短板”，通过各“公路港”网络协同运作模式的创新和实践，在广阔的物流市场中找到了属于自己的一片“蓝海”。反观国内很多设备先进、规模宏大、功能齐全的物流园区，生搬硬套国外的现成模式，最终运营效果却差强人意，缺乏对本土化物流现状的研究将导致物流园区的发展成为空中楼阁。

3．物流园区网络化平台功能的准确定位

为防止不正当竞争，物流园区自身并不适宜从事与入驻园区的物流企业相同或相似的经济活动。传化物流在成功转型之后，便将第三方物流业务剥离出去，委托给园区内的相关企业。物流园区应从事入驻物流企业需要却难以单独完成的经济活动，尤其是大量的公共物流设施设备等，要由物流园区方面进行投资，物流园区主要扮演了物流资源的载体和平台功能，通过“物流资源租赁”和“信息平台建设”的形式间接参与物流活动。

4．物流园区不仅仅是一个“物业公司”，还是一个“管理公司”

物流园区必须实行企业化运作，有序管理、规范运作，为物流企业提供良好的积聚发展平台。物流园区的建设不能走开发与管理相分离的房地产开发模式，而要实行开发商与管理商作为同一主体。由于行业的特殊性，在政府的统一规划下，物流园区只有具备现代物流理念的物流企业来进行投资开发及经营管理才有可能走向良性发展的道路。物流企业了解该产业的特点及物流企业的需求，具备很强的车源、货源、仓储、服务、信息等资源的整合能力，这对于发挥园区积聚效应是至关重要的。如果对园区的管理只停留在“物业服务”的层面，那么园区内企业将是一盘散沙，最终园区必将因缺乏有效整合而难以为继。

5．物流园区的信息平台对接是物流园区协同运作的突破口

物流园区跨区域合作超越了单一集聚体的限制，需要跨区域多元的信息协作体系的支撑，要依托先进的信息技术，以物流园区为核心，实现信息资源共享，走区域联盟合作的道路，才能逐渐构建覆盖全国的跨区域协作的物流服务网络体系。因此，物流园区信息平台不应仅仅定位于一个内部信息集成系统，还要为入驻企业提供与园区外部的资源搜索、业务匹配的相关信息对接服务。

从传化物流连锁基地的成功运营中总结的一些经验和启示，可以为其他物流园区选择合适的运作模式提供非常有价值的借鉴和参考。推而广之，无论什么类型的物流园区，采取什么赢利模式，也不管理开发方式是怎样的，为了获得健康稳定的发展，都需要在以下几个方面理清思路。

第一，网络化运作是决定物流园区稳定发持续展的战略目标和方向；第二，具备完善的内部基础资源和广泛的外围资源是物流园区协同运作的根本；第三，具备对各类有形物流资源和无形信息资源的整合能力是物流园区网络协同运作实施的保障。

第 5 章

物流运输系统规划与设计

【学习目标】了解物流运输系统的功能与特点，熟悉物流运输系统规划与设计的原则和主要内容，掌握物流运输方式的特点与选择模型、运输线路优化方法及模型、物流通道规划的步骤和常用模型。

5.1 物流运输系统概述

运输能实现物品的空间位移，因而运输是物流中不可或缺的重要环节。运输通常是物流成本中最大的单项成本，货物运输费用占物流总成本的 1/3 ~ 2/3，科学合理的物流运输系统规划和设计对于提高物流系统的效率和效益具有重要意义。

运输是指用设备和工具，将物品从某一地点向另一地点运送的物流活动，包括集货、分配、搬运、中转、装卸、分散等一系列操作。

物流运输系统由运输基础设施、运输设备、运输工作人员组成。其中运输基础设施包括货场、道路、桥梁、信号、隧道、公路、河道和码头等。运输设备包括集装箱、汽车、牵引机车、拖车、飞机和船只等。运输工作人员包括驾驶人员、装卸人员、维修人员、操作人员及其他管理人员等。

5.1.1 物流运输系统的功能和作用

1. 物流运输系统的功能

物流运输系统主要实现货物的转移，从而创造空间和时间价值，其功能包括货物转移、短期储存、节点衔接等。运输的发展影响着社会生产、流通、分配和消费的各个环节，是保证国民经济正常运转的重要基础之一。

（1）产品和货物的转移功能。无论产品处于哪种形式，是原材料、零部件、装配件、在制品，还是制成品，也无论在制造过程中将被转移到下一阶段，还是转移到最终客户，运输都是必不可少的。运输的主要功能就是帮助产品在价值链中来回移动。既然运输利用的是时间资源、财务资源和环境资源，那么，只有当它确实提高产品价值时，该产品的移动才是重要的。

运输之所以要利用时间资源，是因为被运输产品在运输过程中是难以存取的。被运输产品通常是指转移中的货物和产品，是各种供应链战略中所要考虑的一个因素，通过运输时间的占用，减少生产线上和配送中心的存货。

运输之所以要使用财务资源，是因为会发生驾驶员劳动报酬、运输工具的运行费用，以及一般杂费和行政管理费用的分摊，此外，还要考虑因产品灭失损坏而必须弥补的费用。

运输直接和间接地使用环境资源。在直接使用方面，运输是能源的主要消费者之一；在间接使用环境资源方面，由于运输造成拥挤、空气污染和噪声污染而发生环境费用。

运输的主要目的就是要以最低的时间、财力和环境成本，将产品从原产地转移到规定地点。此外，产品灭失损坏的费用也必须是最低的；同时，产品转移所采用的方式必须满足客户有关交付履行和装运信息的可行性等方面的要求。

（2）产品和货物的储存功能。对产品进行临时储存是一个不太寻常的运输功能，也就是将运输车辆临时作为储存节点。然而，如果转移中的产品需要储存，但在短时间内（如几天后）又将重新转移的话，该产品在仓库卸下来和再装上去的成本也许会超过在运输工具中每天支付的费用。

在仓库有限的情况下，利用运输工具储存也许不失为一种可行的选择。可以采取的一种方法是将产品装到运输车辆上，然后采用迂回线路或间接线路运往目的地。对于迂回线路来说，转移时间大于比较直接的线路。当起始地和目的地仓库的储存能力受到限制时，这样做是合情合理的。在本质上，这种运输车辆被用做一种临时储存节点，但它是移动的、满载的，而不是闲置的、静止的。

概括地说，用运输工具储存产品可能是昂贵的，但当需要考虑装卸成本、储存能力限制、延长前置时间的能力时，从物流总成本或完成任务的角度来看或许是合适的。

（3）物流节点的衔接功能。在物流系统中，如果没有一个很好的衔接，不同物流节点就像一座“孤岛”，只有当把各个“孤岛”通过运输系统衔接起来，才能成为一个物流系统。在传统物流系统中，运输不仅承担实物转移功能，而且承担信息沟通与传递功能，或者说此时运输在物流系统衔接中发挥着核心作用。在现代物流系统中，运输与信息网络并行实现物流系统的衔接，前者侧重于实物衔接，后者侧重于信息衔接。

事实上，如果把物流系统比做人体的生理系统，那么各个物流节点就像人体的各个器官，而运输与信息网络则是沟通各个器官的血液和神经系统。没有运输系统参与工作，整个物流系统就会像人体缺乏血液供应一样，最终导致整个系统衰亡、坏死。即使运输系统效率不高，也会对整个物流系统产生致命性的危害。

2. 物流运输系统的作用

运输可以创造“场所效应”或“空间效应”。所谓场所效应，是指由于物品所处的空间场所不同，同种产品的使用价值的实现程度不同，因此其效益也就不同。正是由于场所的变化和位移，最大限度地提高了产品的价值。通过运输将不同的“物”运到场所效应最高的地方，就能充分发挥物的潜力，实现资源的优化配置，使物品的使用价值和价值发挥得最好、最大。同时，运输还是“第三利润源”的主要源泉。

（1）运输是物流的动脉系统。它是生产过程在流通领域内的继续，生产与生产、市场与市场、生产与消费都需要运输来维系，使社会生产得以延续，是加速社会再生产和促进社会再生产连续不断进行的前提条件。企业的生产和销售物流过程：投入—转换—检验—储存—销售，都需要运输来连接。

（2）运输服务是有效组织物品输入和输出的关键。企业的工厂、仓库与其供货厂商和各客户之间的地理分布直接影响着物流的运输费用。因此，运输条件是企业选择工厂、仓库、配送中心等物流节点、配置地点需要考虑的主要因素之一。

（3）运输影响着物流的其他构成因素。例如，选择的运输方式决定着装运货物的包装要求；使用不同类型的运输工具决定着其配套使用的装卸搬运设备及接收和发运站台的设计；企业库存量的大小直接受运输状况的影响；发达的运输系统能比较适量、快速和可靠地补充库存，以降低必要的库存水平。

（4）运输费用在物流总费用中占有较大比重。运输费用在物流总费用中占有很大的比重。组织合理运输，以最小的费用，较快的时间，及时、准确、安全地将货物从其产地运到销售地，是降低物流费用和提高经济效益的重要途径之一。合理运输能降低物流费用、提高物流速度，是发挥物流系统整体功能的中心环节；合理运输能加快资金周转速度、降低资金占用时间，是提高物流经济效益和社会效益的重点所在。

5.1.2　物流运输系统的特点

1．物流运输系统是一个连续性的过程系统

运输生产是在流通过程中完成的，它的连续性表现为运输生产过程的连续性和运输生产时间的连续性。其货物运输生产过程包括了集、装、运、卸、散诸环节所组成的生产全过程，诸过程单元是通过旅客和货物位移相互连接的。在完整的运输过程系统中，任何一个单元出现故障都直接影响系统功能的实现。为了保证过程系统的正常运转，就要不断地解决和协调各个过程单元和单元间所形成的“结合部”。由于物流运输系统是一个过程系统，在作业过程的诸多环节间形成“结合部”，对其管理问题就具有特别重要的意义。

物流运输系统生产的连续性还表现在时间上的连续，这个系统必须全年、全月、全日地运转，而不能发生任何中断，如果发生运输中断，这就破坏了运输的正常生产。

2．物流运输系统生产的多环节、多功能等特点

结构复杂的物流运输系统，其运输生产过程表现为多个环节之间的联合作业，如货物装载、运输、卸载等，各个环节间要协调适应。

物流运输系统具有多种功能，如运输功能、生产功能、服务功能、工业功能、城市功能及国防功能等，完成物流运输系统的功能就意味着要实现物流运输系统的多种功能。

另外，运输服务可以通过多种运输方式进行，不同的运输方式与其技术特征相适应，决定了各自不同的运输服务质量，而一个完整的运输过程往往需要多种运输方式联合运用，实行联合运输。

3．物流运输系统生产具有网络特性

良好的物流运输系统要有合理的布局与结构，要建设成与内部外部协调的交通运输网。在科学合理的交通运输网上，通过科学的运输组织才能满足运输需求，加速货物和车船的周转，压缩旅客和货物的在途时间，加速国民经济的发展。

运输网络是一个赋权的连通图，由节点和弧组成。网中的节点是各种运输方式的车站、枢纽或多种运输方式的结合部，如城市、地区中心、街道交叉口等；弧是网络中车站之间、枢纽点之间或各种运输方式结合部之间的区间线路，如公路线、铁路线、航空线、水运航道及运输管道等。物流运输系统的建设与发展，首先要从完善、加强、扩展交通运输网着手，不断地提高交通运输网的数量与质量，这是发展物流运输系统的基本措施。

4．物流运输系统是一个动态系统

运输不产生新的实物形态产品，不改变劳动对象的属性和形态，只是改变它的位置，运输生产所创造的价值附加在其劳动对象上。劳动对象（货物）的位置转移是一个动态过程，即物流运输系统中的人员、物品、运载工具等本身就是经常处在一个流动的状况。另外，运输生产活动通常处在十分复杂多变的外部环境中，使运输活动的组织和管理具有动态性。

5.1.3 物流运输系统的结构

铁路、公路、航空、水路和管道是最基本的五种运输方式，形成五个运输子系统。建立合理的运输结构，不仅要科学地确定各种运输方式在物流运输系统中的地位和作用，还必须在全国范围内根据运输方式的合理分工和社会经济发展要求，做到宜铁则铁、宜公则公、宜水则水、宜空则空，建立一个经济协调、合理发展的综合物流运输系统。综合物流运输系统的结构主要有以下几种形式。

1．并联结构

各个运输子系统间为一个并联关系，如图 5-1 所示。

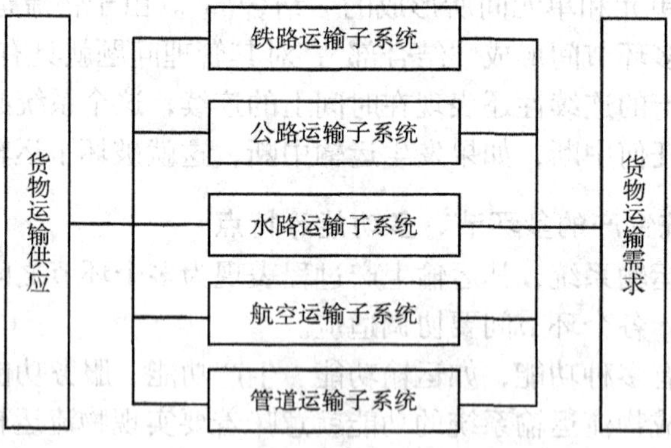

图 5-1 物流运输系统并联结构

2．串联结构

各个运输子系统间为一个串联关系，如图 5-2 所示。

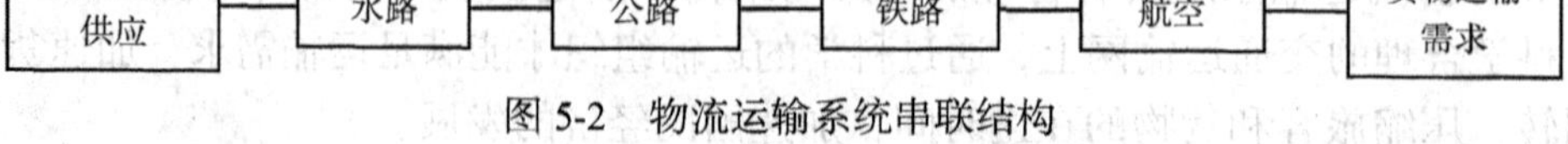

图 5-2 物流运输系统串联结构

3．串并联结合的网络型结构

各个运输子系统间为串联、并联相结合的关系，如图 5-3 所示。

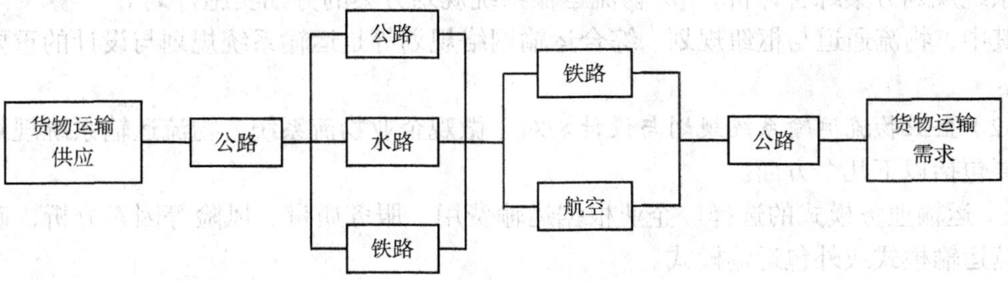

图 5-3　物流运输系统串并联结构

5.1.4　物流运输系统规划与设计的原则和主要内容

物流运输系统规划与设计是指为了完成确定目标，在一定区域范围内对物流运输系统进行总体战略部署，即根据社会经济发展的要求，从当地具体的自然条件和经济条件出发，通过综合平衡和多方案比较，确定交通运输发展方向和地域空间分布等。

1．物流运输系统规划与设计的原则

（1）经济发展原则。物流运输系统发展布局必须服从于社会经济发展的总体战略、总目标，服从于生产力分布的大格局。物流运输系统建设必须与所在区域的社会经济发展各个阶段目标相一致，为当地社会经济发展服务。

（2）协调发展原则。在进行物流运输系统规划与设计时，必须综合考虑所在区域的铁路、公路、水路、航空和管道五大运输方式的特点，形成优势互补、协调发展的综合运输网络。

（3）局部服从整体原则。某一层次的物流运输系统规划与设计必须服从于上一层次物流运输系统总体布局的要求，如省级规划必须以国家级规划为前提，市级规划必须以国家级和省级规划为前提。

（4）近期与远期相结合的原则。一个合理的物流运输系统规划与设计应包括远期发展战略规划、中期建设规划、近期项目建设规划三个层次，并满足“近期宜细、中期有准备、远期有设想”的要求。

（5）理论与实践相结合的原则。物流运输系统规划与设计是一个复杂的系统工程，必须利用系统工程的理论方法，理论与实践相结合，对其进行分析、预测、规划及评价，才能获得总体效益最佳的物流运输系统规划方案。

（6）需要与可能相结合的原则。物流运输系统规划与设计既要考虑社会经济发展对运输的要求，建设尽可能与社会经济发展相协调的综合物流运输系统，以促进社会经济的发展，又要充分考虑人力、物力、财力等建设条件的可能性，实事求是地进行物流运输系统的规划和实施。

2．物流运输系统规划与设计的主要内容

（1）社会物流运输系统规划与设计。对于宏观社会物流系统，物流运输系统规划与设计的主体内容一般包括：① 物流运输系统现状调查；② 物流运输系统存在的问题诊断；③ 物流运输系统运输需求量发展预测；④ 物流运输系统规划方案设计与优化；⑤ 物流运输系统规划方案综合评价；⑥ 物流运输系统规划方案的分期实施计划等。

其中，物流通道与枢纽规划、综合运输网络规划等是运输系统规划与设计的重要组成内容。

（2）企业物流运输系统规划与设计。对于微观企业物流系统，物流运输系统规划与设计主要包括以下几个方面。

1）运输业务模式的选择。企业根据运输费用、服务质量、风险等因素分析，确定采用自营运输模式或外包运输模式。

2）运输方式的选择。根据各运输方式的优势和特点，选择公路、铁路、水路、航空、管道五种运输方式中的一种或几种。

3）运输批量和运输时间的确定。运输批量和运输时间对运输质量和运输费用会产生重大影响。大批量运输成本低，但大批量运输又与运输方式相关。另外，运输期限必须保证交货时间，不同运输方式所需的时间和成本均不同。

4）运输线路的规划与选择。不同的运输线路各有优缺点，企业在选择运输线路时必须结合自己的经营特点和要求、产品性能、市场需求和缓急程度等，并综合考虑各种运输方式的特点之后合理选择。运输线路的规划与选择一般可分为点点之间运输问题、多点之间运输问题及回路运输问题等。

5）运输流量的分析。对于线路上的车辆流量大小进行分析和规划。

6）车辆的配载与调度问题。在对运输车辆的配载与调度分析时，需要考虑各种货物装卸的先后次序、货物品种的相容性，如何能够尽可能利用运输车辆的最大运力等问题。

5.2 物流运输方式选择

目前，物流基本运输方式有五种，即铁路运输、公路运输、水路运输、航空运输和管道运输，各种运输方式的系统组成、所能承载的货物类别及运输特点不同。各种运输方式提供的运输服务各有其特点和优势，也各有所短，彼此之间既存在着竞争的关系，也有着取长补短的互补协作关系。

不同的运输方式适用于不同的运输货类和具体要求。但是，各种运输方式之间存在一定的可替代性，因此，根据实际情况选择适当的运输方式是运输规划中非常重要的内容。

5.2.1 各种运输方式的特点

1. 公路运输

公路运输是指利用一定载运工具（汽车、拖拉机、人力车等）沿公路实现旅客或货物空间位移过程。从狭义来讲，公路运输就指汽车运输，如图 5-4 所示。

公路运输可以直接运进和运出货物，是车站、港口、机场、码头货物集散的重要手段。公路运输的特点是组织速度较快、范围广，在运输时间和线路安排上有较大的灵活性，可直达仓库、码头、车站等地直接装卸，其他运输方式最终或多或少都要依靠公路运输来完成运输任务。公路运输的缺点是运输费用较高、载运量较小，不适宜装卸大件、重件物品，也不适宜过长距离运输；在路况较差的情况下，很容易造成货损、货差事故；而且公路建设需要占用大量土地，运输车辆排放的尾气对生态环境会造成较大破坏。

由于公路运输具有更高的可达性、货物批量适应性、货物安全性和缩短输送时间等特点，在中短途运输及区域配送方面发挥着重要作用。

2．铁路运输

铁路运输是指利用机车、车辆等技术设备沿铺设轨道运行的运输方式，如图 5-5 所示。

图 5-4　公路运输

图 5-5　铁路运输

铁路运输具有运输能力大、单车装载量大、运输成本低、速度快、安全可靠等优点，加上多种类型的车辆车厢，使它几乎能承运任何商品，几乎可以不受重量和容积的限制；车速较高，平均车速在五种基本运输方式中排在第二位，仅次于航空运输；铁路运输受气候条件和自然条件影响较小，在运输的经常性方面有优势；铁路运输可以方便地实现集装箱运输及多式联运。

同时，铁路运输也有其局限性，主要是线路固定、成本很高、原始投资较大、建设周期长，列车的编组、解体和中转改编等作业环节占用时间较长，货物毁损或丢失事件也比其他运输方式多等，而且不能实现“门到门”运输，通常要依靠其他运输方式配合，才能完成运输的任务。

根据其特点，铁路运输主要担负大宗、低值货物的中长距离运输，也较为适合运输散装货物（如煤炭、金属、矿石、谷物等）和罐装货物（如化工产品、石油产品等）。

3．水路运输

水路运输是指利用船舶、排筏和其他浮运工具，在江、河、湖泊、人工水道及海洋上运送旅客和货物的一种运输方式，如图 5-6 所示。

水路运输按其航行的区域，大体上可划分为远洋运输、沿海运输和内河运输三种类型。远洋运输通常是指除沿海运输以外所有的海上运输，在实际工作中又有“远洋”和“近洋”之分，主要以船舶航程的长短和周转的快慢为依据。沿海运输是指利用船舶在我国沿海区域各港之间的运输，其范围包括我国大陆沿海，以及所属的诸岛屿沿海及其与大陆间的全部水域内的运输。内河运输是指利用船舶舟筏和其他浮运工具，在江、河、湖泊、水库及人工水道上从事的运输。航行于内河的船舶，除客货轮、拖轮、驳船以外，还有一定数量的木帆船、水泥船、机帆船。

水路运输利用天然水道，线路投资少，且节省土地资源；船舶沿水道浮动运行，可实现大吨位运输，降低运输成本；江、河、湖、海相互贯通，沿水道可以实现长距离运输。但水运也存在着一些缺点，诸如船舶平均航速较低、船舶航行受气候条件影响较大、可达性较差等，而且如果托运人或收货人不在航道上，就要依靠汽车或铁路运输进行转运，同其他运输方式相比，水运（尤其海洋运输）对货物的载运和搬运有更高的要求。

水路运输主要承担大批量货物，包括集装箱和散装货物的运输；承担原料、成品等低价货物的运输，如建材、石油、煤炭、矿石、粮食等；承担国际贸易运输，是国际商品贸易的主要运输工具之一。

4．航空运输

航空运输是指使用飞机或航空器进行货物运送的运输方式，如图 5-7 所示。

图 5-6　水路运输

图 5-7　航空运输

航空运输具有速度快、运输路程长、舒适、灵活、安全等优点，但其载运能力低，单位运输成本高，受气候条件限制，可达性差。一般情况下，航空运输很难实现客货的“门到门”运输，必须借助其他运输工具（主要为汽车）转运。航空运输虽然费用比铁路、公路等运输方式高，但对于致力于全球市场的跨国厂商和快递企业来说，当考虑库存和顾客服务水平时，航空运输也许是综合成本最为节约的运输方式。

航空运输已成为国际运输的重要工具，对促进国际间技术、经济合作与文化交流有重要作用。航空运输适用于体积小、价值高的贵重物品和鲜活商品等，以及要求迅速交货或长距离运输的商品。当其他运输方式不能运用时，也可用于紧急服务，是一种较为保险的运输方式。

5．管道运输

管道运输是指利用运输管道，通过一定的压力差而完成的商品（主要为气体、液体、浆料与粉状物体）运输的一种现代运输方式，如图 5-8 所示。

图 5-8　管道运输

管道运输与其他运输方式是相辅相成的，而且有其独特的优势，适宜管道运输的货物采用管道运输后，可以为其他运输方式腾出运力，以承运更经济、更安全的货物。作为流体物质运输的主要方式，管道运输有其显著优点，主要表现在以下几个方面：运输成本低，能耗和损耗少；运输量大，劳动生产率高；建设投资低，占地面积少；受外界影响小，可以连续运行，安全性高；油气损耗低，有利于环境和生态保护。管道运输也有其不足之处，它只适用于定点、量大的特定物质运输，不如车、船运输灵活。

管道运输主要担负单向、定向、量大的流体货物（如石油、油气、煤浆、某些化学制品原料等）运输，且大多是由管道所有者用来运输自有产品，不提供给其他发货人使用。

表 5-1 总结了各种运输方式的优缺点，表 5-2 对不同运输方式的各个方面进行了比较。

表 5-1 各种运输方式的优缺点

运输方式	优 点	缺 点
公路运输	① 公路运输的通道是公路，工具是汽车。公路能纵横交叉，汽车能四通八达，而且机动灵活，简洁方便 ② 可辅助其他运输方式。虽然其他运输方式都有其优势，但最终或多或少都要依靠公路运输来完成运输任务。车站、码头、机场的货物集散都离不开公路运输 ③ 运输组织速度快、范围广，在运输时间和线路安排上有较大灵活性 ④ 机动性高，可以选择不同的行车路线，灵活制定营运时间表，所以服务便利，能提供“门到门”服务，市场覆盖率高 ⑤ 投资少，经济效益高。因为运输企业不需要拥有公路，所以其固定成本较低，且公路运输投资的周转速度快	① 变动成本相对较高。运输费用较其他运输方式要高，超过一定的运输距离，运输费用会明显增加 ② 运输能力较小，受容积限制，不适合装卸大件、重件物品，也不宜长途运输 ③ 能耗高，环境污染比其他运输方式严重得多，劳动生产率低 ④ 在车辆运输的过程中震动较大，尤其是在路况较差的条件下，很容易造成货损、货差事故
铁路运输	① 运行速度快，支线时速约 80～120 公里，干线时速约 120～160 公里，动车系列更是把时速提到 200 公里以上 ② 运输能力较大，可满足大量货物一次性高效率运输，铁路运输一般装运大宗散装产品，如长途运输矿物和农林产品等 ③ 运输连续性强，运输过程受自然条件限制较小，可提供全天候的运行 ④ 轨道运输的安全性高，运行较平稳，在货物运输中具有较高的准确性	① 设备和站台等限制使铁路运输的固定成本高，建设周期较长，占地也多 ② 由于设计能力是一定的，当市场运量在某一阶段急增时难以及时得到运输机会 ③ 铁路运输的变动成本相对较低，但固定成本很高，使近距离的运费较高 ④ 长距离运输情况下，由于需要进行货车配车，其中途停留时间较长

续表

运输方式	优　　点	缺　　点
铁路运输	⑤ 对于大宗长距离货物运输来说，铁路运输费用较低	⑤ 铁路运输由于装卸次数较多，货物错损或丢失事故通常也比其他运输方式多
水路运输	① 运能大，能够运输数量巨大的货物 ② 通用性较强，客货两宜 ③ 远洋运输大宗货品，连接被海洋所包围的大陆，远洋运输是发展国际贸易的强大支柱 ④ 运输成本低，能以最低的单位运输成本提供最大的货运量，尤其在运输大宗货物或散装货物时，采用专用的船舶运输，可以取得更好的技术经济效果 ⑤ 平均运距长，耗能少	① 受自然气象条件因素影响大。由于季节、气候、水位等的影响，一年中中断运输的时间较长 ② 营运范围受限制 ③ 航行风险大，安全性略差 ④ 运送速度慢，时间长，准时性差，在途中的货物多，会增加货主的流动资金占用量，经营风险增加 ⑤ 搬运成本与装卸费用高，这是因为运能最大，所以导致了装卸作业量最大
航空运输	① 高速直达性，因为空中较少受自然地理条件限制，航线一般取两点间的最短距离 ② 安全性能高，随科技进步，飞机安全性能增强，事故率低，保险费率相应较低 ③ 库存水平低，可降低所需存货的水平、仓储费用和包装成本 ④ 因为空中航行的平稳性和自动着陆系统减少了货物损坏率，所以可降低包装要求，货物丢失率也较低	① 受气候条件的限制，在一定程度上影响了运输的准确性和正常性 ② 需要航空港设施，所以可达性差 ③ 设施成本高，维护费用高 ④ 运输能力小，运输能耗高 ⑤ 运输技术要求高，人员（飞行员、空勤人员）培训费高
管道运输	① 运输效率高，适合自动化管理，运输系统不存在空载行程，所以系统的运输效率很高 ② 对所运的商品来说损失的风险很小 ③ 耗能少、成本低、效益好 ④ 管理较简单，可连续作业，运量大、连续性强 ⑤ 安全可靠、运行稳定、不会受恶劣多变的气候条件影响 ⑥ 埋于地下，所以占地少，不受地面气候条件影响 ⑦ 有利于环境保护，能较好地满足运输工程的绿色环保要求	① 运输对象受到限制，承运的货物比较单一 ② 灵活性差，不易随便扩展管道，线路往往完全固定，服务的地理区域十分有限 ③ 设计量是个常量，所以与最高运输量之间协调的难度较大，且在运输量明显不足时，运输成本会显著增加 ④ 灵活性差，仅提供单向服务 ⑤ 运速较慢

表 5-2　各种运输方式的比较

运输方式	运达速度	运输能力	运输成本	经济里程
公路运输	较快	最小	一般	中短
铁路运输	较快	较大	较低	中长
水路运输	慢	最大	低	远距
航空运输	最快	较小	最高	远距
管道运输	与管道特性有关	与管道特性有关	最低	远距

6．多式联运

货物从起运地到最终目的地的完整运输过程一般不是一种运输方式就能完成的，多数情况下需要两种或两种以上的运输方式。在传统的货物分段运输组织形式下，运输组织中的大部分工作都是由货主及其代理人安排和完成的。货主为了完成货物的全程运输，需要与各区段的承运人分别订立运输合同，多次结算费用，多次办理保险并负责各段间的运输衔接工作。各种方式的承运人仅负责组织、完成该区段的货物运输。这种运输组织形式，不仅货主需要付出足够多的人力、时间和费用，而且可能由于对承运人营运线路、班次安排及全程运输中涉及的各个环节、各种手续不够熟悉而造成运输时间过长和运输费用增大，甚至造成不合理运输。

针对传统的全程运输组织形式存在的问题，基于现代运输经营思想，一种新的货物全程运输组织形式——联合运输（多式联运）被提了出来。联合运输组织方式由一个机构或一个运输经营人对货物运输全程负责、处理运输衔接和运输服务业务。货主只要与这个机构或经营人订立一份全程运输合同，一次交付费用，办理一次保险就可以实现货物的全程运输。经营联合运输业务的运输企业，一般称为联合经营人或多式联运经营人。

多式联运是联运经营人根据单一的联运合同，使用两种或两种以上的运输方式，负责将货物从指定发送地点运抵交付地点的运输，一般来讲，多式联运需要具备以下主要条件：① 必须具有一个多式联运合同；② 必须使用一份全程的多式联运单据；③ 必须至少使用两种不同的运输方式，而且是两种以上运输方式的连续运输；④ 必须使用全程单一费率；⑤必须有一个多式联运经营人对货物的运输全程负责；⑥ 国际多式联运经营人接受货物的地点与交付货物的地点必须分属于两个国家。

国际货物多式联运是多式联运发展的最高形式，目前的国际多式联运大多是国际集装货物多式联运，其运输优点包括以下几个方面。

（1）统一化、简单化。多式联运的统一化和简单化主要表现在不论运输全程有多远，不论由几种方式完成货物运输，也不论全程分为几个运输区段，经过几次转换，所有运输事项均由多式联运经营人负责办理，货主只需办理一次托运、订立一份运输合同、办理一次保险。多式联运通过一张单证，采用单一费率，大大简化了运输与结算手续。

（2）减少中间环节，提高运输质量。多式联运以集装箱为运输单元，可以实现“门到门”运输，尽管运输途中可能有多次换装、过关，但由于不须掏箱、装箱、逐件理货，只要保证集装箱外表状况良好，铅封完整即可免检放行，从而减少了中间环节。尽管货物运输全程中要进行多次装卸作业，但由于使用专用机械设备，不直接涉及箱内货物。

（3）降低运输成本，节约运杂费用。多式联运经营人通过对运输路线的合理选择和运输方式的合理使用，可以降低全程运输成本，提高利润，对于货主来讲，可以得到优惠的运价。一般将货物交给第一（实际）承运人后即可取得运输单证并据此结汇，结汇时间提前，有利于货物占有资金的周转。此外，由于采用集装箱运输，可节省货物的运输费用和保险费用。

（4）实行单一费率。采用单一费率是多式联运的基本特征和必要条件。多式联运全程运输成本的计算必须考虑国内不同运输方式的运价体系，了解国际海运、空运和国外内陆运的运价体系及各种市场竞争因素。由于多式联运全程运输采用一张单证，实行单一费率，从而简化了制单和结算的手续，节约了货主的人力和物力。

（5）扩大运输经营人业务范围，提高运输组织水平，实现合理运输。多式联运突破了各种运输方式自成体系、独立运输、经营范围和运输规模的局限，多式联运经营人或作为多式联运参加者的经营业务范围大大扩展，从理论上讲可以扩大到全世界。除运输经营人外，其他与运输有关的行业及机构，如仓储、港口、代理、保险等都可通过参加多式联运得到好处，扩大业务。多式联运经营人对世界运输网，各类承运人、代理人，相关行业和机构及有关业务都有较深的了解和较为密切的关系，可以选择最佳的运输路线，使用合理的运输方式，选择合适的承运人，实现最佳的运输衔接和配合，实现合理运输。

5.2.2 运输合理化

1．不合理运输的表现形式

（1）与运输方向有关的不合理运输。

1）对流运输。对流运输是指同类或可以互相代替的货物的相向运输，它是不合理运输中最突出、最普遍的一种，它有两种表现形式：①明显对流，同类的（或可以互相代替的）货物沿着同一线路相向运输；②隐蔽对流，当同类的（或可以互相代替的）货物在不同运输方式的平行路线上或不同时间进行相反方向的运输。

倒流运输是对流运输的一种派生形式，指同一批货物或同批中的一部分货物，由发运站至目的站后，又从目的站往发运站方向运输。

2）单程空驶。单程空驶使运输的空间价值发挥不充分，不能完全利用运输的空间价值，这也是一种常见的不合理运输方式。要避免单程空驶的有效方式是制订合理的运输计划和社会化运输运作，事先规划好运输线路的选择，做到运输往返过程中都能完成有效的运输任务。

（2）与运输距离有关的不合理运输。

1）迂回运输。由于物流网的纵横交错，在同一发站和到站之间，往往有不同的运输路径可供选择。凡不经过最短路径的绕道运输，称为迂回运输，即平常所说的“近路不走走远路”。

2）过远运输。这是一种舍近求远的商品运输，不就地或就近获取某种物资，却舍近求远从外地或远处运来同种物资，从而拉长运输距离，造成运力浪费。例如，从国民经济的观点来看，某地所缺的砖甚至在当地简单的土窑中制造也比用铁路从数千公里、汽车从几百公里之外运来更为有利。另外，把装配好的木器和热量低的燃料（如泥、灰、石、煤）进行长距离运输也是不合理的；在现实生活中，大量的日用工业品（如毛巾、牙膏、肥皂）、常规农副产品的远距离调运也是不合理的。

（3）与运输货物有关的不合理运输。

1）重复运输。重复运输是指同一批货物由产地运抵目的地，没经任何加工和必要的作业，也不是为联运及中转需要，又重新装运到别处的现象。它是物资流通过程中多余的中转、倒装，虚耗装卸费用，造成车船非生产性停留，增加了车船、货物作业量，延缓了物流速度，增大了货损，也增加了费用。

2）无效运输。无效运输是指被运输的货物杂质较多（如煤炭中的煤矸石、原油中的水分等），使运输能力浪费于不必要的物资运输。我国每年有大批原木进行远距离的调运，但原木木材的使用率一般在 70%左右，致使 30%的边角废料的运输基本上是无效的。

（4）运力选择不当的不合理运输。

1）违反水路分工，弃水路走陆路运输。把适合水路或水陆联运的货物改为用铁路或用公路运输，从而使水运的优势得不到充分发挥。

2）铁路短途运输。达不到铁路的经济运行里程却选择铁路进行运输。

3）水运的过近运输。达不到船舶的经济运行里程却选择水运进行运输。

以上对不合理物流运输的描述，主要就形式本身而言。在实际中，必须将其放在物流系统中作综合判断。如从单一角度看，避免了不合理，但可能会给其他物流环节带来不合理，即物流各环节的效益背反现象，因此必须分析其具体情况，从系统的角度出发，进行综合判断。

2．影响运输合理化的外部因素

（1）政府。稳定而有效率的商品经济需要有竞争力的运输服务，与其他行业相比，许多政府更多地干预运输活动，这种干预往往采取规章制度或经济政策等形式。政府通过限制承运人所能服务的市场或确定他们所能收取的价格来规范他们的行为；通过支持研究开发或提供诸如公路或航空交通控制系统之类的通行权来促进运输活动。在英国和德国，政府对市场、服务和费率保持绝对的控制，这种控制使政府对地区、行业或厂商的经济活动具有举足轻重的影响。

（2）资源分布状况。我国地大物博，资源丰富，但分布不平衡，这也在很大程度上影响了运输布局的合理性，如能源工业中的煤炭和石油，目前探明储量都集于北方各省区和西南、西北地区，而我国东南部省区的储量很小，但其工业产值却很大，这样就形成了我国煤炭、石油运输的总流向是“北煤南运”、“西煤东运”、“北油南运”、“西油东运”的格局，因而资源的分布状况也对运输活动产生较大的影响。

（3）国民经济结构的变化。运输是生产过程的继续，它所运送的货物是工农业产品。因此，不仅工农业产品的增长速度与货运量及其增长速度成正比，而且工农业生产结构的变动也会引起货物运输结构及其增长速度的变化。

（4）运输网络布局的变化。运输线路和港站的地区分布及其运输能力，直接影响运输网络的货物吸引范围，从而影响货运量在地区上的分布与变化。如某地铁路网布局高于公路网分布密度，则铁路运量就大于公路运量，反之亦然。运输网络布局的合理化直接影响企业运输的合理化。

（5）运输决策的参与者。运输决策的参与者主要有托运人、承运人、收货人及公众。托运人和收货人有共同的目的地，就是要在规定的时间内以最低的成本将货物从起始地转移到目的地。承运人作为中间人，则期望以最低的成本完成所需的运输任务，同时获得最大的运输收入，并期望在提取和交付时间上有灵活性，以便能够使个别的装运整合成经济运输批量。公众则是最后的参与者，他们关注运输的可达性、费用和效果及环境上和安全上的标准。公众通过按合理价格产生对周围商品的需求最终确定运输要求。显然，这些运输决策参与者的活动及决策直接影响某一具体运输作业的合理性。

3．影响运输合理化的内部因素

（1）运输距离。在运输过程中，运输时间、货损、运费、车辆或船舶周转等运输的若干技术经济指标都与运输距离有一定的比例关系。因此，运距长短是运输是否合理的一个基本因素，缩短运距既具有宏观的社会效益，也具有微观的企业效益。

（2）运输环节。每增加一次运输，不但会增加起运的运费和总运费，而且必然要增加运输的附属活动，如装卸、包装等，各项技术经济指标也会因此下降。所以减少运输环节，尤其是同类运输工具的环节，对合理运输有促进作用。

（3）运输工具。各种运输工具都有其使用的优势领域，对运输工具进行优化选择，按运输工具的特点进行装卸运输作业，最大限度地发挥所用运输工具的作用，是运输合理化的重要一环。

（4）运输时间。运输是物流过程中需要花费较多时间的环节，尤其是远程运输。在全部物流时间中，运输时间占绝大部分，因而缩短运输时间对整个流通时间的缩短有决定性的作用。此外，运输时间短，有利于运输工具的加速周转，充分发挥运力的作用；有利于货主资金的周转；有利于运输线路通过能力的提高，对运输合理化有很大的贡献。

（5）运输费用。运费在全部物流成本中占很大比例，运费高低很大程度上决定了整个物流系统的竞争能力。降低运输费用，无论对货主企业来讲，还是对物流经营企业来讲，都是运输合理化的一个重要目标。运费也是各种合理化措施是否行之有效的最终判断依据之一。因此，在实际操作中，通常将运输费用放在首要位置来考量，在确保其他四个因素满足最低要求的情况下，尽可能降低运输费用，达到运输过程最优化。

4．运输合理化的有效措施

（1）提高运输工具实载率。实载率有两个含义：一是单车实际载重与运距的乘积和标定载重与行驶里程的乘积的比率，这在安排单车、单船运输时，是作为判断装载合理与否的重要指标；二是车船的统计指标，即一定时期内车船实际完成的物品周转量（以吨公里计）占车船载重吨位与行驶公里乘积的百分比。在计算车船行驶的公里数时，不但包括载货行驶，也包括空驶。

提高实载率的意义在于：充分利用运输工具的额定能力，减少车船空驶和不满载行驶的时间，减少浪费，从而求得运输的合理化。

当前国内外开展的共同配送形式，优势之一就是将多家需要的物品和一家需要的多种物品实行配装，以达到容积和载重的充分合理运用，比起以往自家提货或一家送货车辆的回程空驶的状况，是运输合理化的一个进展。在铁路运输中，采用整车运输、整车拼装、整车分卸及整车零卸等具体措施，都是提高实载率的有效途径。

（2）减少动力投入，增加运输能力。这种合理化的要点是：少投入、多产出，走高效益之路。运输的投入主要是能耗和基础设施的建设，在设施建设已定型和完成的情况下，尽量减少能源投入，是少投入的核心。做到了这点就能大大节约运费，降低单位物品的运输成本，达到合理化的目的。国内外在这方面的有效措施有以下几种。

1）“满载超轴”。例如，我国在客运紧张时，采取加长列车、多挂车皮的办法，在不增加机车情况下增加运输量。

2）水运拖带法。竹、木等物品的运输，可不用运输工具载运，而是利用竹、木本身浮力，采取拖带法运输，能节省工具本身的动力消耗，从而求得运输合理；将无动力驳船编成一定队形，一般是“纵列”，用拖轮拖带行驶，有比船舶载乘运量大的优点。

3）顶推法。这是我国内河货运采取的一种有效方法，将内河驳船编成一定队形，由机动船顶推前进。其优点是航行阻力小，顶推量大，速度较快，运输成本低。

4）汽车挂车法。这种方法的原理与船舶拖带、火车加挂基本相同，都是在充分利用动力的基础上，增加运输能力。

（3）发展社会化运输体系。运输社会化的含义是发展运输的大生产优势，实行专业分工，打破一家一户自成运输体系的状况。一家一户的运输小生产，车辆自有，自我服务，不能形成规模，且运量需求有限，难于自我调剂，因而容易出现空驶、运力选择不当（因为运输工具有限，选择范围太窄）、不能满载等浪费现象，且配套的接发货设施、装卸搬运设施也很难有效运行，所以浪费很大。实行运输社会化，可以统一安排运输工具，避免对流、倒流、空驶、运力不当等多种不合理形式。

目前铁路运输的社会运输体系已较完善，而在公路运输中，小生产作业方式非常普遍，是发展社会化运输体系的重点。

社会化运输体系中，各种联运体系是其水平较高的方式。联运方式充分利用面向社会的各种运输系统，通过协议进行一票到底的运输，有效打破一家一户的小生产作业，受到欢迎。

（4）适合直达运输的尽量发展直达运输。直达运输是追求运输合理化的重要形式，其对合理化的追求要点是通过减少中转过载换装，从而提高运输速度，节省装卸费用，降低中转货损。直达的优势尤其是在一次运输批量和客户一次需求量达到了一整车时表现最为突出。此外，在生产资料、生活资料运输中，通过直达，建立稳定的产销关系和运输系统，也有利于提高运输的计划水平，考虑用最有效的技术来实现这种稳定运输，从而大大提高运输效率。

（5）配载运输。这是充分利用运输工具载重量和容积，合理安排装载的物品及载运方法以求合理化的一种运输方式。配载运输也是提高运输工具实载率的一种有效形式。配载运输往往是轻重商品的混合配载，在以重质物品运输为主的情况下，同时搭载一些轻泡物品，如海运矿石、黄沙等重质物品，在舱面捎运木材、毛竹等；铁路运矿石、钢材等重质物品上面搭运轻泡农副产品等。在基本不增加运力投入也不减少重质物品运量的情况下，解决了轻泡物品的搭运，因而效果显著。

（6）“四就”直拨运输。一般批量到站或到港的物品，首先要进入分配部门或批发部门的仓库，然后再按程序分拨或销售给客户。这样一来，往往出现不合理运输。“四就”直拨，首先是由管理机构预先筹划，然后就厂、就站（码头）、就库、就车（船）将物品分送给客户。

（7）发展特殊运输技术和运输工具。依靠科技进步是实现运输合理化的重要途径。例如，专用散装及罐车解决了粉状、液态物运输损耗大、安全性差等问题；袋鼠式车皮、大型半挂车解决了大型设备整体运输问题；“滚装船”解决了车载货的运输问题；集装箱船比一般船能容纳更多的箱体；集装箱高速直达车船加快了运输速度等，都是通过运用先进的科学技术来实现合理化。

（8）大力推进智能运输系统（ITS）的运用。智能运输系统（ITS）是将先进的信息技术、数据通信传输技术、电子控制技术及计算机处理技术等有效地综合运用于交通运输的新一代管理系统，使交通运输系统实现“智能化”。它是目前世界交通运输领域研究的前沿课题，也是目前国际公认的解决城市交通拥挤、提高物流效率、改善行车安全、减少空气污染等的最佳途径。可以预见，智能运输系统将成为21世纪现代化地面交通运输体系的模式和发展方向，是交通运输进入信息时代的重要标志。

5.2.3 选择物流运输方式须考虑的因素

各种运输方式拥有一系列服务属性，客户可以根据需求选择不同的运输方式。在运输方式选择过程中，有一些重要因素需要考虑，诸如运输货物特性、运输成本、运输速度和运距、运输容量、运输质量及运输污染等。

1. 运输货物特性

不同产品对运输的要求不同。一般来说，粮食、煤炭等大宗散货适宜选择水路运输，日用品、小批量近程运输货物适宜选择公路运输，海产品、鲜花等鲜活货品及IT产品、宝石等贵重物品适宜选择航空运输，石油、天然气等适宜选用管道运输。

2. 运输成本

运输成本包括运输过程需要支出的财力、物力和人力费用。企业在进行运输决策时，要受到经济实力及运输费用的制约。如果企业经济实力弱，就不能使用运输费用高的运输工具，如航空运输。

3. 运输速度和运距

运输速度的快慢、运输路程的远近决定了货物运输时间的长短，在途运输货物会形成资金占用。因此，运输时间的长短对能否及时满足销售需要、减少资金占用有重要影响。运输速度和路程是选择运输方式时应考虑的一个重要因素。一般来说，批量大、价值低、运距长的商品适宜选择水路或铁路运输；批量小、价值高、运距长的商品适宜选择航空运输；批量小、距离近的适宜公路运输。

4．运输容量

运输容量，即运输能力，以能够应付某一时期的最大业务量为标准。运输能力的大小对企业分销影响很大，特别是一些季节性商品，旺季时会使运输达到高峰状态。若运输能力小，不能合理、高效率地安排运输，就会造成货物积压。商品不能及时运往销地，使企业错失销售机会。运量与运输密度也有关，运输密度对于商品能否及时运送，使其在客户需要的时间内到达客户手中，争取客户、及时满足客户需要和扩大销售至关重要。

5．运输质量

运输质量包括可达性、运输时间的可靠性、运输安全性、货差货损及客户服务水平等方面，用户可根据运输质量要求选择相应的运输方式。

6．运输污染

运输业动力装置排出的废气是空气主要污染源，特别是在人口稠密的城市，汽车废气已经严重影响了空气质量。比较各种运输方式对环境的影响，就单位运输产品的废气排放量，航空最多，其次是公路，较低的是铁路，水运对空气的污染极小，而管道运输几乎不会对空气产生污染。公路和铁路线路建设会占用大量土地，从而对生态平衡产生影响，使人类的生存环境恶化。水路运输基本上是在自然河道和广阔的海域中进行，不会占用土地。但是，任何事物都是相对的，若水路运输的油船或管道运输出现泄露等问题，同样也会造成巨大的污染。因此，在物流运输方式选择上，应综合考虑各种因素，灵活选择运输方式。

5.2.4　运输方式选择模型

1．单一运输方式的选择

企业根据货物特性、运输速度、运输容量、运输成本、运输质量等因素，综合考虑选择单一种类的运输方式。常用的运输方式选择模型包括因素分析法、加权因素分析法和层次分析法等。

（1）因素分析法。因素分析法首先确定在选择运输方式时应该考虑的一些重要因素和标准，然后对所有因素按照 1 ~ 10 分进行评分，最后对各种运输方式合并所有评价因素，选取综合评分最好的运输方式作为最终选择。

因素评价法评分公式如下：

$$v(j)=\sum_{i=1}^{n}s(i,j) \tag{5-1}$$

式中，$v(j)$ 为运输方式 j 的综合得分；$s(i,j)$ 为第 i 个因素上运输方式 j 的得分；n 为因素个数。

【例 5.1】某公司对货品 A 的运输有公路、铁路、航空三种运输方式可以选择，根据货物特性、数量、运距和到达要求等对各运输方式的评分如表 5-3 所示，求应该选择的运输方式。

表 5-3　各种运输方式的评分

运输方式（编号）＼评价因素	运输速度	运输成本	可 达 性	安 全 性	特殊要求的满意度
公路运输（1）	6	7	8	8	8
铁路运输（2）	7	8	7	7	7
航空运输（3）	8	6	6	8	6

解：

$$v(1) = 6 + 7 + 8 + 8 + 8 = 37$$
$$v(2) = 7 + 8+7+7+7=36$$
$$v(3) = 8 + 6 + 6 + 8 + 6 = 34$$

因此，按照评分结果应选择公路运输方式。

（2）加权因素分析法。加权因素法是因素分析法的扩展。根据各个评价标准重要程度，给予其不同的权重值，以便得到更准确的评价结果。加权因素评价法评分公式如下：

$$v(j) = \sum_{i=1}^{n} \omega(i)s(i, j) \tag{5-2}$$

式中，$v(j)$ 为运输方式 j 的综合得分；$s(i, j)$ 为第 i 个因素上运输方式 j 的得分；$\omega(i)$ 为第 i 个因素的权重；n 为因素个数。

（3）层次分析法（AHP 法）。层次分析法通过分析复杂系统所包含的要素及其相互关系，并将要素归并为不同的层次，从而构成一个多层次的分析结构模型。具体步骤为在每个层次按某一规定的准则，对该层要素进行逐对比较，写成矩阵形式，构成并建立判断矩阵；通过判断矩阵的最大特征根及其相对应的特征向量计算，得出该层次要素对于该准则的权重；计算出各层次要素对于总体目标的组合权重，从而得出不同设想方案的权值。显然，用此方法可以确定各评价准则的权重，从而为选择最优方案提供依据。（层次分析法的具体内容在第 9 章物流系统评价中详细介绍。）

2. 多式联运运输方式的选择

在选择多式联运运输方式时，除了货物特性、运输费用、运量等因素外，还需要考虑中转时间、中转费用、服务水平等因素，可以根据总时间、总费用等目标函数建模。下面以总费用最小为目标函数，一对运输节点间只能选择一种运输方式为例，说明多式联运运输方式的选择问题。

目标函数：

$$\min Z = \sum_i \sum_j X_{i,i+1}^{j} C_{i,i+1}^{j} + \sum_i \sum_j \sum_k r_i^{jk} t_i^{jk} \tag{5-3}$$

约束条件：

$$\sum_j X_{i,i+1}^{j} = 1 \tag{5-4}$$

$$\sum_j \sum_k r_i^{jk} = 1 \tag{5-5}$$

$$X_{i-1,i}^{j}+X_{i,i+1}^{k}\geqslant 2r_i^{jk} \quad (5\text{-}6)$$

$$r_i^{jk},X_{i,i+1}^{j}\in\{0,1\} \quad (5\text{-}7)$$

式中，$C_{i,i+1}^{j}$ 为从节点 i 到节点 i+1 选择第 j 种运输方式的费用；t_i^{jk} 为在节点 i 从第 j 种运输方式换装成第 k 种运输方式的换装费用；

$$X_{i,i+1}^{j}=\begin{cases}1 & 在节点 i 和节点 i+1 之间选择第 j 种运输方式\\ 0 & 其他\end{cases}；$$

$$r_i^{jk}=\begin{cases}1 & 在节点 i 从第 j 种运输方式转换为第 k 种运输方式\\ 0 & 其他\end{cases}。$$

式（5-3）为目标函数，以各种运输方式的运输总成本与换装总成本之和的最小化为目标，这是一个整数规划模型。式（5-4）表示在节点 i 到节点 i+1 之间只能选择一种运输方式。式（5-5）表示节点 i 只发生一次换装，式（5-6）是确保运输的连续性。式（5-7）表示决策变量取值 0,1。

模型求解可以选用动态规划思想，每个节点相当于动态规划的一个阶段，利用动态规划的逆序方法依次求取节点间的最佳运输方式。其中节点对之间的运输费用可表示如下：

$$P_{i-1}(j,k)=t_{i-1}^{jk}+Qc_{i-1,i}^{k} \quad (5\text{-}8)$$

式中，$P_{i-1}(j,k)$ 为节点对之间运输总费用；t_{i-1}^{jk} 为中转费用；Q 为运量；$c_{i-1,i}^{k}$ 为选用第 k 中运输方式的单位运价。

【例 5.2】假设一个运输线路上有 4 个城市，每个城市对之间有 3 种运输方式可以选择，城市对之间的运输单价和批量中转费用如表 5-4 和表 5-5 所示。假设运量 Q 为 25 个单位，试用动态规划方法求解最佳的运输方式组合。

表 5-4　各城市对之间的运输单价

城市对 / 运输方式	1—2	2—3	3—4
公路运输	3	4	2
铁路运输	2	5	3
航空运输	4	3	3

表 5-5　批量中转费用

运输方式转换	从公路到			从铁路到			从航空到		
	公路	铁路	航空	公路	铁路	航空	公路	铁路	航空
中转费用	0	2	1	2	0	2	1	2	0

解：采用动态规划逆序法进行求解。

1）对于第三个城市，若第三个城市以公路的运输方式到达，则第三个城市与第四个城市之间选取各种运输方式的费用如下：

$$P_3(公,公)=t_3^{公公}+Qc_{3,4}^{公}=0+25\times 2=50$$

$$P_3(公,铁)=t_3^{公,铁}+Qc_{3,4}^{铁}=2+25\times3=77$$

$$P_3(公,航)=t_3^{公,航}+Qc_{3,4}^{航}=1+25\times3=76$$

由计算可得，若第三个城市以公路的运输方式到达，则第三个城市与第四个城市之间选取公路运输最佳。

同理可得，若第三个城市以铁路或航空运输方式到达，第三个城市与第四个城市之间均应选取公路运输最佳。P_3(铁,公)=52；P_3(航,公)=51。

2）对于第二个城市。若第二个城市以公路的运输方式到达，则第二个城市与第三个城市之间选取各种运输方式的总费用如下：

$$P_2(公,公)=t_2^{公,公}+Qc_{2,3}^{公}+P_3(公,公)=0+25\times4+50=150$$

$$P_2(公,铁)=t_2^{公,铁}+Qc_{2,3}^{铁}+P_3(铁,公)=2+25\times5+52=179$$

$$P_2(公,航)=t_2^{公,航}+Qc_{2,3}^{航}+P_3(航,公)=1+25\times3+51=127$$

计算可得最小运输费用为 P_2(公,航)=127。同理可得，以其他运输方式到达时均应选择航空运输最佳。P_2(铁,航)=128；P_2(航,航)=126。

3）对于第一个城市。若第一个城市选取不同运输方式，其与第二个城市间的运输费用如下：

$$P_1(公)=Qc_{1,2}^{公}+P_2(公,航)=25\times3+127=202$$

$$P_1(铁)=Qc_{1,2}^{铁}+P_2(铁,航)=25\times2+128=178$$

$$P_1(航)=Qc_{1,2}^{航}+P_2(航,航)=25\times4+126=226$$

计算可得，第一个城市应该选择铁路运输最佳。各城市之间的最佳组合运输方式如表5-6所示，运输总费用为178。

表5-6 各城市之间的最佳组合运输方式

城市对	1—2	2—3	3—4
运输方式	铁路	航空	公路

5.3 运输路线优化方法及模型

运输线路优化主要是选择起点到终点的最短路，最短路的度量单位可能是时间最短、距离最短或费用最小等。运输路线选择是运输方式选择之后的又一重要运输决策，可分为点点间运输问题、多点间运输问题及回路运输问题等。

5.3.1 点点间运输

1. 最短路径法

对于分离的、单个起点和终点的点点间运输线路选择问题，最简单和最直观的方法是最短路径法。最短路径法是线路优化模型理论中最为基础的方法之一，也是解决其他一些线路优化问题的有效工具。

最短路径问题即求两个顶点间长度最短的路径。其中，路径长度不是指路径上边数的总和，而是指路径上各边的权值总和。路径长度的具体含义取决于边上权值所代表的意义。如费用、时间、距离等都可以，对最短路径问题的描述为：假设有一个 n 个节点和 m 条弧的连通图 $G(V_n, E_m)$，图中的每条弧 (i, j) 都有一个长度 l_{ij}（费用 l_{ij}），则最短路径问题为：在连通图 $G(V_n, E_m)$ 中找到一条从节点 1 到节点 n 距离最短（费用最低）的路径。

在考虑使用最短路径求解时，为了能够得到合理正确的解，一般需要满足一定的假设条件：① 两点之间的弧线距离为整数；② 在连通图中，从任何一个端点 v_i 到其他所有的端点都有直接路径，如果存在不直接相连的端点对，则可以在它们之间加上一个极大的距离，如无穷大；③ 连通图的所有距离为非负；④ 连通图是有方向性的。

对工程实际的研究和抽象，在最短路径问题中有四种基本原型，分别为：① 连通图 $G(V_n, E_m)$ 中，从指定起始点到指定目标点之间的最短路径；② 连通图 $G(V_n, E_m)$ 中，从指定起始点到所有节点之间的最短路径；③ 连通图 $G(V_n, E_m)$ 中，所有任意两点之间的最短路径；④ 连通图 $G(V_n, E_m)$ 中，经过 k 个节点最短路径。

2. Dijkstra 算法

求此类最短路径问题主要有 Dijkstra 算法、逐次逼近算法、Floyd 算法等，这里主要介绍 Dijkstra 算法。

Dijkstra 在 1959 年提出了按照路径长度的递增次序，逐步产生最短路径的 Dijkstra 算法。该算法可以用于求解任意指定两点之间的最短路径，也可以用于求解指定点到其余所有节点之间的最短路径。

该算法的基本思路是：在一个连通图 $G(V_n, E_m)$ 中求解从 v_0 到 v_n 的最短路径时，首先求出从 v_0 出发的一条最短路径，再参照它求出一条次短路径，依此类推，直到从顶点 v_0 到顶点 v_n 的最短路径求出为止。

Dijkstra 算法可采用标号法求解，标号是用来标记各个节点的属性的一套符号。一般来说，根据用来标记确定节点的标号属性和标记过程的不同，有两种不同的 Dijkstra 算法：一种是标号设定算法，另一种是标号修正算法。

这两种算法都是迭代算法，它们都是在每步迭代中用试探性标号标记所有的试探点，通过一系列的试探寻找该步中的最短距离。标号设定算法和标号修正算法的不同在于：标号设定算法是在每次迭代中将得到的满意的试探标号设置为永久标号；而标号修正算法则是每次迭代中将满意的试探性标号改为临时标号，直到最后一次迭代完成之后，才将所有的临时标号都转变为永久标号。这两种算法的适用范围也不完全相同，标号设定算法只适用于求解非负网络中的最短路径问题；而标号修正算法则可以解决一部分含有负路径的一般网络问题，但是，它同样不能解决路径总和为负值的问题。以下求解以标号设定算法为例。

标号设定算法中，可用两种标号：T 标号和 P 标号，T 标号为试探性标号，P 标号为永久性标号，给 v_i 点一个 P 标号时，表示从 v_0 到 v_i 点的最短路权，v_i 点的标号不再改变。给 v_i 点一个 T 标号时，表示 v_0 到 v_i 点的估计最短路权的上界，是一种临时标号，凡是没有得到 P 标号的点都有 T 标号。算法是每步都把某一点的 T 标号改为 P 标号，当终点得到 P 标号时，则全部计算结束。对于 n 个顶点的图，最多 $n-1$ 步就可以得到从始点到终点的最短路径。

具体算法步骤如下：① 给 v_0 以 P 标号，$P(v_0)=0$，其余各点均给 T 标号，$T(v_i)=+\infty$；② 若 v_i 点为刚得到的 P 标号的点，考虑这样的点 v_j：（v_i,v_j）属于 E_m 且 v_j 为 T 标号。对 v_j 的 T 标号进行如下的修改：$T(v_j)=\min\left[T(v_j),P(v_i)+l_{ij}\right]$；③ 比较所有具有 T 标号的点，把最小者改为 P 标号，当存在两个以上的最小者时，可同时改为 P 标号。若全部点均为 P 标号则停止，否则用 v_j 替代 v_i 转回②。

【例 5.3】如图 5-9 所示为单行线交通网络，用 Dijkstra 算法求 v_1 到 v_6 点的最短路径。

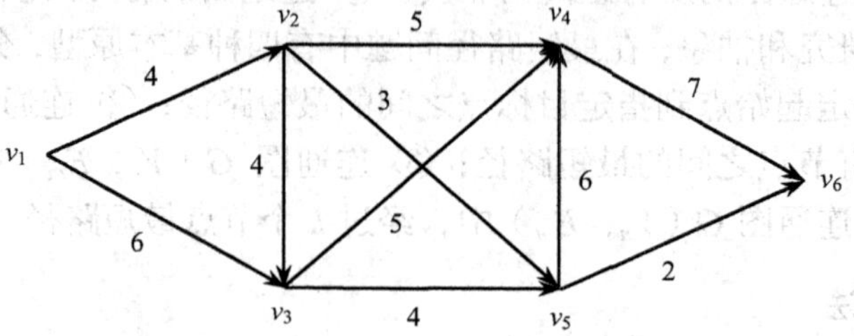

图 5-9 单行线交通网络

解：① 首先给 v_1 标上 P 标号，$P(v_1)=0$，给其余各点均为 T 标号，$T(v_j)=+\infty$，（$j=2,\cdots,6$）。② 由于（v_1,v_2），（v_1,v_3）边属于 E，v_2、v_3 为 T 标号，所以修改这两个点的标号：

$$T(v_2)=\min\left[T(v_2),P(v_2)+l_{12}\right]=\min\left[+\infty,0+4\right]=4$$

$$T(v_3)=\min\left[T(v_3),P(v_3)+l_{13}\right]=\min\left[+\infty,0+6\right]=6$$

比较所有 T 标号，$T(v_2)$最小，所以令 $P(v_2)=4$，记录路径（v_1,v_2）。

③ v_2 为得到的 P 标号点，下面考察（v_2,v_3），（v_2,v_4），（v_2,v_5）的端点 v_3、v_4、v_5。

$$T(v_3)=\min\left[T(v_3),P(v_2)+l_{23}\right]=\min\left[6,4+4\right]=6$$

$$T(v_4)=\min\left[T(v_4),P(v_2)+l_{24}\right]=\min\left[+\infty,4+5\right]=9$$

$$T(v_5)=\min\left[T(v_5),P(v_2)+l_{25}\right]=\min\left[+\infty,4+3\right]=7$$

比较所有 T 标号，$T(v_3)$最小，所以令 $P(v_3)=6$，记录路径（v_1,v_3）。

④ v_3 为得到的 P 标号点，下面考察（v_3,v_4），（v_3,v_5）的端点 v_4 和 v_5。

$$T(v_4)=\min\left[T(v_4),P(v_3)+l_{34}\right]=\min\left[9,6+5\right]=9$$

$$T(v_5)=\min\left[T(v_5),P(v_3)+l_{35}\right]=\min\left[7,6+4\right]=7$$

比较所有 T 标号，$T(v_5)$最小，所以令 $P(v_5)=7$，记录路径（v_2,v_5）。

⑤ v_5 为得到的 P 标号点，下面考察（v_5,v_4），（v_5,v_6）的端点 v_4 和 v_6。

$$T(v_4)=\min\left[T(v_4),P(v_5)+l_{54}\right]=\min\left[9,7+6\right]=9$$

$$T(v_6)=\min\left[T(v_6),P(v_5)+l_{56}\right]=\min\left[+\infty,7+2\right]=9$$

比较所有 T 标号，$T(v_4)=T(v_6)=9$，令 $P(v_4)=P(v_6)=9$，记录路径（v_5,v_6）。

全部计算结果如图 5-10 所示，v_1 到 v_6 的最短路径为 $v_1\to v_2\to v_5\to v_6$，路长 $P(v_6)=9$，同时可以得到 v_1 到其余各点的最短路径。

一般交通网络均为双向通行网络，即为无向连通图，图中每条边可看成两条方向相反的权值相同的弧，其求解方法同理。

对于含有负距离的连通图的最短路径问题，当满足一些特定条件时，可以用标号修正 Dijkstra 算法、逐次逼近算法或 Floyd 算法等进行求解。

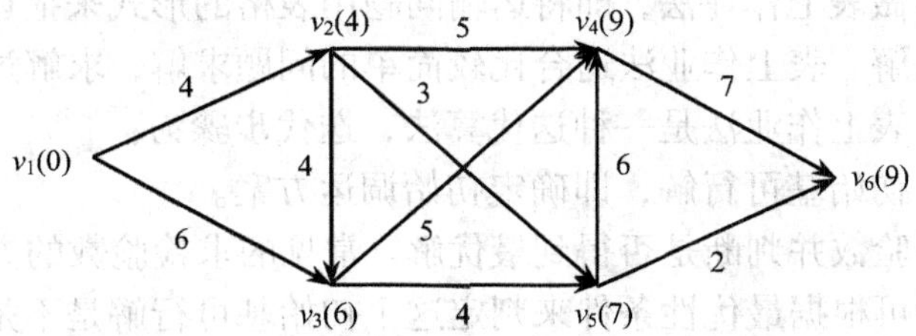

图 5-10　标号计算结果

5.3.2　多点间运输

多点间运输是指起始点或目的点不唯一的运输调配问题。相对来说，多点间的运输调配问题更为复杂。

1. 产销平衡运输问题

多点间运输问题中最为常见的是产销平衡运输问题，它们设计的总供应能力和总需求是一样的，但由不同的路径进行运输时，会导致最终的总运输成本不一样，此类问题的目标就是寻找最低的总运输成本。在这类问题中，一般有 m 个已知的供应点，同时还有 n 个已知的需求点，它们之间由一系列代表距离或成本的权重值连接起来。

产销平衡运输问题的数学模型可表示如下：

$$\min z = \sum_{i=1}^{m}\sum_{j=1}^{n} C_{ij}X_{ij} \tag{5-9}$$

$$\text{s.t.} \sum_{j=1}^{n} X_{ij} = a_i (i = 1, 2, \cdots, m) \tag{5-10}$$

$$\sum_{i=1}^{m} X_{ij} = b_j (j = 1, 2, \cdots, n) \tag{5-11}$$

$$\sum_{i=1}^{m} a_i = \sum_{j=1}^{n} b_j \tag{5-12}$$

$$X_{ij} \geqslant 0 \ (i = 1, 2, \cdots, m; j = 1, 2, \cdots, n) \tag{5-13}$$

在模型中，式（5-9）是目标函数，表示运输总费用最小；式（5-10）的意义是由某一产地运往各个销地的物品数量之和等于该产地的产量；式（5-11）是指由各产地运往某一销地的物品数量之和等于该产地的销量；式（5-12）表示总产量和总销量平衡；式（5-13）为决策变量非负条件。

产销平衡的运输问题有如下特点：① 约束条件系数矩阵的元素等于 0 或 1；② 约束条件系数矩阵的每列有两个非零元素，这对应于每个变量在前 m 个约束方程中出现一次，在后 n 个约束方程中也出现一次；③ 所有结构约束条件都是等式约束；④ 各产地产量之和等于各销地之和。

解决多点间的运输问题，目前主要由两大类求解方法，其中一个是相对比较精确的求法——单纯形法。但是由于运输问题数学模型具有特殊的结构，应用单纯形法时有许多冗余的计算。

另外一种方法叫做表上作业法，即将运输问题用表格的形式来描述，而且通过在表格上面的操作来完成求解。表上作业法适合比较简单的问题求解，求解过程直观，计算量不大，可以手工完成。表上作业法是一种迭代算法，迭代步骤为：

第一步，求一个初始基可行解，即确定初始调运方案。

第二步，计算检验数并判断是否得到最优解。常见的求检验数的方法有闭回路法和位势法，求出检验数后可根据最优性条件来判定这个初始基可行解是不是最优的，若是则迭代停止，否则转下一步。

第三步，换基迭代，即调整运量。选一个变量出基，对原运输方案进行调整得到新的调运方案，改进当前方案，返回第二步，直至求出最优解为止。

【例 5.4】某公司经销某种产品。它下设 3 个加工厂，各加工厂的日产量分别为：A_1——7 吨，A_2——4 吨，A_3——9 吨。该公司把这些产品分别运往 4 个销售点，各销售点的日销量分别为：B_1——3 吨，B_2——6 吨，B_3——5 吨，B_4——6 吨。已知从各工厂到各销售点产品的单位运价如表 5-7 所示。问该公司如何调运产品，使总运输费用最少。

表 5-7 单位运价

销售点 / 加工厂	B_1	B_2	B_3	B_4
A_1	3	11	3	10
A_2	1	9	2	8
A_3	7	4	10	5

解：由于 $\sum_{i=1}^{3} a_i = \sum_{j=1}^{4} b_j = 20$，故这是一个产销平衡的运输问题，产销平衡表如表 5-8 所示。

表 5-8 产销平衡表

销售点 / 加工厂	B_1	B_2	B_3	B_4	产　量
A_1					7
A_2					4
A_3					9
销量	3	6	5	6	20

（1）确定初始可行解（初始调运方案）。确定初始解的方法很多，一般希望的方法是既简便又尽可能接近最优解，通常可用最小元素法、伏格尔法（差额法）和西北角法，这里以最小元素法和差额法为例进行求解。

1）最小元素法。最小元素法同西北角法的唯一区别是基变量的标准不同。最小元素法的基本思想是就近供应，即选择具有最小运输费用的变量作为基变量。

在表 5-7 中，最小运输费用为 1，相应的变量为 x_{21}。选它作为第一个基变量，并令 x_{21}=min(4，3)=3。因销售点 1 的需求已满足，于是不用再考虑第 1 列了。此外，工厂 2 的供应量减少到 1。表 5-9 给出了第 1 列满足供需平衡时情况。

表 5-9　供需平衡表

销售点 / 加工厂	B_1	B_2	B_3	B_4	产　量
A_1					7
A_2	3				1
A_3					9
销量	0	6	5	6	

在其余尚未赋值的元素中，变量 x_{23} 的费用最小，令 x_{23}=min(1，5)=1。按类似的方法进行下去，最后得到表 5-10 所示的供需平衡表。

表 5-10　供需平衡表

销售点 / 加工厂	B_1	B_2	B_3	B_4	产量
A_1			4	3	7
A_2	3		1		4
A_3		6		3	9
销量	3	6	5	6	

总运输费用为：$z=3\times1+6\times4+4\times3+1\times2+3\times10+3\times5=86$。

2）伏格尔法（差额法）。最小元素法的缺点是，为了节省一处的费用，有时造成其他处要多花几倍的运费。差额法考虑到一产地的产品如不能按最小运费就近供应，就应考虑次小运费，这就有一个差额。差额越大，说明不能按最小运费调运时，运费增加就越多。因而对差额最大处，就应当采用最小运费调运。基于此，差额法的步骤如下。

第一步，在表 5-7 单位运价表中分别计算各行和各列的最小运费和次小运费的差额，并填入该表的最右列和最下行，如表 5-11 所示。

表 5-11　行差与列差

销售点 / 加工厂	B_1	B_2	B_3	B_4	行 差 额
A_1	3	11	3	10	0
A_2	1	9	2	8	1
A_3	7	4	10	5	1
列差额	2	5	1	3	

第二步，从行或列差额中选出最大者，选择它所在行或列中的最小元素。在表 5-11 中，B_2 列是最大差额所在列。B_2 列中最小元素是 4，相应的变量为 x_{32}。选它作为第一个基变量，

并令 x_{32}=min(9,6)=6。同时，划去运价表中第 2 列数字，如表 5-12 和表 5-13 所示。

表 5-12　供需平衡表

销售点 加工厂	B_1	B_2	B_3	B_4	产　量
A_1					7
A_2					4
A_3		6			3
销量	3	0	5	6	

表 5-13　行差与列差

销售点 加工厂	B_1	B_2	B_3	B_4	行差额
A_1	3	11	3	10	0
A_2	1	9	2	8	1
A_3	7	4	10	5	2
列差额	2		1	3	

第三步，对表 5-13 中未划去的元素再分别计算各行、各列的最小运费和次小运费的差额，并填入该表的最右列和最下行。

在表 5-13 中，B_4 列是最大差额所在的列。选择 B_4 列作为最大差额者，B_4 列中最小元素 5 相应的变量为 x_{34}。选它作为基变量，并令 x_{34}=min(3，6)=3。同时，划去运价表中的第 4 列数字，对运价表中未划去的元素再分别计算各行、各列的最小运费和次小运费的差额，并填入该表的最右列和最下行，如表 5-14 和表 5-15 所示。

表 5-14　供需平衡表

销售点 加工厂	B_1	B_2	B_3	B_4	产　量
A_1					7
A_2					4
A_3		6		3	0
销量	3	0	5	3	

表 5-15　行差与列差

销售点 加工厂	B_1	B_2	B_3	B_4	行差额
A_1	3	11	3	10	0
A_2	1	9	2	8	1
A_3	7	4	10	5	3
列差额	2		1		

重复第一、第二步，直到给出初始基可行解为止，用此法给出的初始解如表 5-16 所示。

表 5-16 初始解

加工厂 \ 销售点	B_1	B_2	B_3	B_4	产量
A_1			5	2	7
A_2	3			1	4
A_3		6		3	9
销量	3	6	5	6	

本方案总运输费用为 z=85，这碰巧就是最优解。一般来说，差额法得出的初始解质量最好，常用来作为运输问题最优解的近似解。

（2）解的最优性检验。得到了运输问题的初始基可行解之后，应对这个解进行最优性判别，看它是不是最优解。下面介绍常用的方法——闭回路法（Cycle Method）。

要判定运输问题的某个解是否为最优解，可仿照单纯形法，检验这个解的各非基变量（对应于运输表中的空格）的检验数，若某个空格的检验数为负，那么将它变为基变量将使运输费用减少，故当前解不是最优解。若所有空格的检验数全非负，则不管怎样变换解均不能使运输费用降低，即目标函数值无法改进，这个解就是最优解。

为了求某个空格（非基变量）的检验数，先要找出它在运输表上的一条闭回路，这个回路的顶点，除这个空格外，其他均为填有数字的格（基变量格），它由水平线段和竖直线段依次连接这些顶点构成的一封闭多边形。可以证明，每个空格都唯一存在这样的一条闭回路。

对于表 5-10 给出的初始基可行解，表 5-17 举例说明非基变量 x_{11} 的一条回路。这条回路可按基变量确定为 $x_{11} \to x_{13} \to x_{23} \to x_{21} \to x_{11}$（回路是按顺时针方向还是逆时针方向无关紧要）。表 5-17 中其余非基变量的回路由表 5-18 给出。

表 5-17 非基变量 x_{11} 的闭回路

加工厂 \ 销售点	B_1	B_2	B_3	B_4	产量
A_1	x_{11}（+1） →	→	→ 4（−1）	3	7
	↑		↓		
A_2	3（−1） ←	←	← 1（+1）	3	4
A_3		6			9
销量	3	6	5	6	

表 5-18 其余非基变量的闭回路

非基变量	相应的回路	检验数
x_{12}	$x_{12}\to x_{14}\to x_{34}\to x_{32}\to x_{12}$	σ_{12}=11−10+5−4=2
x_{22}	$x_{22}\to x_{23}\to x_{13}\to x_{14}\to x_{34}\to x_{32}\to x_{22}$	σ_{22}=9−2+3−10+5−4=1
x_{24}	$x_{24}\to x_{23}\to x_{13}\to x_{14}\to x_{24}$	σ_{24}=8−2+3−10+5−4=−1
x_{31}	$x_{31}\to x_{21}\to x_{23}\to x_{13}\to x_{14}\to x_{34}\to x_{31}$	σ_{31}=7−1+2−3+10−5=10
x_{33}	$x_{33}\to x_{13}\to x_{14}\to x_{34}\to x_{33}$	σ_{33}=10−3+10−5=12

闭回路是用来检验某个非基变量在零值上增大的时候，能不能改进目标函数值。例如，在表 5-17 中，x_{11} 增加一个单位，为了保持解的可行性，x_{11} 回路的转角点（基变量）必须调整如下：减少 x_{13} 一个单位，增加 x_{11} 一个单位，减少 x_{21} 一个单位。由此引起的总费用变化是：$c_{11}-c_{13}+c_{23}-c_{21}$=3−3+2−1=1。根据检验数的定义，它正是非基变量 x_{11} 的检验数。说明 x_{24} 每增加一个单位，将增加运输费用 1 元。按照同样的方法，可得表 5-18 其他空格的检验数（非基变量）。

由于 σ_{24}=−1<0，说明非基变量 x_{11} 每增加一个单位，将减少运输费用 1 元。故知表 5-10 中的解不是最优解。

（3）解的改进。对运输问题的一个解来说，若最优性检验时某个非基变量 x_{ij} 的检验数 σ_{ij} 为负，说明将这个非基变量变为基变量时运费会更小，因而这个解就不是最优解，还可以进一步改进。改进的方法是在运输表中找出这个空格对应的闭回路 L_{ij}，在满足所有约束条件的前提下，使 x_{ij} 尽量增大，并相应调整此闭回路上其他顶点的运输量，以得到另一个更好的基可行解。

表 5-18 中，由于 σ_{24}=−1<0，故以 x_{24} 为换入变量，它对应的闭回路的偶数顶点中，min（x_{23},x_{14}）=min（1,3）=1。故对应的解作如下调整：x_{24} 加 1，x_{23} 减 1，x_{31} 加 1，x_{14} 减 1，得到新的基可行解见表 5-19。原基变量 x_{23} 变为非基变量，基变量的个数仍维持为 6 个。这时目标函数值等于 86+(−1)=85。经检验，这已经是最优解。

表 5-19 解的改进

加工厂 \ 销售点	B₁	B₂	B₃	B₄	产量
A_1			5	2	7
A_2	3			1	4
A_3		6		3	9
销量	3	6	5	6	

（4）需要说明的几个问题。

1）若运输问题的某一基可行解有几个非基变量的检验数均为负，在进行迭代时，取它们中的任一变量为换入变量均可使目标函数值得到改善，但通常取 σ_{ij}<0 中最小者对应的变量为换入变量。

2）当迭代到运输问题的最优解时，如果有某个非基变量的检验数等于零，则说明该运输问题有多重（无穷多）最优解。

3）最优解的检验除了用闭回路法以外，还可以采用位势法进行检验，相关的内容参见《运筹学》相关内容，这里不再赘述。

4）前面介绍的是产销平衡的运输问题，在现实生活中还存在大量产销不平衡的运输问题，此时可以通过将不平衡问题转换为平衡问题进行求解。

2. 可中转情况下的运输优化问题

（1）问题的提出。前面讨论的运输问题都假定任意产地和销地之间都有直达路线，可直接运输物资，并且产地只输出货物，销地只输入货物，但实际情况可能更复杂一些。

例如，可考虑以下更一般的情况：① 产地与销地之间没有直达路线，货物由产地到销地必须通过某中间站（如物流中心）转运；② 某些产地既输出货物，也吸收一部分货物；某销地既吸收货物，又输出一部分货物，即产地或销地也可以起中转站的作用，或者既是产地又是销地；③ 产地与销地之间虽然有直达路线，但直达运输的费用或运输距离分别比经过某些中转站还要高或远。存在以上情况的运输问题统称为转运问题。

（2）约束分析与数学模型。解决中转运输问题的思路是先把它化为无转运的平衡运输问题。为此，做如下假设：① 首先根据具体问题求出最大可能中转量 Q（Q 是小于总产量 $\sum_{i=1}^{m} a_i$ 的一个数）；② 纯中转站可视为输出量和输入量均为 Q 的一个产地和销地；③ 兼中转站的产地 A_i 可视为一个输入量为 Q 的销地及一个产量为 a_i+Q 的产地；④ 兼中转站的销地 B_j 可视为一个输出量为 Q 的产地及一个销量为 b_j+Q 的销地。

在此假设的基础上，列出各产地的输出量、各销地的输入量及各产销地之间的运价表，最后用表上作业法求解。

下面设有 m 个产地 $A_i(i=1,2,\cdots,m)$，其供应量分别为以 $a_i(i=1,2,\cdots,m)$，有 n 个销地 $B_j(j=1,2,\cdots,n)$，其需求量为 $b_j(j=1,2,\cdots,n)$，且 $\sum a_i = \sum b_j$，有 p 个纯中转站 $T_k(k=1,2,\cdots,p)$，单位物资的运价为 $C_{xy}(x=1,2,\cdots,m+p+n, y=1,2,\cdots,m+p+n)$。

中转站的产地 A_i 可视为输出量为 $\sum a_i + a_j$ 的产地；中转站的销地 B_j 可视为一个输出量为 $\sum b_j$ 的产地，一个销量为 $\sum b_j + b_j$ 的销地；纯中转站 T_k 可视为输入、输出量均为 $\sum a_i$ 的一个产地和一个销地。于是，可建立下列数学模型：

$$\min z = \sum_{x=1}^{m+n+p} \sum_{y=1}^{m+n+p} C_{xy} X_{xy} \tag{5-14}$$

$$\text{s.t.} \sum_{y=1}^{m+n+p} X_{xy} = \sum a_i + a_i \ (x=1,\cdots,m) \tag{5-15}$$

$$\sum_{y=1}^{m+n+p} X_{xy} = \sum a_i \ (x=m+1,\cdots,m+n+p) \tag{5-16}$$

$$\sum_{x=1}^{m+n+p} X_{xy} = \sum b_j + b_j \ (y=m+p+1,\cdots,m+n+p) \tag{5-17}$$

$$\sum_{x=1}^{m+n+p} X_{xy} = \sum b_j \ (y=1,\cdots,m+p) \tag{5-18}$$

$$X_{xy} \geqslant 0 \tag{5-19}$$

【例 5.5】已知某物资的产量、销量、运价如表 5-20 和表 5-21 所示。

表 5-20 某物资的产量的销量

销地＼产地	B_1	B_2	B_3	B_4	产量
A_1					7
A_2					4
A_3					9
销量	3	6	5	6	20

表 5-21 某物资的单位运价

销地＼产地	B_1	B_2	B_3	B_4
A_1	3	11	3	10
A_2	1	9	2	8
A_3	7	4	10	5

另外，还假定这些物资在三个产地之间可以互相调运，在四个销地之间也可以互相调运，其运价表如表 5-22 和表 5-23 所示。

表 5-22 产地单位运价

	A_1	A_2	A_3
A_1	0	1	3
A_2	1	0	M
A_3	3	M	0

表 5-23 销地单位运价

	B_1	B_2	B_3	B_4
B_1	0	1	4	2
B_2	1	0	2	1
B_3	4	2	0	3
B_4	2	1	3	0

另外，假定还有四个纯中转站 T_1、T_2、T_3、T_4，它们到各产地、各销地及中转站之间的运价如表 5-24 所示。

表 5-24　各产地、各销地及中转站间的单位运价

	A_1	A_2	A_3	T_1	T_2	T_3	T_4	B_1	B_2	B_3	B_4
T_1	2	3	1	0	1	3	2	2	8	4	6
T_2	1	5	M	1	0	1	1	4	5	2	7
T_3	4	M	2	3	1	0	2	1	8	2	4
T_4	3	2	3	2	1	2	0	1	M	2	6

在考虑到产销地之间直接运输和非直接运输的各种可能方案的情况下，怎样将三个产地 A_1、A_2、A_3 所产的物资运往四个销地 B_1、B_2、B_3、B_4，使总运费最省。

解：从表 5-21 看出，从 A_1 到 B_2 的运费为 11，而将表 5-22 结合起来看，如从 A_1 经 A_3 运往 B_2，总运费为 3+4=7。如果再结合表 5-23 看，从 A_1 至 T_2 运往 B_2 只需 1+5=6。可见在这个问题中，从每个产地到各销地之间的运输方案是很多的，为了把这个问题仍当做一般的运输问题处理。

① 由于问题中所有产地，中间转运站、销地可以既看做产地，又可以看做销地，因此，可把整个问题当做 11 个产地和 11 个销地的扩大运输问题。

② 建立单位运价表，如表 5-25 所示。

表 5-25　单位运价表

产地＼销地	A_1	A_2	A_3	T_1	T_2	T_3	T_4	B_1	B_2	B_3	B_4	产量
A_1	0	1	3	2	1	4	3	3	11	3	10	27
A_2	1	0	M	3	5	M	2	1	9	2	8	24
A_3	3	M	0	1	M	2	3	7	4	10	5	29
T_1	2	3	1	0	1	3	2	2	8	4	6	20
T_2	1	5	M	1	0	1	1	4	5	2	7	20
T_3	4	M	2	3	1	0	2	1	8	2	4	20
T_4	3	2	3	2	1	2	0	1	M	2	6	20
B_1	3	1	7	2	4	1	1	0	1	4	2	20
B_2	11	9	4	8	5	8	M	1	0	2	1	20
B_3	3	2	10	4	2	2	2	4	2	0	3	20
B_4	10	8	5	6	7	4	6	2	1	3	0	20
销量	20	20	20	20	20	20	20	23	26	25	26	

③ 所有中间转运站的产量等于销量，由于运费最少时不可能出现一批物资来回倒运现象，所以每个转运站的转运数不超过总产量 20。因此，可以规定四个中转站 T_1、T_2、T_3、T_4 的产量和销量均为 20，由于实际的转运量 $\sum_{i=1}^{n} X_{ij} \leqslant a_i, \sum_{j=1}^{m} X_{ij} \leqslant b_j$，可以在每个约束条件中增加一个松弛变量 X_{ij}，X_{ij} 相当于一个虚构的转运站，意义就是自己运给自己，$(20-X_{ij})$

就是每个转运站的实际转运量，X_{ij}对应的运价 C_{ij}=0。

④ 在扩大的运输问题中，原来的产地与销地也有转运站的作用，所以同样在原来产量与销量的数字上加 20，那三个产地 A_1、A_2、A_3的产量改为 27、24、29，销量均为 20；四个销地 B_1、B_2、B_3、B_4的销量改成 23、26、25、26，产量均为 20。同时，引进 X_{ij}作为松弛变量。最后根据实际情况，绘制出扩大运输问题的产销平衡表、运输表。

⑤ 用表上作业法求解（计算过程略）。

5.3.3 单回路运输——TSP 模型

单回路运输问题是指在运输路线优化时，在一个节点集合中，选择一条合适的路径遍历所有的节点，并且要求闭合。单回路运输模型在运输决策中，主要用于单一车辆的路径安排，目标是在该车辆遍历所有用户的同时，达到所行驶距离最短。这类问题的两个显著特点：① 单一性，只有一个回路；② 遍历性，经过所有用户，不可遗漏。

1. TSP 模型

旅行商问题（Traveling Salesman Problem，TSP）是单回路运输问题中最为典型的一个问题. 它指的是：一个旅行商从某一城市出发，到 n 个城市去售货，要求访问每个城市各一次且仅一次，然后回到原城市，问这个旅行商应该走怎样的路线才能使走过的总里程最短（或旅行费用最低）。

TSP 问题的模型可以描述如下：在给出一个有 n 个顶点的连通图中（有向或无向），寻求一条包含所有 n 个顶点的具有最小总权（可以是距离、费用、时间等）的回路。

TSP 模型的数学模型如下：

$$\min z=\sum_{i=1}^{n}\sum_{j=1}^{m}C_{ij}X_{ij} \tag{5-20}$$

$$\text{s.t.}\sum_{j=1}^{n}X_{ij}=1,(i=1,2,\cdots,n) \tag{5-21}$$

$$\sum_{i=1}^{n}X_{ij}=1,(j=1,2,\cdots,n) \tag{5-22}$$

$$\{(i,j):i,j=2,\cdots,n;X_{ij}=1\}\text{不包含子回路} \tag{5-23}$$

$$X_{ij}\in\{0,1\}(i=1,2,\cdots,n;\ j=1,2,\cdots,n) \tag{5-24}$$

其中，决策变量 $X_{ij}=0$，表示不连接 i 到 j 的边；$X_{ij}=1$ 表示连接 i 到 j 的边。C_{ij}是 i 到 j 边上的权数。式（5-21）表示每个顶点只有一条边出去；式（5-22）表示每个顶点只有一条边进入；如果只有式（5-21）与式（5-22）两个约束条件，可能会出现子回路现象，即出现多条回路，因此需要加上式（5-23）这一约束，即除了起点边与终点边以外，其他选中的边不构成回路。这个模型是 0-1 整数规划问题，对于此模型的小规模问题的求解可用分枝定界法求解，可选用一些现成的优化软件；对于大规模问题可用现代优化技术，如模拟退火算法、禁忌搜索、遗传算法、蚁群优化算法等启发式算法。当然，对于不同规模的问题可选用其他简便可行的启发式算法来求解，如节约算法等，节约算法在下一节中介绍，下面介绍两种较简单的启发式算法。

2. 最近邻点法

最近邻点法算法十分简单，但是得到的解并不十分理想，有很大的改善余地。由于该算法计算快捷，但精度低，可以作为进一步优化的初始解。

最近邻点法可以由四步完成：第一步，从零点开始，作为整个回路的起点；第二步，找到离刚刚加入到回路的上一顶点最近的一个顶点，并将其加入到回路中；第三步，重复第二步，直到所有顶点都加入到回路中；第四步，将最后一个加入的顶点和起点连接起来。这样就构成一个 TSP 问题的解。

【例 5.6】 某食品公司（位置在 v_1 处）每天用一辆车给固定区域内的 5 家超市（v_2 到 v_6）送货，要求货车到每个超市只能去一次，送完货后返回公司。这些超市间的距离矩阵如表 5-26 所示，距离具有对称性，它们的相对位置如图 5-11 所示，设计一条派送货物的行驶距离最短的路径。

表 5-26 超市间的距离矩阵

元 素	v_1	v_2	v_3	v_4	v_5	v_6
v_1	—	9	8	6	7	12
v_2		—	6	15	18	16
v_3			—	14	8	7
v_4				—	4	10
v_5					—	6
v_6						—

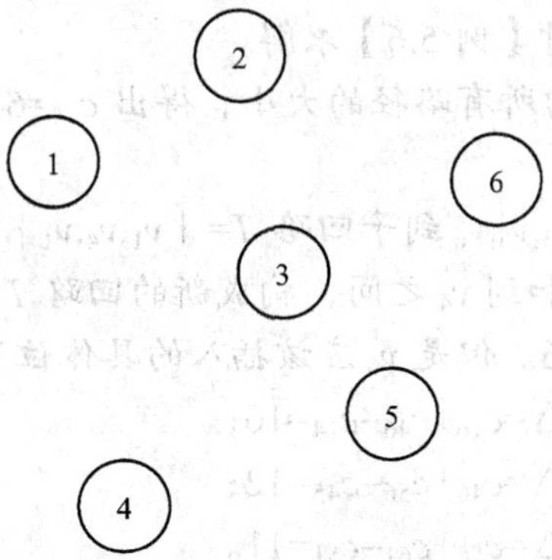

图 5-11 超市的相对位置

解：先将节点 1 加入到回路中，$T=\{v_1\}$。从节点 v_1 出发，比较其到节点 2、3、4、5、6 的距离，选择最小值，加入到回路中。从距离矩阵中可知，从 v_1 节点到 v_4 的距离最小，为 6。因此，将节点 v_4 加入到回路中，$T=\{v_1,v_4\}$。然后从 v_4 出发，观察离 v_4 最近的节点（除了回路中已经有的节点），得到 v_5 点，将 v_5 节点加入到回路中，$T=\{v_1,v_4,v_5\}$。

从节点 v_5 出发，同理找到 v_6 点。依次分别再将 v_3、v_2 加入到回路中，得到最后的解为 $T=\{v_1,v_4,v_5,v_6,v_3,v_2,v_1\}$，如图 5-12 所示。

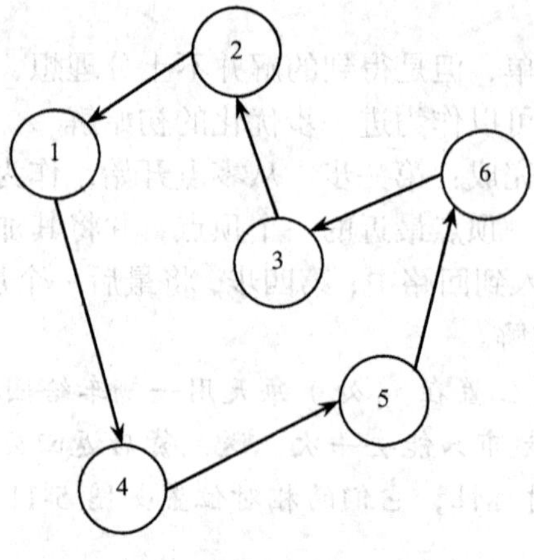

图 5-12　最邻近点法求解结果

总的行驶距离为：D=6+4+6+7+6+9=38。

3．最近插入法

最近插入法比最近邻点法复杂，但是可以得到相对比较满意的解。

最近插入法也是由四个步骤完成：第一步，找到距离 c_{1k} 最小的节点，形成一个子回路（v_1,v_k）；第二步，在剩下的节点中，寻找一个距离子回路中某一个节点最近的节点；第三步，在子回路中找到一条弧（i,j），使得 $c_{ik}+c_{kj}-c_{ij}$ 最小，然后将节点 v_k 加入到子回路中，插入到节点 v_i 和 v_j 之间，用两条新弧（i,k），（k,j）代替原来的弧（i,j）；第四步，重复第二、三步，直到所有的节点都加入到子回路中。

【例 5.7】用最近插入法对【例 5.6】求解。

解：比较表中从 v_1 出发的所有路径的大小，得出 c_{14}=6，则由节点 v_1 和 v_4 构成一个子回路，T=｛v_1,v_4,v_1｝。

然后考虑剩下的节点 v_2,v_3,v_5,v_6 到子回路 T=｛v_1,v_4,v_1｝某一节点的最小距离，求得 v_5 点，c_{45}=4，将节点 v_5 插入 v_1 和到 v_4 之间，构成新的回路 T=｛v_1,v_4,v_5,v_1｝。

同理，接着找到 v_6，c_{56}=6。但是 v_6 应该插入的具体位置需要进一步计算分析：

① 插入（1，4）之间，$\Delta=c_{16}+c_{46}-c_{14}=16$；

② 插入（4，5）之间，$\Delta=c_{46}+c_{56}-c_{45}=12$；

③ 插入（5，1）之间，$\Delta=c_{56}+c_{61}-c_{51}=11$。

分析可得 v_6 插入（5，1）之间距离增量最小，所以 v_6 节点应该插入到 v_5 和 v_1 之间，结果为 T=｛v_1,v_4,v_5,v_6,v_1｝。同理，可将 v_3，v_2 点依次插入，可到最终解为 T=｛$v_1,v_4,v_5,v_6,v_3,v_2,v_1$｝，如图 5-13 所示。

总行驶距离为：D=6+4+6+7+6+9=38。

一般来说，用最近插入法求得的解比用最近邻点法求得的解更优越，但其计算量较大。除了采用以上的求解方法，还可以采用 Matlab 或 Lingo 等优化软件进行 TSP 模型的求解。

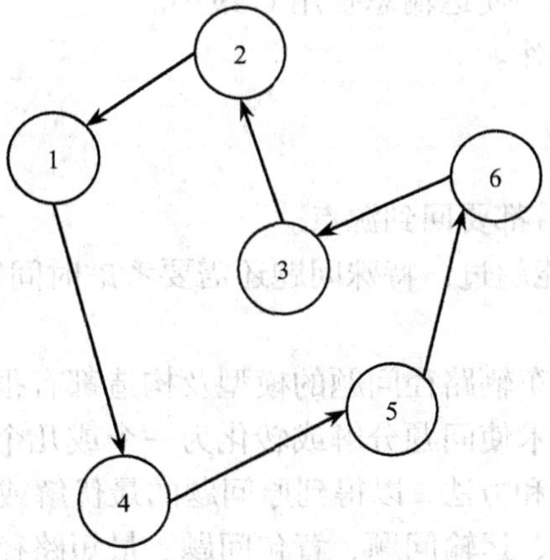

图 5-13 最近插入法求解结果

5.3.4 多回路运输——VRP 模型

1. VRP 模型

车辆路径问题（Vehicle Routing Problem，VRP）在现实中十分普遍存在，特别对于有大量服务对象的实体，如拥有上千个客户的公司，当用车辆运输服务时，由于条件的限制，不能用一条回路来完成任务，需要有多条回路来运输。解决此类调配问题时，核心问题是如何对车辆进行调度。

所谓 VRP，一般是指对一系列发货点和收货点，组织调用一定的车辆，安排适当的行车路线，使车辆有序地通过，在满足指定的约束条件下（货物的需求量与发货量、交货发货时间、车辆可载量限制、行驶里程限制、行驶时间限制等），力争实现一定的目标（如车辆空驶总里程最短、运输总费用最低、车辆按一定时间到达、使用的车辆数量少等）。

车辆路径问题的分类法很多，例如，可根据车辆是否满载分为满载问题与非满载问题；可根据任务特征可分为纯装、纯卸或装卸混合问题；可根据使用的车场数目分为单车场问题与多车场问题；可根据可用车辆的车型数分为单车型问题与多车型问题等。

运用 VRP 模型，对实际问题进行研究时，需要考虑以下几个方面的问题：① 仓库，即仓库级数，每级仓库的数量、地点与规模；② 车辆，即车辆型号和数量、容积和运作费用、出发时间和返回时间、司机休息时间、最大的行驶里程和时间限制；③ 时间窗，即各处的工作时间不同，需要各地协调；④ 顾客，即顾客需求、软硬时间窗、装载或卸载、所处位置、优先级；⑤ 道路信息，即车辆密度、道路交通费用、距离或时间属性；⑥ 货物信息，即货物种类、兼容性和保鲜要求；⑦ 运输规章，即工人每天工作时间规定，车辆的周期维护。

一个典型的 VRP 模型可以用如下模型表述。

（1）基本条件。现有 m 辆相同的车辆停靠在一个共同的源点 v_0，需要给 n 个顾客提供货物，顾客为 $v_1,v_2,\cdots,v_n$。

（2）模型目标。确定所需要的车辆的数目 N，并指派这些车辆到一个回路中，同时包括回路内的路径安排和调度，使运输总费用 C 最小。

（3）限制条件或约束条件。

1）$N \leqslant m$。

2）每个订单都要完成。

3）每辆车完成任务之后都要回到源点。

4）车辆的容量限制不能超过，特殊问题还需要考虑时间窗的限制。

5）运输规章的限制。

情况和假设条件不同，车辆路径问题的模型及构造都有很大差别。为简化车辆路径问题的求解，常常应用一些技术使问题分解或转化为一个或几个已经研究过的基本问题，再用相应比较成熟的基本理论和方法，以得到原问题的最优解或满意解。VRP 常见的基本问题有旅行商问题、分派问题、运输问题、背包问题、最短路径问题，最小费用流问题和中国邮递员问题等。

2．扫描算法

第一步，以起始点作为极坐标系的原点，并以连通图中的任意一顾客点和原点的连线定义为角度零，建立极坐标系。然后对所有的顾客所在的位置，进行坐标系的变换，全部都转换为极坐标系。

第二步，分组。从最小角度的顾客开始，建立一个组，按逆时针方向，将顾客逐个加入到组中，直到顾客的需求总量超出了负载限制。然后建立一个新的组，继续按照逆时针方向，全部都转换为极坐标系。

第三步，重复第二步的过程，直到所有的顾客都被分类为止。

第四步，路径优化。各个分组内的顾客点，就是一个个单独的 TSP 模型的线路优化问题，可以用前面介绍的 TSP 模型的方法对结果进行优化，选择一个合理的路线。

【例 5.8】现有一个仓库 v_0，需要对 8 个客户提供货物，它们的需求量及极坐标的角坐标值如表 5-27 所示，它们的距离矩阵如表 5-28 所示，位置关系如图 5-14 所示。

表 5-27 需求量及极坐标的角坐标值

顾　客	1	2	3	4	5	6	7	8
需求量（单位）	6	4	5	3	6	2	3	4
角坐标/度	130	50	90	280	210	250	330	310

表 5-28 距离矩阵

c_{ij}	v_0	v_1	v_2	v_3	v_4	v_5	v_6	v_7	v_8
v_0	—	11	10	10	7	12	13	11	13
v_1		—	15	8	16	14	15	16	15
v_2			—	6	15	16	18	8	12
v_3				—	12	13	13	12	11
v_4					—	7	5	4	8

续表

c_{ij}	v_0	v_1	v_2	v_3	v_4	v_5	v_6	v_7	v_8
v_5						—	2	10	9
v_6							—	11	10
v_7								—	4
v_8									—

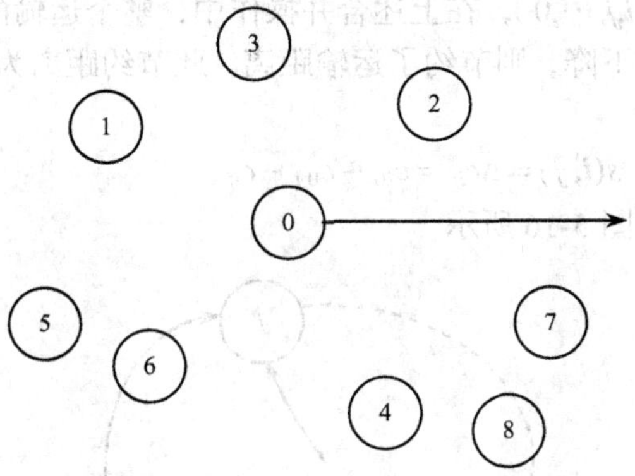

图 5-14　顾客和仓库位置关系

设每个车辆的运输能力是 14 个单位的货物，现有足够多的车辆。试用扫描算法对该运输问题进行求解。

解：① 建立极坐标系，本例题中已经直接给出，如图 5-14 所示。

② 分组过程，从角度为零向逆时针方向进行扫描，第一个被分组的是顾客 2，LOAD1=4；继续转动，下一个被分组的是顾客 3，LOAD1=4+5=9。由于负载还没有超过限制 LOAD LIMIT=14，继续转动。下一个被分组的是顾客 1，如果继续分到一组，则 LOAD1=4+5+6=15>14=LOAD LIMIT。按照此分组规则，需要一个新的组，这样在第 1 个组里面只有顾客 1 和 3。在第二组中有顾客 1，LOAD2=6，继续上面步骤，直到所有顾客均被分配完毕，得到如图 5-15 所示的分配结果。

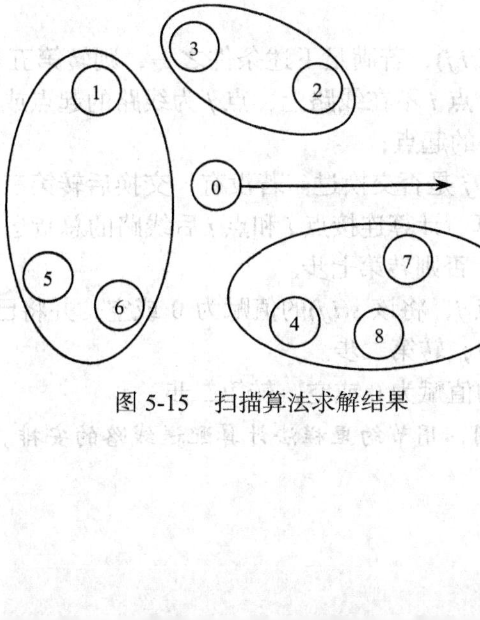

图 5-15　扫描算法求解结果

③ 组内的线路优化。对上面的三个组，每个组都是单回路运输问题，可用 TSP 模型进行路径优化。用 TSP 的最近插入法算法求解，求得结果为 $v_0 \to v_4 \to v_7 \to v_8 \to v_0$，$v_0 \to v_6 \to v_5 \to v_1 \to v_0$，$v_0 \to v_3 \to v_2 \to v_0$。这三条线路的运输量分别为 10、14、9，总里程数为 94。

3. 节约里程法

节约里程法又称 C-W 算法，是由 Clark 和 Wright 于 1964 年首次提出的。

（1）节约里程法的核心思想。将运输问题中存在的两个回路（$0,\cdots,i,0$）和（$0,j,\cdots,0$）合并成为一个回路（$0,\cdots,i,j,\cdots,0$），在上述合并操作中，整个运输的总距离将会发生变化，如果变化后总的运输距离下降，则节约了运输距离。此节约距离为节约值 $s(i,j)$，其计算公式为：

$$s(i,j) = \Delta c_{ij} = c_{i0} + c_{0j} - c_{ij} \tag{5-25}$$

节约里程法示意图如图 5-16 所示。

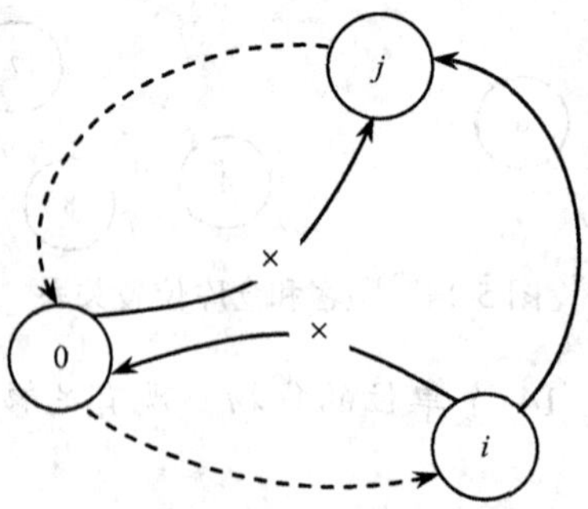

图 5-16　节约里程法示意图

（2）求解步骤。

第一步：计算各点到源点 0 的距离，以及各点间的距离；同时计算点 i 和点 j 连接后的费用节约值 $s(i,j)$。节约法的初始解是将各送货点与源点相连，构成一条仅含一个送货点的送货线路。

第二步：若 $s(i,j)$的值均为 0 或空时，则终止。否则，在 $s(i,j)$中求出值为最大的那一项，进入下一步。

第三步：考察对应的（i,j），若满足下述条件之一，则转第五步，否则转下步：① 点 i 和点 j 均不在线路上；② 点 i 不在线路上，点 j 为线路的起点或终点；③ 点 i 为一线路的终点，而点 j 为另一线路的起点；

第四步：判断点 i 和点 j 是否交换过。若没有，交换后转第三步；否则转第七步。

第五步：约束条件计算。计算连接点 i 和点 j 后线路的总货运量 Q，若 $Q \leqslant q$，并满足其他约束条件，则转下步，否则转第七步。

第六步：连接点 i 和点 j，将该 $s(i,j)$的值赋为 0 或空，并将已成为回路中间的点所涉及的 $s(i,j)$值也赋为 0 或空，转第二步。

第七步：将该 $s(i,j)$的值赋为 0 或空，转第二步。

【例 5.9】 以例 5.8 为例，用节约里程法计算配送线路的安排。

解：① 首先根据表 5-28 距离矩阵表计算出各点间的节约值矩阵表，如表 5-29 所示。

表 5-29　节约值矩阵表

s_{ij}	v_1	v_2	v_3	v_4	v_5	v_6	v_7	最大值
v_1								
v_2	6							
v_3	13	14						
v_4	2	2	5					
v_5	9	6	9	12				
v_6	9	5	10	15	23			
v_7	6	13	9	14	13	13		
v_8	9	11	12	12	16	16	20	
最大值	13	14	12	15	23	16	20	23

② 从表 5-29 中选出节约值最大值为 23，其对应的两个顶点为 5、6。5、6 两处的需求量之和为 8，未超过一辆车的运输能力 14，因此，连接 5、6 成回路，即 0—5—6—0。再将顶点 5 与 6 的节约值赋为 0。结果如表 5-30 所示。

表 5-30　节约矩阵表计算过程 1

s_{ij}	v_1	v_2	v_3	v_4	v_5	v_6	v_7	最大值
v_1								
v_2	6							
v_3	13	14						
v_4	2	2	5					
v_5	9	6	9	12				
v_6	9	5	10	15	0			
v_7	6	13	9	14	13	13		
v_8	9	11	12	12	16	16	20	
最大值	13	14	12	15	16	16	20	20

③ 从表 5-30 中再选出节约值最大值为 20，其对应的两个顶点为 7、8。7、8 两处的需求量之和为 7，未超过一辆车的运输能力 14，因此，连接 7、8 成回路，即 0—7—8—0。再将顶点 7 与 8 的节约值赋为 0。结果如表 5-31 所示。

表 5-31　节约矩阵表计算过程 2

s_{ij}	v_1	v_2	v_3	v_4	v_5	v_6	v_7	最大值
v_1								
v_2	6							
v_3	13	14						

续表

s_{ij}	v_1	v_2	v_3	v_4	v_5	v_6	v_7	最大值
v_4	2	2	5					
v_5	9	6	9	12				
v_6	9	5	10	15	0			
v_7	6	13	9	14	13	13		
v_8	9	11	12	12	16	16	0	
最大值	13	14	12	15	16	16	0	16

④ 从表 5-31 中再选出节约值最大值为 16，其对应的两个顶点为 5、8 或 6、8。如连接 5 与 8，则上述两条回路合并，其总需求量为 15，超过一辆车的运输能力 14，因此，5 与 8 不能连接，同样 6 和 8 也不能连接，则将顶点 5、8 和 6、8 的节约值赋为 0。结果如表 5-32 所示。

表 5-32 节约矩阵表计算过程 3

s_{ij}	v_1	v_2	v_3	v_4	v_5	v_6	v_7	最大值
v_1								
v_2	6							
v_3	13	14						
v_4	2	2	5					
v_5	9	6	9	12				
v_6	9	5	10	15	0			
v_7	6	13	9	14	13	13		
v_8	9	11	12	12	0	0	0	
最大值	13	14	12	15	13	13	0	15

⑤ 从表 5-32 中再选出节约值最大值为 15，其对应的两个顶点为 4、6。如连接 4 与 6，则形成：0—5—6—4—0 回路，其总需求量为 11，未超过一辆车的运输能力 14，因此，连接 4、6 成新回路，即 0—5—6—4—0。再将顶点 4 与 6 的节约值赋为 0，同时，由于顶点 6 成为回路的中间点，则与顶点 6 相关的节约值都赋为 0。表示顶点 6 不可能再与其他点相连，其结果如表 5-33 所示。

表 5-33 节约矩阵表计算过程 4

s_{ij}	v_1	v_2	v_3	v_4	v_5	v_6	v_7	最大值
v_1								
v_2	6							
v_3	13	14						
v_4	2	2	5					

续表

s_{ij}	v_1	v_2	v_3	v_4	v_5	v_6	v_7	最大值
v_5	9	6	9	12				
v_6	0	0	0	0	0			
v_7	6	13	9	14	13	0		
v_8	9	11	12	12	0	0	0	
最大值	13	14	12	14	13	0	0	14

⑥ 按算法步骤迭代运算，直到节约值矩阵表中的值均为 0 时，迭代结束。最终的结果为：0—2—3—0，0—5—6—4—0，0—7—8—1—0 这三条线路，其运输量分别为 9、11、13，总里程数为 93。

一般来说，节约里程法可以得到比较好的结果，但此算法也是一种贪婪启发式算法，对于一些特殊的算例，得不到最优解。例 5.8 的全局最优解是：选择 0—1—3—0，0—2—7—8—0，0—5—6—4—0 这三条线路，其运输量分别为 11、11、11，总里程数为 90。这个结果可用 Lingo 或其他优化软件求得。

对于 VRP 问题的求解，还有不少其他启发式算法，如蚁群算法，遗传算法等，在解决实际问题时，可同时使用几种算法，从中选取最好的结果。

5.4 物流通道规划与设计

物流通道并不仅仅指的是常说的运输通道，而是以运输通道为基础，通过物流服务组织、产业布局、企业供应链构建等相互支持和作用，逐步形成的具有区域经济发展影响力的低成本、高效率和良好服务环境的通道化、网络化物流运作系统。合理的物流通道布局能够提高一个国家和区域的物流运作水平。在企业物流运营中，通过选择合理的物流通道，能够充分利用各种运输方式的优势，提高运输效率。

物流通道规划的重点是充分利用已形成或将改造扩展的相应交通运输网络，在一定的运输组织方式下，分析验证现有交通运输网络、运输组织方式是否能够满足物流系统需求，并根据物流发展需要，对现有网络、运输组织方式进行补充改造，形成满足一定物流服务需求的物流通道方案。

5.4.1 物流通道的构成要素和层次

1. 物流通道的构成要素

物流通道是物流系统的重要组成部分，是一个涉及面广，由诸多要素构成的、复杂的、庞大的运输组织和管理系统。物流通道主要由下列要素构成。

（1）产品来源地。产品来源地是物流通道的起点和源头。由于各地经济状况的不同，需要各地产品的交换，这就产生了产品的流出问题。

（2）产品的需求地。有了产品的需求地之后，才会产生物流，进而才会有物流通道的形成。产品需求地是物流通道的终端。

（3）物流节点及设施。物流通道的形成离不开物流节点，只有物流节点的合理分布，才能提高物流运作的效率。

（4）物流信息平台。信息在现代物流中起着重要作用，它是物流运营的支柱，只有合理的、先进的物流信息系统，才能实现物流通道系统的高效率、低成本运营。

2. 物流通道的层次

物流通道根据通道网络的层次可以划分为不同层次。例如，全国物流通道网络不仅由全国的不同运输方式的网络组成，也由各个地区的通道网络组成，即在全国通道网络下面还有各级地方通道网络。全国和大经济区级的物流通道网络的骨干主要是铁路、水运干线、高速公路、航空线和管道干线。省级的通道网络除了高等级公路、铁路外，一般公路和地方航道也会占一定的地位，而省内的地区性通道网络，则以一般公路、水运支线起重要作用。同级物流通道网络的差别主要体现在基础设施和技术装备的特点上，这是由于地区自然、经济条件和历史传统所共同决定的。

5.4.2 物流通道规划与设计的原则

1. 交通运输网络和运输组织相协调的原则

从物流通道的构成角度理解物流通道的内涵，其构成一般需要满足两个基本条件：一是发达的硬件设施，包括铁路、公路、水运、航空等交通运输网络；二是完善的软件，包括先进的运输组织、管理形式。因此，物流通道规划设与计问题是交通运输网络与运输组织方式的优化问题。

2. 与城市或区域发展战略规划和综合交通规划协调一致

符合上述两个规划的原则和主要布局，充分发挥上述两个规划中已有的与主要物流节点相关的交通发展项目与交通政策的支持作用。

3. 符合现代化物流节点、主要港站枢纽对交通的数量和质量方面的整体需求

现代物流系统的关键是“流”，要求流得快、流得广、流得畅。物流的主要载体是交通，只有拥有一个强大的交通系统的物流节点，才能吸纳物流，畅达物流。

4. 符合主要物流节点可持续性发展在供应能力和环境优化两方面的需求

一般来说，物流节点尤其是综合性物流园区占地面积大，投入资金多，社会影响大，发展周期长，变动因素多，不但要做到起点高、水平高、效率高，还要有长远的可持续发展能力，主要表现在随时间变化引起的交通环境变化和与交通体系发展相对应的物流通道调整。

5. 符合物流节点间的相互衔接优化的需要

物流系统整体优势的发挥依赖于物流系统各组成部分间建立的协调关系，物流节点、大型港站枢纽的相互联系、优化衔接，形成一个协调有序的整体是物流系统优化的基础。

6．综合运输协调发展原则

综合考虑所在区域的铁路、公路、水路、航空、管道运输方式的优势与特点，宜陆则陆，宜水则水，形成优势互补、协调发展的综合运输网络。

7．需要和可能相结合原则

物流通道的规划与设计既要考虑社会经济的发展对货运交通的要求，建设尽可能与社会经济发展相协调的综合运输网络，以促进社会经济的发展，又要充分考虑人力、物力、财力等建设条件的可能性，实事求是地进行物流通道的规划、布局及实施安排。

5.4.3　物流通道规划步骤

1．划分交通小区

在物流通道规划和运输网络规划中，交通调查、交通需求预测等分析模型的建立都是以交通小区为基本分析单元，因此交通小区的划分十分重要。交通小区可分为直接影响区和间接影响区，为了将交通起讫点汇总在适当的小区内，再将这两个区划分为更小的一系列小区。

交通小区划分的一般原则如下：① 尽量按照行政区划进行划分，以利于调查资料的搜集；② 小区数量要与规划预测工作相协调，合理安排工作量；③ 尽量将人工边界（铁路线、隧道等）、自然边界（河流、山脉等）作为小区的边界；④ 每个交通小区的用地性质尽量一致；⑤ 合理确定交通小区规模，以调查区为研究重点，结合调查点的分布情况将小区细化，可分为直接与间接影响区，一般间接影响区的划分可粗一些，尽量按方向合并成大一些的区域。

2．OD 调查与分析

在对现有的物流通道系统进行调查时，一般用 OD（Origination-Destination）调查方法，即起讫点调查方法，该方法是为了获得某一区域内通过两个出行端点的交通工具类型、荷载品种、交通方向、货物流动情况和交通目的等资料。

（1）OD 调查的内容。OD 调查是为了获取规划区域内交通流的构成、流量、流向、交通起讫点、货物类型和交通工具实载率等数据。

对现有的物流通道系统调查的内容一般包括：① 公路、铁路、水运、航空及管道五大运输方式历年完成的客货运输量及各种运输方式所占的比重；② 国家、省级物流通道的历年交通量和县、乡级物流通道的历年交通量；③ 公路、铁路、水运、航空及管道等运输方式的基年 OD 表；④ 公路、铁路、水运、航空及管道等运输成本、平均速度、实载率等。

OD 调查的内容是通过 OD 调查表来具体反映这些数据的，OD 调查表的设计应根据调查的侧重点不同而有差异，表格的设计指导思想是力求简单和适用。表 5-34 和表 5-35 列出了常用的 OD 调查设计表格。

表 5-34　企业全年物流 OD 调查表

请将___年中的收发货情况，按照各货物名称及其重量进行分别填写。

	货物名称	重量（吨）	出口重量	运输工具使用情况（%）						
				合计	普通铁路	铁路集装箱	自有卡车	营运卡车	海运	航空
发货				100						
				100						
				100						
				100						
	合　计									

	货物名称	重量（吨）	进口重量
收货			
	合　计		

运输工具

* 在使用了两种以上的运输工具的情况下，请按运输距离填写使用情况。
* 在填写出口货物时，请只填写货物从贵企业始发到港口或机场的运输工具利用情况。
* 在填写收发货进出口重量时，请将其计算在收发货各自的重量之内

请将运输时所使用的铁路货站/港湾/机场/高速公路站口名称进行填写。

① 国内路段收发货使用

设施分类	铁路货站	港　湾	机　场	高速公路出入站口
发货				
收货				

② 进出口货物使用

设施分类	港　湾	机　场
出口		
进口		

请填写各发货地重量或重量比及每月重量比。

	货物到达地	重　量	重 量 比
1			
2			
3			
4			
5			
6			
7			
8			
9			
10			
14			
15			
16			
合计			100%

重量比：该企业向某小区发货量占发货总量的比值

每月重量比：该企业某月发货量占全年的比值

月	每月重量比
1	
2	
3	
6	
7	
8	
9	
11	
12	
合计	100%

对于出口货物，请将货物出发港湾或机场作为货物到达地。请参考物流调查分区附图表。

表 5-35　安宁市公路货运 OD 调查表

地点：＿＿＿＿＿＿　日期：＿＿＿＿＿＿　调查员：＿＿＿＿＿＿

起　点 车辆始发地						终　点 车辆到达地					
安宁市					省内外其他地区（请填写名称）	安宁市					省内外其他地区（请填写名称）
主城区	昆钢	草铺	八街	其他乡镇（请填写名称）		主城区	昆钢	草铺	八街	其他乡镇（请填写名称）	

注：省外城市统计到省份名称，省内城市统计到城市名称，安宁市内城镇统计到街道、乡镇。

（2）OD 调查资料的整理和统计分析。OD 调查是一项相当庞大的工作，其搜集的数据资料十分丰富，数据的处理过程也比较复杂，工作繁重。OD 调查资料的处理包括表格核查、编码、建立数据库、输码和统计分析五部分。其中统计分析是以交通量观测和 OD 调查结果为基础，要将其换算成平均日或年交通量进行统计分析。

3．需求预测

预测各交通小区间各种运输方式的 OD 量。

4．OD 量的分配

将各种运输方式的 OD 量分配在现状交通网络上，计算各交通网络的交通流量或运输量。

5．确定交通网的运输组织方案

根据物流服务需求，确定若干基本的运输组织模式，例如，某两个地区行包快运需求量比较大，在铁路运输组织方案中，就需要确定行包专列的开行方案。在既定运输组织模式下，计算现有交通网的运输能力。

6．确定交通网配置方案

将第 4 步计算出的交通网络的交通流量或运输量与第 5 步计算出的运输能力进行比较，如果前者大于后者，说明在规划的运输组织方案下，现有的交通网配置不能满足未来物流发展需要，需要做出若干交通网络配置方案。

7. 优化方案选择

对各交通运输组织方案、交通网络配置方案进行比选评价，选择优化方案作为物流通道规划设计方案。

5.4.4 物流通道规划常用模型

1. 四阶段模型

大多数货物运输需求的预测以四阶段模型为基础进行。四阶段模型将预测分为四个过程：货运交通量的生成、货运交通量的分布、交通方式分担量和交通量分配。

（1）货运交通量的生成预测。货运交通量的生成预测又称货运交通量的发生和吸引预测，是在规划区域的社会经济发展预测的基础上，预测交通网点（或各区）在规划期间的货运交通发生量和吸引量的理论和方法。货运发生量与许多因素有关，如该地区的经济发展水平、产业结构、资源分布、自然地理条件、人的行为因素、政策因素、用地规划、发展规划、建设规划等。这些因素又可概括成经济因素、政策因素和其他因素。

1）经济因素。任何一个国家或地区的交通发展变化都是服务于国民经济发展和人民生活水平的提高这一根本目的的，因此国民经济与交通生成之间有着密切的关系。经济水平的提高、产业结构的变化、经济体制的改革与完善等都会影响交通的发生和吸引量。

2）政策因素。随着经济的发展，各地区为了满足不断变化的运输需求及达到未来交通与经济协调发展的目标，常常制定一些运输产业政策，包括投资、运费、税收和信贷等，这些政策不可避免地会对交通发生、吸引产生很大影响。同属一种经济体制下的各级行政区，采取不同的经济政策、交通政策、税收政策等也会改变其在国家经济系统中的地位，减弱或增强该区域的吸引力，从而导致交通发生、吸引的变化。

3）其他因素。其他因素包括地理区位、自然条件、气候条件、历史因素、技术的改进等。地理区域、自然条件在很大程度上决定了各国和地区发展运输业的政策，从而直接影响该国或该地区的货运产生、吸引量。

了解这些因素后才能对货运交通生成进行准确的预测。货运交通量生成预测常用方法有回归模型预测、年均增长率法、弹性系数法、灰色系统预测模型、人工神经网络法等。

（2）货运交通量的分布预测。货运交通量的分布预测是根据各交通区的货运生成量，确定各交通小区之间的流量、流向，即确定 OD 矩阵。通常采用的预测方法有增长系数法（包括平均增长系数法、Furness 模型）、重力模型法（包括无约束重力模型、单约束重力模型、双重力模型）、插入机会模型法、熵模型法等。

（3）交通方式分担量预测。交通方式分担量预测是要确定各种运输方式在区域未来综合运输量中的分担量。具体描述为：假设已知规划区域内有 M 个小区，小区(i,j)间有 $N_{ij}\,(N_{ij}\geqslant 2)$ 种运输方式，由小区 i 到小区 j 的第 h 种货物的运输量为 X_{ijh}，那么运输方式分担预测问题就是确定小区 i 到小区 j 的第 k 种运输方式（$k\in N_{ij}$）的货运量 X_{ijk}，或者小区 i 到小区 j 的第 h 种货物选择第 k 种运输方式运输的概率 P_{kijh}。

当任意两点间有多种运输方式可供选择时，进行交通方式的分担是很有必要的，因为运输者会在诸多运输方式中选择最好的运输方式进行运输，选择运输方式的实质是选择一种服务。不同的运输服务需求，对货物运输时间、运输费用、运输服务可靠性等方面具有不同的要求。而不同的运输方式，由于技术性能、运输条件及服务形式不同，具有不同的服务属性。因此，货主在选择不同运输方式时，往往需要根据自身的需求，通过权衡每种运输方式的服务属性，选择能最大限度满足其需求的运输方式。

影响运输方式选择的因素主要来自两个方面，一是服务属性，与运输方式有关，主要包括设施设备配置、服务水平、服务内容、服务方式、费用、运输量、运载率、运输距离、灵活性、运输频率、损失、可靠性、安全性、时效性等；二是货物本身特性，运输方式的选择也依赖于所运输货物的特点。选择运输方式时需要考虑货物各种特性，如密度、包装尺寸、时间约束、货物类型、价值、体积、重量等。

Logit 模型被广泛应用于运输方式的选择分析中。另外，从理论上讲，当规划区域具有基年和预测年同一口径的铁路、公路、水运等其他方式的 OD 资料时，可以同交通方式分担量预测一样，直接建立起不同方式分担量预测模型。然而，在实际操作中，尤其在进行区域物流网络规划时，是很难满足上述要求的。因此，目前国内在进行运输通道规划时，基本上采用的是定性分析加上专家经验人为地来确定各种运输方式的分担比率，这样做显然带有较大的主观盲目性。

（4）交通量分配预测。交通量分配就是把预测的各基年的 OD 矩阵分配到具体的规划的运输网络上，通过交通量分配过程，可获得规划运输网络中各路段、交通枢纽等的交通量。交通量分配常用方法有：最短路径（全有全无）分配、容量限制–增量加载分配、多路径概率分配、多路径–容量限制分配。

运输网络交通量分配是需求预测“四阶段模型”中的最后一个阶段，由于运输网络交通量分配过程是以网络为基础的（在现状路网或规划网络上进行），因此这一阶段的工作往往是在运输网络规划方案设计时进行。

1）最短路径交通分配。最短路径交通分配是一种静态的交通分配方法，在该分配方法中，假设交通阻抗为常数，即车辆的平均行驶车速不受交通负荷的影响。每个 OD 点对的 OD 量被全部分配在连接该 OD 点对的最短线路上，其他道路上分配不到交通量。这种分配方法的优点是计算相当简便，缺点是出行量分布不均匀，出行量全部集中在最短线路上。这种分配方法是其他各种交通分配方法的基础。

2）容量限制–增量加载交通分配。容量限制–增量加载交通分配是一种动态的交通分配方法，它考虑了交通阻抗与交通负荷之间的关系。

采用容量限制–增量加载分配模型分配交通量时，需先将 OD 表中的每个 OD 量分解成 k 部分，即将原 OD 表（$n \times n$ 阶，n 为出行发生、吸引点个数）分解成 k 个 OD 分表，然后分 k 次用最短路分配模型分配 OD 量，每次分配一个 OD 分表，并且每分配一次，交通阻抗修正一次，直到把 k 个 OD 分表全部分配在网络上。在具体应用时，视运输网络大小，选择 k 值及每次分配的 OD 量比例。

3）多路径概率分配。与单路径（最短路）分配方法相比，多路径分配方法的优点是克服了单路径分配中流量全部集中于最短线路上这一不合理现象，使各条可能的出行路线均分配到交通量，各出行路线长度的不同，决定了它所分配到的流量的大小。Dial 于 1971 年提出了初始的概率分配模型，模型中反映了出行路线被选用的概率随着该线路长度的增加而减少的规律。Florian 及 Fox 于 1976 年对 Dial 模型进行了修正，认为出行者从连接两交通区路线的可行子系统中选用路线 k 的概率为：

$$P(k)=\frac{\exp(-\sigma T_i)}{\sum\exp(-\sigma T_i)} \tag{5-26}$$

式中，$P(k)$ 为选用线路 k 的概率；T_i 为线路 k 上的行程时间；σ 为交通转换参数。

4）多路径-容量限制交通分配模型。尽管多路径概率分配模型能同时考虑最短路因素及随机因素，其分配结果比较合理，但由于模型中没有考虑交通阻抗（路权）与交通负荷的关系及通行能力的限制，在拥挤网络上的分配仍有较大误差，在多路径-容量限制交通分配方法中，充分考虑了这些因素，使分配模型的适应性更加广泛。

与容量限制交通分配方法一样，采用多路径-容量限制交通分配方法分配出行量时，需先将原 OD 矩阵分解成相同阶数的 k 个 OD 分矩阵，然后分 k 次用多路径概率交通分配模型分配出行量，每次分配一个 OD 分矩阵，每分配一次，根据变化的交通量修正一次交通阻抗（路权），直到把 k 个 OD 分矩阵全部分配到网络上。

多路径-容量限制交通分配方法的分配过程、路权修正方法以及参数确定方法与容量限制-增量加载分配方法相同。所不同的是，容量限制分配方法中每次分配采用的是最短路分配模型，而在多路径—容量限制分配方法中，每次分配采用的是静态的多路径分配模型。

2. 其他相关模型

（1）宏观经济模型。宏观经济模型主要用于预测规划期区域的经济指标和区域内各小区与研究区域外进行的不同货物的贸易量（单位一般为货币），其中预测的经济指标一般包括 GDP、人口、行业就业人口等。预测小区的进出口贸易量的模型（以下称为货运贸易模型）是传统的“四阶段法”中很少采用的，模型所采用的形式一般为重力模型，变量为 GDP、人口和小区对外交易的阻抗等，有时也采用 Input/Output 模型，输出为各小区对外贸易 OD 量（单位为货币），最终通过价值-重量模型转换为小区对外货运 OD 量（单位为吨）。

（2）价值-重量模型。价值-重量模型建立不同种类货物的重量和货物价格之间的关系，将贸易量（货币）转换为货运量（吨）。预测货物的价值是一件相当棘手的工作，到现在为止除了时间序列法之外还没有研究出更合理的模型或方法。国外在货运规划中对货物价值-重量模型的研究始于 20 世纪 80 年代，如 1983 年的 TPR 模型、1994 年的 VTI 模型等。

（3）时间分布模型。预测不同货种不同时段的生成，输出分货种分时段的货运 OD 量。应用该模型的主要目的是求出区域在规划年间的货运高峰量，根据规划的需求可以是区域货运的季度高峰、月高峰、日高峰和小时高峰货运量等。随着划分的细化，模型也趋于复杂，所以至今无论国外还是国内还没有研究人员就这一问题提出完备适用的研究成果。

（4）模式分担模型。模式分担模型是运输规划中的关键模型之一，用于预测货运模式分担率，包括公路、铁路、航空、海运、管道和由不同运输方式组合而成的联运方式的分担率，输出分货种分模式的货运 OD 量，如果输入的是分货种分时段的货运 OD 量，则输出的是分货种分时段分模式的货运 OD 量。在货运规划中常用的模型有弹性模型、集计分担模型、非集计模型、多模式网络模型等。弹性模型反映单一变量（如运输费用）对模式分担的影响，主要用于粗略的预测或在缺少数据的时候采用。集计分担模型主要有两项式和多项式 Logit 模型，使用以小区为单位的集计数据，在实际的货运规划中使用最广泛。非集计模型一般有多项式 Logit 和树状 Logit 模型，它与集计模型的区别在于所使用的数据的不同。20 世纪 90 年代以来，非集计分担模型成为国外货运分担模型研究和应用主流。多模式网络模型同时进行模式分担预测和货运分配，典型的有美国的 STAN 软件包，其核心部分是运输成本函数。表 5-36 为常用的模式分担模型及特点。

表 5-36　常用的模式分担模型及特点

模型名称	优　点	缺　点
弹性模型	快速简便，所需数据少	只考虑单一因素，不全面
集计分担模型	所需数据少	理论依据薄弱，难以考虑政策因素的影响
非集计模型	理论依据强，可以考虑不同的影响因素	需要非集计数据，货运调查实施复杂
多模式网络模型	理论依据强，所需数据少	难以考虑政策因素的影响，难以对参数进行统计检验

（5）货物-车辆模型。将不同种类的货物量（吨或吨·公理）转换为不同车辆类型的货车量（辆），即运输 OD（单位为辆）。因为不同的运输要求不同的运输距离和物流流程，所以货物-车辆模型处理的是货运所需的不同车辆的数量这个问题。在货物-车辆模型中，一个关键的问题是如何在模型中考虑空载率的问题；二是在进行货物-车辆的转换中如何考虑客运与货运对运输资源占用的相互制约关系。

货物-车辆模型的重要性还在于区域货运对环境影响的评价方面。因为运输（特别是公路运输）对环境的影响相对严重，所以只有计算出车辆数才能准确评价货运对环境的影响程度。

3．国内外货运规划相关模型研究热点

（1）基于物流特征的货物分类。货运分类是否合理对于整个区域物流系统的规划起着至关重要的作用。自从物流的概念引入货运规划以来，各物流发达的国家均对该国的货物分类进行了调整，如欧洲的 CPA 货物分类法、NST/R 等。这些新的货物分类法除了考虑货物的物理特征（密度、大小、形态等）之外，还考虑了货物的其他属性，如对运输服务的要求、货物的价值、货物运输所采用的容器等与物流相关的属性。可以看出，基于物流特征的货物分类与传统的货物分类存在较大区别，而我国在应用各种货运规划模型时，依然常用诸如工业品、农产品等传统的、粗犷的分类方法，这样往往由于同一分类中不同产品对运输的需求特征相差太大，导致模型很难适合该分类中的所有产品，增大计算的误差。

（2）货运调查方法的研究。由于货运规划所需数据获取的难度，为了保证物流规划模型得到所需的、有效的数据必须对物流调查方法、调查数据的处理等相关问题进行研究。由于目前货运规划中倾向于使用非集计模型（如需求模型、模式分担模型等），所以国外

关于货运调查方法的研究主要集中在SP调查方法研究上，而我国目前货运SP调查和应用仍然较少。

（3）费用函数的研究。在前面介绍的模式分担模型和网络分配模型中均提到了费用函数，即不同种类的货物采用不同运输方式进行运输时的费用，包括线路上的费用和节点上的费用（如转运等），一般采用的度量单位为货币。其中涉及的最主要的方面是如何确定时间的价值（VOT）。

复习思考题

1．概括各种运输方式的优缺点，并说明其适用情况。

2．简述物流运输系统的功能和特点。

3．简述物流运输系统的种类与特征。

4．运输方式选择时应该考虑哪些因素？

5．多式联运的特点及适用条件是什么？

6．图5-17所示是某地区交通运输的示意图，试问从v_1出发，经哪条路线到达v_8才能使总行程最短？试用Dijkstra算法求解。

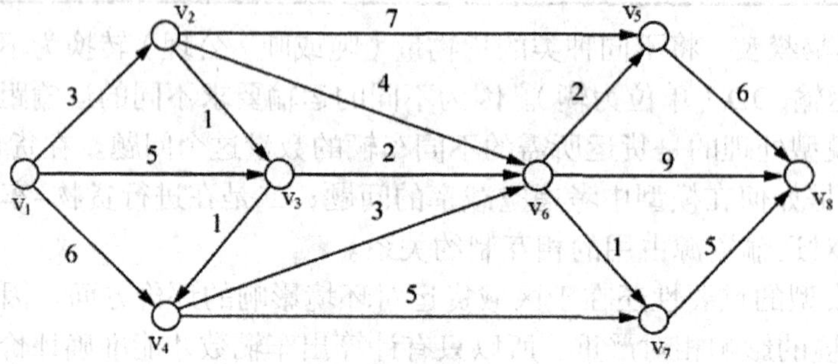

图5-17 某地区交通运输示意图

7．现有一个仓库v_0需要对6个客户提供货物，它们的需求量及角坐标如表5-37所示，距离矩阵如表5-38所示。设每个车辆的运输能力是13个单位的货物，并有足够多车辆。试用扫描算法与节约法分别对该运输问题进行求解。

表5-37 客户的需求量及角坐标

客户/人	1	2	3	4	5	6
需求量/单位货物	4	8	7	6	7	5
角坐标/度	20	120	50	200	260	340

表5-38 距离矩阵

c_{ij}	v_0	v_1	v_2	v_3	v_4	v_5	v_6
v_0	—	6	8	13	11	7	9

续表

c_{ij}	v_0	v_1	v_2	v_3	v_4	v_5	v_6
v_1		—	13	4	6	10	12
v_2			—	11	8	12	11
v_3				—	7	11	8
v_4					—	15	7
v_5						—	13
v_6							—

案例研究　郑州市物流主通道规划

物流主通道是指连接主要物流节点的货运干线，包括连接端点、道路等级、货物流量、瓶颈位置、各种运输方式之间的衔接，需根据目前现状、存在的问题及未来物流发展趋势进行规划。

主要的物流节点包括铁路货运站、公路货运站、航空货运站、口岸及物流基地、主要工业企业、主要商业企业等。

城市货物的流动可以看成由两部分组成，即城市与外界的货物交流和城市内部的货物流动。前者主要通过铁路、公路、航空货运站和口岸完成，后者主要通过城市内的物流基地和仓储企业完成。

由于目前郑州市铁路货运站、仓储区、工业企业和批发市场等主要节点位于二环路以外，商业区主要位于二环以内，尚未形成环路相接的主干道网络。因此，当货物由上述节点流向商业区时，会造成流通不畅。此外，二环路本身没有完全贯通，也影响了货流的畅通。郑州市东南部沿陇海铁路沿线是主要的仓储区，货物来源于铁路专用线和107国道，货物流入市区需通过货栈街，这样货栈街流量过大，成为瓶颈路段。铁路、航空、公路之间缺乏有效的衔接，城市出入口道路的车流过于拥挤。从省外的货物大部分通过107国道、310 国道，城市人口道路已不堪重负。场站及航空港之间缺乏联系沟通，三大主要运输方式缺乏高效的衔接配套。因此，需要对郑州市物流主通道重新进行规划。

1. 郑州市物流主通道规划的基础数据

（1）城市客流和居民生活环境

郑州市的居民区主要位于二环以内，商业区位于市中心地带。因此，二环及以内应主要用做客流通道。物流主通道应以三环路、二环路及铁路专用线为主，以二环路以内的道路为辅。

（2）主要物流节点

1）西站。西站位于嵩山北路和桐柏北路之间，发货品种主要是大宗货物，如建材、煤、棉织品等，其向南有 18 条专用线，主要供郑州部分国有大厂使用，如棉纺厂、热电厂，货物的集散方式通过铁路专用线和公路运输。

2）东站。东站位于郑州市货栈街 142 号，是以零担货物转运作业为主，综合办理整车、零担、集装箱货物发送、到达、中转业务的特等货运站，是新欧亚大陆桥国内最大的集装箱货场之一，也是国家内陆省份首家铁路货运一类口岸。其向北、东、西方向有 19 条铁路专用线，主要供郑州的仓储区使用。货物集散的方式一部分通过铁路专用线，一部分到东货场，再通过公路运输实现。

3）新郑机场。新郑机场位于 107 国道以东金水路延长线上。

4）海棠寺站。海棠寺站位于郑州西北部京广铁路线上。

5）物流中心及物流基地。在物流节点规划中，初步确定为在二、三环之间及城市郊区规划服务于工业企业的二里岗物流中心；服务于商业企业的南阳寨物流中心；在三环外围规划 3~5 个服务于农产品的加工配送中心或物流中心；在城市东南方向边缘地区建设公铁联运及大型物流主枢纽。

（3）现有道路状况

郑州是全国公路主枢纽城市之一，京珠、连霍高速公路及国道 107 线和 310 线以及境内 18 条公路干线，辐射周围各省市。所形成的十字交叉骨架构筑了以郑州市为中心的口字形高等级公路环路。

现正在修建郑州市的第二条黄河公路大桥（原大桥的东面），这样就会形成以 310 国道、郑汴路为横向，以京珠高速、107 国道为纵向的交通网络，即所谓的“两横两竖”的国道交通大网络。再加上郑州市向四面八方辐射的公路，郑州市的公路交通应当讲是很发达的。

郑州市有主干道 73 条，次干道 122 条，支路 29 条，小巷 235 条，道路总长 611 公里。郑州二环路、三环路两条环路及国道、三环路以及二环路之间的通路是由主干道和快速路构成。

2. 现有主通道交通量分布

根据目前郑州现有道路交通情况可以看出，107 国道上日均流量在 50 000 辆以上，已经严重饱和。310 国道流量已处于饱和状态。大学路（航海路—南三环）、花园路（北环路—农业路）、金水路（未来大道—107 国道）上的交通流量饱和度在 0.5 以上，并且客流量占有很大一部分，由于客流量大部分发生在白天，所以上述几条路在高峰期时段的流量应该是过于饱和的。如果再增加货流量，势必给这些路段造成压力。由于内环路大部分路段受交通管制且流量过大，不适于将其作为货运主通道。

在三环路上，北三环、西三环和南三环的平均交通流量饱和度在 0.5 以下。其客流与货流之比为 60∶40，但 107 国道现在交通流量非常大，日均 50 000 辆，饱和度为 2.05，对市区造成了较大污染，据此应将部分货流分流。

在二环路上，桐柏路（建设路—中原路）与航海路（京广路—城东路）上的平均交通流量饱和度在 0.5 以上，应考虑加大夜间的通行量。

在三环路与二环路的连接路上，大学路（航海路—南三环）、花园路（北环路—农业路）和金水路（未来大道—107 国道）、桐柏路（建设路—中原路）与航海路（京广路—城东路）上的平均交通流量饱和度在 0.5 以上，这三条路上的客流量达到 80%以上。花园路上的交通流量饱和度达到 0.84，客流量达到 92.2%，不适合作为货运主通道。

3．物流主通道主要规划依据

（1）城市总体规划

物流主通道从属于城市物流系统，应以城市物流总体规划为依据。以郑州为例，根据郑州市的城市整体规划，仓储用地、铁路货运站及公路货运站均规划设计在城市边缘地区。规划中的货场有白庄铁路货场、铁道部大型集装箱郑州节点站、东西南北货运中心站及三个转运站，在连霍高等级公路和107国道立交东南角建设公路内陆口岸，新郑机场规划为小型贵重物资的运输中心。此外，郑州还规划在郑汴路以南、陇海铁路以北规划建立一个大型物流基地。

为了实现正常的物资流动，规划了便捷的城市交通系统。物流主要通过城市的快速道路系统与干道系统实施，三个快速环路可快捷地将货物运向郑州东南西北四周，再通过12条放射路沟通市区并通向全国各地。

（2）城市客货运输和居民生活环境

物流主通道不能与城市客流争道，且不能扰民，因此应远离居民区并保持相对独立。郑州市的居民区主要位于二环以内，商业区位于市中心地带。因此，二环路及以内应主要用作客流通道，物流主通道应以三环路、二环路及铁路专用线为主，以二环路以内的道路为辅。

（3）货物流向

由于物流主通道是连接主要物流节点的货运干线，因此货物的流向和流量是确定物流主通道的最主要依据。城市货物流动主要在货运场站、口岸、物流基地、仓储区、工业企业、批发市场之间进行。

（4）主要物流节点之间的衔接

各个主要物流节点之间构筑的货流通道，应该保证货物能够以较低的成本，较快的速度流动。货流能否顺畅，与各个节点之间的物流主通道的构筑有直接的关系。

4．物流主通道规划

（1）对过饱和通道要进行分流

对于货物运输的分流有两种方式，一种是采取道路分流，另一种是采取节点分流，即利用尚未饱和的物流节点或新建物流节点将货物截下，达到缓解交通运输的压力。前者增加运输成本，后者增加仓储成本，采取何种方式应视具体情况而定。根据前面的分析，国道及部分主干道的流量已经严重饱和，因此要进行有效的分流，以缓解目前道路的压力。

（2）加强路网建设

郑州市目前已初步形成了三条环形公路，但是网络化程度不高，因此郑州的公路建设应加快以高速公路、高等级公路为主骨架的公路网建设，使城市环路与12条放射路之间互相连通，不断提高道路等级和路网密度及通达深度。

（3）疏通瓶颈位置

疏通瓶颈位置的方法可以通过改建瓶颈路段或扩建瓶颈路段（如通过改善路面以提高道路通行能力或增加车道使车流量增加），也可以通过新建与瓶颈路段平行的道路来分流一部分车辆，还可以通过加强对瓶颈路段的管理增加道路的顺畅性。

（4）铁路运输、航空运输与公路运输的有效衔接

改造、完善城市出入口道路，加强港站及航空港之间联系沟通，使三大主要运输方式高效衔接配套。

（5）确保主要物流节点之间的通道畅通

各个物流节点服务于市区的通道如表 5-39 所示。

表 5-39　物流节点及服务通道

物流节点	主 通 道	物流节点	主 通 道
南阳寨物流中心	三环路、铁路专用线	二里岗物流中心	铁路专用线、城东南路
海棠寺物流中心	铁路专用线、东风路	物流基地	郑汴公路、三环路
东货站铁路	专用线、货栈街	三环以外的物流中心	三环路
西站铁路	专用线、桐柏北路		

根据目前道路的实际通行量，需要改建或扩建的道路有货栈街和东风路。需要打通的道路为东风路与桐柏北路，使两条路能够有效地衔接。

第 6 章

配送中心内部设施规划与设计

【学习目标】了解配送中心的分类与功能，熟悉配送中心的功能与作业区域，掌握配送中心内部设施规划与设计的主要方法、配送中心内部设施规划与设计的主要内容、目标和原则、SLP 法。

6.1 配送中心内部设施规划与设计概述

配送中心内部设施规划与设计是物流系统的一个重要研究领域。如何布置物流设施，使人力、财力、物力和物流、人流、信息流得到最合理、最经济、最有效的配置和安排，从根本上提高生产效率，达到以最少的投入获得最大的效益的目的，是现代物流的中心课题。

自从有了工业生产，就有了工厂设计，也就有了设施布置设计。设施布置设计是根据企业的经营目标和生产纲领，在已确定的空间场所内，按照从原材料的接收、零件和产品的制造，到成品的包装、发运的全过程，将人员、设备、物料所需要的空间做最适当的分配和最有效的组合，以便获得最大的生产经济效益。设施布置设计在设施规划与设计中占有重要地位，历来是备受重视的领域。以工厂布置为例，它的好坏直接影响整个系统的生产物流、信息流、生产能力、生产效率、生产成本及生产安全。优劣不同的工厂布置，在施工费用上可能相差无几，但对生产运营的影响会有很大不同。合理的设施布置可以节省物料搬运费用，缩短生产周期，加快流动资金周转。因此，合理的设施布置是提高生产系统效益的重要源泉和手段，是改善生产系统整体功能、实现现代化管理和先进生产方式的前提和基础。

配送中心等设施的内部规划与设计应遵循一般设施规划与设计的理论与方法。设施规划与设计理论起源于早期制造业的“工厂设计”的研究，最初主要解决操作法工程（Methods Engineering）、工厂布置（Plant Layout）和物料搬运（Material Handling）。在此期间，主要凭设计者个人的主观判断、经验积累或其他定性分析方法开展工厂布局设计。到了 20 世纪 50 年代，布置设计从传统的只涉及较小系统发展到大而复杂的系统设计，凭经验已难以胜任。于是，在综合各学科发展的基础上，一方面，布置设计中运用了系统工程的概念和系统分析的方法，1961 年由美国的理查德·缪瑟（Richard Muther）提出了极具代表性的系统布置设计（SLP）理论；另一方面，60 年代以来，以摩尔等为代表的一批设施规划与设计学者，较为系统地研究应用计算机技术进行平面布置及其优化的问题，并产生了许多用高级语言写成的平面布置程序，如用于新建设施的 CORELAP、ALDEP 程序和用于改建布置的 COFAD、CRAFT 程序，形成了计算机辅助设施布置（CAL）方法。

6.1.1 配送中心的分类与功能

1. 配送中心的分类

配送中心是一种新兴的经营管理模式，具有满足多品种、少批量的市场需求及降低物流成本的作用。但是，由于建造企业的背景不同，其配送中心的功能、构成和运营方式就有很大区别。

（1）根据配送中心运营主体不同分类。根据配送中心运营主体的不同，可分制造商型配送中心、批发商型配送中心、零售商型配送中心、专业物流配送中心和公共服务业为主体的配送中心。

1）制造商型配送中心。制造商型配送中心是以制造商为主体的配送中心。这种配送中心里的物品 100%是由自己生产制造，用以降低流通费用、提高售后服务质量和及时将预先配齐的成组元器件运送到规定的加工和装配工位。从物品制造到生产出来后条码和包装的配合等多方面都较易控制，所以按照现代化、自动化的配送中心设计比较容易，但不具备社会化的要求，典型的有烟草企业建立的配送中心等。又如，海尔物流中心就有采购件和制成品两个自动化仓库，共有 14 个巷道、19 536 个库存货位。采购件自动化仓库负责向装配线工位准时地配送零部件；制成品自动化仓库负责向全国 42 个分销配送中心准时配送制成品。

2）批发商型配送中心。批发商型配送中心是由批发商或代理商所成立的、以批发商为主体的配送中心。批发是物品从制造者到消费者手中的传统流通环节之一，一般是按部门或物品类别的不同，把每个制造厂的物品集中起来，然后以单一品种或多种搭配向消费地的零售商进行配送。这种配送中心的物品来自各个制造商，它所进行的一项重要的活动是对物品进行汇总和再销售，而它的全部进货和出货都是社会配送的，社会化程度高。例如，保加利亚索非服装配送中心，由样品陈列室、批发洽谈室和保管多家服装制造厂的各种服装的高层自动化仓库等组成，客户在陈列室看样品，在洽谈室进行商务谈判后，配送中心就负责准时地把所需服装送达客户，集贸易和配送于一体。

3）零售商型配送中心。零售商型配送中心是由零售商向上游整合所成立的、以零售商为主体的配送中心。零售商发展到一定规模后，就可以考虑建立自己的配送中心，为专业物品零售店、超级市场、百货商店、建材商场、粮油食品商店、宾馆饭店等服务，其社会化程度介于前两者之间。例如，北京食品配送中心，它储存各种各样的冷冻食品，如各种鱼、虾、肉类等，每天接受各大宾馆、饭店的订货，并准时、迅速配送、到达。

4）专业物流配送中心。专业物流配送中心是以第三方物流企业（包括传统的仓储企业和运输企业）为主体的配送中心。这种配送中心有很强的运输配送能力，地理位置优越，可迅速将到达的货物配送给用户。它为制造商或供应商提供物流服务，而配送中心的货物仍属于制造商或供应商所有，配送中心只提供仓储管理和运输配送服务，这种配送中心的现代化程度往往较高。

5）公共服务业为主体的配送中心。各主要城市的中心邮局和港湾、铁路、公路各枢纽，十分需要将到达的货物迅速地配送给用户。例如，各主要城市中心邮局的配送中心，必须将随机、无序搜集到的包裹、邮件，通过高速分拣装置进行按目的地不同的分拣，并按航班、车次进行配送。相反，从国内外到达的包裹、邮件，也要通过高速分拣装置进行按城市街区不同的分拣，并向收件人配送。又如，各铁路货场、公路货场，过去往往是等待用户自行提取，如果根据路程的方向和远近进行拣选和分类，将若干用户的货物使用一辆卡车，一次分别送达用户，这将降低货场的仓库面积，提高车辆装载率，降低物流费用。

（2）根据配送模式分类。根据配送模式不同，可分为直达配送中心和中转配送中心。

（3）根据服务范围分类。根据服务范围不同，可分为城市配送中心和区域配送中心。

1）城市配送中心。城市配送中心是以城市为配送范围的配送中心，由于城市范围一般处于汽车运输的经济里程，这种配送中心可直接配送到最终用户，且采用汽车进行配送。所以，这种配送中心往往和零售经营相结合，由于运距短，反应能力强，因而从事多品种、少批量、多用户的配送较有优势。

2）区域配送中心（Regional Distribution Center，RDC）。区域配送中心以较强的辐射能力和库存准备，向省际、全国乃至国际范围的用户配送。这种配送中心配送规模较大，一般而言，用户也较多，配送批量也较大，而且往往是配送给下一级的城市配送中心，也配送给营业所、商店、批发商和企业用户，虽然也从事零星的配送，但不是主体形式。

（4）按配送中心的功能分类。根据配送中心功能的不同，可分为储存型、加工型和流通型的配送中心。

1）储存型配送中心，有很强的储存功能。例如，美国赫马克配送中心的储存区可储存 16.3 万个托盘。我国目前建设的配送中心多为储存型配送中心，库存量较大。

2）加工型配送中心，以流通加工为主要业务的配送中心。

3）流通型配送中心，包括通过型或转运型配送中心，基本上没有长期储存的功能，仅以暂存或随进随出的方式进行配货和送货的配送中心。典型方式为：大量货物整批进入，按一定批量零出。一般采用大型分货机，其进货直接进入分货机传送带，分送到各用户货位或直接分送到配送汽车上。

（5）按配送货物的属性分类。根据配送货物的属性，可以分为食品配送中心、日用品配送中心、医药品配送中心、化妆品配送中心、家电产品配送中心、电子（3C）产品配送中心、书籍产品配送中心、服饰产品配送中心、汽车零件配送中心、钢材配送中心及生鲜配送中心等。

2. 配送中心的功能

（1）集货转运功能。此功能主要是将分散的、小批量的货物集中起来，便于集中处理与中转。生产型配送中心往往需要从各地采购原材料、零部件，在进入生产组装线之前进行集货处理；同时对产成品集中保管、统一配送。商业型配送中心也需要采购上万种商品进行集货处理，统一配送与补货，而社会公共配送中心则要实现转运、换载、配载与配送等功能。

（2）储存保管功能。为了满足市场需求的及时性与不确定性，不论哪类配送中心，或多或少都有一定的安全库存，根据商品的特性及生产闲置时间的不同，安全库存的数量也不同。因此，配送中心均具备储存保管功能，在配送中心一般都有库存保管的储存区。

（3）分拣配送功能。配送中心的另一重要功能是分拣配送功能。配送中心根据客户的多品种、小批量的需求进行货物分拣配货作业，并以最快的速度送达客户手中或在指定时间内配送到客户。这种分拣配送的效率是物流服务质量的集中体现。

（4）流通加工功能。配送中心还会根据客户的需要，进行一些流通加工作业，这些作业包括原材料简单加工、货物分类、大包装拆箱改包装、产品组合包装、商标与标签粘贴作业等。流通加工功能是提升配送中心服务品质的重要手段。

（5）信息提供功能。集多种功能于一身的配送中心必然是物流信息的集散地，配送中心具有信息中心的作用，货物到达、配送、装卸、搬运、储存保管、交易、客户、价格、运输工具及运行时间等各种信息在这里交会、搜集、整理和发布。

（6）商品展示与交易功能。商品展示与交易是现代配送中心的一个重要功能。在互联网时代，许多直销商通过网站进行营销，并通过配送中心完成交易，从而降低经营成本。同时中心也是实物商品展览的场所，可以进行常年展览与定期展览。在日本东京和平岛物流（配送）中心就专门设立了商品展示与贸易大楼。

3．配送中心作业区域

（1）管理指挥区（办公区）。该区域既可集中于配送中心某一位置，也可分散设置于其他区域中。主要包括营业事务处理场所、内部指挥管理场所、信息处理与发布场所、商品展览展销场所等，其职责是对外负责搜集、汇总和发布各种信息，对内负责协调、组织各种活动，指挥调度各种资源，共同完成配送中心的各种功能。

（2）接货区。该区域完成接货及入库前的工作，如接货、卸货、清点、检验、分类等各项准备工作，接货区的主要设施包括进货铁路或公路、装卸货站台、暂存验收检查区域。

（3）储存区。在该工作区域内，存储或分类存储经过检验的货物。进货在该工作区域要有一定时间，并且占据一定的位置。该工作区域和进出的接货区相比，该区域所占面积较大，在许多配送中心里往往占总面积的一半左右。对于某些特殊配送中心（如水泥、煤炭），其面积占总面积的一半以上。

（4）理货与备货区。在该区域内，主要进行货物的分货、拣货、配货作业，目的是为送货做准备。区域面积随配送中心的不同而有较大变化，如对多用户、多品种、少批量、多批次处理的配送中心，分货、拣货、配货工作复杂，该区域所占面积很大。而在另一些中心里，该区域面积却较小。

（5）分放与配装区。在该区域内，按用户需求，将配好的货暂存暂放等待外运，或者根据每个用户货物状况决定配送方式，然后直接装车或运到发货站台装车。该区域的货物是暂存，时间短、周转快，所占面积相对较小。

（6）发货区。在该区域内将准备好的货物装入外运车辆发出。该工作区结构与接货区类似，有站台、外运线路等设施。发货区一般位于整个工作区域的末端。

（7）加工区。许多配送中心都设有加工区，在该作业区内，进行分装、包装、切裁、下料、混配等各种类型的流通加工。加工区在配送中心所占面积较大，但设施设备随加工种类不同有所区别。

除了以上主要工作区外，配送中心还包括其他一些附属区域，如停车场、生活区、区内道路等。

6.1.2　配送中心内部设施规划与设计的主要内容

1. 物流作业区的布置

以物流作业为主，仅考虑物流相关作业区域的配置形式，由于配送中心内的基本作业形态大部分为流程式作业，不同订单具有相同的作业程序，因此适合以生产线式的布置方法进行配置规划。若是订单种类、货物特性或拣取方法有很大的差别，则可以考虑将物流作业区分为多个不同形态的作业线，以区分处理订单内容，再经由集货作业予以合并，如此可有效地处理不同性质的物流作业，这有些类似于传统制造工厂中的成组布置。

2. 辅助作业区的布置

除了物流作业以外，配送中心还包括一些行政管理、信息服务等内容的辅助作业区域，这些区域与物流作业区之间无直接流程性的关系，因此适合以关系型的布置模式作为区域布置的规划方法。这种配置模式有两种参考方法。

1）可视物流作业区为一个整体性的活动区域，分析各辅助作业区域与物流作业区之间的相关活动的紧密关系，来决定各区域之间相邻与否的程度。

2）将各物流作业区分别独立出来，与各辅助作业区一起综合分析其活动的相关性，来决定各区域的配置。

采用第一种方法较为普遍，也较为简便，可以减少相关分析阶段各区域间的复杂度，但也会增加配置空间的限制。因此在规划时，要配合规划人员的一些经验判断，做适当的人工调整。

3. 建筑外围区域的布置

除了各作业区的布置规划外，还需对建筑外围的相关区域进行布置。如内部通道、对外出入大门及外围道路形式等，在进行建筑外围区域布置时特别需要注意未来可能的扩充方向及经营规模变动等因素，以保留适当的变动弹性。

在一般情况下，整个区域布置规划是按上述顺序进行的，如果在实际道路形式、大门位置等条件已有初步方案或已确定的情况下，则需要先规划建筑外围区域的布置形式，再进行物流作业区与辅助作业区的规划，这样可以减少不必要的修正调整工作，以适应实际的地理空间限制。

6.1.3　配送中心内部设施规划与设计的目标和原则

1. 规划与设计的目标

进行配送中心内部设施规划与设计时合理地布置各个功能区的相对位置非常重要，配送中心内部设施规划与设计要达到的目标有：① 有效地利用空间、设备、人员和能源；② 最大限度地减少物料搬运；③ 简化作业流程；④ 缩短生产周期；⑤ 力求投资最低；

⑥ 为员工提供方便、舒适、安全和卫生的工作环境。

2. 规划与设计的原则

1）运用系统的观点。运用系统分析的方法，求得整体化，同时也要把定性分析与定量分析结合起来。

2）以物流的效率作为区域布置的出发点，并贯穿于整个设计过程。

3）先从整体到局部进行设计，再从局部到整体实现。布置设计总是先进行总体布置，再进行详细设计；而详细设计的方案要回到总体布置方案中去评价，并加以改进。

4）减少和消除不必要的作业流程，这是提高生产效率和减少消耗的最有效的方法之一。

5）重视人的因素，以人为本。努力为员工提供一个良好、舒适的工作环境。

6）对土地使用进行合理规划，注重保护环境和经营安全。土地的使用要根据明确的功能加以划分，货物存储区域应按照无污染、轻度污染和重度污染分开。还要根据实际需要和货物吞吐能力，合理地规划设计各功能区的占地情况，同时还要考虑防洪排泄、防火因素对规划与设计的指标要求。

6.1.4 配送中心内部设施规划与设计的主要方法

1. 摆样法

摆样法是一种最早的规划与设计方法。利用二维平面比例模拟方法，按一定比例制成的样片在同一比例的平面图上表示设施的组成、设施、设备或活动，通过相互关系分析，调整样片位置可得到较好的布置方案。这种方法适用于简单的规划与设计，对复杂的系统就不能十分准确，而且花费的时间较多。

2. 图解法

图解法产生于20世纪50年代，有螺线规划法、简化布置规划法及运输行程图等。其优点在于将摆样法与数学模型结合起来，但现在应用较少。

3. 系统布置方法

对于配送中心内部设施规划与设计来说，美国专家理查德·缪瑟提出的系统布置设计（Systematic Layout Planning，SLP）就是一种非常有效的方法。SLP法通过引入数理量化关系密级的概念，建立各作业单位之间物流相关关系与非物流的作业单位相互关系图表，从而构成了设施规划布置的数学模型，这种以图表分析和图形模型为手段、定性分析和定量分析相结合的特点，保证了整个系统设施规划的科学合理。SLP法最初应用于工厂布置，它的成功运用使该项技术逐渐被广泛应用于各种生产系统与服务系统，目前是设施规划与设计的主流方法之一。

4. 数学模型法

数学模型法把物流系统抽象为一种数学表达式，通过求解数学表达式找到最优解，运用运筹学、系统工程中的模型优化技术研究最优布局方案，用数学模型提高系统布置的精确性和效率。常用的运筹学方法有最短路径法、最小费用最大流法、线性规划、随机规划、多目标规划、模糊评价法等。

5．计算机辅助设施布置（CAL）方法

由于数学模型的求解往往很困难，人们开始利用计算机的强大功能，帮助人们解决设施布置的复杂任务。计算机辅助求解的布置方法很多，根据算法可分为两大类。

（1）构建法。这类方法根据 SLP 理论由物流、非物流信息出发，逐一设施进行选择和放置决策，从无到有，生成比较好的（可能是最优的）平面布置图，如 CORELAP、ALDEP。

（2）改进算法。对初始布局方案改进，交代布置对象的位置，通过对布置对象间有规律的交换，保留新的优化方案，寻找一个成本最小的布局方案，如 CRAFT、Multi-PLE。

近十几年来，人工智能技术（AI）的发展为平面布置提供了功能强大的算法。由于面布置是典型的 NP（Nondeterministic Polynomial）问题，人工智能技术成为在有效时间内寻找满意解的可行算法。它们应用快速并行处理，可以同时得到多个解，丰富了被选方案；并且它们允许代价更高的解出现，从而可以跳出局部最优点，解决对初始解敏感的问题。

6.2　SLP 法

6.2.1　概述

SLP 法是在总结了大量工厂布置设计经验的基础上提供的一种以作业单元间物流与非物流的相互关系分析为主线的设施规划方法，该方法的应用使得布置设计由定性阶段发展到了定量阶段。国内从 20 世纪 80 年代开始引入这一技术，目前在设施布置设计领域获得极其广泛的运用。

SLP 法将设施规划和设计向科学化、精确化和量化方向迈进了一步。主要有以下特点：① 定性分析与定量分析有机结合；② 以大量的图表分析和图形模型分析为手段，直观清晰；③ 采用了严密的系统分析手段和规范的设计步骤，逻辑性和条理性较强；④ 着眼于整个物流系统，反复修正与调整，设计方案具有很强的合理性和实用性；⑤ 操作性和实践性强，适用范围广，可以应用于各种类型的企业。

但由于历史的局限性，SLP 法没有充分考虑利用计算机技术，传统的 SLP 法主要是手工布置，受主观经验、自身知识及能力等多种因素的影响，往往得不到较优解。

因此，针对 SLP 法的这些优缺点，相关学者做了相应的改进。20 世纪 60 年代以来，以摩尔等为代表的一批设施规划与设计学者开始利用计算机的强大功能，帮助人们解决设施布置的复杂任务，节省了大量的人力、物力。

20 世纪 80 年代，日本物流技术研究所铃木震提出的 EIQ 分析法应用于系统布置设计，一定程度上大大改善了 SLP 法，拓宽了 SLP 法的应用范围。

缪瑟也在 20 世纪 90 年代，在 SLP 法的基础上，针对日常处理最多的布置设计中的中小项目，提出了简化的系统布置设计（Simplified Systematic Layout Planning，SSLP），SSLP 比 SLP 在工作过程方面大为简捷。

同时，威廉·温拿等工厂设计师们在实践中不断对 SLP 进行发展和完善，在 20 世纪

90 年代提出了新的战略设施规划（Strategic Facilities Planning，SFP），其核心思想表现为两个方面：第一，把设施布置提升至战略高度，通过一次根本性的再聚焦及精益原则来提高企业整体生产力。实施的关键是企业流程再造原理，进行业务重组。第二，新的战略设施规划融合了优良的计算机辅助设施布置方法，一定程度上实现了设施布置的快速响应。

6.2.2 SLP 法的基本思路

在 SLP 法中，缪瑟将研究设施布置问题的依据和切入点，归纳为 P——产品，Q——产量，R——工艺过程，S——辅助部门，T——时间这五个基本要素，采用 SLP 法进行总平面布置的首要工作是对各作业单元之间的相互关系做出分析，包括物流关系和非物流关系，经过综合得到作业单元相互关系图，然后根据相互关系图中作业单元之间相互关系的密切程度，决定各作业单元之间距离的远近，安排各作业单元的位置，绘制作业单元位置相关图，将各作业单元实际占地面积与作业单元位置相关图结合起来，形成作业单元空间相关图，通过作业单元相关图的修正和调整，得到数个可行的布置方案，最后采用系统评价方法对各方案进行评价择优，以得分最多的布置方案作为最佳布置方案，具体流程如图 6-1 所示。

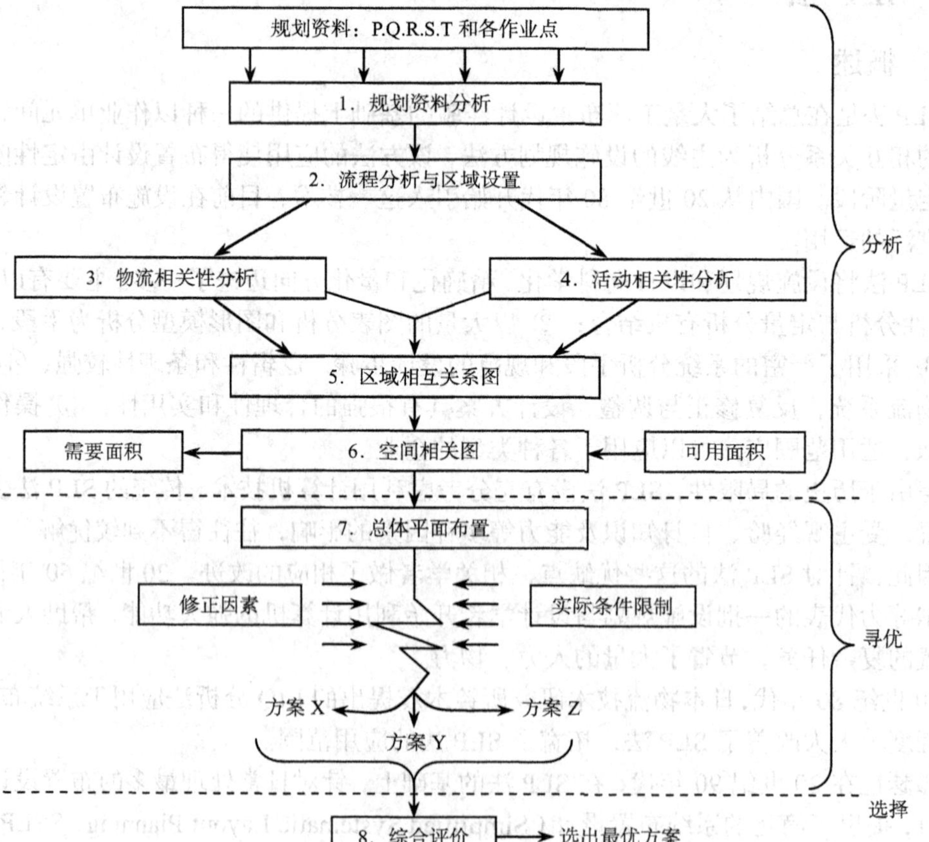

图 6-1 SLP 法的基本流程

整个物流系统布置设计分为四个阶段进行，称为“布置设计四个阶段”，即确定位置阶段、总体区划阶段、详细布置阶段和施工安装阶段，如图 6-2 所示。

这四个阶段交叉进行，其中，总体区划阶段与详细布置阶段是布置设计最重要的阶段，也是布置设计的关键所在。在配送中心的整个规划与设计中，需要经历配送中心选址、平面布置、搬运系统设计、辅助部门设置、方案评价与选择等众多细化的工作。而平面布置设计处于其中的核心位置，其主要任务就是确认各作业单元、职能管理部门、辅助管理部门的功能，确定它们的占地面积和外形尺寸，根据它们之间的联系和运作流程，确定其平面位置。

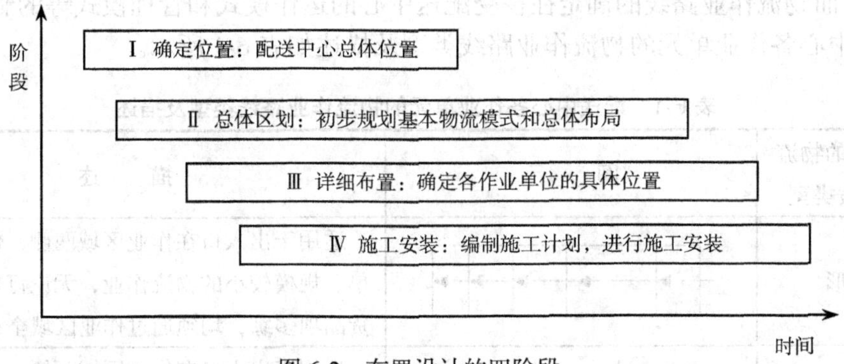

图 6-2　布置设计的四阶段

6.2.3　SLP 法的具体步骤

1．原始资料分析

在 SLP 法中，缪瑟最初是以工厂布置问题为依据和出发点的，故把产品 P、数量 Q、生产路线 R、辅助部门 S 和时间安排 T 作为五个基本要素。这五项基本要素是设施规划时不可缺少的基础资料。而在配送中心布置规划中，可以把这些要素的概念适当修正为：物流对象 P、物流量 Q、物流作业路线 R、辅助部门 S 和作业时间安排 T。其中物流对象 P、物流量 Q、物流作业路线 R 是重点分析的对象。

（1）*物流对象 P*。在配送中心规划中，物流对象是进出配送中心的货物。不同的物流对象对整个物流作业路线的设计、设施装备、存储条件都有不同的要求，一定程度上决定了布置规划的不同，因此，需要对货物进行分类。物品特征分析结果是货物分类的重要参考因素，如按储存保管特征可分为干货区、冷冻区及冷藏区，按货物重量可分为重物区、轻物区等。因此，配送中心规划时首先需要对货物进行物品特征分析，以划分不同的储存和作业区域及作业线路。

（2）*物流量 Q*。在配送中心规划中，物流量是指各类货物在配送中心里的物流作业量。物流量不仅直接决定着装卸、搬运等物流成本，一定程度上也影响着物流设施的规模、设施数量、建筑物面积、运输量等。但是物流量的确定比较麻烦，为了准确地测定配送中心的物流量，需要搜集每类货物出入配送中心的数量及各作业单元之间的流量变化。在搜集过程中必须考虑配送中心各个作业单元的基本储运单位。一般配送中心的储运单位包括 P——托盘、C——箱子和 B——单品，而不同的储运单位，其配备的储存和搬运设备也不同，所需要的空间也有区别。因此掌握物流量的同时，掌握储运单位转换也相当重要，需要将这些包装单位（P、C、B）纳入分析范围，即所谓的PCB分析。

在考虑实际的物流量的同时，还要对未来货物量变动趋势有一定的预见性，对未来的流量进行预测。

（3）物流作业路线R。物流作业路线是指各物流对象在各作业单元之间的移动路线。作业路线既反映配送中心的各作业单元的物流作业流程，也反映了各个功能区之间的联系，是后面物流相关分析的依据。SLP设计的原则就是使物流作业路线简捷顺直，减少不必要的搬运，并试图使下列因素降到最低：① 移动距离；② 返回次数；③ 交叉运输；④ 费用。而物流作业路线的确定往往受配送中心的运作模式和管理模式等的影响。

配送中心各作业单元的物流作业路线类型及描述如表6-1所示。

表6-1 配送中心各作业单元的物流作业路线类型及描述

作业单元的物流作业路线类型	图示	描述
直线形		适用于出入口在作业区域两侧，作业流程简单、规模较小的物流作业，无论订单大小与检货品项多寡，均须通过作业区域全程
双直线形	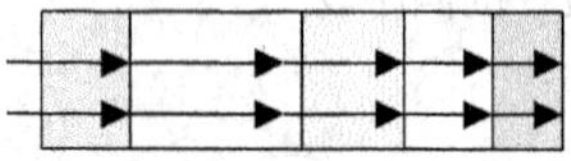	适用于出入口在作业区域两侧，作业流程相似但有两种不同进出货型态或作业需求的物流作业（如整箱区与零星区、A类与B类客户等）
锯齿形	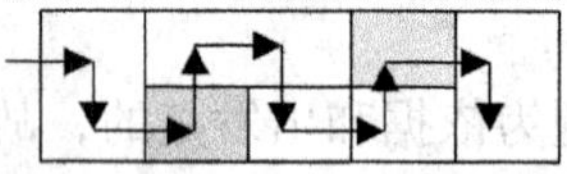	适用于较长的流程，需要多排并列的作业区
U形	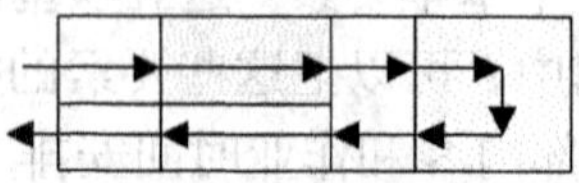	适用于出入口在作业区域的同侧，可依进出货频率大小安排接近进出口端的储区，缩短拣货搬运路线
分流型	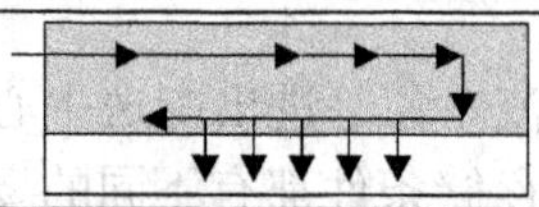	适用于批量分拣后进行分流配送的作业
集中型	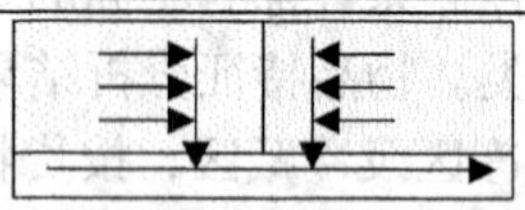	适用于因储区特性将订单分割在不同区域拣取后作集货的作业

2. 物流分析

物流分析主要是确定物流对象在物流作业过程中每个作业单元之间移动的最有效顺序及移动的强度和数量。物流分析是配送中心布置设计的核心工作，物流分析通过对基础数据相互之间的依赖关系分析，为后续的布置设计提供参考。物流分析方法通常由物流对象P和物流量Q的性质决定，不同的运作类型应采用不同的分析方法。

（1）物流作业过程图。对于物流量Q很大而物流对象P的种类或品种比较少的物流系统，采用标准符号绘制物流作业过程图，在作业过程中注明各作业单元之间的物流量，可以直观地反映配送中心的作业情况。因此，只要物流对象比较单一，无论配送中心规模大小，都适合用物流作业过程图来进行物流分析。图 6-3 是钢材配送中心物流作业流程图。

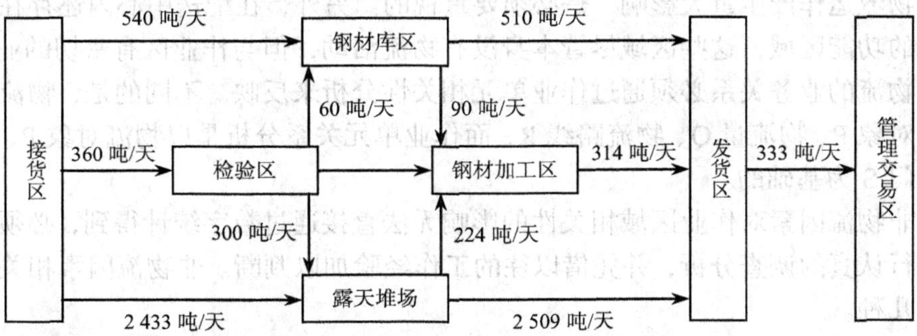

图 6-3　钢材配送中心物流作业流程图

（2）*从至表*。当物流对象 P 种类很多，物流量 Q 也比较大时，用从至表（From-to Charts）研究物流状态是比较方便的。通常用一张方阵表来表示各物流作业单元之间的物流方向和物流量。方阵表中的列表示物流作业单元之间物流的源头，而行表示物流的目的地。行列交叉点表明从源头到目的地的物流量。表 6-2 是从至表示例。

表 6-2　从至表示例　　单位：托盘

物流作业区域		搬运到达区				
		1	2	3	4	合　计
搬运起始区	1		15	30	25	70
	2	40		10		50
	3	20			20	40
	4		20			20
	合计	60	35	40	45	

（3）*成组分析法*。当物流对象 P 的种类较多，而物流量的规模较小时，可以将作业流程相似的物流对象进行分组归类，根据每组物流对象及其对应的物流量画出从至表。

3. 物流相关性分析

物流相关性分析即对配送中心的物流路线和物流量进行分析，用物流强度和物流相关表来表示各功能区域之间的物流关系强弱，绘出物流相关图。物流相关性分析是汇总各项物流作业活动从某区域至另一区域的物流量，作为分析各区域间物流量大小的依据，若不同物流作业在各区域之间的物料搬运单位不同，则必须先转换为相同单位后，再合并计算其物流流量的总和。根据物流量分析表，可得到各区域的物流相关图。按照各区域物流量的大小，将其分为 5 个级别，分别用 A、E、I、O、U 表示。其中 A 为超高，E 为特高，I 为较大，O 为一般，U 为可忽略。

4．非物流关系分析

物流分析是配送中心规划的重要依据，但有时还存在一些非物流关系。这些非物流关系可能对物流运作产生重大影响，是必须要重视的。另外，在配送中心内还存在一些管理或辅助性的功能区域，这些区域尽管本身没有物流活动，但与作业区有密切的业务关系，而这些非物流的业务关系必须通过作业单元相关性分析来反映。不同的是，物流分析的基础是物流对象 P、物流量 Q、物流路线 R，而作业单元关系分析是以物流对象 P、物流量 Q 和辅助部门 S 为基础的。

由于非物流因素对作业区域相关性的影响无法直接通过数字统计得到，必须对所搜集的资料进行认真的调查分析，并凭借以往的工作经验加以判断。非物流因素相关性的原因分为以下几种。

（1）管理关系。管理关系主要有两层意义：一是组织管理，指建立在各部门组织之间的管理、监督关系；二是作业管理，指出于操作管理、业务联系及交流的需要而存在的关系。

（2）流程关系。流程关系指建立在作业流程顺序及信息流之间的关系。

（3）作业相关程度。由于区域之间功能、作业的需要而形成的关系，如物品搬运次数、作业性质相似性、共用设备与否、共用作业空间等。

（4）环境关系。考虑操作环境和安全需要而保持的关系包括两类：一是人员安全，包括作业安全、工作环境改善等；二是货物安全，包括防火、防潮、防盗等因素。

（5）其他特殊原因。针对某些特殊需要使区域靠近或远离。

为确定作业区之间的非物流关系的密切程度，缪瑟提供了一套相关程度评分的等级系统，每个系统用一个字母来表示，将区域间的相关程度分为 A、E、I、O、U、X 6 个等级，如表 6-3 所示。表 6-4 为某个配送中心非物流关系等级理由表。

表 6-3　区域间的相关程度

符　号	A	E	I	O	U	X
意义	绝对重要	特别重要	重要	一般重要	不重要	禁止
值	4	3	2	1	0	–1
颜色	红	橘黄	绿	蓝	不着色	棕

表 6-4　非物流关系等级理由

编　码	考虑的理由	编　码	考虑的理由
1	作业流程的持续性	5	作业性质相似
2	物料搬运	6	安全卫生
3	管理方便	7	使用相同的设施
4	人员联系		

为了简明地表示作业区之间的非物流关系，与物流关系分析类似，可以用作业区之间的非物流关系相关图来表示，如图 6-4 所示。可根据等级理由表，将关系等级与确定该等

级的理由一同填入到行与列交叉的菱形框中。

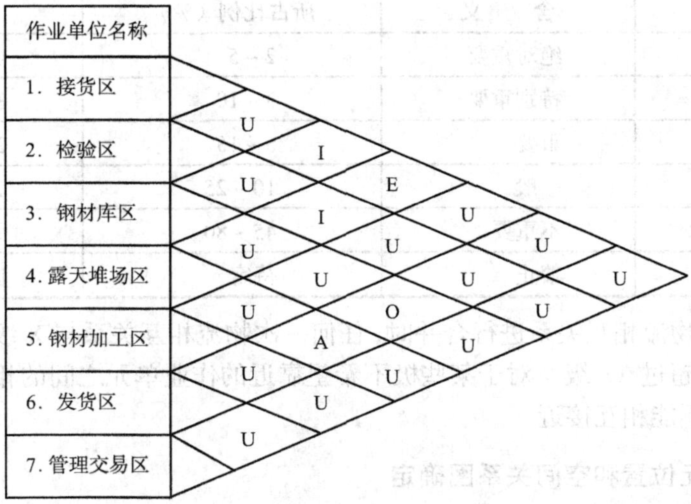

图 6-4　作业区非物流关系相关图

5．作业单元综合相互关系分析

作业单元之间物流相互关系与非物流相互关系往往并不一致，为了确定各作业单元之间综合相互关系密切程度，须将前面两个表进行合并。求出合成的相互关系——综合作业相互关系，然后从各作业单元之间的综合相互关系出发，实现各作业单元的合理布置。某一作业单元综合接近程度等于该作业单元与其他所有作业单元间量化后的关系密切等级之和，综合接近程度值的高低反映了该作业单元在布置图中是应该处于中心位置还是处于边缘位置。根据这两种关系级别求得综合关系的步骤可参考以下内容。

1）确定各级关系级别的级值，即量化物流强度等级和非物流的密切程度等级，A=4，E=3，I=2，O=1，U=0，X= −1。

2）确定物流关系（m）与非物流关系（n）的相对重要性。一般来说，物流与非物流之间的比重应在 1∶3～3∶1，当比值大于 3∶1 时，说明物流关系占主导地位，只需考虑物流相互关系的影响；当比值小于 1∶3 时，说明物流影响非常小，只需要考虑非物流的相互关系。实际工作中，根据物流与非物流相互关系的相对重要性取 m∶n=3∶1，2∶1，1∶1，1∶2，1∶3。

3）确定综合关系级别。当作业单元数目为 N 时，总的作业单元对数可用下式计算：$P=N(N-1)/2$，然后计算量化的所有作业单元之间综合相互关系。设任意两个作业单元分别为 A_i 和 $A_j(i \neq j)$，其量化的物流相互关系等级为 MR_{ij}，量化的非物流的相互关系密切程度等级为 NR_{ij}，则作业单元 A_i 与 A_j 之间综合相互关系密切程度数量值 $\mathrm{TR}_{ij}=m\times \mathrm{MR}_{ij}+n\times \mathrm{NR}_{ij}$，将两种关系的值分别乘以各自的比值，然后相加得出综合关系级值，确定综合关系级别。

4）综合相互关系的等级划分。综合计算得出的是量值，需经过等级划分，才能建立出与物流相关表相似的符号化的作业单元综合相互关系表。综合相互关系的等级划分为 A、E、I、O、U、X6 个等级，划分等级的比例如表 6-5 所示。

表 6-5 作业单元综合相互关系表

符 号	含 义	所占比例（%）	线 型
A	绝对重要	2 ~ 5	4 条平行线
E	特别重要	3 ~ 10	3 条平行线
I	重要	5 ~ 15	2 条平行线
O	一般	10 ~ 25	1 条直线
U	不重要	45 ~ 80	无
X	禁止	待定	虚线

将物流与非物流相互关系进行合并时，任何一次物流相互关系与 X 级非物流相互关系等级合并时不应超过 O 级。对于某些极不希望靠近的作业单元之间的相互关系可以定位 XX 级，即绝对不能相互接近。

6．作业单元位置和空间关系图确定

在布置设计确定位置时，首先根据综合相互关系图中级别高低按顺序先后确定不同级别作业单元的位置，关系级别高的作业单元之间距离近，关系级别低的作业单元之间距离远，而同一级别的作业单元按综合接近程度的分值高低顺序来进行布置。作业单元综合接近程度分值高的应处于中间位置，分值低的处于边缘位置。

根据 SLP 思想，按照综合相互关系级别高低确定不同级别作业单元的位置，并用线型图“试错法”生成空间关系图。在绘制线型关系图时，首先将 A、E 级关系的作业单元放进布置图中，同级别的关系用相同长度的线段表示。经过调整，使 E 级关系的线段长度约为 A 级关系的 2 倍。随后，按同样的规则布置 I 级关系。若作业单元比较多，线段比较混乱，则可不必画出 O 级关系，但 X 级关系必须表示出来。调整各作业单元的位置，以满足关系的亲疏程度。根据作业单元相互关系图的关系等级可生成初步线型关系图，如图 6-5 所示。

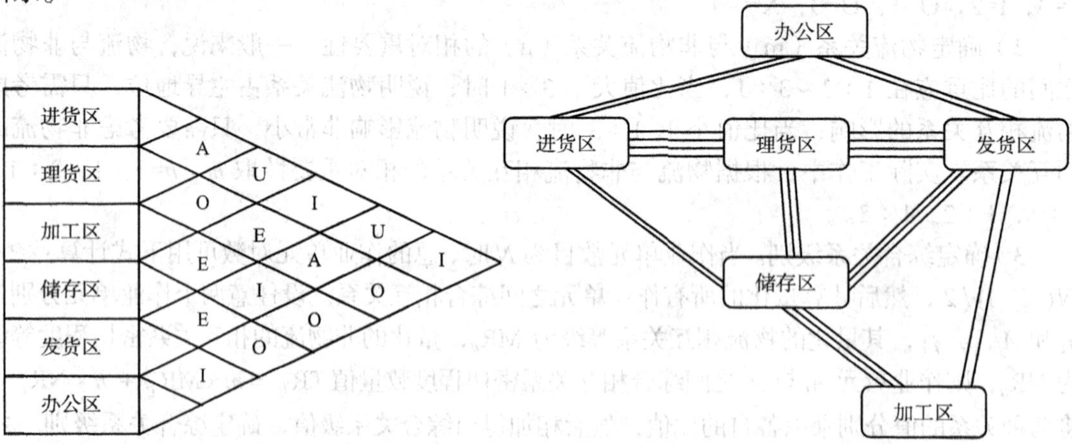

图 6-5 线型关系图

而作业单元空间形状的确定是和配送中心的平面形状和建筑空间几何形状结合起来

的。各作业单元的占地面积由设备占地面积、物流模式、人员活动场地等因素所决定。将各个作业单元的面积加入到布置图中，生成空间关系图。

除了采用线型关系图来生成空间关系图外，常用的空间布置方法还有图形构建法、动线布置法、计算机辅助设计法等。

SLP 中直接生成的空间关系图只能代表理想情况下的布置方案，在实际规划中，还需要考虑场址条件和周围情况、建筑特征、容积率、绿地与环境保护空间的比例及限制、人员需要、搬运方法、资金等实际限制条件，以及各种修改意见，通过调整修正得到多个可行的布置方案。

7. 方案评价与选择

对调整修正得到多个可行的布置方案进行综合评价，在综合评价的基础上，最后选择一个最优的布置方案。

6.3　配送中心作业区设计

在对配送中心各区域的功能分析和布置设计完成后，进而需要做的工作就是各作业区的设计。由于各区域的作业性质不同，要求的作业空间标准也不相同。在进行区域的面积设计时，除了计算设备设施的基本使用面积外，还要计算操作活动、物料暂存空间和通道面积，同时，又要结合配送中心的实际和未来发展，对预留空间问题有所考虑。

6.3.1　通道设计

1. 考虑因素

通道的正确布置和宽度设计将直接影响物流效率。在规划布置通道时，一般首先设计通道位置和宽度。影响通道布置和宽度设计的因素有通道形式，搬运设备的型号、尺寸、能力和旋转半径，储存货物尺寸，储存批量尺寸，储存区到进出口及装卸区的距离，防火墙位置，行列空间，服务区到设备的位置，地板负载能力，电梯、斜道位置及出入方便性等。

2. 通道分类

配送中心的通道分为区间通道和库内通道两种。区间通道主要通行车辆和人员，要注意车辆回转和上下货位置，而库内通道包括以下几种。

（1）工作通道。工作通道是物流仓储作业和出入库房作业的通道，其中有主要通道与辅助通道两种。主要通道是连接库房进出口和各作业区的通道，道路最宽；辅助通道时连接主要通道和各作业区的通道，一般是平行或垂直于主通道。

（2）员工通道。员工进出特殊区的人行道。

（3）电梯通道。出入电梯的通道，一般距主通道 3～4.5 米。

（4）其他通道。其他通道指公共设施、防火设备或紧急逃生所需要的进出道路。

3. 通道设计内容

就一般配送中心的作业特性而言，采用穿过通道式，即主要通道穿过库房中央，这样可以有效地利用空间。对于不同的储区，因其作业性质不同，其通道设计也采取外绕式等不同形式。

进行通道设计的顺序是：首先设计主要通道和出入库门的位置，然后设计作业区间的辅助通道，最后设计其他通道。

通道宽度设计根据不同作业区域、人员或车辆行走速度、单位时间通行人数、搬运物品体积等因素而定，表 6-6 所示为库房通道宽度参考值。

表 6-6　库房通道宽度参考值

通道种类或用途	宽度（米）	通道种类或用途	宽度（米）
穿过式主通道	3.5 ~ 6	侧面货叉型叉车	1.7 ~ 2
辅助通道	3	堆垛机（直线单行）	1.5 ~ 2
人行通道	0.75 ~ 1	堆垛机（直角转弯）	2 ~ 2.5
小型台车	车加宽 0.5 ~ 0.7	堆垛机（直角堆叠）	3.5 ~ 4
手动叉车	1.5 ~ 2.5	堆垛机（伸臂、跨立、转柱）	2 ~ 3
重型平衡叉车	3.5 ~ 4		
伸长货叉叉车	2.5 ~ 3	堆垛机（转叉窄道）	1.6 ~ 2

6.3.2　进出货区设计

1．进出货平台的宽度设计

进货时的物品一般要经过拆装、理货、检查与暂存等工序，才能进入后续作业。为此，在进出货平台上应留有一定的空间作为缓冲区。为了保证装卸货的顺利进行，进出货平台需要有连接设备相配合。而连接设备分为两种，一种为活动连接设备，需要宽度 s 为 1 ~ 2.5 米；另一种为固定连接设备，需要宽度 s 为 1.5 ~ 3.5 米，为使车辆及人员进出畅通，在暂存区与连接设备之间应有出入通道。图 6-6 为暂存区、连接设备和出入通道的布置形式及宽度设计。

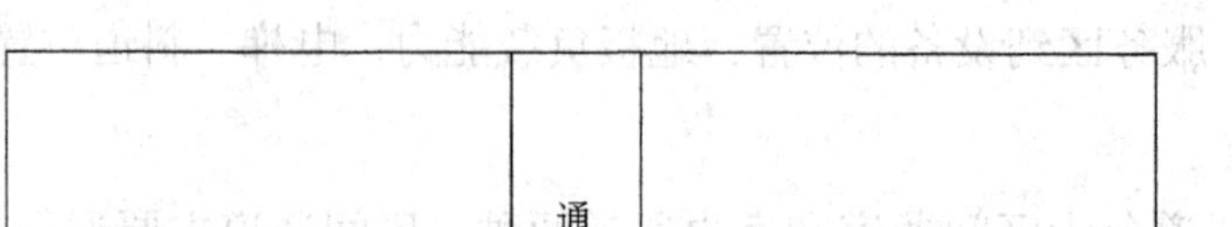

图 6-6　暂存区、连接设备和出入通道的布置形式及宽度设计

若使用人力搬运，通道宽度为 r，则进出货平台宽度 w 应为：

$$w = s + r \tag{6-1}$$

2．进出货平台配置形式设计

进出货平台配置形式设计可根据作业性质、库房形式及仓库内物流动线来决定平台的配置形式。为使物品顺畅地进出仓库，进货平台与发货平台的相对位置是很重要的，两者位置将直接影响进出货效率。进出货平台的位置如表 6-7 所示。

表 6-7　进出货平台的位置

序号	进出货平台的位置	进出货平台配合外联道路的物流动线形式
1	进出货共用同一平台	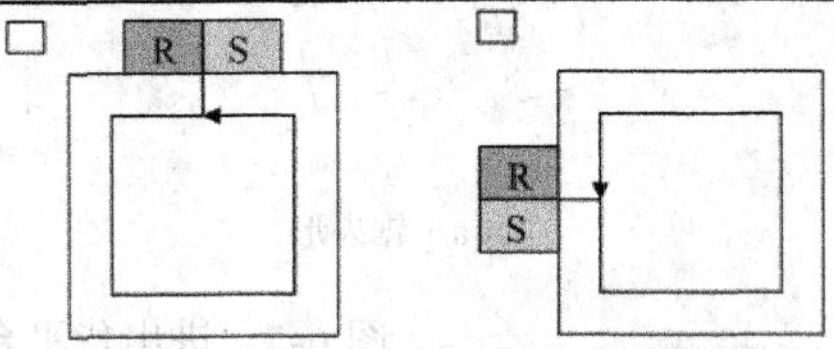
2	进出货平台相邻于库房的同侧，但不共用	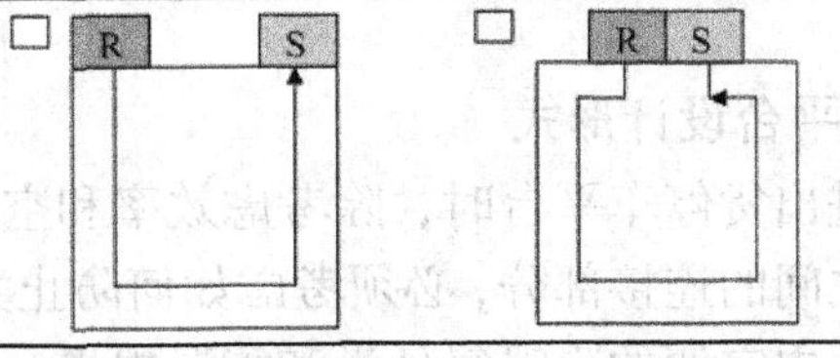
3	进出货平台位于库房两相邻边	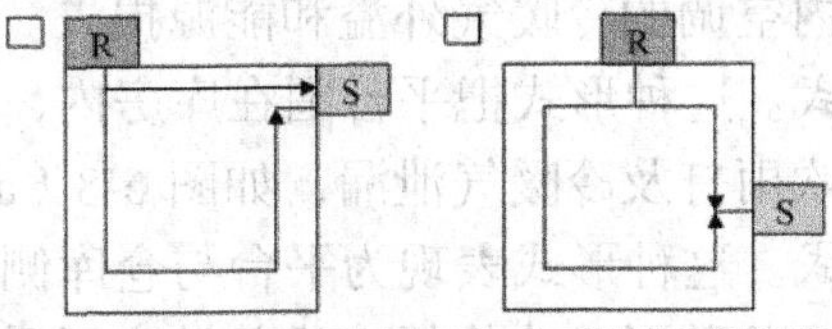
4	进出货平台位于库房的两侧	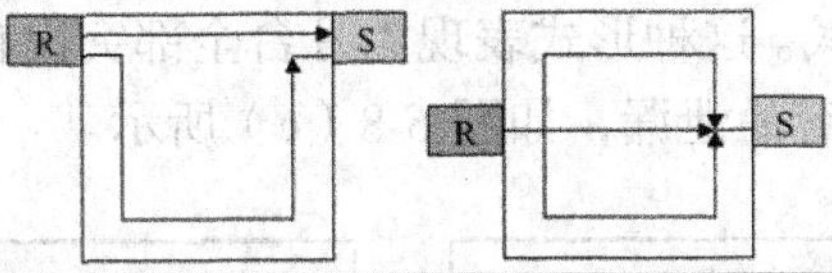

R 表示库房进货平台位置；S 表示库房出货平台位置；→ 表示库房内物流动线方向

（1）进出货共同平台。这种形式可提高空间和设备利用率，但管理困难。特别是进出货高峰时间，容易造成进货与出货相互影响的不良效果。这种形式适合进出货时间错开的仓库。

（2）进出货分开使用平台但两者相邻。这种形式使进出货空间分开，不会使进出货互相影响，但空间利用率低。这种设计适合库房空间较大、进出货容易相互影响的仓库。

（3）进出货分别使用平台且两者不相邻。这是进出货作业完全独立的两个平台，不但空间分开而且设备利用率低，这种设计适合库房空间不足的情况。

（4）多个进出货平台。这种形式适用于进出货频繁且空间足够的仓库。

3．进出货平台的设计形式

平台形式有锯齿形和直线形两种。锯齿形的优点在于车辆旋转纵深较浅，但缺点是占用仓库内部空间较大，如图 6-7（a）所示。直线形的优点在于占用仓库内部空间小，缺点是车辆旋转纵深较大，且需要较大外部空间，如图 6-7（b）所示。究竟选用哪种形式的平台，可根据土地和建筑物的价格而定。如果土地费用远低于仓库造价时，选取直线形为最佳。

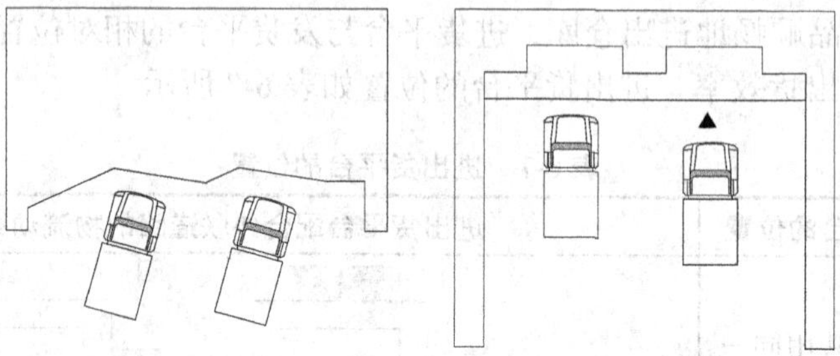

（a）锯齿形　　（b）直线形

图 6-7　进出货平台设计形式

4．停车平台设计形式

在设计进出货停车平台时，除考虑效率和空间之外，还应考虑安全问题。尤其是设计车辆和平台之间的连接部分，必须考虑如何防止大风吹入仓库内部和雨水进入仓库。此外，还应该避免库内空调的冷暖气外溢和能源损失。为此，停车平台设计有以下三种形式。

（1）内围式。这种形式把平台围在库房内，进出车辆可直接入场装卸货。其优点在于安全，不怕风吹雨打及冷暖气泄漏，如图 6-8（a）所示。

（2）齐平式。这种形式表现为平台与仓库侧边齐平。优点是整个月台仍在仓库内，可避免能源浪费。此种形式造价低，目前被广泛采用，如图 6-8（b）所示。

（3）开放式。这种形式表现为月台全部突出在库房之外，月台上的货物完全没有遮掩，仓库内冷暖气容易泄漏，如图 6-8（c）所示。

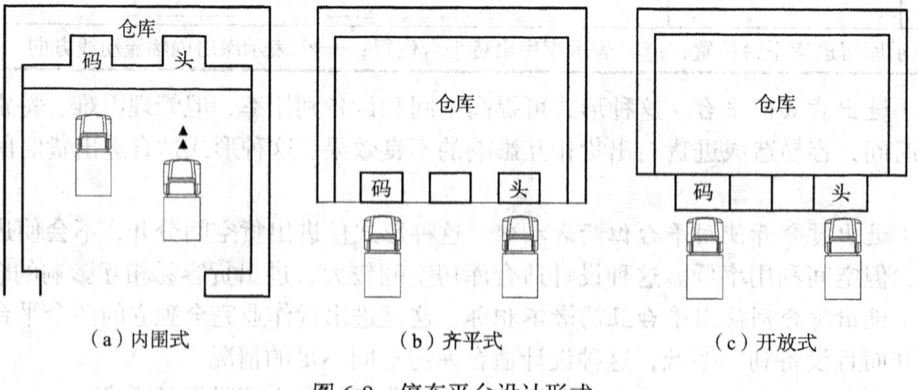

（a）内围式　　（b）齐平式　　（c）开放式

图 6-8　停车平台设计形式

6.3.3　仓储区作业空间设计

仓储区作业空间设计的原则，第一是适应储存的作业流程，使物流方向合理、搬运距离最短、作业次数最少、仓库利用率高、运输畅通、便于保管；第二是有利于提高仓库经济效益，因地制宜，减少土方工程量，平面布置与竖向布置相适应，发挥设备效能，合理利用空间；第三是符合安全、卫生要求，有一定的防火通道，设有防火与防盗设施，符合卫生要求，考虑通风、照明和绿化情况。

在设计仓储区空间时，应考虑如下因素：货品尺寸、数量、托盘尺寸和货架空间，设备型号、尺寸、能力和旋转半径，走廊宽度和位置，柱间距离、建筑尺寸与形式，进出货及搬运位置，补货或服务设施的位置（防火墙、灭火器、排水口等）。总之，不论仓储区如何布置，应先求出存货所占空间大小、货品尺寸及数量、堆放方式、托盘尺寸和货架储位空间。

1. 托盘平置堆放

当大量发货时，把托盘放在地板上平置堆放为宜，如图 6-9 所示。此时应考虑托盘数量、尺寸和通道。设托盘尺寸 $p \times p$，通过货品尺寸和托盘尺寸计算每个托盘平均可堆放 N 箱货品。若平均存货量为 Q，则托盘占地面积 D 为：

$$D = \frac{Q}{N}(p \times p) \tag{6-2}$$

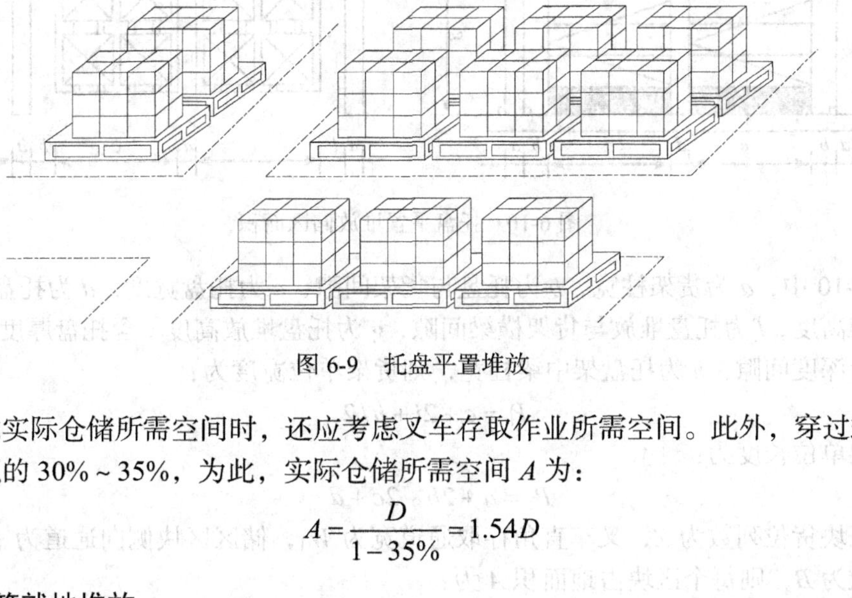

图 6-9　托盘平置堆放

在考虑实际仓储所需空间时，还应考虑叉车存取作业所需空间。此外，穿过式通道约占全部面积的 30%～35%，为此，实际仓储所需空间 A 为：

$$A = \frac{D}{1-35\%} = 1.54D \tag{6-3}$$

2. 料筐就地堆放

设料筐尺寸为 $p \times p$，由货品尺寸和料框尺寸算出每个托盘平均可堆放 N 箱货品，料筐在仓储中可堆放 L 层，平均存货量 Q，则料筐占地面积 D 为：

$$D = \frac{Q}{L \times N}(p \times p) \tag{6-4}$$

当计算实际仓储所需空间时，还要考虑高层叉车存取作业所需空间，采用一般的中枢形通道，则通道约占全部面积的 35%～40%，所以实际仓储所需面积 A 为：

$$A = \frac{D}{1-40\%} = 1.67D \tag{6-5}$$

3．托盘货架储存

当使用托盘货架储存物品时，计算存货占地面积，除了考虑货品尺寸和数量、托盘尺寸、货架形式和层数之外，还要考虑相应通道空间。设货架为 L 层，每个托盘可堆放 N 箱货物，平均存货量为 Q，则存货需要的占地托盘数 P 为：

$$P=\frac{Q}{L\times N} \tag{6-6}$$

由于货架具有区块特性，即每个区块由两排货架和通道组成。实际仓储区空间包括存取通道和仓库区块空间（由托盘占地空间换算）。在计算货架的货位空间时，应以一个货位为计算基础。一般一个货位可存放两个托盘或一个托盘，现在以存放两个托盘为例加以说明。图 6-10 为托盘平置堆放储区面积。

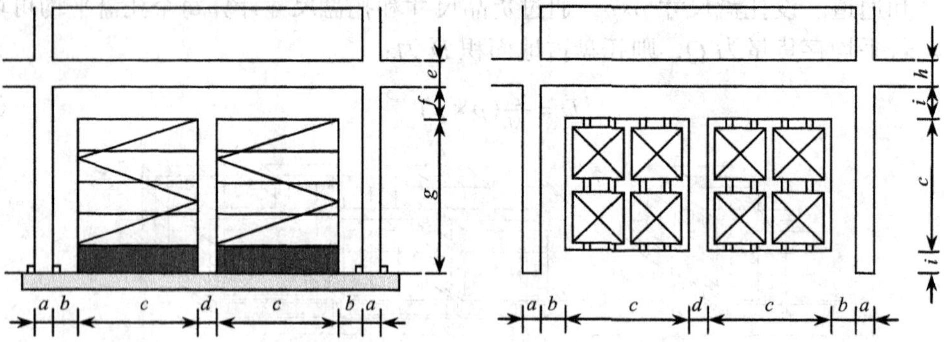

图 6-10　托盘平置堆放储区面积

图 6-10 中，a 为货架柱宽，b 为托盘与货架间隙，c 为托盘宽度，d 为托盘间隙，e 为托盘梁架高度，f 为托盘堆放与货架横梁间隙，g 为托盘堆放高度（含托盘厚度），i 为托盘堆放前后深度间隙，h 为托盘架中梁柱宽，则货架单位宽度为：

$$P_1=c+2i+h/2 \tag{6-7}$$

货架单位长度为：

$$P_2=a+2b+2c+d \tag{6-8}$$

设区块货位列数为 Z，叉车直角存取通道宽为 W_1，储区区块侧向通道为 W_2，仓储区的区块数为 B，则每个区块占地面积 A 为：

$$A=(2P_1+W_1)\times(ZP_2+W_2) \tag{6-9}$$

$$B=\frac{P}{2\times 2Z} \tag{6-10}$$

当求得仓储区区块数 B 和每区块面积 A 之后，则可求出仓储区全部面积 S：

$$S=A\times B \tag{6-11}$$

每个区块内货格所占面积为 $2Z\times P_1\times P_2$。

6.3.4　拣货区作业形式设计

拣货作业是配送中心内最主要的工作之一。如能选择最佳拣货方式，必将提高如下整个配送中心的效率，这也是拣货区空间设计的关键所在。常见的拣货方式有如下 5 种。

1．储存和拣货区共用托盘货架的拣货方式

体积大、发货量也大的货物适合这种方式。一般是托盘货架第一层（地面层）为拣货区，第二层和第二层以上为库存区。当拣货结束后再由拣货区向库存区补货。

在空间计算时，首先考虑拣货区的货物品项总数，因为品项数的多少将影响地面上的托盘空间。实际空间多少取决于品项总数和库存量所需的托盘数。为此，库存空间应适当放大，一般放大 1.3 倍为宜。

因为实际库存单位为托盘单位，所以，不足一个托盘的品项仍按一个托盘来计算。设平均库存量为 Q，平均每个托盘堆放货品箱数为 N，堆放层数为 L，库存空间放大倍数为 1.3，则存货区每层托盘数 P 为：

$$P = 1.3 \times \frac{Q}{N \times (L-1)} \tag{6-12}$$

设拣货品项数为 I，则拣货区所需托盘数为 max（I，P）。

2．储存和拣货区共用的零星拣货方式

（1）流动货架拣货方式。这种方式适用于进出货量较小、体积不大或外形不规则货物的拣货工作。因为进货、保管、拣货、发货都是单向物流动线，可配合出入库的输送机作业。让流动货架来实现储存和拣货的动态管理功能，可以达到先入先出的管理效果。在进货区把货物直接由货车卸到入库输送机上，入库输送机自动把货物送到储存和拣货区，这种方式的拣货效率较高。拣取完的货物立即被置于出库输送机上，自动把货物送到发货区。

拣取单位可分为箱货拣和单品货拣两种形式。拣货方式可配合加贴条码标签作业进行输送带的分类作业。单品拣货还可以进行拆卸作业，并可利用储运箱为拣货用户的装载单位进行集货，再通过输送带分送给发货区，当然储运箱应具有如条码、发货单卡等识别功能。

流动货架的优点在于：仅在拣货区通路上行走便可方便拣货，使用出库输送机提高效率，出入库输送机分开可同时进行出入库作业。图 6-11 所示为单列流动货架拣货方式。

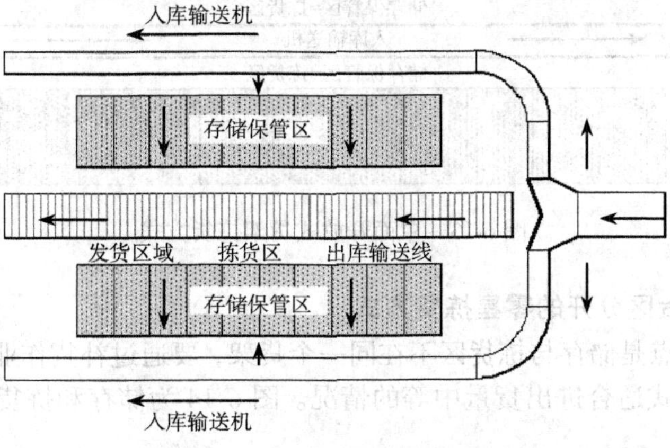

图 6-11　单列流动货架拣货方式

对于规模较大的配送中心可采用多列流动货架进行平行作业，然后，再用合流输送机将各线拣选货物集中。如图 6-12 所示为多列流动货架拣货方式。

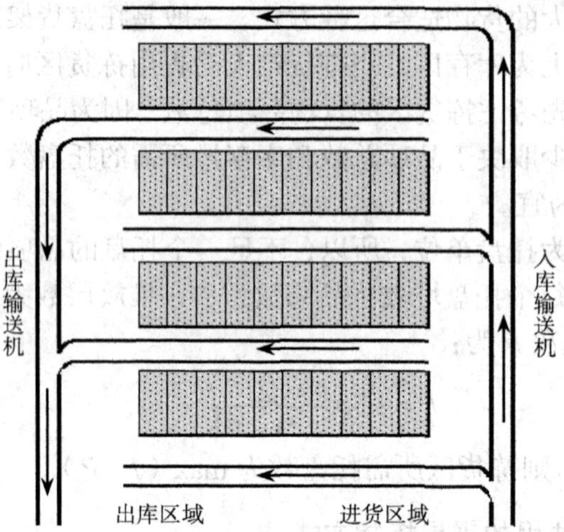

图 6-12　多列流动货架的拣货方式

（2）*单面开放式货架拣货方式*。单面开放式货架进行拣货作业，入库和出库是在同一侧。因此，可共用一条入库输送机来进行补货和拣货作业。虽然节省空间，但必须注意入库和出库的时间必须错开，以免造成作业混乱。如图 6-13 所示为单面开放式货架的拣货方式。

（3）*积层式货架拣货方式*。采取积层式货架拣货方式拣货作业时，拣取位置不宜超过 1.8m，否则操作困难。如利用有限空间进行大量拣货作业，可用积层式货架拣货。下层为大型重货架，为箱拣取；上层为小型轻物品，用于单品拣取，这样可充分利用仓储空间。

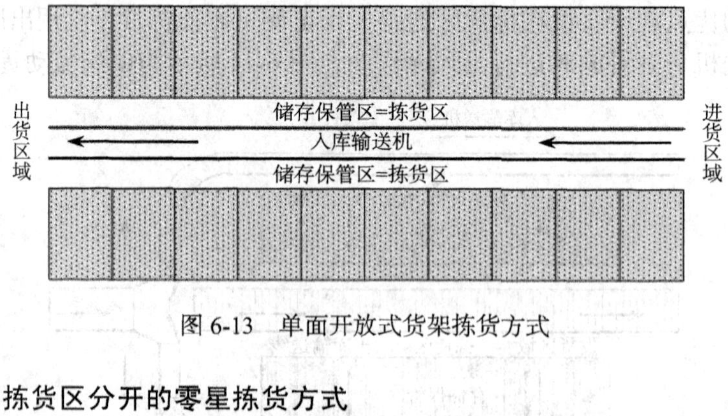

图 6-13　单面开放式货架拣货方式

3．储存与拣货区分开的零星拣货方式

这种方式的特点是储存与拣货区不在同一个货架，要通过补货作业把货品由库存区送到拣货区，此种方式适合进出货量中等的情况。图 6-14 为储存和拣货区分开的零星拣货方式。

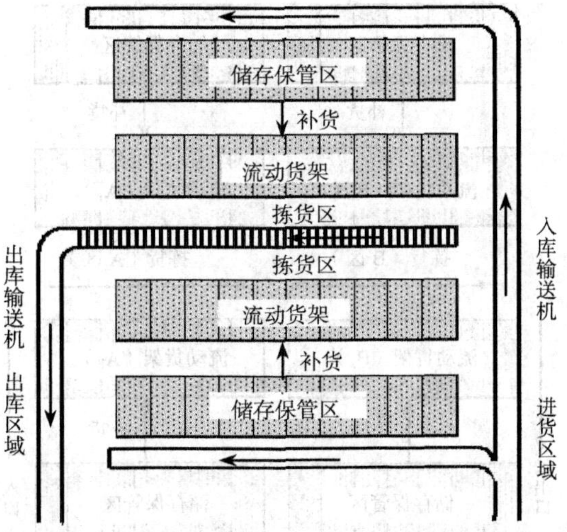

图 6-14　储存与拣货区分开的零星拣货方式

如果作业是多品种、小批量的单品发货方式，则可在拣货区的出库输送机两侧增设无动力拣货输送机，如图 6-15 所示。这种方式的优点是拣货员拣取货物是利用输送机，一边推着空储运箱一边按拣货单依箭头方向在流动货架前边走边拣货。当拣货完毕便把储运箱移到动力运输机上。这种方式工作方便、效率较高。

4．分段拣货的补货方式

当拣货区内拣货品项过多时，使流动货架的拣货路线很长，则可考虑接力棒式的分段拣货方式。如果订单品项分布都落在同一分区中，则可跳过其他分区，缩短拣货行走距离、避免绕行整个拣货区。如图 6-16 为分段拣货补货方式。

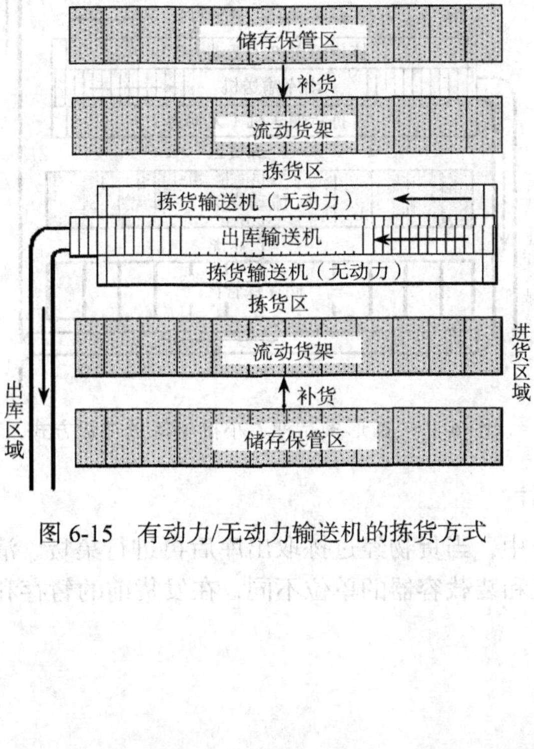

图 6-15　有动力/无动力输送机的拣货方式

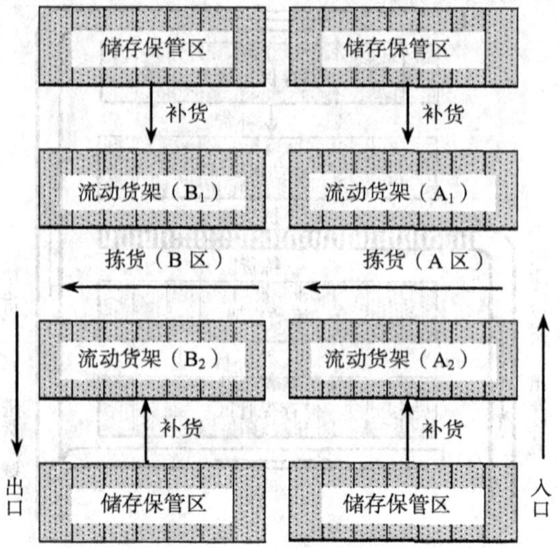

图 6-16 分段拣货补货方式

5. U 形多品种、小批量拣货补货方式

为减少拣货人员要兼顾输送机两侧货架的拣取作业时，可采用 U 形拣货路径和输送机方式。如图 6-17 为 U 形多品种、小批量拣货补货方式。

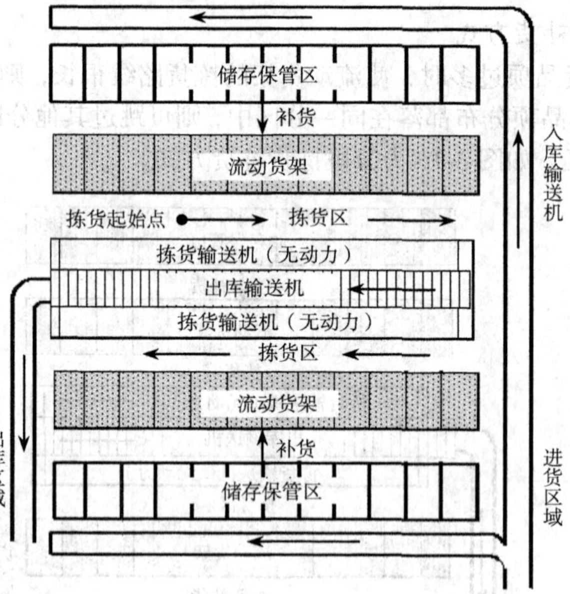

图 6-17 U 形多品种、小批量拣货补货方式

6.3.5 集货区的设计

在配送中心的作业中，当货物经过拣取出库后再进行集货、清点、检查和准备装车等作业时，由于拣货方式和装载容器的单位不同，在发货前的暂存和准备工作需要有一定的

集货空间。各种集货作业的拣货类型如下。

1．单一订单拣取

以单一订单用户为单元，拣取后的发货单位可能是储运箱、笼车、台车或托盘。集货区以此为单位设计暂存区以待发货。

2．订单分区拣取

以单一订单用户为主，根据拣货单把储存区分成几个区，拣取之后的发货单元可能同时包括储运箱、笼车或托盘等组合。为此，可能有另外的装拼、组合或贴标、注记等工作。这样有利于装车送货员识别不同用户的货物。这种方式要求较大的集货空间，在设计时可分为主要用户和次要用户的集货区。

3．订单批量拣取

这是多张订单批量拣取的服务方式。这种方式在拣取后需要分类作业。为此需要有分类输送设备或人工分类的作业空间。

（1）分类输送设备。当发货量大、品项包装或装载类型相似时，可采用分类输送设备。按批量拣取的货物再按用户分类后，组成发货单元，发货单元可能是以单品为主，也可能是以箱为主。最后在合并点把发货单元装在储运笼车或托盘等负载装置上。这种集货区空间设计与单一订单拣取方式相同。

（2）人工分类。人工分类适合发货的用户少，且货品种类及物性变化较大的物物。拣取货物以单品为主，经过批量拣取后再进行人工分类，并按车次在发货暂存区进行合并，为此，需要有行走通道和发货平台前的暂存空间。

集货区货位设计一般以发往地区为货区单位进行堆放，同时考虑发货装载顺序和动线畅通性，在空间条件允许的情况下以单排为宜。否则，可能造成装车时在集货区查找货物比较困难，以至于影响搬运工作，降低装载作业效率。

另外，在规划集货区空间时，还要考虑每天平均发货订单、发货车次和出车路线，以及每天拣货和出车工作时序安排等因素。例如，有的工作是一天发货两次或夜间发货，拣货时段则在白天上班时间完成，在不同发车时序要求下需要集货空间配合工作，方便车辆到达配送中心立即可进行货物清点和装载作业，减少车辆等待时间。

有时也可以把集货区和发货暂存区放在一起，但发货暂存区的空间常用来装载工具。如果拣取出的货物需要等待较长时间才能装车，则有必要把发货平台和发货暂存区分开。

6.4　配送中心物流设备的选型

6.4.1　进货系统

在进货作业时，首先考虑货态要素；其次要考虑货物的体积，以便决定接受货物的方式和设备，即所进货物是否是托盘品、箱单位（货车散装品）、袋装品和简易包装品；再次要考虑接进货物后的工作，如暂时存放、托盘化、分类化（按品种分类或按出货方面分类）。根据这些作业性质，决定使用的设备有叉车、输送机（托盘输送机、箱用输送机）、垂直搬运机、手推车和自动导引车等。

1．托盘品

对于进货量大、物品大的情况，选用设备为叉车，进货后的作业为暂存、直接堆放或存入托盘货架；也可选用叉车与自动导引车，其进货后的作业为暂存或存入自动仓库。

对于进货量大、物品小的情况，选用设备为叉车与自动导引车，其进货后的作业为暂存、直接堆放或自动仓库。

2．箱装品

对于进货量大、物品大的情况，选用设备为叉车，其进货后的作业为暂存、直接堆放或存入货架；也可选用叉车与自动导引车，其进货后的作业为存入自动仓库。

对于进货量大、物品中的情况，选用设备为叉车与输送机，其进货后的作业为存入箱式货架。

对于进货量中、物品小的情况，选用设备为输送机，其进货后的作业为箱式货架或流动货架；也可选用叉车，其进货后的作业为存入流动托盘货架。

对于进货量小、物品大的情况，选用设备为手推台车，其进货后的作业为存入箱式货架。

对于进货量小、物品小的情况，选用设备为手推台车，其进货后的作业为存入箱式货架。

3．袋装品

对于进货量大、物品小的情况，选用设备为叉车与自动导引车，其收货后的作业为流动托盘货架，也可选用输送机、自动托盘与托盘输送机。

对于进货量大、物品中的情况，选用设备为托盘与叉车，其进货后的作业为存入托盘货架。

对于进货量小、物品中的情况，选用设备为叉车与手推搬送车，其进货后的作业为存入箱货架。

4．简易包装品

对于进货量大、物品小的情况，选用设备包装装箱、输送机与托盘，其进货后的作业为存入托盘货架。

6.4.2 储存系统

决定储存作业的主要因素是保管量、保管物品数、出库频率和货态，按货态整理成储存系统。结合储存需要及设备特性，一般储存形式如下：① 少品种、大批量采用地板堆积储存或自动仓库；② 多品种、小批量采用托盘货架储存；③ 大批量、不可堆积物采用驶入式货架；④ 大批量、小体积或小批量货物采用棚架或储物柜。

按储存形态不同可细分为如下 3 种。

1．托盘

对于频率高、件数多和范围较大的情况，其保管标准为单元型自动仓库。堆垛机台数与货位平衡是系统平衡的重点。

对于频率高、件数少的情况，其保管标准为：范围大，直接堆放；范围中，紧凑仓库；范围小，输送线暂存。

对于频度中、件数中和范围中的情况，其保管标准为单元型自动仓库与托盘货架。

对于频度低、范围大或中的情况，其保管标准为托盘货架。

对于频度低、件数少和范围小的情况，其保管标准为地面直接堆放。

2．箱保管

对于频度高、件数多和范围大的情况，其保管标准为流动箱货架与托盘管保管交替进行。

对于频度高、件数多和范围小的情况，其保管标准为箱货架。

对于频度高、件数少和范围大的情况，其保管标准为流动箱货架。

对于频度高、件数少和范围小的情况，其保管标准为输送线储存。

对于频度低、件数少和范围大的情况，其保管标准为流动箱货架。

对于频度较低、件数多和范围小的情况，其保管标准为箱货架。

3．袋装

大多被装入托盘保管，单体保管较少。

6.4.3　拣选与出库系统

对于出库、拣选作业可分为集合出库系统和单订单拣选系统。集合出库是在订货截止时把一天中存在计算机中的订单按每种商品汇总起来，按一批或分批方式出库，然后再进行分类作业。单订单拣选是按每个订单拣选出库。由于在一处只有一种或几种货物，所以这种方式又称为“传票出库或标签出库”法。图 6-18 为集合出库和单订单拣选的作业过程。

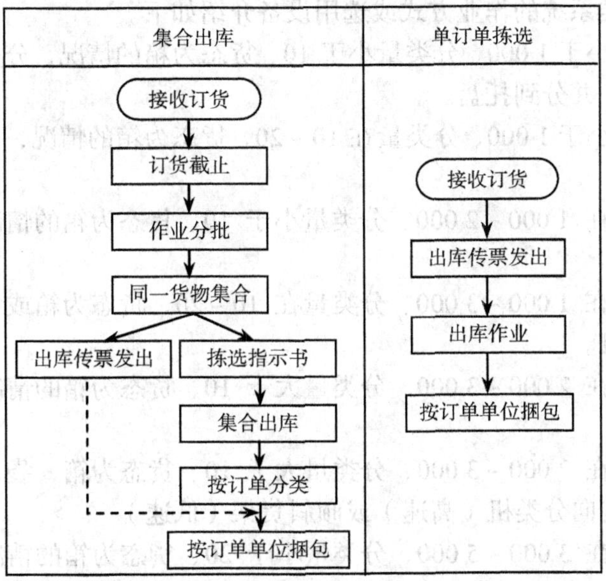

图 6-18　集合出库和单订单拣选的作业过程

采用单订单拣选还是集合出库拣选主要决定于实际需要的作业效率，即单位时间的处理订单数。当然还要考虑订单总数和处理货物数，一份订单的货物数，以及一份订单的货物量等因素。

订单拣取设备包括一般订单拣取设备和自动化订单拣取设备。一般而言，拣货区和库存区分区存放，再由库存区补货到拣货区；也有把拣货区和库存区规划在同一个区，但以分层方式处理。此时，在不同的拣货要求条件下，所需要的拣货区保管设备和拣货台车等搬运设备，因按各订单拣取和批量拣取而有差异，为此应加以分析后确定。

当拣货区和仓储区分区规划时，作业方式为由仓储区补货到拣货区，拣货量为中等水平，发货频率较高。这种情况适用于零散发货和拆箱拣货。

当拣货区和仓储区在同一区而分层规划时，作业方式为由上层仓储区补货到下层拣货区，其拣货量大，发货频率中等。这种情况适用于整箱发货。

当拣货区和仓储区在同一区时，没有另设仓储区，直接在储位上拣货，拣货量较小，发货频率较低。这种情况适用于少量的零星发货。

6.4.4 发货分类系统

影响发货分类系统的有单位时间的分类量、分类容量和货态等因素，通过对各因素进行综合分析后，来决定发货分类系统。

单位时间的分类量是用一天的发货数量除以实际工作时间。例如，一天发货数为20 000个，实际发货分类时间为7小时，则单位时间分类量为20 000个/7小时=2 857个/小时。

分类容量的大小决定于发货方面数、配送的用户数、发货种类和每天作业批数等。

因为货态有箱装物品、袋装物品、长尺寸物品和散装物品之分，所以分类方法与分类手段也不一样，这就要求分类系统省人化、省力化，占地面积小、分类精度高和效率高。

各种情况的分类系统的作业方式或选用设备介绍如下。

1）对于单分量小于1 000、分类量小于10、货态为箱的情况，分类系统作业方式为人工从输送机上卸下，并分到托盘。

2）对于单分量小于1 000、分类量在10～20、货态为箱的情况，分类系统选用简单辊子输送机。

3）对于单分量在1 000～2 000、分类量小于10、货态为箱的情况，分类系统选用简单辊子输送机。

4）对于单分量在1 000～3 000、分类量在10～20、货态为箱或袋的情况，分类系统选用输送带与转向机。

5）对于单分量在2 000～3 000、分类量大于10、货态为箱的情况，分类系统选用辊子输送机。

6）对于单分量在2 000～3 000、分类量大于10、货态为箱、袋、散货的情况，分类系统选用输送带与转向分类机（高速）或倾斜货架（低速）。

7）对于单分量在3 000～5 000、分类量小于20、货态为箱的情况，分类系统选用输送带（回旋上浮式高速型）；货态为箱、袋、散货时，分类系统选用倾斜货箱（标准型）与自动分类机。

8）对于单分量在 5 000 ~ 7 000、分类量大于 10、货态为箱的情况，分类系统选用倾斜货箱（高速型）与自动分类机。

9）对于单分量在 7 000 ~ 10 000、分类量大于 10、货态为箱的情况，分类系统选用高速输送带与自动分类机。

6.4.5　发货储存及发货系统

影响发货储存及发货系统的因素有储存货态、分类发货时间、发货时间偏差、发货储存量、发货的方面数及省人化效果。

发货储存及发货系统的作业方式与选用设备如下介绍。

1）对于储存量少（100 ~ 200 箱）、发货方面少（10 方面以下）、出库与发货时间一致时，选用箱输送机储存。

2）对于托盘发货（从输送机上用叉车或装载机将托盘装在卡车上）的情况，选用托盘输送机储存。

3）对于发货方面小于 20、发货储存量 500 ~ 600（不省人力）、发货与分类时间要求不高的情况，选用托盘直接堆放。

4）对于发货方面在 30 ~ 50、发货储存量小于 300（省人力）、发货与分类时间要求不高的情况，选用托盘货架。

5）对于发货储存量在 500 ~ 1 000、发货与分类时间偏差较大，并且用托盘储存发货时，选用自动仓库保管。

6）对于发货方面在 50 ~ 60、发货储存量由少到多、出库与发货时间偏差较多，并且用台车发货时，选用台车保管。

复习思考题

1．配送中心一般具备什么功能？有哪些作业区域？

2．配送中心内部设施规划与设计的主要内容有哪些？

3．配送中心内部设施规划与设计要考虑哪些主要因素？

4．简述 SLP 法的主要步骤。

5．某配送中心仓储区拟采用托盘货架存储，设货架为 3 层，每个托盘可堆放 4 箱货物，平均存货量为 2 880 箱，一个货位可存放两个托盘，区块货位列数为 10 排，货架单位宽度 1.5 米，货架单位长度 3 米，叉车直角存取通道宽 3 米，区块侧向通道 3 米，问该仓储区面积为多少才能满足存货需求？

6．集货区的拣货类型有哪些？

7．简述储存系统的物流设备设计和选用。

案例研究　基于 SLP 法的钢材配送中心规划与设计

1．设计规模及功能分区

进出钢材配送中心的对象主要包括建筑钢材、工业用材等。建筑钢材包括线材、螺纹钢等，工业用材包括薄板、中厚板、型材、棒材等。建筑钢材主要在钢材堆场储存，工业用材主要在钢材库区和钢材堆场储存。

拟建的钢材配送中心总吞吐量为 200 万吨/年，流动量为 100 万吨/年，钢材配送中心设计能力如表 6-8 所示。

表 6-8 钢材配送中心设计能力

类 别	钢 种	储存区域	流动量（万吨）
建筑钢材	线材	钢材堆场	49
	螺纹钢		14
	其他		7
	总计		70
工业用材	薄板	钢材库区	18
	中厚板	钢材堆场	1.5
	型材		7.5
	棒材		1.5
	其他		1.5
	总计		30
总量			100

根据客户需求和配送中心作业流程，该配送中心主要功能分区包括接货区、检验区、钢材库区、露天堆场、钢材加工区、发货区、管理交易区等。

2. 作业过程图和物流关系从至表

钢材出入中心流动量均为 100 万吨/年，按工作天数为 300 天计算，日出入库量为 3 333 吨/天。根据作业流程，得到钢材配送中心作业过程图，如图 6-19 所示，进而可得从至表，如表 6-9 所示。

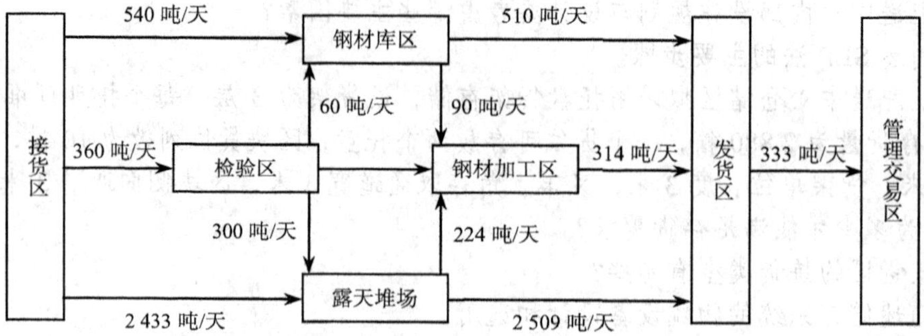

图 6-19 钢材配送中心物流作业过程

表 6-9　物流从至表　　单位：吨/天

区　域	接货区	检验区	钢材库区	露天堆场	钢材加工区	发货区	管理交易区
接货区		360	540	2 433			
检验区			60	300			
钢材库区					90	510	
露天堆场						2 509	
钢材加工区						314	
发货区							333
管理交易区							

根据从至表的分析统计结果，对各作业单元之间的物流强度进行等级划分，划分的结果如下：（1）A 级：露天堆场—发货区；（2）E 级：接货区—露天堆场；（3）I 级：接货区—钢材库区；（4）O 级：钢材库区—发货区；（5）U 级：检验区—钢材库区，检验区—露天堆场，钢材库区—钢材加工区，钢材加工区—发货区，发货区—管理交易区。绘出作业单元物流关系图，如图 6-20 所示。

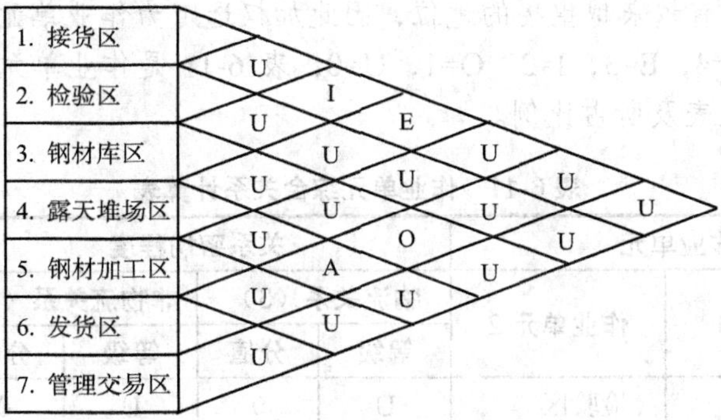

图 6-20　作业单元物流关系图

3. 非物流关系分析

设施布置规划还需要考虑作业单元之间的非物流关系，如表 6-10 所示，根据钢材配送中心的特点，作业单元之间关系密切程度的评定可以考虑几个方面的影响因素，得到图 6-21 所示的作业单元非物流关系图。

表 6-10　关系等级理由

编　　码	考虑的理由	编　　码	考虑的理由
1	作业流程的持续性	5	作业性质相似
2	物料搬运	6	安全卫生
3	管理方便	7	使用相同的设施
4	人员联系		

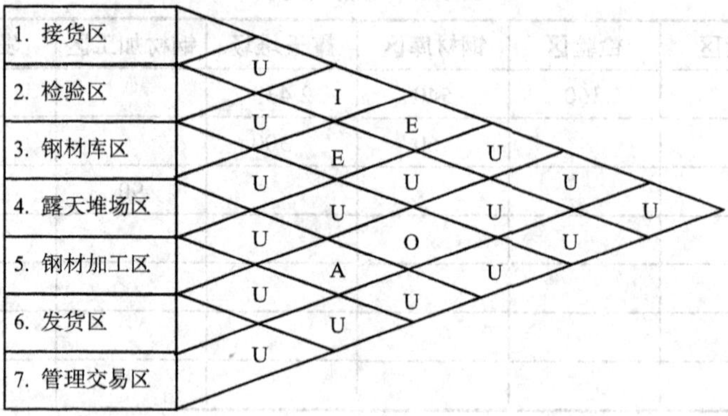

图 6-21　作业单元非物流关系图

4．综合关系分析

综合上述的物流作业单元关系图和非物流作业关系表，同时考虑物流与非物流对整个配送中心的影响力大小，以一定的加权来确定该配送中心的综合关系。考虑到在配送中心内，物流关系将会占有越来越重要的地位，因此加权选定为作业单元物流相互关系：非物流关系=3∶1，令 A=4，E=3，I=2，O=1，U=0，表 6-11 是作业单元综合关系计算表，表 6-12 为综合关系等级表及所占比例。

表 6-11　作业单元综合关系计算表

序号	作业单元		关系密切程度				综合关系	
	作业单元 1	作业单元 2	物流关系（3）		非物流关系（1）			
			等级	分值	等级	分值	分值	等级
1	接货区	检验区	U	0	U	0	0	U
2	接货区	钢材库区	I	2	I	2	8	I
3	接货区	露天堆场	E	3	E	3	12	E
4	接货区	钢材加工区	U	0	U	0	0	U
5	接货区	发货区	U	0	U	0	0	U
6	接货区	管理交易区	U	0	U	0	0	U
7	检验区	钢材库区	U	0	U	0	0	U
8	检验区	露天堆场	U	0	E	3	3	O
9	检验区	钢材加工区	U	0	U	0	0	U
10	检验区	发货区	U	0	U	0	0	U
11	检验区	管理交易区	U	0	U	0	0	U
12	钢材库区	露天堆场	U	0	U	0	0	U
13	钢材库区	钢材加工区	U	0	U	0	0	U
14	钢材库区	发货区	O	1	O	1	4	O

续表

序号	作业单元		关系密切程度				综合关系	
	作业单元 1	作业单元 2	物流关系（3）		非物流关系（1）			
			等级	分值	等级	分值	分值	等级
15	钢材库区	管理交易区	U	0	U	0	0	U
16	露天堆场	钢材加工区	U	0	U	0	0	U
17	露天堆场	发货区	A	4	A	4	16	A
18	露天堆场	管理交易区	U	0	U	0	0	U
19	钢材加工区	发货区	U	0	U	0	0	U
20	钢材加工区	管理交易区	U	0	U	0	0	U
21	发货区	管理交易区	U	0	U	0	0	U

表 6-12 综合关系等级表及所占比例

符号	含义	所占比例（%）
A	绝对重要	2～5
E	特别重要	3～10
I	重要	5～15
O	一般	10～25
U	不重要	45～80
X	禁止	

5．线型关系图

根据 SLP 思想，按照综合相互关系级别高低确定不同级别作业单元的位置，并用“试错法”生成线型图，如图 6-22 所示。

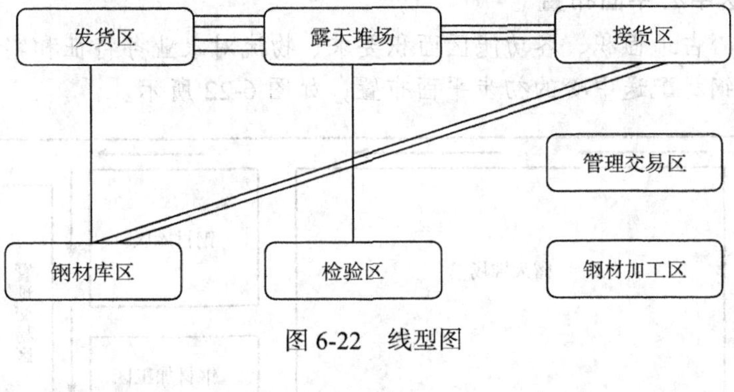

图 6-22 线型图

6．钢材配送中心面积确定

按照加权的计算方式，均按照额定堆放量计算，可得露天堆场的平均额定堆放量为：3 吨/平方米。

钢材配送中心对堆场储放要求是 4.91 万吨，假定库场的不平衡系数是 1.4，则配送中心对堆场的要求面积是(4.91×1.4)÷(3×10000)=22913 平方米。

钢材配送中心对钢材库区的储放要求是 2.5 万吨。平均额定值 5 吨/平方米计算，假定库场不平衡系数是 1.4，则钢材库区要求的面积是(2.5×1.4)÷(5×10000)=7000 平方米。

钢材加工区的加工量为 9.42 万吨/年，钢材加工区的主要功能是对钢材进行加工，各种钢材加工完毕后，有两种方式处理，一种是立即发货，另一种是把它放回钢材库区或露天堆场进行储存，故钢材加工区的面积在满足设备摆放及加工面积后，略有剩余即可，针对此配送中心，取 1 000 平方米就可充分地满足加工要求。

钢材出入库的量均为 100 万吨/年，按工作天数为 300 天计算，日出入库量为 3 333 吨/天，如果每天工作 8 小时，则出入量约为 420 吨/小时，假定出入库最高峰时的出库量为平均值的 5 倍，那么出入库的最高值为 210 吨/小时，钢材平均额定堆放量，平均额定堆放量为 3 吨/平方米，则接发货区均需 700 平方米，取不平衡系数为 1.4，那么得出接发货区面积为 1 000 平方米。

对于钢材配送中心来说，只有少量的钢材要进行检验，验货区面积取接货区的 10%即可，此处取验货区面积为 100 平方米。

对于管理交易区，其占地面积大小与钢材配送中心内入驻客户成正比，此配送中心内入住客户 150 户，按平均每户面积 6×4 平方米计算，管理交易区需要面积 3 600 平方米。

总结上面的计算可以得出各功能区面积如表 6-13 所示。

表 6-13 各功能区的面积

功能区	面积（平方米）	功能区	面积（平方米）
露天堆场	22 913	接货区	1 000
钢材库区	7 000	检验区	100
钢材加工区	1 000	管理交易区	3 600
发货区	1 000		

7. 钢材配送中心平面布置

结合配送中心占地面积、各功能区面积要求、物流对象业务特征和实际的建设情况等制约因素，完成钢材配送中心的初步平面布置，如图 6-22 所示。

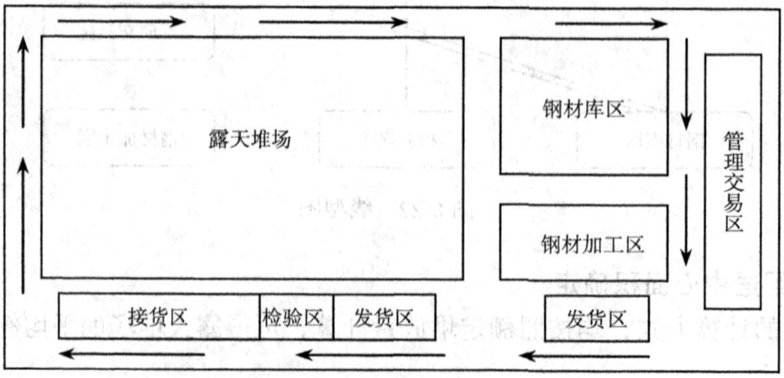

图 6-23 钢材配送中心平面布置

第7章

物流辅助作业系统规划与设计

【学习目标】了解装卸搬运的作业方式、包装的功能和种类，熟悉装卸搬运的作业组织工作，掌握装卸搬运的设备选型、流通加工与生产型加工的异同、常见产品的流通加工方法。

7.1 装卸搬运系统规划与设计

装卸搬运是指在同一地域范围内进行的，以改变物的存放状态和空间位置为主要内容和目的的活动，包括装上、卸下、移送、拣选、分类、堆垛、入库、出库等活动。装卸搬运在物流活动中起承上启下的联结作用。

装卸搬运与运输、仓储不同，运输是解决物品空间距离的，仓储是解决时间距离的，装卸搬运没有改变物品的时间或空间价值，因此，往往不会引起人们的重视。可是一旦忽略了装卸搬运，生产和流通领域轻则发生混乱，重则造成生产活动停顿。

7.1.1 装卸搬运概述

1．装卸搬运的定义

根据国家标准，装卸（Loading and Unloading）是指物品在指定地点以人力或机械装上运输设备或从运输设备上卸下的活动。搬运（Handling/Carrying）是指在同一场所内将物品进行水平移动为主的物流作业。

2．装卸搬运的特点

（1）装卸搬运是附属性、伴生性活动。装卸搬运是物流每项活动开始及结束时必然发生的活动，因而有时常被人忽略，有时被看做其他操作不可缺少的组成部分。

（2）装卸搬运是支持、保障性活动。装卸搬运的附属性不能理解成被动的，实际上，装卸搬运对其他物流活动有一定决定性，装卸搬运会影响其他物流活动的质量和速度。

（3）装卸搬运是衔接性的活动。在任何其他物流活动互相过渡时，都是以装卸搬运来衔接的，因而装卸搬运往往成为整个物流的“瓶颈”。

（4）装卸搬运是增加物流成本的活动。由于装卸搬运反复进行的次数多，累计成本的数量是不可忽视的。

3．装卸搬运的发展过程

（1）手工搬运。早期的物流（配送）中心由于包装形式和机械手段的缺乏，多数以手工搬运的形式进行车辆的装卸货物作业。

（2）机械化搬运。随着搬运设备技术的发展，物流（配送）中心开始采用机械设备代替人工搬运，从而节省了大量的人工。

（3）自动化搬运。计算机技术的发展为物流（配送）中心实现自动化装卸及搬运提供了可能，如自动化仓库或自动存取系统（AS/RS）、自动导引车（AGV）、RFID 及条形码、机器人等的使用，大大加快了物流中心的货品装卸速度。

（4）集成化搬运系统。物流（配送）中心装卸货、存储上架、拆垛补货、单件分拣的集成化物品搬运系统是通过计算机，使若干自动化搬运设备协调动作组成一个集成系统，并与生产系统相协调，取得更好的效益。

（5）智能型搬运系统。智能型搬运系统结合与物流（配送）中心相关联的信息来源，将计划自动分解成人员、物品需求计划并对物品搬运进行优化和实施，达到物流（配送）中心智能化管理的目的。

目前我国多数物流（配送）中心采用以人工搬运和机械化搬运相结合的手段。以信息化为前提的智能化和集成化是物流（配送）中心装卸搬运作业的发展方向。

4．决定装卸方法的条件

决定装卸方法的条件可以分为两大类：一类是由运输（配送）、保管、装卸三者相互关系决定的外部条件，一类是由装卸本身决定的内在条件。此外，在装卸作业组织工作中还要考虑货车装卸的一般条件。

（1）决定装卸方法的外在条件。

1）货物特征。货物经由包装、集装等形成的形态、质量、尺寸（如件装、集装、散装货物）等，对装卸作业方法的选择有至关重要的影响。

2）作业内容。装卸作业中的重点是堆码、装车、拆垛、分拣、配载、搬运等作业，其中以哪种作业为主或以哪几种作业组合为主，也影响装卸作业方法的选择。

3）运输设备。不同的运输设备，如汽车、轮船、火车、飞机等的装载与运输能力、装运设备尺寸都会影响装卸作业方法的选择。

4）运输、仓储设施。运输、仓储设施的配置情况、规模、尺寸大小影响作业场地、作业设备及作业方法的选择。

（2）决定装卸方法的内在条件。

1）货物状态。货物状态主要指货物在装卸前后的状态。

2）装卸动作。装卸动作指在货物装卸各项具体作业中的单个动作及组合。

3）装卸机械。装卸机械所能实现的动作方式、能力大小、状态尺寸、使用条件、配套工具及与其他机械的组合也成为影响装卸方法选择的因素。

4）作业组织。参加装卸作业的人员素质、工作负荷、时间要求、技能要求对装卸作业方法的选择也有重要的影响作用。

（3）货车装卸的一般条件。

1）零担货物装卸。零担货物装卸较多地使用人力和手推车、台车和输送机等作业工具，也可使用笼式托盘（托盘笼）、箱式托盘（托盘箱），以提高货车装卸、分拣及配货等作业的效率。

2）整车货物装卸。零担货物装卸较多采用托盘系列及叉车进行装卸作业。

3）专用货车装卸。专用货车装卸往往要适合不同货物的固定设施、装卸设备，以满足装卸时需要的特殊技术要求。

决定装卸作业方法的外部条件同时也是决定其内在条件的因素，内在条件受外部条件影响，所采取的货物状态、作业动作、装卸机械、工作环境和方式方法，成为决定装卸方法的直接因素。

7.1.2　现代装卸搬运的作业方式

1. 单件作业法

装卸一般单件货物，通常是逐件由人工或机械作业完成的，对于一些零散货物，诸如搬家货物等也常采用这种作业方法；长大笨重货物、不宜集装的危险货物等仍然采用单件作业法。

根据作业环境和工作条件，单件作业法可以采用人工作业法、机械化作业法、半机械化作业法和半自动化作业法。

2. 集装作业法

集装作业法是将货物集装化后再进行装卸作业的方法，包括托盘作业法、集装箱作业法、框架作业法、货捆作业法、滑板作业法、网袋作业法和挂车作业法等。

（1）托盘作业法。托盘作业法是用托盘系列集装工具将货物形成成组货物单元，便于采用叉车等设备实现装卸作业机械化的装卸作业方法。图 7-1 为常见的托盘。一些不宜采用平托盘的散件货物可采用笼式托盘形成成组货物单元。一些批量不很大的散装货物，如粮食、食糖、啤酒等可采用专用箱式托盘形成成组货物单元，再辅之以相应的装载机械、泵压设备等的配套，实现托盘作业法。图 7-2 为箱式托盘。

图 7-1　常见的托盘

图 7-2　箱式托盘

（2）集装箱作业法。集装箱的装卸作业通常采用垂直装卸法和水平装卸法进行，有的集装箱在货物堆场也可采用举升能力很大的集装箱叉车装卸。

1）垂直装卸法。垂直装卸法在港口可采用集装箱起重机，目前以跨运车应用最广，但龙门起重机方式最有发展前途。在车站以轨行式龙门起重机方式为主，配以叉车较为经济合理，轮胎龙门起重机、跨运车方式、动臂起重机方式、侧面装卸机方式也被较多采用。

2）水平装卸法。水平装卸法在港口是以挂车和叉车为主要装卸设备。在车站主要采用叉车或平移装卸机的方式，在车辆与挂车间或车辆与平移装卸机间进行换装。

3）集装箱装卸作业的配套设施。集装箱装卸作业的配套设施有维修、清洗、动力、照明、监控、计量、信息和管理设施等。在工业发达国家，集装箱堆场作业全自动化已付诸实施。

（3）框架作业法。框架通常采用木制或金属材料制作，要求有一定的刚度、韧性，质量较轻，以保护商品、方便装卸、有利运输作业。

适用范围主要是管件及各种易碎建材，如玻璃产品等，一般适用于各种不同集装框架实现装卸机械化。

（4）货捆作业法。货捆作业法是用捆装工具将散件货物组成一个货物单元，使其在物流过程中保持不变，从而能与其他机械设备配合，实现装卸作业机械化。

木材、建材、金属等货物最适宜采用货捆作业法，带有与各种货捆配套的专用吊具的门式起重机和悬臂式起重机是货捆作业法的主要装卸机械，叉车、侧叉车、跨车等是配套的搬运机械。

（5）滑板作业法。滑板是用纸板、纤维板、塑料板或金属板制成，与托盘尺寸一致的、带有翼板的平板，用以放货物组成的搬运单元。

与其匹配的装卸作业机械是带推拉器的叉车，如图 7-3 所示。叉货时推拉器的钳口夹住滑板的翼板（又称勾百或卷边）将货物支上货叉，卸货时先对好位，然后叉车后退、推拉器前推，货物放置就位。

滑板作业法虽具有托盘作业法的优点且占用作业场地少，但带推拉器的叉车较重、机动性较差，对货物包装与规格化的要求很高。

（6）网袋作业法。将粉粒状货物装入多种合成纤维和人造纤维编织成的集装袋，将各种袋装货物装入多种合成纤维或人造纤维编织成的网，将各种块状货物装入用钢丝绳编成的网，这种先集装再进行装卸作业的方法称为网袋作业法。集装袋如图 7-4 所示。

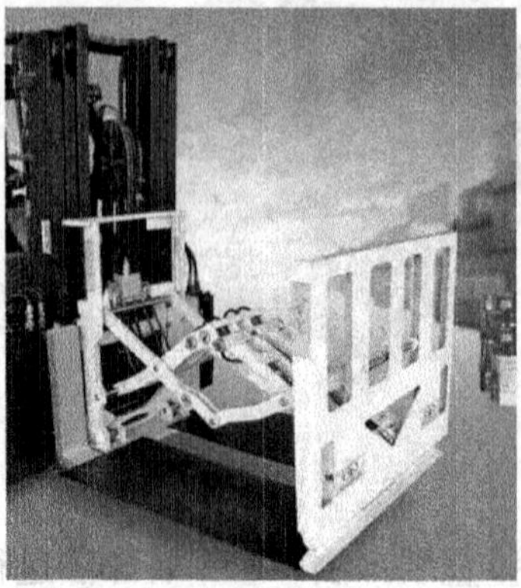

图 7-3 带推拉器的叉车

图 7-4 集装袋

网袋作业法适宜粉粒状货物、各种袋装货物、块状货物、粗杂物品的装卸作业。网袋集装工具体积小、自重轻，回送方便，可一次或多次使用。

（7）挂车作业法。挂车作业法是先将货物装到挂车里，然后将挂车拖上或吊到铁路平板车上的装卸作业方法。通常将此作业完成后形成的运输组织方式称背负式运输，是公铁联运常用的组织方式。

3．散装作业法

（1）重力法。重力法是利用货物的势能来完成装卸作业的方法，主要适用于铁路运输，汽车也可利用这种装卸作业法。重力法装车设备有筒仓、溜槽等，如图 7-5 所示。

（a）筒仓

（b）溜槽

图 7-5　重力装车设备

重力法卸车主要指底门开车或漏斗车在高架线或卸车坑道上自动开启车门，煤或矿石依靠重力自行流出的卸车方法。

（2）倾翻法。倾翻法是将运载工具的载货部分倾翻而将货物卸出的方法。倾翻法主要用于铁路敞车和自卸汽车的卸载方法，汽车一般是依靠液压机械装置顶起货厢实现卸载，如图 7-6 所示。

图 7-6　倾翻法

（3）机械法。机械法是采用各种机械，使其工作机构直接作用于货物，如通过舀、抓、铲等作业方式达到装卸目的的方法。常用的机械有带式输送机、堆取料机、装船机、链斗装车机、单斗和多斗装载机、挖掘机及各种抓斗等，如图 7-7 所示。

（a）带式输送机　（b）堆取料机

（c）装船机　（d）装载机

图 7-7　常用散货作业机械

在以上三种装卸作业法中，集装作业法和散装作业法都是随物流量增大而发展起来的，并与现代运输组织方式（如集装箱运输）、储存方式（如高层货架仓库）等相互联系，互为条件、互相促进、相互配合，加速了物流现代化进程。

7.1.3　装卸搬运的作业组织工作

1．装卸搬运作业的基本要求

（1）减少不必要的装卸搬运环节。从物流过程分析，装卸搬运作业环节不仅不增加货物的价值和使用价值，反而有可能增加货物破损的可能性和相应的物流成本。系统地分析研究物流过程各个装卸搬运作业环节的必要性，取消、合并装卸搬运作业和次数，避免进行重复的或可进行也可不进行的装卸搬运作业，是减少不必要装卸搬运环节的重要保证。

（2）提高装卸搬运作业的连续性。必须进行的装卸搬运作业应按流水作业原则运作，各工序间应密切衔接，必须进行的换装作业也应尽可能采用直接换装方式。

（3）相对集中装卸搬运地点。装卸搬运地点的相对集中，可以提高装卸搬运工作量，易于采用机械化作业方式。在货物堆场上，应将同类货物的作业集中在一起进行，以便采用装卸搬运作业的机械化、自动化作业。

（4）标准化装卸设备、设施、工艺等。为了促进物流各环节的协调，要求装卸作业各工艺阶段间的装备、设施、效率与组织管理工作相协调。装卸搬运作业的工艺、装备、设施、货物单元或包装、运载工具、集装工具、信息处理等作业的标准化、系列化、通用化，是装卸搬运作业实现机械化、自动化的基本前提。

（5）提高货物集装化或散装化作业水平。成件货物集装化、粉粒状货物散装化是提高作业效率的重要方向。所以，成件货物尽可能集装成托盘系列、集装箱、货捆、货架、网袋等货物单元再进行装卸搬运作业。各种粉粒状货物尽可能采用散装化作业，直接装入专用车、船、库。不宜大量化的粉粒状货物也可装入专用托盘箱、集装箱内，提高货物活化指数，便于采用机械设备进行装卸搬运作业。

（6）做好装卸搬运现场组织工作。装卸搬运现场的作业场地、进出口通道、作业线长度、人机配置等布局设计合理，能使现有的和潜在的装卸搬运能力充分发挥或发掘出来。避免由于组织管理工作不当造成装卸搬运现场拥挤、阻塞、紊乱现象，确保装卸搬运工作能够安全、顺利地进行。

2．装卸搬运合理化

（1）防止无效装卸。无效装卸的含义是消耗在有用货物必要装卸劳动之外的多余装卸劳动。具体反映在以下几个方面。

1）过多的装卸次数。从发生的费用来看，一次装卸的费用相当于几十公里的运输费用，因此，每增加一次装卸，费用就会有较大比例的增加。此外，装卸会大大阻缓整个物流的进程，也是降低物流速度的重要因素。采用集装方式进行多式联运，能够有效地避免对单件货物的反复装卸搬运处理，是防止无效装卸的成功办法。

2）过大的包装装卸。包装过大过重，在装卸时实际上反复在包装上消耗较大的劳动，这一消耗不是必要的，因而形成无效劳动。

3）无效物资的装卸。进入物流过程的货物，有时混杂着没有使用价值或对用户来讲使用价值不大的各种掺杂物，如煤炭中的矸石、矿石中的水分、石灰中的未烧熟石灰及过烧石灰等，在反复装卸时，实际对这些无效物质反复消耗劳动，因而形成无效装卸。

（2）进行少消耗的装卸。

1）利用重力的合理化装卸。在装卸时考虑重力因素，可以利用货物本身的重量，进行有一定落差的装卸，以减少或不消耗装卸的动力，这是合理化装卸的重要方式。例如，从卡车、铁路货车卸物时，利用卡车与地面之间的高度差，使用溜槽、溜板之类的简单工具，可以依靠货物本身重量，从高处自动滑到低处，这就无须消耗动力。

2）尽量消除或削弱重力的合理化装卸。在装卸时尽量消除或削弱重力的影响，也会获得减轻体力劳动及其他劳动消耗的合理性。使货物平移，从甲工具转移到乙工具上，就能有效消除重力影响，实现合理化。

（3）充分利用机械，实现“规模装卸”。追求规模效益的方法旨在通过各种机械，实现间断装卸时一次操作的最合理装卸量，从而使单位装卸成本降低，也通过散装实现连续装卸的规模效益。

（4）提高“物”的装卸搬运活性。装卸搬运活性是从物的静止状态转变为装卸搬运运动状态的难易程度。如果很容易转变为下一步的装卸搬运，而不需过多地做装卸搬运前的准备工作，则活性就高；如果难于转变为下一步的装卸搬运，则活性就低。

为了对活性有所区别，并能有计划地提出活性要求，使每步装卸搬运都能按一定活性要求进行操作，对于不同放置状态的货物做不同的活性规定。“活性指数”就是标定活性的一种方法，分为 0 ~ 4 共 5 个等级，如表 7-1 所示。

表 7-1 活性指数等级

放置状态	需要进行的作业				活性指数
	整 理	架 箱	提 起	拖 运	
散放地上	需要	需要	需要	需要	0
置于一般容器	0	需要	需要	需要	1
集装化	0	0	需要	需要	2
无动力车	0	0	0	需要	3
动力车辆或传送带	0	0	0	0	4

7.1.4 装卸搬运系统规划与设计的基本内容

具体来说，装卸搬运系统规划与设计是对搬运系统进行规划与设计时的方案制定，包括确定搬运路线系统、确定装卸搬运设备和确定运输装卸单元，最后用图表的形式表示出来。

1. 物料分类

物料是装卸搬运的对象，是选择搬运方法时最有影响的因素。如果需要装卸搬运的物料是单一的，那只需弄清这种物料的特性即可。如果是多种不同的物品，那必须按一定的规则对它们进行分类，使同一类的物料基本上用同一方式进行装卸搬运。

（1）分类的原则。物料分类是为了便于装卸搬运，因此，分类的原则是根据影响物料移动难易程度的各种特征和能否采用同一种装卸搬运方法的其他特征进行分类的。在实际应用时，往往按物料的实际最小单元（瓶、罐、盒等）或按最便于装卸搬运的单元（箱、捆等）进行分类。

（2）物料分类的基本方法。物料是固体、液体还是气体，物料是单件、包装件还是散装物料。

（3）物料的主要特征。

1）物理特征：① 尺寸，长、宽、高；② 重量，每运输单元重量或单位体积重量（密度）；③ 形状，扁平的、弯曲的、紧密的、可叠套的、不规则的等；④ 损伤的可能性，易碎、易爆、易污染、有毒、有腐蚀性等；⑤ 状态，不稳定、黏的、热的、湿的、脏的、配对的等。

2）其他特征：① 数量，较常用的数量或产量（总产量或批量）；② 时间性，经常性、紧迫性、季节性；③ 特殊控制，政府法规、工厂标准、操作规程。

物料的物理特征通常是影响物料分类最重要的因素，也就是说，物料通常是按其物理性质来划分的。数量也比较重要，装卸搬运大批量物料和小批量物料作业方法是不一样的。

2. 设施布置

设施布置和装卸搬运是分不开的。不同的布置，装卸搬运的起点和终点之间的距离是不一样的，而空间移动距离又是选择装卸搬运方法的主要因素。在根据现有的布置指定装卸搬运方案时，距离是已经确定的，然而有时为了装卸搬运的合理化，在可能的条件下，也可以改变布置。因此，在设计方案时，往往要对装卸搬运和设施布置进行分析。

（1）布置调整。

1）按固定位置布置。产品（或物料）尺寸比较大、数量比较小、工艺过程比较简单的，可按固定位置布置。其装卸搬运的特点是主要物料及主要部件尺寸庞大或非常笨重，不经常搬动。

2）按工艺过程（功能）布置。产品（或物料）比较多样化、数量中等或少量、工艺过程占主导地位或费用昂贵的，可按工艺过程布置。其装卸搬运的特点通常是机动灵活，如果是固定位置的，则要求通用性强、适应性好，而且是间断工作的。

3）按产品布置（流水装卸搬运）。产品（或物料）比较标准化、数量较多、工艺过程较简单的，可按产品布置。装卸搬运特点通常是固定的、直线的或间接的，而且相对来讲是连续性的。

（2）物流模式。在物流节点布置中通常遇到的基本物流模式有三种，即直线形、L 形和 U 形，直线形模式是物品一端进，另一端出。这种布置最简单，装卸搬运也简单。

在物流节点布置中，L 形和 U 形比直线形多见，通常是因为受外界搬运设施及搬运方法、面积利用、运转管理费用等因素的影响。实际上，大多数布置都是采用上述三种物流模式的组合形式。如环形物流模式和曲折形物流模式（或称蛇形）实际上就是上述三种物流模式的变换。

（3）装卸搬运分析对物料布置的要求。

1）每项移动的起点和终点（提取和放下的地点）具体位置在哪里。

2）哪些路线及路线上有哪些物料装卸搬运方法是在规划之前已经确定了的或大体上做出了规定。

3）物料运进运出和穿过的每个作业区所涉及的建筑物特点是什么样的（包括地面负荷），如房屋高度、柱子间距、屋架支承强度、室内还是室外、有无采暖、有无灰尘等。

4）物料运进运出的每个作业区进行什么工作，作业区内部已有的（或大体规划的）安排或大概是什么样的布置。

当进行某个区域的装卸搬运分析时，应该先取得或先准备好这个区域的布置草图、蓝图或规划图，如果是分析一个厂区内若干建筑物之间的搬运活动，那就应该取得厂区布置图。总之，当最后确定装卸搬运方法时，选择的方案必须是建立在物料装卸搬运作业与具体布置相结合的基础之上的。

3．移动

在分析各项移动时，需要掌握物料的物理特征及其他特征，以及物料的分类，并且用标注起点和终点的方法来表明每条路线，给出能确切表明每条路线起止点的布置图。

（1）距离。每条路线的长度就是从起点到终点的距离，常用单位是米、千米。距离往往是指两点间的直线距离，垂直距离（如楼层之间）可换算成当量距离。属于哪种距离应在文件上注明。

（2）路线的具体情况。

1）直接距离和直线程度：水平、倾斜、垂直、直线、曲折。

2）拥挤程度：有无临时的或长期的阻碍、良好的铺砌路面、需要维修的路面、泥泞道路。

3）气候与环境：室内、室外、冷库、空调区、清洁卫生区、洁净房间、易爆区。

4）起止点的工作情况和组织情况：装货和卸货地点的数量和分布、起点和终点的具体布置、起点和终点的组织管理情况等。

当然，路线和设备、设施的布置有密切的关系，不同的布置形式，其物料搬运的路线是不同的，路线的决定要充分考虑布置的情况。

（3）装卸搬运活动。

1）物流量。物流量是指单位时间内在一条空间路线上移动的物料数量，一般用每小时多少吨（或 TEU）或每天多少吨（或 TEU）来表示。但有时物流量的典型计量单位并没有真正的可比性，如一种空心的大件，如果只用重量来表示，还不能真正说明它的可运性，而且无法与重量相同但质地密实的物品相比较，这类问题应采用“马格数”的概念来计量。

“马格”计量法是先按照物品的外形尺寸定出一个基本值，然后根据其他影响因素的修正值再对基本值进行增减，这样得出的最后值就是“马格数”。这个值的大小就是表示物料可运性的一个度量。这样，不同类型物品的可运性就能进行比较了。

2）物流条件：① 数量条件，每次装卸搬运的件数、批量大小、搬运的频繁性，每个时期的数量及这些情况的规律性；② 管理条件，它是指控制各项装卸搬运活动的规章制度，以及它们的稳定性；③ 时间条件，对搬运快慢或缓急程度的要求，是否稳定并有规律。

（4）分析各项移动的方法。

1）流程分析法。这种方法每次只观察一类产品和物料，并跟随它沿整个装卸搬运过程搜集资料，编制流程图表。

2）起止点分析法。这种方法有两种不同做法：一是通过观察每次移动的起止点搜集资料，每次分析一条路线；二是对一个区域进行观察，搜集运进运出这个区域的一切物料的有关资料，编制物料进出表。在编制搬运路线表时，应每条路线编一张表，物料进出表也应每个区域编一张表。

一般情况下，物料品种很少，或是单一品种时，采用编制流程图表的方法。如果产品或物料品种繁多，采用编制物料进出表的方法。

为了把所搜集的资料进行汇总并编制在一张表上，达到明了、全面地了解及运用的目的，可编制装卸搬运活动一览表。在这个表中，要对每条路线、每类物料和每项移动的相对重要性进行标定，按英文元音字母标定等级（也可以按光谱顺序的颜色来代表）：

A——超高物流量（红色）；

E——特大物流量（黄色）；

I——较大物流量（绿色）；

O——普通物流量（蓝色）;

U——不重要的或忽略的物流量（无色）。

4．图表化

简单地说，图表化就是用图表来表示实际搬运作业的情况。图表化是数据处理的方法，它把对各项移动的分析结果和区域布置两部分综合起来，用一些规定的特殊符号制成图表，就能清楚地表示出所需要设计搬运系统的情况。一张清晰的图表比各种各样的文字说明更容易表示清楚。

物流图表化的方法有如下几种。

（1）物流流程简图。物流流程简图只能了解物料运动过程和次序。因为它没有联系到布置，所以不能表达每个工作区域的正确位置，没有标明距离，因此，不能作为选择搬运方法的依据，只能在分析和解释中作为一种中间步骤。

（2）在布置图上绘制的物流图。这是物流系统中常用的，因为它是根据平面布置的实际情况给出的，图上标出了每条线路的距离、物流量和流向，可以用它来作为选择搬运方法的依据。

（3）坐标指示图。它是距离与物流量的指示图，是表示物料移动的又一种图表化方法，这种方法是把移动的距离和物流量用点标明在图表上。

5．初步方案设计和方案比较

在对物料进行分类，对布置方案中的各项装卸搬运活动进行分析和图表化，并对物流系统中所用的各种装卸搬运方法有所了解后，就可以初步确定具体的装卸搬运方法和规则了。

方案制定包括确定装卸搬运的路线系统、装卸搬运设备和运输单元。这三者的结合即可形成一项物料搬运方案。根据原始数据，设计出几个搬运方案，根据各种可能性，对几个初步方案进行改进和调整，进行各项需求的计算，并进行评价。方案的评价通常包括两个方面：一个方面为成本费用或财务比较，它包括投资费用和经营费用；另一个方面为无形因素比较，它包括优缺点比较和因素加权分析。

6．详细方案的设计

方案的初步设计阶段确定了装卸搬运路线系统、搬运设备、运输单元和总体方案。装卸搬运方案详细设计就是在这个基础上，制定从起始地到目的地，或者从具体的取货点到具体的卸货点之间的搬运方法，详细方案必须与总体方案协调一致。实际上，方案初步设计阶段和方案的详细设计阶段用的是同样的模式，只是在实际运用中，两个阶段的设计区域范围不同、详细程度不同而已。详细设计阶段需要大量的资料、更具体的指标和更多的实际条件。

7.1.5　装卸搬运设备的分类及选型

1．装卸搬运设备的分类

（1）按作业性质分类。

1）装卸机械，单一装卸功能的机械种类不多，手动葫芦最为典型，固定式吊车如卡车吊、悬臂吊等吊车虽然也有一定移动半径，也有搬运效果，但基本上还是看成单一功能的装卸机具。

2）搬运机械，单一功能的搬运机械种类较多，如各种搬运车，手推车及斗式、刮板式输送机之外的各种输送机等。

3）装卸搬运机械，装卸搬运机械可将两种作业操作合二为一，因而有较好的系统效果。属于这类机械最主要的是叉车，港口中用的跨运车、车站用的龙门吊及气力装卸输送设备等。

（2）按机具工作原理分类。

1）叉车类，包括各种通用和专用叉车。

2）吊车类，包括门式、桥式、履带式、汽车式、岸壁式、巷道式各种吊车，如图 7-8 所示。

（a）门式吊车

（b）履带式吊车

图 7-8　常见吊车形式

3）输送机类，包括辊式、轮式、皮带式、链式、悬挂式等各种输送机，如图 7-9 所示。

（a）辊式输送机

（b）链式输送机

图 7-9　常见输送机形式

4）作业车类，包括手推车、搬运车、无人搬运车（AGV）、台车等各种作业车辆，如图 7-10 所示。

5）管道输送设备类，液体、粉体的装卸搬运一体化由泵、管道为主体的一类设备。

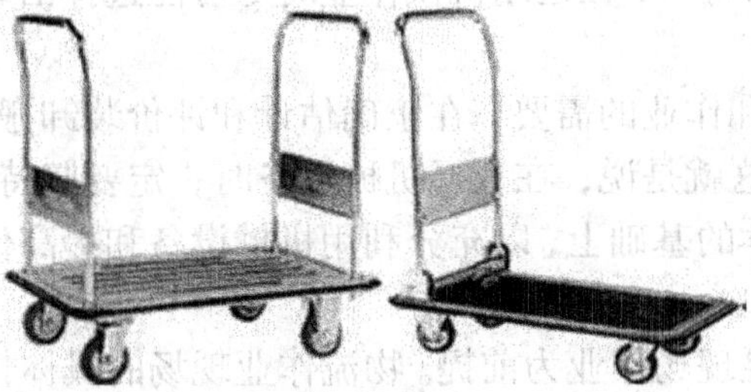

（a）手推车

（b）搬运车

（c）AGV

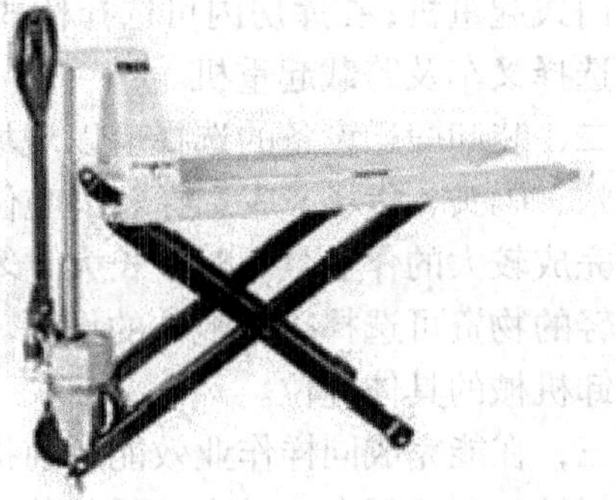

（d）台车

图 7-10　常见作业车形式

（3）按有无动力分类。

1）重力式装卸输送机，辊式、滚轮式等输送机属于此类。

2）动力式装卸搬运机具，有内燃式及电动式两种，大多数装卸搬运机具属于此类。

3）人力式装卸搬运机具，用人力操作作业，主要是小型机具和手动叉车、手推车、手动台车等。

2．装卸搬运设备的选型

不同类型的货物，不同的装卸搬运场所，所需要的装卸搬运设备不同。合理选择装卸搬运设备，无论在降低装卸搬运费用上，还是在提高装卸搬运效率上，都有着重要的意义。

（1）选型的基本原则、选择依据及考虑因素。

1）选型原则。装卸搬运设备的选择应本着经济合理、提高效率、降低费用的总原则。具体来说，应遵循以下几项基本原则。

第一，根据不同类货物的装卸搬运特征和要求，合理选择具有相应技术特性的装卸搬运设备。各种货物的单件规格、物理化学性能、包装情况、装卸搬运的难易程度等，都是影响装卸搬运设备选择的因素。因此，应从作业安全和效率出发，选择合适的装卸搬运设备。

第二，应根据物流过程运输和储存作业的特点，合理选择装卸搬运设备。货物运输过程中，不同的运输方式有不同的作业特点。因此，在选择装卸搬运设备时，应根据不同运输方式的作业特点选择与之相适应的装卸搬运设备。同样，货物在储存中也有其相应的作业特点，诸如储存货物规格不同、作业类别较多、进出数量难以控制、装卸搬运次数较多和方向多变等。因此，为适应储存作业的特点，在选用机械作业时尽可能选择活动范围大、通用性强、机动灵活的装卸搬运设备。

第三，根据运输和储存的具体条件和作业的需要，在正确估计和评价装卸搬运使用效益的基础上，合理选择装卸搬运设备。这就是说，在选择机械设备时一定要坚持技术经济的可行性分析，使设备的选择建立在科学的基础上，以充分利用机械设备和提高作业效率。

2）选择依据。

第一，装卸搬运设备的选择应以满足现场作业为前提。物流作业现场的具体情况不同，可根据作业需要选择合适的装卸搬运设备类型。例如，在有铁路专用线的车站、仓库等，可选择门式起重机；在库房内可选择桥式起重机；在使用托盘和集装箱作业的生产条件下，可尽量选择叉车及跨载起重机。

第二，装卸搬运设备的选择应以现场作业量、物资特性为依据。一般来说，吞吐量较大的车站、码头、货场，应选择较大吨位的装卸搬运设备，这样可在作业次数相对较少的情况下完成较大的作业量。对于长大、笨重的物资，可选择较大吨位的起重设备；对单体重量较轻的物资可选择较小吨位的设备。应对现场要求进行周密的计划、分析之后，才能确定装卸机械的具体吨位。

第三，在能完成同样作业效能的前提下，应选择性能好、节省能源、便于维修、有利于环境保护、利于配套、成本较低的装卸搬运设备。

3）考虑因素。在选择装卸搬运设备时要考虑影响物流现场装卸作业量的因素。考虑物流运作的具体情况，由于生产发展水平的制约及作业现场物流量的需要，应力求做到设备的作业能力与现场作业量之间形成最佳的配合状态。这就是说，设备的作业能力达不到或超过这一状态点都可能造成不良后果。当设备作业能力达不到现场作业要求时，物流受阻；超过现场作业的要求时，生产能力过剩，设备能力得不到充分发挥，超过得越多，经济损失也就越大。影响物流现场装卸作业量的因素很多，通常有以下几个方面。

第一，吞吐量。无论车站、码头，还是仓库等各种物流作业现场，吞吐量都是装卸作业量核定的最基本的因素。

第二，堆码、搬倒作业量。在装卸作业现场中，物资并非都是经过一次装卸作业就能完成入港、离港、入库、出库、入站、出站等作业的。往往由于货场的调整、保管的需要、发运的变化等因素，必须对物资进行必要的搬倒、堆码作业。堆码、搬倒的次数越多，装卸作业量也就越大。这部分装卸作业量当然越少、越接近于零越好。

第三，装卸作业的高峰期。由于直接受到物资流动不均衡的影响，装卸作业设备在使用上可能发生忙闲程度的不同。为了能适应装卸搬运作业现场可能出现的高峰期，设备作业能力应对此有必要的、充分的准备。

（2）选择的指标体系。在选择和配置装卸搬运设备过程中，都希望选择技术可靠、经济合理、操作方便的设备。然而，在实践当中，常会存在一些矛盾，如技术上先进的设备价格会很高。因此，在实际选用和配置过程中，必须根据企业的实际情况和侧重点进行合理的选择和配置。

装卸搬运设备配置、选择的指标体系主要由 5 部分组成，即技术指标、经济指标、适应性指标、组织性指标和人机关系指标，可根据使用中对各性能的要求不同进行科学合理的选择。

7.2 包装系统规划与设计

包装是根据商品特性，使用适宜的包装材料或包装容器，将商品包装或盛装，保持商品完好状态，以达到保护商品、方便运输、促进销售的目的。

7.2.1 包装概述

1．包装的含义

在我国《包装通用术语》国家标准中，对包装下了明确的定义“为了在流通过程中保护产品、方便贮运、促进销售，按一定的技术方法而采用的容器、材料及辅助物等的总名称”，也指“为了达到上述目的而采用的容器材料及辅助物的过程中施加一定技术方法等的操作活动”。

2．包装的功能

（1）保护商品质量安全和数量完整。商品在流通过程中经过搬运、装卸、运输、贮藏等过程容易受到外界因素损害和影响，使商品破坏变形、渗漏和变质，适宜的商品包装能抵抗各种破坏因素，可防止商品遭到损害和影响，起到保护商品质量完好和足量的作用。

商品在运输过程中经受振动、冲击、压力、低温、高温等破坏。因此，包装要有一定的抗振动性，才能保证在运输中的安全，尤其在采用集装箱和托盘运输时，包装不能过于简陋，才能避免商品损害事故的发生。

商品储存、堆码所产生的静压力对包装的破坏也是很严重的。因此，包装要有一定的强度，保证在规定堆积高度下的稳定性和安全性。

环境方面对商品的破坏因素是水、高温、低温和湿度的变化及污染等，因此，包装必须有一定的防潮、防腐蚀等防护措施，保证包装本身在外界环境因素影响下，性能稳定，以免造成商品的锈蚀、变质。

虫蛀、鼠害及微生物的侵入也是一种破坏因素，因此，包装要采取一定措施封闭严密，以防生物和微生物的威胁和侵害。

（2）便于商品流通。商品只有经过流通领域才能实现其消费。商品出厂后，购销双方要对商品进行计数、计量与清点、验收。包装完整的商品便于计数、计量、清点、验收，在流通过程中，商品需要经过搬运、堆码、运输、装卸、零售、批发等环节，包装合理可加速商品流转，提高商品流通的经济效益。

（3）便于消费者购买。合理的商品包装，其绘图、商标和文字说明等既展示了商品的内在品质，方便消费者识别，又介绍了商品的成分、性质、用途和使用方法，便于消费者购买、携带。

包装能否抓住消费者的视线、唤起兴趣、引发联想，是商品能否成为消费者选择对象的关键。那些具有色彩鲜明、构图精美、造型奇异、文字醒目等特征的包装，使消费者爱不释手，促成购买。无包装的商品会因卫生状况不好或携带不便影响顾客购买欲望。

（4）美化商品，促进销售。包装是“无声的推销员”，好的包装本身就是很好的广告。精美的包装可起美化宣传商品的作用，提高市场竞争力。良好的包装给商品“梳妆打扮”，给人以美的享受，能诱导和激发消费者购买动机和重复购买的兴趣，特别是在当今人们物质和文化生活水平不断提高的情况下，包装与装潢更成为消费者购买商品时的重要因素。

（5）使商品使用价值和价值增值。新颖独特、精美合理的包装，是商品价值增值的重要手段。合理的包装增加了商品的自然寿命，因而使商品的使用价值增值，具有提高商品身价的功能，合理而精美的包装可增加企业的经济效益。

7.2.2 包装的种类

按包装形态不同包装可分为内包装、中包装和外包装；按运输方式不同包装可分为铁路货物包装、公路货物包装、船舶货物包装和航空货物包装；按包装在流通中的功能不同包装可分为运输包装和销售包装；按包装的材料不同包装可分为木箱包装、纸袋包装、麻布袋包装、塑料包装、金属包装、玻璃与陶瓷包装、瓷包装和复合材料包装等；按包装商品不同包装可分为食品包装、药品包装、液体包装、粉粒包装、危险品包装等；按包装技术和方法不同包装可分为收缩包装、真空包装、充气包装、防潮包装、防锈包装和缓冲包装等。

1. 运输包装

运输包装又称商品的大包装或外包装，主要以方便运输、储存为目的的商品包装，具有保障商品安全、方便贮运装卸和加速交接与点验等作用。常用的运输包装有以下几种。

（1）箱型包装（包括纸箱和木箱）。纸箱是用瓦楞纸制成的包装箱。包装纸箱的特点是：重量轻，成本低，牢固，开启方便，防尘，便于捆扎、搬运，易于折叠平放，占地面积少，可回收重复使用。

木箱包装是用木板、胶合板或纤维板为原料制成的木制箱型包装。木箱的优点是：耐压、耐震、体积大、载重量大、可重复使用；缺点是：成本高、重量大、笨重、不易开启、占地面积大。

（2）桶型包装（包括金属桶、木桶、纸桶、塑料桶等）。金属桶有铁桶、马口铁桶、铁塑桶等，金属桶具有坚固耐用，防渗漏、防腐蚀等功能。用做运输包装的木桶有胶合板桶、纤维板桶、松木桶等，具有透湿、隔潮的功能。塑料桶主要用于盛装化工产品，其特点是质轻、耐腐蚀、不易破碎。

（3）袋型包装。袋型包装主要有麻袋、布袋、纸袋、塑料袋等。广泛应用于谷物、豆类、砂糖、化工原料、化学肥料及粉状、颗粒状或块状商品的包装。

（4）集合包装。集合包装具有提高物流节点装卸效率，减轻劳动强度，节省装运费用，保护商品，减少损耗和促进商品包装标准化等优点，主要有集装袋、集装箱、托盘组合包装三种类型。

1）集装袋。集装袋是指用塑料重叠丝编织成的包装袋。优点是重量轻、柔软可折叠、体积小、装载量大。每袋可载1～4 吨的货物，并能重复使用。

2）集装箱。集装箱是用钢材、铝合金板、纤维板等材料制作的集中装载大量货物的大型包装容器。优点是安全、简便、迅速、节约，便于机械和自动化装卸。每箱可载 5～40 吨各类商品，常用于铁路、公路和远洋运输。

3）托盘组合包装。托盘是用木材、塑料、金属材料或玻璃纤维等制成的垫板，有平面式托盘、箱式托盘、立柱式托盘、滑片托盘等几种形式，可重复使用。优点是耐腐蚀、卫生性好、节省费用、减少商品损耗，载重量在 0.5～2 吨。

2．销售包装

（1）销售包装的特点。销售包装又称小包装，是用于直接盛装商品并同商品一起出售给消费者的小型包装。销售包装的特点是：保护商品、美化商品、宣传商品，便于商品陈列展销，便于消费者识别、选购、携带和使用，是增加商品附加价值的手段。

（2）销售包装的分类。

1）悬挂式包装。悬挂式包装是当前最流行的包装方式之一，主要包括：纸卡式，用于小手工具和厨房用品包装；泡罩式，多用于玩具、文教用品、工艺品及各式胸花等；贴体式，多用于日用品、打火机、小刀、办公用具等；袋装式，多用于日常工具、旅行用具等。

2）透明式、开窗式包装。透明式、开窗式包装多用于高级服装、内衣、毛衣、工艺品等的包装。此包装便于消费者观察，易引起消费者购买欲望、兴趣，盒面上配有精美图案，能突出商品的特点。

3）配套包装和组合包装。配套包装是将各种相互配合的商品包装在一起，便于消费者购买和使用，如成套化妆品、床上用品、文教用品等常用这种包装。

组合包装是将几种不同品种的商品组合在一起成组出售，如罐头、酒类、饮料、调味品、小食品、快餐面等。

4）分散包装。与配套包装相反，分散包装就是将原来整件的商品分成小包装，主要用于食品、药品等的包装。

5）礼品包装。礼品包装是用特制的装饰材料将商品包扎起来，使礼品显得精美、大方、典雅、高贵、不同寻常，礼品包装越来越受到人们的青睐。

7.2.3　包装材料

包装材料是商品包装的物质基础，选择包装材料必须遵循质优、体轻、面广、合理、节约、无毒、无害、无污染的原则。商品包装材料很多，常用的有塑料、纸和纸制品、木材、金属、玻璃、复合材料、纤维材料及其他材料等。

1．塑料

塑料包装是指各种以塑料为原料制成的包装的统称。塑料包装具有质轻、透明、不同的强度和弹性、折叠及封合方便、防水防潮、防渗漏、易于成型、可塑性与气密性好、防震、防压、防碰撞、耐冲击、化学稳定性能好、易着色、可印刷、成本低等优点。但塑料难于降解，易造成环境污染。其包装主要有塑料桶、塑料软管、塑料盒、塑料瓶、塑料薄膜、塑料编织袋等。

在塑料包装材料中，用得最广泛的是聚乙烯、聚氯乙烯、聚丙烯、聚苯乙烯、聚酯等。

2．纸和纸制品

当今社会最主要的包装材料是纸和纸制品，其用量约占整个包装材料的40%左右。纸的最大优点是轻便、无味无毒、卫生性好、强度适宜、易于黏合印刷、便于机械化生产、不会造成公害、取材容易、价格低廉等。纸的缺点是撕破强度低、易变形。纸制包装容器有纸板箱、瓦楞纸箱、纸盒、纸袋、纸桶、纸筒、纸杯、纸盘及纸浆模制包装等。

3．木材

在我国，很早就使用木材做包装材料，其特点是强度高，坚固，耐压，耐冲击，化学、物理性能稳定，易于加工，不污染环境等，是大型和重型商品常用的包装材料。木材包装主要有木箱、木桶、木匣、木轴和木夹板、纤维板箱、胶合板箱、托盘等。鉴于木材来源少，可用其他材料替代。

4．金属

金属作为包装材料历史悠久，其特点是结实牢固、耐碰撞、不透气、不透光、不透水、抗压、机械强度优良。常用的金属有黑白铁皮、马口铁、钢板、铝板、铝合金、铝箔等。金属包装主要有金属桶、金属盒、罐头听、金属软管、油罐、钢瓶等，多用于机器、液体、粉状、糊状等商品的包装。

5．玻璃

玻璃属无机硅酸盐制品，其特点是透明、清洁、美观、有良好的机械性能和化学稳定性、易封闭、价格较便宜、可多次周转使用、资源丰富，玻璃包装容器常见的有瓶、罐、缸等。玻璃包装广泛用于酒类、饮料、罐头、调味品、药品、化妆品、化学试剂等商品的销售包装。

6．复合材料

复合材料包装是以两种或两种以上材料紧密复合制成的包装，主要由塑料与纸、塑料与铝箔、塑料与铝箔和纸、塑料与玻璃、塑料与木材等材料复合制成。复合材料具有更好的机械强度、气密性、防水、防油、耐热或耐寒、容易加工等优点，是现代商品包装材料的发展方向，特别适合食品的包装。

7．纤维材料

纤维材料主要有麻袋、布袋、布包等，适合盛装颗粒状和粉状商品，其优点是强度大、轻便、耐腐蚀、易清洗、不污染商品和环境、便于回收利用等。

8．其他材料

其他材料包括用树条、竹条、柳条编的筐、篓、箱及草编的蒲包、草袋等包装材料，具有可就地取材、成本低廉、透气性好的优点，适宜包装生鲜商品，部分土特产品和陶瓷产品等。

7.2.4 包装机械设备的选择

包装是产品进入流通领域的必要条件，是满足物资运输、保管、储存等活动的必然要求，为保证产品完好地运送到消费者手中，大多数产品都需要不同方式、不同程度的包装。而实现包装的主要手段是采用包装机械，运用高效率的包装机械，可以实现自动化和提高作业效率。随着时代的发展和技术的进步，包装机械在流通领域中正起着越来越大的作用。

根据国际标准化组织制定的包装机械国际标准（ISO/TC 122/SC4N48E）和我国制定的包装机械有关国家标准（GB/T 4122-1983，GB/T 5035-1985），包装设备即包装机械是指，完成全部或部分包装过程的一类机器设备。包装机械包含两层含义：从狭义上来说，是指在机械化、自动化的批量生产中对产品进行包装的一种机械工具或设备；从广义上讲，包括各种自动化和半自动化的销售包装机械、运输包装机械、包装容器的加工机械、装潢印刷机械和搬运机械等，这些相互联系的机械设备联合组成现代化的包装机械体系。

包装机械的一般工作原理是：按一定的工作方法，将被包装的物品和部分或全部的单元功能包装件进行组装成形，或者为了满足包装要求而进行某种工艺操作，其工作对象是被包装的物品和各种包装材料、包装容器、包装辅助物，其成品通常是具有流通性和商品性的物品。

1. 包装机械的类别

包装机械设备的种类很多，根据不同的分类标准可进行不同的分类，主要有以下几种。

1）根据包装物和包装材料的供给方式，包装机械可以分为全自动包装机械和半自动包装机械。全自动包装机械是由机械自动供给包装物和包装材料，半自动包装机械是由人工供给包装物和包装材料。

2）根据包装物的使用范围，包装机械可以分为通用包装机械、专用包装机械和多用包装机械。通用包装机械适用于多种不同类型产品的包装；专用包装机械仅适用于某种特定产品的包装，具有较高的作业效率和包装质量；多用包装机械可以通过调整或更换机器上的某些部件，以适应多种产品的包装。

3）根据包装设备功能，包装机械可分为灌装机械、充填机械、裹包机械、封口机械、贴标机械、清洗机械、干燥机械、杀菌机械、捆扎机械、集装机械、多功能包装机械设备等。

4）根据包装的产品，包装机械可以分为食品包装机械、药品包装机械、工业品包装机械、化工产品包装机械、建材包装机械等。此外还可根据包装容器、包装大小、包装物形态等对包装机械进行分类。

5）按包装种类分类，包装机械可分为个包装机、内包装机、外包装机。

2. 包装机械的基本组成

（1）进给机构。进给机构是将包装材料和被包装物品整理、排列，并输送到预定工位的机械装置。

（2）计量装置。计量装置是对被包装物品进行计量的设备，主要有容积计量、重量计量、数量计量装置等。

（3）传动机构。传动机构起着传递动力的作用，以驱动包装机械的各执行机构动作，完成各种包装作业。

（4）执行机构。执行机构是直接完成各种包装操作的装置。

（5）输送装置。输送装置是将包装材料和被包装物品由一个工位传送至下一个工位的装置。

（6）动力装置。动力装置是包装机械工作的原动力，通常采用电动机。

（7）控制系统。控制系统由各种手动装置和自动装置组成，用以控制其他组成部分正常运转，是包装机械的核心。

（8）机身。机身又称机架，是用来安装、固定、支承包装机械其他部分的基础件，要求机身具有足够的强度、刚度和稳定性。

3. 常用包装机械设备

（1）充填机械。充填机械是将精确数量的产品充填到各种包装容器中的机械，适用于包装粉状、颗粒状的固态物品。充填机械的基本构成包括供给装置、计量装置和下料装置等。按照计量方式的不同，可以分为容积式充填机、计数式充填机和称重式充填机 3 种，如图 7-11 所示。根据包装产品的物理形态，又可以分为粉料充填机、颗粒物充填机、块状物充填机、膏状物充填机等。

（2）灌装机械。灌装机械是将定量的液体物料充填到包装容器中的充填机械，主要用于食品领域中对非酒精饮料、乳品、酒类、植物油和调味品的包装，还包括牙膏和洗涤剂、矿物油及农药等化工类液体产品的包装。包装所用容器主要有玻璃瓶、金属罐、塑料瓶、复合纸盒、复合纸袋等，如图 7-12 所示。

（a）称重式填充包装机

（b）计数式填充包装机

图 7-11 常见填充包装机械

图 7-12 灌装机械

（3）封口机械。封口机械是指在包装容器充填物料后对容器进行封口的机器。对包装容器进行封口可以使产品得以密封保存，保持产品质量，避免产品流失。

由于包装容器的种类很多，制作包装容器的材料也很多，不同的包装容器有不同的封口方式。常见的有热压式封口机、手压封口机、脚踏式封口机、熔焊式封口机、缝合式封口机、卷边式封口机、旋合式封口机、液压式封口机、结扎式封口机等不同类型，如图 7-13

所示。

（a） 热压式

（b） 液压式

图 7-13　封口机械

（4）裹包机械。裹包机械是指用挠性包装材料（玻璃纸、塑料薄膜、复合膜、拉伸膜、收缩膜等）进行全部或局部裹包产品的包装设备，适合对块状并具有一定刚度的物品进行包装，广泛用于食品、烟草、药品、日化用品、音像制品等的外包装。

裹包机械的种类很多，结构也较复杂。常用的裹包机械主要有折叠式裹包机、接缝式裹包机、覆盖式裹包机、缠绕式裹包机、拉伸式裹包机、收缩包装机、贴体裹包机等，如图 7-14 所示。

（a） 缠绕式

（b） 收缩式

图 7-14　裹包机械

（5）捆扎机械。捆扎机械是利用带状或绳状捆扎材料将一个或多个包件紧扎在一起的机器，属于外包装设备，如图 7-15 所示。对流通物品进行机械捆扎，可以起到减少体积、加固包件的作用，便于装卸、运输和保管。

捆扎机的类型较多，按自动化程度，可以分为自动、半自动和手提电动式捆扎机；按捆扎材料，可以分为塑料带、钢带、聚丙烯塑料绳捆扎机。目前我国生产的捆扎机基本上都采用宽度为 10 ~ 13.5mm 聚丙烯塑料带作为捆扎材料，利用热熔搭接的方法使紧贴包件表面的塑料带两端加压结合，从而达到扎紧包件的目的。

（6）贴标机。贴标机是将标签粘贴在包装件或产品上的机器，如图 7-16 所示。贴标机的基本组成包括供标装置、取标装置、涂胶装置、打印装置和连锁装置等几部分。

（7）打码机。打码机是在产品包装上打印出产品批号、出厂日期、有效期等字样的机器。根据打码方式的不同，可以分为打击式和滚印式两种，如图 7-17 所示。

图 7-15 全自动捆扎机

图 7-16 贴标机

图 7-17 打码机

包装机械设备需要根据商品生产和流通过程中涉及的诸多环节进行有针对性的选择，除了上述的常见包装机械和包装方式外，目前在物流过程中正将现代信息技术与包装技术不断融合，大力推广可追踪性运输包装、电子芯片销售包装、防伪包装等，这将成为未来包装技术和设备的发展导向。

7.3 流通加工系统规划与设计

流通加工是指在某些产成品从生产领域向消费领域流动的过程中，为了更有效地利用资源、方便用户、提高物流效率和促进销售，在流通领域对产品进行的简单再加工。流通加工既是现代生产发展的产物，也是物流经营者为了满足用户需求提供的多样化、高级化服务。从整个社会的物流功能体系来看，流通加工在一些特定的物流系统中是不可缺少的或不宜缺少的服务。

7.3.1 流通加工概述

1．流通加工与商品流通

商品流通是以货币为媒介的商品交换，它的重要职能是将生产及消费（或再生产）联系起来，起“桥梁和纽带”作用，完成商品所有权向实物形态的转移。因此，流通与流通对象的关系，一般不是改变其形态而创造价值，而是保持流通对象的已有形态，完成空间的位移，实现其“时间效用”及“空间效用”。

流通加工则与此有较大的区别，总的来讲，流通加工在流通中，仍然和流通总体一样起“桥梁和纽带”作用。但它不是通过“保护”流通对象的原有形态而实现这一作用的，它和生产一样，是通过改变或完善流通对象的原有形态来实现“桥梁和纽带”作用的。

流通加工是在物品从生产领域向消费领域流动的过程中，为促进产品销售、维护物品质量和提高物流效率，对物品进行加工，使物品发生物理、化学或形状的变化。

2．流通加工和一般的生产型加工

流通加工和一般的生产型加工在加工方法、加工组织、生产管理方面并无显著区别，

但在加工对象、加工程度方面差别较大。

1）流通加工的对象是进入流通过程的商品，具有商品的属性，以此来区别多环节生产加工中的一环。生产加工对象不是最终产品，而是原材料、零配件、半成品。

2）流通加工大多是简单加工，而不是复杂加工，一般来讲，如果必须进行复杂加工才能形成人们所需的商品，那么这种复杂加工应专设生产加工过程，生产过程理应完成大部分加工活动，流通加工对生产加工则是一种辅助及补充。特别需要指出的是，流通加工绝不是对生产加工的取消或代替。

3）从价值观点看，生产加工的目的在于创造价值及使用价值，而流通加工则在于完善其使用价值并在不做大改变情况下提高价值。

4）流通加工的组织者是从事流通工作的人，能密切结合流通的需要进行这种加工活动，从加工单位来看，流通加工由商业或物流企业完成，而生产加工则由生产企业完成。

5）商品生产是为交换和消费而生产的，流通加工的一个重要目的是为消费（或再生产）所进行的加工，这点与商品生产有共同之处。但流通加工有时是以自身流通为目的，纯粹是为流通创造条件，这种为流通所进行的加工与直接为消费进行的加工从目的来讲是有区别的，这又是流通加工不同于一般生产的特殊之处。

7.3.2　流通加工的地位、作用及类型

1．流通加工在物流中的地位

（1）*流通加工有效地完善了流通*。流通加工在实现时间和场所两个重要效用方面，确实不能与运输和储存相比，因而不能认为流通加工是物流的主要功能要素。流通加工的普遍性也不能与运输、储存相比，流通加工不是所有物流中必然出现的。但这绝不是说流通加工不重要，实际上它也是不可忽视的，是起着补充、完善、提高、增强作用的功能要素，它能起到运输、储存等其他功能要素无法起到的作用。所以，流通加工的地位可以描述为它是提高物流水平，促进流通向现代化发展不可缺少的形态。

（2）*流通加工是物流中的重要利润源*。流通加工是一种低投入、高产出的加工方式，往往以简单加工解决大问题。实践证明，有的流通加工通过改变装潢，使商品档次跃升而充分实现其价值，有的流通加工将产品利用率一下子提高 20%～50%，这是采取一般方法提高生产率所难以企及的。根据我国近些年的实践，流通加工单就向物流企业提供利润一点，其成效并不亚于从运输和储存中挖掘的利润，是物流中的重要利润源。

（3）*流通加工在国民经济中也是重要的加工形式*。在整个国民经济的组织和运行方面，流通加工是其中一种重要的加工形态，对推动国民经济的发展和完善国民经济的产业结构和生产分工有一定的意义。

2．流通加工的作用

（1）*提高原材料利用率*。利用流通加工环节进行集中下料，是将生产厂家直接运来的简单规格产品，按使用部门的要求进行下料。例如，将钢板进行剪板、切裁；钢筋或圆钢裁制成毛坯；木材加工成各种长度及大小的板、方等。集中下料可以优材优用、小材大用、合理套裁，有很好的技术经济效果。例如，北京、济南、丹东等城市对平板玻璃进行流通

加工（集中裁制、开片供应），玻璃利用率从 60%左右提高到 85%～95%。

（2）进行初级加工，方便用户。用量小或临时需要的使用单位，缺乏进行高效率初级加工的能力，依靠流通加工可以省去进行初级加工的投资、设备及人力，从而搞活供应，方便用户。目前发展较快的初级加工包括：将水泥加工成生混凝土、将原木或板方材加工成门窗、冷拉钢筋及冲制异型零件、钢板预处理、整形、打孔等加工。

（3）提高加工效率及设备利用率。由于建立集中加工点，可以采用效率高、技术先进、加工量大的专门机具和设备。这样做的好处：一是提高了加工质量；二是提高了设备利用率；三是提高了加工效率。其结果是降低了加工费用及原材料成本。例如，一般的使用部门在对钢板下料时，采用气割的方法留出较大的加工余量，不但出材率低，而且由于热加工容易改变钢的组织，加工质量也不好。集中加工后可设置高效率的剪切设备，在一定程度上防止了上述缺点。

（4）充分发挥各种输送手段的最高效率。流通加工环节将实物的流通分成两个阶段。一般来说由于流通加工环节设置在消费地，因此，从生产到流通加工的第一阶段输送距离长，而从流通加工到消费环节的第二阶段距离短。第一阶段是在数量有限的生产厂家与流通加工点之间进行定点、直达、大批量的远距离输送，因此，可以采用船舶、火车等大量输送的手段；第二阶段则是利用汽车和其他小型车辆来输送经过流通加工后的多规格、小批量、多用户的产品。这样可以充分发挥各种输送手段的最高效率，加快输送速度，节省运力运费。

（5）改变功能，提高收益。在流通过程中进行一些改变产品某些功能的简单加工，其目的除上述几点外，还在于提高产品销售的经济效益。例如，内地的许多制成品（如洋娃娃玩具、时装、轻工纺织产品、工艺美术品等）在深圳进行简单的装潢加工，改变了产品的外观功能，仅此一项就可使产品售价提高 20%以上。所以在物流领域中，流通加工可以成为高附加价值的活动。这种高附加值的形成，主要着眼于满足用户需要，提高服务功能而取得的，是贯彻物流战略思想的表现，是一种低投入、高产出的加工形式。

3．流通加工的类型

（1）为弥补生产领域加工不足的深加工。有许多产品在生产领域的加工只能到一定程度，这是由于存在许多因素限制了生产领域不能完全实现终极的加工。例如，钢铁厂的大规模生产只能按标准规定的规格生产，以使产品有较强的通用性，使生产能有较高的效率和效益；木材如果在产地完成成材制成木制品的话，就会造成运输的极大困难，所以，原产地只能加工到圆木、板方材这个程度，进一步的下料、切裁、处理等加工则由流通加工完成。

这种流通加工实际是生产的延续，是生产加工的深化，对弥补生产领域加工不足有重要意义。

（2）为满足需求多样化进行的服务性加工。从需求角度看，需求存在着多样化和变化两个特点，为满足这种要求，经常是用户自己设置加工环节，例如，生产消费型用户的再生产往往从原材料初级处理开始。

就用户来讲，现代生产的要求是生产型用户能尽量减少流程，尽量集中力量从事较复杂的技术性较强的劳动，而不愿意将大量初级加工包揽下来。这种初级加工带有服务性，由流通加工来完成，生产型用户便可以缩短自己的生产流程，使生产技术密集程度提高。对一般消费者而言，则可省去烦琐的预处置工作，而集中精力从事较高级能直接满足需求的劳动。

（3）为保护产品所进行的加工。在物流过程中，直到用户投入使用前都存在对产品的保护问题，防止产品在运输、储存、装卸、搬运、包装等过程中遭到损失，使使用价值能顺利实现。和前两种加工不同，这种加工并不改变进入流通领域的“物”的外形及性质，这种加工主要采取稳固、改装、冷冻、保鲜、涂油等方式。

（4）为提高物流效率，方便物流的加工。有些产品本身的形态使之难以进行物流操作，如鲜鱼的装卸、储存操作困难；过大设备搬运、装卸困难；气体物运输、装卸困难等。进行流通加工，可以使物流各环节易于操作，如鲜鱼冷冻、过大设备解体、气体液化等。这种加工往往改变“物”的物理状态，但并不改变其化学特性，并最终仍能恢复原物理状态。

（5）为促进销售的流通加工。流通加工可以从若干方面起到促进销售的作用。如将过大包装或散装物分装成适合一次销售的小包装的分装加工；将原以保护产品为主的运输包装改换成以促进销售为主的装潢性包装，以起到吸引消费者、指导消费的作用；将零配件组装成用具、车辆以便于直接销售；将蔬菜、肉类洗净切块以满足消费者要求等。这种流通加工可能不改变“物”的本体，只进行简单改装的加工，也有许多是组装、分块等深加工。

（6）为提高加工效率的流通加工。许多生产企业的初级加工由于数量有限，加工效率不高，也难以投入先进科学技术。流通加工以集中加工形式，解决了单个企业加工效率不高的弊病。以一家流通加工企业代替了若干生产企业的初级加工工序，促使生产水平有一个发展。

（7）为提高原材料利用率的流通加工。流通加工利用其综合性强、用户多的特点，可以实行合理规划、合理套裁、集中下料的办法，这能有效提高原材料利用率，减少损失浪费。

（8）衔接不同运输方式，使物流合理化的流通加工。在干线运输及支线运输的节点设置流通加工环节，可以有效解决大批量、低成本、长距离干线运输，多品种、少批量、多批次末端运输和集货运输之间的衔接问题。在流通加工点与大生产企业间形成大批量、定点运输的渠道，又以流通加工中心为核心，组织对多用户的配送，也可在流通加工点将运输包装转换为销售包装，从而有效衔接不同目的的运输方式。

（9）以提高经济效益、追求企业利润为目的的流通加工。流通加工的一系列优点可以形成一种“利润中心”的经营形态，这种类型的流通加工是经营的一环，在满足生产和消费要求基础上取得利润，同时在市场和利润引导下使流通加工在各个领域中能有效发展。

（10）生产-流通一体化的流通加工。依靠生产企业与流通企业的联合，或者生产企业涉足流通领域，或者流通企业涉足生产领域，形成的对生产与流通加工进行合理分工、合理规划、合理组织，统筹进行生产与流通加工的安排，这就是生产-流通一体化的流通加工形式。这种形式可以促成产品结构及产业结构的调整，充分发挥企业集团的经济技术优势，是目前流通加工领域的新形式。

7.3.3 常见产品流通加工方法与效果

1. 水泥类产品的流通加工

在需要长途运入水泥的地区，变运入成品水泥为运进熟料，在该地区的流通加工点（磨细工厂）磨细，并根据当地资源和需要的情况掺入混合材料及外加剂，制成不同品种及标号的水泥供应给当地用户，这是水泥流通加工的重要形式之一。在国外，这种物流形式已占有一定的比重。在需要经过长距离输送供应情况下的以熟料形态代替传统粉状水泥有很多优点。

（1）可以大大降低运费，节省运力。运输普通水泥和矿渣水泥平均约有30%以上的运力消耗在矿渣及其他各种加入物上。在我国水泥需用量较大的地区，工业基础大都较好，当地又有大量工业废渣，如果在使用地区对熟料进行粉碎，可以根据当地的资源条件选择混合材料的种类，这样就节约了消耗在混合材料上的运力和运费。同时水泥输送的吨位也大大减少，有利于缓解铁路运输的紧张状态。

（2）可按照当地的实际需要大量掺加混合材料。生产廉价的低标号水泥，发展低标号水泥的品种，就能在现有生产能力的基础上更大限度地满足需要。我国大中型水泥厂生产的水泥平均标号逐年提高，但目前我国使用水泥的部门大量需要较低标号的水泥，然而大部分施工部门没有在现场加入混合材料来降低水泥标号的技术力量和设备，因此，不得已使用标号较高的水泥，这是很大的浪费。

如果以熟料为长距离输送的形态，在使用地区加工粉碎，就可以按实际需要生产各种标号的水泥，尤其可以大量生产低标号水泥，减少水泥长距离输送的数量。

（3）容易以较低的成本实现大批量、高效率的输送。从国家的整体利益来看，在铁路输送中运力利用率比较低的输送方式显然不是发展方向。如果采用输送熟料的流通加工形式，可以充分利用站、场、仓库现有的装卸设备，又可以利用普通车皮装运，比散装水泥方式具有更好的技术经济效果，更适合我国国情。

（4）可以大大降低水泥的输送损失。水泥的水硬性是在充分磨细之后才表现出来的，而未磨细的熟料抗潮湿的稳定性很强。所以输送熟料也可以基本防止由于受潮而造成的损失。此外，颗粒状的熟料也不像粉状水泥那样易于散失。

（5）能更好地衔接产需，方便用户。从物资管理的角度看，如果长距离输送是定点直达的渠道，对于加强计划性、简化手续、保证供应等方面都有利。

2. 混凝土的流通加工

改变以粉状水泥供给用户，并由用户在建筑工地现制现拌混凝土的习惯使用方法，而将粉状水泥输送到使用地区的流通加工据点（集中搅拌混凝土工厂或称生混凝土工厂），在那里搅拌成生混凝土，然后供给各个工地或小型构件厂使用，这是水泥流通加工的另一种重要方式。它优于直接供应或购买水泥在工地现制混凝土的效果，因此受到许多工业发达国家的重视。

（1）把水泥的使用从小规模的分散状态改变为大规模的集中加工形态。集中搅拌可以充分利用现代化的科学技术来组织现代化的大生产；可以发挥现代设备和现代管理方法的优势，大幅度提高生产效率和混凝土质量。集中搅拌可以采取准确的计量手段和选择最佳的工艺；可以综合考虑外加剂、混合材料的影响，根据不同需要，大量使用混合材料，拌制不同性能的混凝土；又能有效控制物料质量和混凝土的离散程度，可以在提高混凝土质量、节约水泥、提高生产率等方面获益，具有大生产的一切优点。例如，制造每立方米混凝土的水泥使用量，采用集中搅拌一般比分散搅拌减少 20～30 公斤。

（2）大幅度降低设备吨位、设备投资、管理费用、人力及电力消耗。由于生产量大，可以采取措施回收使用废水，防止各分散搅拌点排放洗机废水造成的污染，有利于环境保护。由于设备固定不动，还可以避免因经常拆建所造成的设备损坏，延长设备的寿命。

（3）采用集中搅拌的流通加工方式可以使物流更加合理。这是因为，在集中搅拌站（厂）与水泥厂（或水泥库）之间可以形成固定的供应渠道，这些渠道的数目大大少于分散使用水泥的渠道数目，在这些有限的供应渠道之间，就容易采用高效率、大批量的输送形态，有利于提高水泥的散装率。在集中搅拌场所内，还可以附设熟料粉碎设备，直接使用熟料，实现熟料粉碎及拌制生混凝土两种流通加工形式的结合。

另外，采用集中搅拌混凝土的方式也有利于新技术的推广应用，大大简化了工地材料的管理，减少施工用地等。

3．钢板剪板及下料的流通加工

热轧钢板和钢带、热轧厚钢板等板材最大交货长度常可达 7～12 米，有的是成卷交货。对于使用钢板的用户来说，大中型企业由于消耗量大，可设专门的剪板及下料加工设备按生产需要剪板、下料。但是，对于使用量不大的企业和多数中小型企业来讲，单独设置剪板及下料加工设备领域设备闲置时间长、人员浪费大、不容易采用先进方法。钢板剪板及下料加工可以有效地解决上述弊病。

剪板加工是在固定地点设置剪板机，下料加工是设置各种切割设备将大规格钢板裁小或切裁成毛坯，以降低销售起点、便利用户。

钢板剪板及下料的流通加工有如下几项优点：① 由于可以选择加工方式，加工后钢材的晶相组织较少发生变化，可保证原来的交货状态，因而有利于进行高质量加工；② 加工精度高，可减少废料、边角料，也可减少再进行机加工的切削量，既可提高再加工效率，又有利于减少消耗；③ 由于其加工可保证批量及生产的连续性，可以专门研究此项技术并采用先进设备，从而大幅度提高效率和降低成本；④ 使用户能简化生产环节，提高生产水平。

与钢板的流通加工类似，还有圆钢、型钢、线材的集中下料，线材冷拉加工等。

4．木材的流通加工

（1）磨制木屑、压缩输送。这是一种为了实现物流效率和效益的加工。木材是容重轻的物资，在运输时占有相当大的容积，往往使车船满装但不能满载，同时，装车、捆扎也比较困难。从林区外送的原木中有相当一部分是造纸材料。美国采取在林木生产地就地将原木磨成木屑，然后采取压缩方法使之成为容量较大、容易装运的形状，之后运至靠近消费地的造纸厂，取得了较好的效果。根据美国的经验，采取这种办法比直接运送原木节约一半的运费。

（2）集中开木下料。在流通加工点将原木锯截成各种规格锯材，同时将碎木、碎屑集中加工成各种规格板，甚至还可进行打眼、凿孔等初级加工。过去用户直接使用原木，不但加工复杂、加工场地大、加工设备多，更严重的是资源浪费大，木材平均利用率不到 50%，平均出材率不到 40%。实行集中下料按用户要求供应规格料，可以使原木利用率提高到 95%，出材率提高到 72%左右，可获得良好的经济效益。

5．煤炭及其他燃料的流通加工

（1）除矸加工。除矸加工是以提高煤炭纯度为目的的加工形式。一般煤炭中混入的矸石有一定的发热量，混入一些矸石是允许的，也是较经济的。但是，有时则不允许煤炭中混入矸石，在运力十分紧张地区要求充分利用动力，多运"纯物质"，少运矸石，在这种情况下，可以采用除矸的流通加工排除矸石。

（2）为管道输送煤浆进行的煤浆加工。煤炭的运输方法主要采用运输工具载运方法，运输中损失浪费较大，又容易发生火灾。采用管道运输是近代兴起的一种先进技术，目前，某些发达国家已开始投入运行，有些企业内部也采用这一方法进行燃料输送。

在流通的起始环节将煤炭磨成细粉，本身便有了一定的流动性，再用水调和成浆状则具备了流动性，可以像其他液体一样进行管道输送。这种方式不和现有运输系统争夺运力，输送连续、稳定且快速，是一种经济的运输方法。

（3）配煤加工。在使用地区设置集中加工点，将各种煤及一些其他发热物质，按不同配方进行掺配加工，生产出各种不同发热量的燃料，称做配煤加工。这种加工方式可以按需要发热量生产和供应燃料，防止热能浪费、"大材小用"的情况；也可防止发热量过小，不能满足使用要求的情况出现。工业用煤经过配煤加工还可以起到便于计量控制、稳定生产过程的作用，在经济及技术上都有价值。

（4）天然气、石油气等气体的液化加工。由于气体输送、保存都比较困难，天然气及石油气往往只好就地使用，如果当地资源充足而使用不完，往往就地燃烧掉造成浪费和污染。两气的输送可以采用管道，但因投资大、输送距离有限，也受到制约。在产出地将天然气或石油气压缩到临界压力之上，使之由气体变成液体，就可以用容器装运，使用时机动性也较强，这是目前采用较多的方式。

6．平板玻璃的流通加工

平板玻璃的"集中套裁，开片供应"是重要的流通加工方式，这种方式是在城镇中设立若干个玻璃套裁中心，负责按用户提供的图纸统一套裁开片，向用户供应成品，用户可以将其直接安装到采光面上。在此基础上也可以逐渐形成从工厂到套裁中心的稳定的、高效率的、大规模的平板玻璃"干线输送"，以及从套裁中心到用户的小批量、多客户的"二次输送"这样一种现代物流模式。

7．生鲜食品的流通加工

（1）冷冻加工。为解决鲜肉、鲜鱼在流通中保鲜及搬运装卸的问题，采取低温冻结方式加工。这种方式也用于某些液体商品、药品等。

（2）分选加工。农副产品的规格、质量差别较大，为获得一定规格的产品，采取人工或机械分选的方式加工，称为分选加工，广泛用于果类、瓜类、谷物、棉毛原料等。

（3）精制加工。农、牧、副、渔等产品精制加工是在产地或销售地设置加工点，去除无用部分，甚至可以进行切分、洗净、分装等加工。这种加工不但大大方便了购买者，而且还可以对加工的淘汰物进行综合利用。比如，鱼类的精制加工所剔除的内脏可以制成某些药物或饲料，鱼鳞可以制成高级黏合剂，头尾可以制成鱼粉等；蔬菜的加工剩余物可以制成饲料、肥料等。

（4）分装加工。许多生鲜食品零售起点较小，而为保证高效输送出厂，包装则较大，也有一些是采用集装运输方式运达销售地区的。为了便于销售，在销售地区按所要求的零售起点进行新的包装，即大包装改小包装、散装改小包装、运输包装改销售包装，这种方式称分装加工。

8．机械产品及零配件的流通加工

（1）组装加工。多年以来自行车及机电设备储运困难较大，主要原因是不易进行包装，如进行防护包装，包装成本过大，并且运输装载困难，装载效率低，物流损失严重。但是这些货物有一个共同特点，即装配较简单，装配技术要求不高，主要功能已在生产中形成，装配后不需进行复杂检测及调试，所以为解决储运问题，降低储运费用，采用半成品（部件）高容量包装出厂，在消费地拆箱组装的方式。组装一般由流通部门在所设置的流通加工点进行，组装之后随即进行销售，这种流通加工方式近年来已在我国广泛采用。

（2）石棉橡胶板的开张成型加工。石棉橡胶板是机械装备、热力装备、化工装备中经常使用的一种密封材料，单张厚度 3 毫米左右，单张尺寸有的达 4 米，不但难于运输而且在储运过程中极易发生折角等损失，尤其是用户单张购买时更容易发生这种损失。此外，许多用户所需的垫塞圈，规格比较单一，不可能安排不同尺寸垫圈的套裁，利用率也很低。

石棉橡胶板开张成型加工是按用户所需垫塞物体尺寸裁制好进行供应，不但方便用户使用及储运，而且可以安排套裁，提高利用率，减少边角余料损失，降低成本。这种流通加工套裁的地点一般设在使用地区，由供应部门组织。

7.3.4　流通加工管理及流通加工合理化

1．流通加工管理

组织流通加工的方法和组织运输、配送等方法区别很大，许多方面类似生产组织和管理，因此流通加工的管理需要特殊的组织和安排。

（1）流通加工的生产管理。流通加工的工艺过程比生产加工制造过程简单得多，但也体现了加工生产的许多特点，涉及劳动力、设备、动力、物资、财务等方面的管理。流通加工管理应当强调计划职能、组织职能和控制职能。

1）计划职能。流通加工的计划职能是十分突出的，它的计划内容涉及加工作业和技术经济方面的内容。例如，套裁型流通加工，其最主要的指标就是要提高出材率、材料利用率。这就需要加强科学管理，进行套裁的设计和计算，同时要以用户的需求为目标进行流通加工的数量管理，加强计划性，才能使流通加工既能提高设备利用率、出材率，又能在保证用户需求的前提下，尽量减少套裁剩余所造成的浪费。

2）组织职能。流通加工的组织职能是将劳动力、设备和材料进行最恰当的组织，使流通加工过程能与仓储作业、库存控制、配送作业之间很好地协调而不致发生紊乱。组织职能主要包括流通加工的空间组织、时间组织和劳动组织。由于流通加工的用户需求差别很大，因此，流通加工过程必须严格按用户要求的尺寸规格、数量进行加工，少了不行，多了也不行。流通加工造成的剩余材料，往往难以出售而易造成不必要的浪费，所以，流通加工在组织职能方面的难点就是既能按时、按量、按规格要求进行作业以满足用户需求，又不应有半成品的积存。

3）控制职能。尽管进度控制、成本控制也同样重要，但没有控制职能表现得突出。由于流通加工所依据的质量控制标准是由用户提出来的，因此，用户的要求不同，质量标准高低就有较大的差异。流通加工的质量水平甚至可能影响某种服务项目的存在与否。为了满足用户提出的质量要求，在流通过程中要加强工序控制和测量仪器的校核。物流企业要实施过程控制来强化内部质量审核，以优质的工程质量来保证流通加工质量。

（2）*流通加工组织与质量管理*。组织流通加工的方法与组织运输、配送等方法差异很大，许多方面类似于工业生产组织的管理，因此，流通加工需要进行科学合理的组织。流通加工中的全面质量管理基本上可以按工业企业质量管理的模式进行。常用的分析控制方法有因果分析图、排列图、控制图、关联图、网络图、质量参数分布图、统计表等。特别是当第三方物流企业掌握了大量相对稳定的货源时，将流通加工纳入其经营管理过程具有十分重要的意义。

（3）*流通加工的技术经济指标*。衡量流通加工的可行性，对流通加工环节进行有效的管理，考虑采用以下两类指标。

1）流通加工建设项目可行性指标。流通加工仅是一种补充性加工，规模、投资都必然远低于一般生产性企业，其投资特点是投资额较低、投资时间短、建设周期短、投资回收进度快且投资收益较大。因此，投资可行性可采用静态分析法。

2）流通加工环节日常管理指标。由于流通加工的特殊性，不能全部套用考核一般企业的管理指标。例如，8 项技术经济指标中，对流通加工较为重要的是劳动生产率、成本及利润指标。

3）增值指标。增值指标反映流通加工后单位产品的增值程度，其计算公式为：

$$增值率=\frac{产品加工后的价值-产品加工前的价值}{产品加工前的价值}\times100\%$$

增值率指标可以帮助管理人员判断投产后流通加工环节的价值变化情况，并以此观察该流通加工的寿命周期位置，为决策者提供是否继续实行流通加工的依据。

4）品种规格增加额及增加率。这两项指标反映某些流通加工方式在满足用户、衔接产需方面的成就，增加额以加工后的商品品种、规格数量与加工前之差来决定。

5）资源增加量指标。资源增加量是反映某些类型的流通加工在增加材料利用率、出材率方面的效果指标。这个指标不但可提供证实流通加工的重要证据，而且可具体用于计算微观和宏观经济效益。其具体指标分新增出材率和新增利用率两项：

$$新增出材率=加工后出材率-原出材率$$

新增利用率=加工后利用率-原利用率

（4）提高流通加工效益的途径。

1）要合理划分加工的供应区域，一般按经济区域来组织流通加工，便于使流通加工与物资流通系统协调一致，提高整体的加工功能。

2）加工点的分布要合理。加工点一般都设在消费地，要注意同一层次、同一形式的加工点在同一地区的数量和消费需求的数量相平衡，防止重复或短缺。大型的物流企业可自行建立加工企业，中小型的物流中心可和其他加工企业进行协作加工。

3）在大型的中心城市应设立综合性的流通加工中心，注意加工机构、种类的齐全，实现加工的社会化服务。

4）加工企业应注意，加工的品种根据加工网络的分工来确定；加工的规模根据流通量的大小来确定；加工的技术水平根据物质的特点来确定。

2．流通加工合理化

流通加工合理化的含义是实现流通加工的最优配置，不仅做到避免各种不合理现象的出现而使流通加工具有存在的价值，而且还要做到最优的选择。

为避免各种不合理现象，对是否设置流通加工环节，在什么地点设置，选择什么类型的加工，采用什么样的技术装备等，需要做出正确抉择。实现流通加工合理化主要考虑以下几方面。

（1）设置地点合理化。流通加工的地点选择十分重要，否则将影响其作用的发挥。为了更好地衔接大批量生产与多样化、小批量消费环节，应将流通地点尽量设置于消费地区，可在物流园区、物流中心、配送中心等物流要素集中地进行设置。同时应优化物流企业的网络化布局，结合产品特性和消费需求，形成有效的服务覆盖体系，提高响应速度。

（2）一体化集成作业。流通加工是物流作业中的重要一环，不能与其他作业形式相分离，而应重视采用一体化集成作业，使流通加工与中转流通巧妙地结合在一起，以提高作业效率，降低作业成本。例如，在配送中心的物流作业中就应按照具体的客户要求将流通加工置于分货、拣货、配货中，合理地选择作业形式，同时要考虑运输形式和消费者的配套设施，特别是水泥、木材等产品的流通加工。进行一体化集成作业时要从整个物流系统的整体角度出发，制定适合的作业形式，这样才能真正形成“储运—流通加工—配送”的一体化作业。

（3）加工和配送结合。将流通加工设置在配送中心，一方面按配送的需要进行加工；另一方面又是配送业务流程中分货、拣货、配货的一环，加工后的产品直接投入配货作业，这就无须单独设置一个加工的中间环节，使流通加工有别于独立的生产，使流通加工与中转流通巧妙地结合在一起。同时，由于配送之前进行了加工，可使配送服务水平大大提高。这是合理流通加工的重要形式，在煤炭、水泥等产品的流通中已表现出较大的优势。

（4）加工和配套结合。在对配套要求较高的行业中，配套的主体来自各个生产单位，但完全配套有时无法全部依靠现有的生产单位，进行适当的流通加工可以有效地促成配套，显示出流通的“桥梁与纽带”的作用。

（5）加工和合理运输结合。流通加工能有效衔接干线运输与支线运输，促进两种运输形式的合理化。利用流通加工，在支线运输转干线运输或干线运输转支线运输这本来就必须停顿的环节中不进行一般的“支转干”或“干转支”，而是按干线或支线运输合理的要求进行适当加工，从而大大提高运输及转载效率。

（6）加工和合理商流结合。通过加工可有效促进销售，使商流合理化，也是流通加工合理化的考虑方向。加工和配送的结合，通过加工，提高了配送水平，强化了销售，这是加工与合理商流相结合的一个成功例证。此外，通过简单地改变包装加工，可方便购买；通过组装加工，可解除用户使用前进行组装、调试的麻烦，这些都是有效促进商流的例子。

（7）加工和节约结合。节约能源、节约设备、节约人力、节约耗费是流通加工合理化考虑的重要因素，也是我国设置流通加工考虑其合理化的一个重要方面。

（8）发展绿色流通加工。流通加工具有较强的生产性，合理选择流通加工形式可以有效地促进环境保护。进行绿色流通加工的途径主要分两个方面：一方面变消费者分散加工为专业集中加工，以规模作业方式提高资源利用效率，以减少环境污染，如餐饮服务业对食品的集中加工，减少家庭分散烹调所造成的能源浪费；另一方面是集中处理消费品加工中产生的边角废料，以减少消费者分散加工所造成的废弃物污染，如流通部门对蔬菜的集中加工减少了居民分散垃圾的丢放及相应的环境治理问题。

对于流通加工合理化的最终判断，是要看其最终是否实现社会和企业的双重效益或是否取得了最优效益。对流通加工企业而言，与一般生产企业的不同之处是，流通加工企业更应树立社会效益第一的观念。只有在以补充完善为己任的前提下，才有生存的价值。如果只是追求企业的微观效益，不适当地进行加工甚至与生产企业争利，这就有悖于流通加工的初衷，或者其本身已不属于流通加工的范畴了。

复习思考题

1．装卸搬运包含哪几类作业方式？各有什么含义？
2．如何体现装卸搬运合理化？
3．装卸搬运设备可以分为哪几大类？
4．包装有哪些种类？各类包装有什么特点？
5．流通加工与生产加工有何区别和联系？
6．流通加工合理化的含义是什么？

案例研究　物料搬运系统设计案例

某电机厂要验收并压接厂外制造的线圈，交来的线圈每件重量达 10～40 千克，搬运很困难，尤其是对于女工而言，还存在着安全隐患，因此决定改进物料搬运措施。

该作业的工艺过程为：卡车交货→称重→压接→检验→下一道工序。工序虽然简单，但搬运工作量大，经过分析后发现：搬运共 3 次，总距离 30 米，即把线圈搬到工作台或台秤上，再从工作台或台秤上各卸下 3 次，中间还有两次停顿。

其中搬运工序分析如图 7-18 所示，而搬运活性分析如图 7-19 所示。

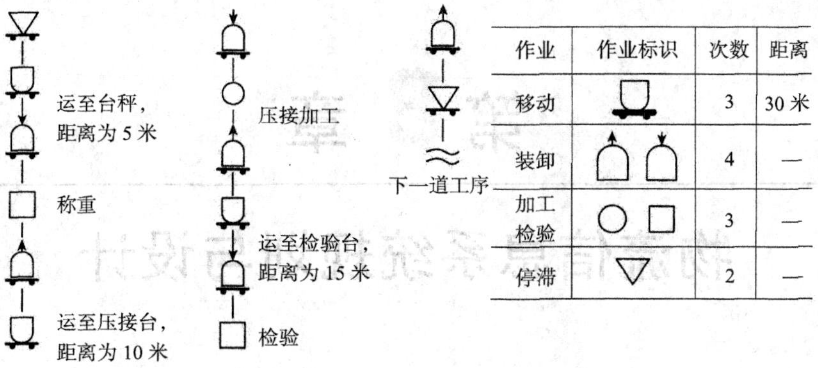

图 7-18　搬运工序分析

根据分析结果，改进的着眼点归纳如下：

1）装卸货次数过多，想办法减少。

2）改进活性指数低的作业工序。

3）缩短移动距离。

按照这些着眼点，考虑连手推车一起称重，然后减去手推车的重量即可。同理在手推车上进行压接和检验，从而消除了 6 项装卸作业，同时也提高了活性指数。现在只需一名女工就可进行作业了。另外改变了压接机的位置，搬运距离从 30 米降到了 10 米，大为缩短。

改进后的搬运工序和布置变化如图 7-20 所示。

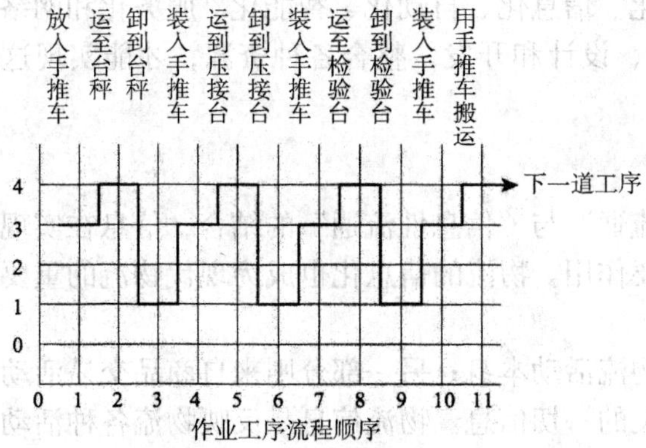

图 7-19　搬运活性分析

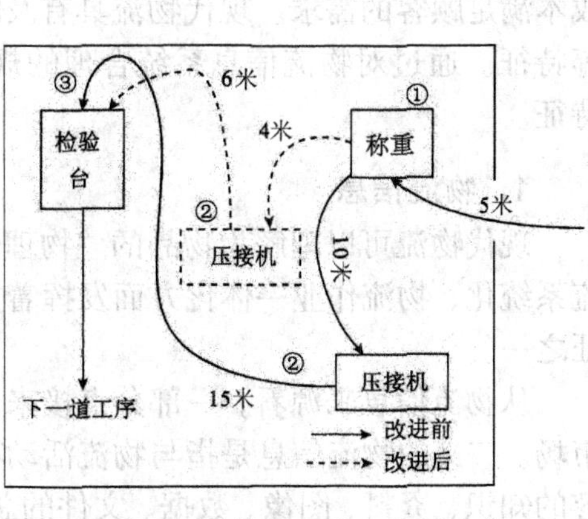

图 7-20　改进后的搬运工序和布置变化

仔细观察前后工序，会发现在产品的停滞、回收等方面还存在着改进的余地。为了消除产品的停滞，把合格产品顺利送入下一道工序，可扩大分析对象范围并进一步分析作业详情，以达到缩短时间和安全作业的目标。

第 8 章

物流信息系统规划与设计

【学习目标】了解物流信息化的意义、国内外公共物流信息平台发展概况，熟悉企业物流信息系统规划与设计的方法、公共信息平台解决方案和功能设计；掌握物流信息系统的分类，企业物流信息系统规划与设计的原则和步骤，公共物流信息平台规划与设计的步骤和原则。

8.1 物流信息系统概述

8.1.1 物流信息与物流信息系统

现代物流理论认为，现代物流服务的核心目标是在物流整个运营过程中以最小的综合成本满足顾客的需求。现代物流具有及时化、信息化、自动化、智能化、服务化和网络化等特征。通过对物流信息系统合理的规划、设计和开发，整合各种资源，才能实现这些特征。

1. 物流信息

现代物流可以理解为物品的“物理性流通”与“信息性流通”的结合，信息在实现物流系统化、物流作业一体化方面发挥着重要作用。物流的信息化也成为现代物流的重要特征之一。

从物流信息来源看，一部分直接来自物流活动本身；另一部分则来自商品交易活动和市场。广义的物流信息是指与物流活动有关的一切信息。物流信息是反映物流各种活动内容的知识、资料、图像、数据、文件的总称。物流信息是物流活动中各个环节生成的信息，一般是随着从生产到消费的物流活动的产生而产生的信息流，与物流过程中功能要素和各种职能有机结合在一起，是整个物流活动顺利进行所不可缺少的。

2. 物流信息系统

信息系统是由计算机硬件、网络和通信设备、计算机软件、信息资源、信息用户和规章制度组成的以处理信息流为目的的人机一体化系统。

物流信息系统是一个以采集、处理和提供物流信息服务为目标的系统或平台，可以采集、输入、处理数据，可以存储、管理、控制物流信息，可以向使用者报告物流信息，辅助决策，使其达到预定的目标。

8.1.2 信息技术对现代物流产生与发展的影响

传统的物流活动被分散在不同的经济部门或一个企业内部不同的职能部门，从生产到消费的过程中，物流活动被分解为若干个阶段和环节来进行。由于没有信息技术的支持，物流信息本身也被分散在不同的环节和不同的职能部门之中，物流与信息之间的交流与共享变得十分困难，经常滞后于许多管理活动。

随着计算机软硬件技术、网络通信技术、信息采集技术等信息技术的群体性突破，信息技术开始广泛应用到企业物流管理活动中，使物流活动发生了根本性的变化。

由于信息采集技术、网络通信技术的广泛应用，物流信息不再局限于某个物流环节上，在整个物流活动中，所有的企业、管理者都能得到所需要的信息，根据这些信息进行有关的管理、协调和组织工作。信息的共享开始超越企业内部不同职能部门的边界乃至企业的边界，信息资源的共享使物流活动可以与原有的生产过程和商品销售过程分离开来，成为一种独立的经济活动。在信息技术广泛应用以后，由于有了完整的信息和信息共享，物流活动从过去一个局部的环节变成了整个供应链上的系统化活动，从过去分散的活动变成了一种系统化的、全程化的活动。通过现代信息技术的应用，特别是整个供应链所有参与者的信息共享，使得所有的参与者都能够根据充分的信息来合理地进行分工和市场定位，来进行规范化的运作。

在供应链形成以后，特别是在第三方物流企业形成以后，这种竞争不再停留在单一的环节上，而是把整个物流过程或大家经常说的供应链过程的管理效率和管理水平的提高作为竞争的主要焦点。所以到目前为止，在西方发达国家物流企业的核心竞争力已经不是使用多么先进的运输设备和自动化的仓库，而是对顾客的响应能力。而这种响应能力恰恰是建立在现代信息技术广泛应用的基础上的，所以物流竞争已经从原来关注物流设施水平转向了信息管理能力和信息技术水平的提高上。信息处理的能力和信息管理的能力决定了整个供应链对市场的反应能力，决定了对顾客提供高效率高水平物流服务的能力。

信息技术在物流活动中的应用直接导致了新的物流组织的出现，使物流组织的层次不断提高。现代信息技术影响物流组织逐渐升级的过程基本上可以划分为三个阶段。

第一阶段：20 世纪 80 年代以前，以企业内部信息管理系统为基础的企业内部一体化物流组织。

第二阶段：20 世纪 80—90 年代，特别是第三方物流企业出现以后，可以概括为以电子数据交换技术或 EDI 为基础的专业化的物流组织。

第三阶段：20 世纪 90 年代以后，以网络通信技术为基础的物流流程的一体化组织，以供应链管理为核心的物流企业。

8.1.3 物流信息化的意义

1. 物流信息资源的整合与共享

现代物流活动已成为整个供应链上的系统化、全程化的活动。物流系统信息化首先要对物流活动中的各类信息资源进行整合，并在全社会范围内对这些信息资源进行共享。信息共享将超越企业内部不同职能部门的边界、企业的边界，使供应链上所有的参与者都能够根据充分的信息来进行合理的分工和市场定位，进行规范化的运作。供应链上所有的企业、管理者、工作人员都能得到所需要的信息，根据这些信息进行有关的管理、协调和组织工作。

2. 物流资源的整合

20 世纪 80 年代，西方发达国家在提高物流管理水平和管理效率方面，主要是围绕对物流设施的投资进行的，例如，很多物流活动都是在自动化仓库、多式联运等物流设施的改进上来提高自身的效率。在信息技术不发达的情况下，物流的很多技术手段都停留在设施设备能力和水平的提高上。随着信息技术的发展，特别是供应链管理出现以后，更重要的不是单一的设施水平的提高，而是通过信息技术可以把资源整合到一起，来提高整体的运作效率，也就是说，信息处理的能力、信息管理的能力决定了整个供应链对市场的反应能力，决定了对顾客提供高效率、高水平的服务能力。

3. 物流系统运行的优化

随着市场经济和社会化的发展，一方面专业化分工越来越细，另一方面各专业之间的合作越来越密切。生产企业与零售行业所需的原材料、中间产品、最终产品大部分由不同的物流中心、批发中心与配送中心提供，以实现少库存和零库存。现代物流社会化趋势是社会经济活动发展、物流规模经济效益、物流资源综合利用的必然结果。物流系统信息化可以减少物流信息的传递层次和流程、提高物流信息利用程度和利用率，以最短的流程、最快的速度、最小的费用完善物流系统的正常运行，实现物流系统运行的优化。

4. 物流服务水平的提升

物流信息化在一定程度上将解决政府和行业间信息互通、企业间信息沟通及企业与客户间交流的问题，实现对客户的个性化服务，从根本上提升物流服务水平。

5. 社会物流技术水平的提高

公共物流信息平台通过政府和社会各界的力量，能够实现单个或某几个企业所不能实现的技术，有利于社会物流技术水平的提高。

6. 物流企业信息化进程的加速

公共物流信息平台将促进中小物流企业向现代化、网络化、信息化的发展，特别是为中小物流企业提供实现信息化的有效途径。

7. 电子商务的发展

公共物流信息平台的建立将从整体上提升全社会物流服务水平，从根本上解决困扰电子商务发展的物流服务问题，从而有力地推动电子商务的发展。

8.1.4 物流信息系统的分类

按服务领域、支撑环境、技术要素和运营主体等可以将物流信息系统分为企业物流信息系统、物流园区（中心）信息平台、公共物流信息平台等不同层次，公共物流信息平台又可以划分为港口或行业公共物流信息平台、城市物流公共信息平台和区域物流公共信息平台等类型。

1．企业物流信息系统

企业物流信息系统主要根据物流企业、生产企业、商业企业的内部物流信息一体化、网络化、高效化的需求，构建企业信息系统，提高物流运作效率，并逐步要求在供应链上、下游企业及合作伙伴之间实现信息共享，以实现供应链的协同运作，增强供应链的竞争优势。

生产企业、商业企业的信息系统根据不同的发展阶段，一般有以下三种形态。

（1）初级阶段。实现企业核心部门的信息化，解决信息处理问题，提高物流运作效率，减少错误率，降低成本。

（2）发展阶段。随着客户对企业柔性和快速反应能力需求的不断提高，企业对内部各系统进行跨职能的整合，实现内部物流系统的一体化。

（3）高级阶段。供应链管理是现代物流的发展方向，随着企业客户的全球化及 JIT 等方法的应用，企业需要对内部信息与供应商、客户等外部信息进行整合，利用信息技术实现全球供应链管理。

物流企业通过对内部系统的信息化建设，如优化配载、货物跟踪、车辆调度、路线安排、库存管理等，以及与被服务企业间的信息共享和交互，来提高服务效率、服务质量和服务能力。

2．物流园区（中心）信息平台

物流园区（中心）信息平台整合物流园区（中心）内企业的信息资源，为物流园区（中心）内企业提供信息共享和增值物流服务，实现物流园区（中心）内企业间的信息共享，并促进物流园区（中心）内企业的信息化建设。根据不同物流园区（中心）的功能特点，信息平台的作用也有所不同，主要表现在以下几个方面。

（1）促进物流园区（中心）内中小企业的物流系统信息化建设。根据物流园区（中心）的性质，为物流园区（中心）内的中小企业提供企业物流系统的 ASP（应用服务提供）租赁服务，为中小企业节约在信息化方面的投资，加速企业信息化进程。

（2）信息共享。实现物流信息共享（物流园区内物流企业间的信息共享、物流园区内物流企业与社会物流企业间的信息共享、物流企业与客户间的信息共享）；在物流企业内部进行集中管理和信息共享，实现物流企业对客户关系管理、物流中心、配送中心、仓储中心、停车场、网络化运输的集中管理，以及对物流服务的全过程优化，为物流企业客户提供对物流服务全过程的动态跟踪和查询。

（3）物流园区（中心）管理信息化。通过对物流园区（中心）进行网络化、信息化、高效化管理，提升物流园区（中心）的水平，增强物流园区（中心）的运营效率和吸引力。

3．公共物流信息平台

公共物流信息平台整合城市或区域的物流资源和社会资源，为城市或区域内各物流节点和企业提供信息服务，优化整个社会物流系统。公共物流信息平台以其跨行业、跨地域、技术密集、多方参与、扩展强、开放性好等特点对现代物流业的发展构成了有力的支撑。利用网络技术建立物流公共信息平台，通过信息技术和网络技术整合社会物流资源和管理物流行业，可以使我国物流产业产生质的提高。公共物流信息平台的作用主要包括以下几方面。

（1）公共基础信息共享。现代物流是一个整合的过程，涉及很多行业、部门的资源和信息的优化整合，其中交通、海关、银行等部门基础信息的获取对于企业现代物流发展的作用越来越大，因此企业非常需要对公共基础信息进行共享。但这些信息的获得涉及各行业、部门间的协调问题及资金投入问题，企业依靠自身难以获得，因此需要由专门的公共物流信息平台来提供这些信息的共享服务。

（2）物流信息资源和社会物流资源的整合和共享。公共物流信息平台能够对社会物流系统中的各类信息资源进行整合，并在全社会范围内对这些信息资源进行共享；对物流资源信息的整合与共享，对社会物流资源进行重组，提高社会物流资源的利用率，实现对社会物流资源的整合。

（3）物流信息互通。公共物流信息平台可促进行业间信息互通、企业间信息沟通及企业与客户间的交流，提升全社会物流服务水平。

8.1.5 物流信息系统的规划建设模式

企业物流信息系统的规划建设可以有自建和租用两种形式。大型企业或业务比较复杂的企业可以采用自建的方式，构建充分体现本企业特点的物流信息系统。对于中小企业可以采用租赁物流园区信息平台或公共物流信息平台提供的 ASP 系统的方式，节约信息化的投入，加快信息化建设步伐。因此，企业物流信息系统的规划由企业根据自身的条件进行，不需要政府的干预。

物流园区（中心）信息平台和公共物流信息平台的建设可以采用三种模式。

1. 商业运营机构全资拥有模式

该模式比较有利于市场的培养和发展，但该商业运营机构必须能保证提供公平的竞争环境和持续的经费投入。

2. 政府参与的业界协作组织模式

该模式能保持平台的中立性和支持平台总体目标的实现，但在市场培育和经费方面有所欠缺。

3. 政府主导模式

该模式在平台的中立性、经费、支持总体目标的发展等方面有较好的保证，但在促进市场培育和发展方面有所欠缺。由于公共物流信息平台涉及面广、用户群体广泛，不管采用哪种建设模式，都需要在政府的统一规划下进行。因此，公共物流信息平台一般由政府进行统筹规划。

8.2 企业物流信息系统规划与设计

8.2.1 规划与设计的原则

1. 系统性原则

企业物流信息系统规划与设计不能局限于某个物流系统甚至某个物流功能，而必须充分考虑周边环境并从整个系统的角度去规划，从而使物流信息管理的功能与整体物流系统的运作有机联系，使物流信息系统能够提升企业整体甚至整个供应链的运作效率。同时，在物流信息系统规划时，也要注意功能的系统性和开发过程的完整性。所谓功能系统性，是指根据企业物流管理的实际功能需要来设计物流信息系统；而系统开发的完整性是指需要遵循相应的管理规范，如开发文档的管理规范、数据格式规范、报表文件规范等，以保证系统开发和操作的完整性和系统性。

2. 经济性原则

物流信息系统的开发费用必须在保证质量的情况下尽量压缩，如在物流信息系统规划时必须充分利用现有资源，考虑在已有业务应用系统和数据库等资源的基础上进行完善与整合，最大限度地降低成本。同时，物流信息系统投入运行后，必须保持较低的运行维护费用，减少不必要的管理费用。

3. 实用性原则

物流信息系统规划与设计必须以实用为原则，使开发的物流信息系统真正能够满足和贴近实际需要，提供友好的用户操作界面，从而使系统操作方便、快捷、易用，符合业务人员日常工作习惯和流程。

4. 可靠性原则

物流信息系统规划的可靠性原则是指开发的物流信息系统能够保证在正常情况下和非正常情况下都能可靠运行。这就要求物流信息系统能够在正常情况下达到系统设计的预期精度要求，实现系统的准确性和稳定性。而在软、硬件环境发生故障的非正常情况下，物流信息系统也能够保持一定的灵活性，能够针对一些紧急情况提出应对措施，实现部分使用和运行。

5. 开放性和协同性原则

物流信息系统的规划开发是一项庞大的系统工程，涉及组织日常管理工作的各个方面，既是一个管理决策过程，又是管理与技术相结合的过程，因此相关部门的广泛参与是开发成功的首要条件，这就需要物流信息系统规划与设计时能够保持开放性和协同性。此外，开放性还表现在物流信息系统本身应具备与公司内部其他系统如财务、人事等管理系统相连接的性能。同时，系统不仅要在物流企业内部实现数据的整合、顺畅流通，还应具备与企业客户、外部供应链的各个环节及其他相关部门、企业的协同，实现数据交换等方面的无缝连接。

6．标准化原则

在物流信息系统规划的每个环节，必须遵循有关国际、国家主流技术标准，并采纳行业通行的业务模式和业务处理方法，按照标准化、工程化的方法和技术来设计和开发系统。

7．可扩展性原则

物流信息系统规划与设计是一个复杂的发展完善过程，它需要逐渐认知实际物流系统的需要，同时还要考虑环境的变化。这就要求在物流信息系统规划与设计时应充分遵循可扩展性原则，即充分考虑企业未来的物流管理及业务发展的需求，在设计、功能和界面上尽可能留有接口，使功能可进一步扩展，便于维护、修改、衔接及增加新的功能，以便在原有的系统基础上建立更高层次的管理模块，使物流信息系统具有一定的适应环境变化的能力。

8.2.2 规划与设计的步骤

物流信息系统的规划与设计可以按照时间顺序分为四个阶段：物流信息系统分析阶段、物流信息系统设计阶段、物流信息系统构建阶段、物流信息系统运行与维护阶段。

1．物流信息系统分析阶段

物流信息系统分析阶段主要包括系统的需求分析及系统总体分析两大部分，其基本步骤如图 8-1 所示。

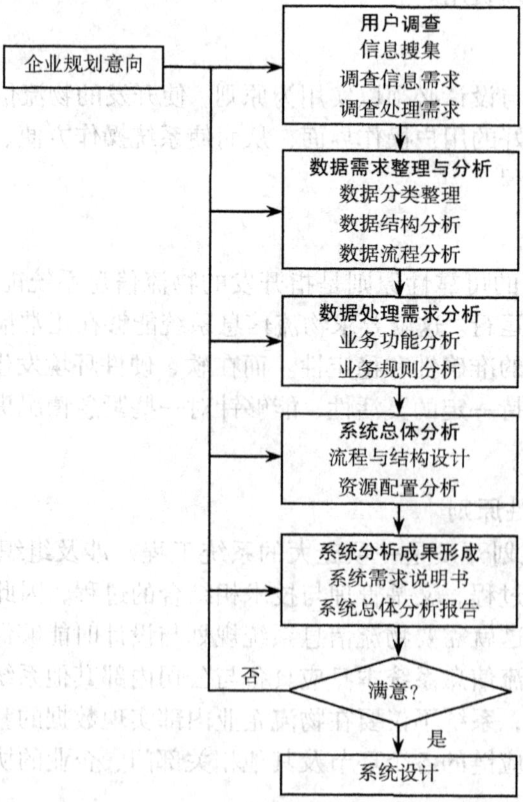

图 8-1 物流信息系统分析阶段基本步骤

（1）用户调查。物流信息系统规划与设计能否成功，需求分析是关键和基础。但很多客户不能确定他们到底需要什么，而且提出的需求又有可能经常变动，或者不能准确表达想法，所以在系统需求分析时，开发人员要同客户一起共同分析现状、挖掘问题、研究解决办法，同时避免交流过程的信息干扰与误解。因此，物流信息系统的需求分析是建立在用户调查的基础上，并通过分析讨论，逐步明确用户对系统需求的一个过程。它是系统规划和开发的依据，对用户需求是否准确把握，将直接关系到开发出来的系统能否得到用户认可，用户能否真正运用该系统解决业务或管理问题。从图 8-7 可以看出，用户调查的重点是信息搜集和处理。通过调查，企业可以从用户处获得对系统的下列需求。

1）信息需求。信息需求定义未来物流信息系统使用的所有信息，包括用户将向系统输入的信息数据、从数据中要求获取的信息内容、将要输出的信息内容等。

2）处理需求。处理需求定义未来系统数据处理的操作需求，描述操作的优先次序，包括操作执行的频率和场合；处理需求还包括弄清用户要完成什么样的处理功能、要求的响应时间及安全性和完整性的约束。

（2）数据需求整理与分析、数据处理需求分析。物流信息系统需求分析的基本任务是准确地回答"系统必须做什么"这个问题。需求分析所要做的工作是对数据需求进行整理和分析，了解数据的结构和数据的流程，然后对数据处理的需求进行分析，深入描述系统的功能和性能，分析功能与数据之间的关系，确定系统设计的限制和定义系统的其他有效性需求，提出分析处理方式和系统逻辑方案。

（3）系统总体分析。系统总体分析的基本任务是在系统目标要求和约束下，以系统的应用需求描述为基础，与客户一同利用系统分析方法和工具，分析并优化系统的信息流程，建立系统的功能模型和信息模型，设计系统的总体结构和功能，进行系统软件、硬件、网络、组织机构的配置，最后制定项目管理计划，对所要做的工作、所要用的资源、所要花费的全部经费进行分析和描述，并进行预期效益分析。

（4）系统分析成果形成。需求分析的阶段成果是系统需求说明书，系统需求说明书是系统设计开发的重要依据文件。在需求分析时，通过和客户进行交谈、文档交流、会议、情景分析、模拟演示等方式的沟通，可以在需求说明书中尽可能地明确客户需要什么样的物流信息系统产品。不同客户对物流信息系统的要求是有差别的，通过调研、分析、交流及了解客户物流业务活动的现状，可以明确客户的目标、需要解决的问题、希望实现的功能、业务需要的信息、管理决策需要的信息、信息的表现方式及操作习惯等。

系统总体分析的阶段成果是系统总体分析报告。系统总体分析报告包括与客户之间的一项规格说明文档合同，它明确表明了物流信息系统必须做什么，物流信息系统必须满足的约束条件有哪些，应该采用怎样的解决问题的策略，同时它也是系统最终交付使用的验收标准集。在系统总体分析报告中，还必须根据系统的功能模型、信息模型及物理结构制订明确的项目规划，包括系统的总目标，系统的功能、结构及所需的接口等方面的规划，并对可供使用的资源（如计算机硬、软件、人力等）、成本、可取得的效益和开发的进度做出评估，制定开发任务的实施计划。在物流信息系统项目管理计划中，最重要的是估计项目的开发周期和开发成本。

2. 物流信息系统设计阶段

物流信息系统设计是物流信息系统规划与设计的技术核心，其基本任务是将用户要求转换成一个具体的物流信息系统的设计方案。设计过程的输入是物流信息系统需求说明书及总体规格说明文档，主要描述物流信息系统要做什么；输出是设计文档，说明如何完成物流信息系统的构建。物流信息系统设计文档包括以下三方面。

（1）系统设计定义。系统设计定义主要包括定义系统目标、系统功能、数据分类及信息结构四方面。其中，定义系统目标需要确立各子系统的统一目标，局部目标要服从总体目标；定义系统功能需要确立系统设计的物流管理与经营活动的主要内容与决策；定义数据分类需要在定义系统功能的基础上，把数据按支持一个或多个功能分类；定义信息结构需要确定信息系统各个部分及其数据之间的相互关系，导出各个独立性较强的模块，确定模块实现的优先关系，划分子系统。

（2）逻辑设计。逻辑设计在系统调研的基础上，从整体上构造出物流信息系统的逻辑模型，对各种模型进行优选，确定最终方案。主要研究物流信息系统的模块划分，在物流信息系统总体规格说明文档的基础上建立软件和系统结构，包括数据结构和模块结构。模块结构中的每个模块要意义明确且和某些用户需求相对应。

（3）物理设计。物理设计以逻辑模型为框架，对每个模块进行具体的设计与描述，确定所需要的算法和数据结构，确定模块的功能、接口和实现方法，以便为程序编写打下基础。物理设计的目标不仅仅是逻辑上正确地描述每个单元的实现算法，更重要的是设计出的处理过程要尽可能简明，其结果基本上决定了最终程序代码的质量，使后续的物流信息系统构建阶段能够利用各种编程实现系统的输入、输出、存储及处理方法。

3. 物流信息系统构建阶段

物流信息系统构建阶段的工作主要包括物流信息系统软件的编程和测试。

编程是将系统需求和功能模块的设计及接口规范映射为可执行代码的过程。其主要任务是把软件转换成计算机可以接受的程序，即写成以某一程序设计语言表示的“源程序清单”。在编程阶段写出来的程序应该结构良好、清晰易读，与设计相一致，并且要按照系统分析中提出的需求和验收标准进行严格的测试和审查，审查通过后才可以交付使用。为保证软件的可靠性和程序的正确性，应该采用科学的程序设计方法和技术。

编码阶段完成后，在系统上线使用之前必须先进行严格、科学的测试，找出其中的错误并进行修正。一般常用的物流信息系统测试方法主要有黑箱测试和白箱测试两种。其中，黑箱测试是根据物流信息系统应该具有的功能，测试它每个功能是否达到了预期效果，而白箱测试是根据系统的内部工作过程，测试系统内部活动是否符合规格说明书的要求与规定。物流信息系统测试与纠错和调试密切相关，是保证物流信息系统质量和可靠性的关键因素，同时，物流信息系统的测试也是系统交付用户前，对需求分析、软件设计和编码的最后复审。一般而言，物流信息系统测试可以划分为以下四个阶段。

（1）数据准备及测试方案的确定。这里可以根据现有的作业处理数据来测试各子系统是否能满足原先的设计。现有作业数据及历史数据较符合实际情况，往往能为系统修正提供正确判断。

（2）单元测试。系统的测试以各程序模块的单元测试开始，这样便于集成测试时减少错误检查点。

（3）集成测试。集成测试结合各模块的单元测试对整个系统做完整的测试。

（4）验收测试。验收测试即最后验收交付时的测试，验收测试需要确定该系统是否满足开发人员所提交的规格说明，其主要测试方法包括正确性测试、健壮性测试、性能测试和文档测试，当系统通过了验收测试，就标志着物流信息系统设计开发阶段结束了，同时进入了运行与维护阶段。

4．物流信息系统运行与维护阶段

在建立物流信息系统架构，完成了其功能设计并通过了验收测试后，即可交付用户使用，物流信息系统规划工作也就进入了系统运行与维护阶段。这一阶段主要包括以下四个方面的工作。

（1）编写用户手册。为了使系统上线后可以顺利运行，必须编写用户手册以指导使用者如何正确维护及操作系统，包括系统安装手册、操作手册和维护手册等。系统安装手册主要用于指导系统安装人员设置系统，其内容包含硬件运行环境要求，如服务器的规格、内存容量、辅助输入输出设备，应选择安装的子系统、网络管理程序、特殊的编译程序等，并且将系统设置步骤一一列举并举例说明。使用者操作手册则是用来说明如何从系统输入输出数据及如何利用各项系统功能。而对系统的维护应具有维护手册，内容包括从系统分析、系统设计阶段开始的所有文档、数据格式、程序流程、算法说明等。

（2）系统安装与数据导入。系统安装设置好后通常无法马上上线运行，主要是因为现有数据尚未经过有效整理，无法适合系统所设计的输入输出格式或因必要的历史数据还没有输入而无法发挥系统功能。因此，系统初次使用时应将必要的数据输入或采用其他方式导入系统，并进行一定时间长度的调试，待稳定后正式投入运行。

（3）用户培训。系统设置好后应对各类使用者进行不同程度的培训，好的培训工作不但有利于新系统的投产运行，对以后的维护工作也有很大的帮助。用户培训的工作主要包括对使用者的操作培训、对系统维护人员的系统维护培训、对高层主管或决策人员的系统应用和功能说明培训等。

（4）物流信息系统维护与更新。经过上述一系列的工作，系统即可开始正常运作。然而，物流信息系统常常会面临一些运行错误，或者会因为物流系统内外部环境的变化而产生新的业务需求，这也要求物流信息系统必须随之更新或修正。因此在物流信息系统运行与维护时期的主要任务不仅需要维护系统的正常运行，不断改进物流信息系统的性能和质量，而且还必须做好物流信息系统的进一步推广应用和更新换代。

8.2.3　规划与设计的方法

1．需求分析方法

（1）企业系统规划法。企业系统规划法（Business System Planning，BSP）是由 IBM 公司于 20 世纪 70 年代提出的一种管理信息系统规划的结构化方法论。企业系统规划法可以确定未来物流信息系统的总体结构，明确系统的子系统组成和开发子系统的先后顺序，并可以对数据进行统一规划、管理和控制，明确各子系统之间的数据交换关系，保证信息的一致性。企业系统规划法的优点在于利用它能保证物流信息系统独立于企业的组织机构，使物流信息系统具有对环境变更的适应性。

企业系统规划法的总体思路是先“自上而下”识别出企业战略目标和信息系统战略目标，然后再“自下而上”设计出企业的物流信息系统架构，逐步将企业目标转化为物流信息系统的目标和结构，如图 8-2 所示。

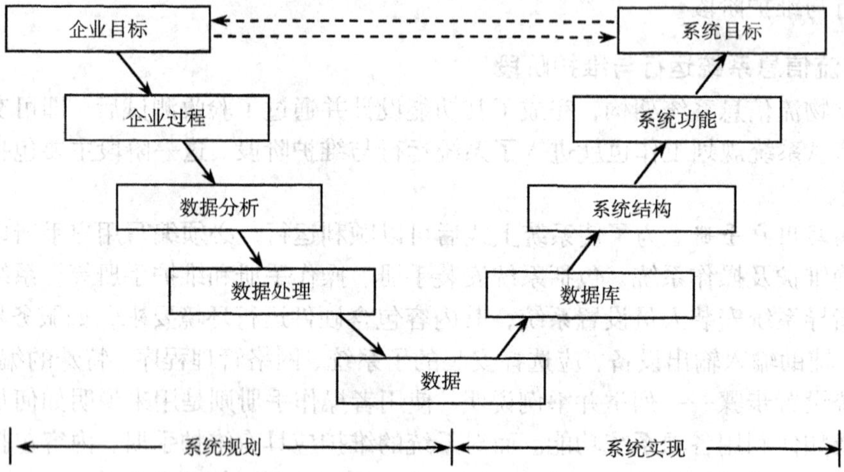

图 8-2　企业系统规划法的总体思路

1）确定企业目标与系统目标。在确定企业目标和物流信息系统目标时，规划人员必须深入各级管理层，了解企业有关决策过程、组织职能和部门的主要活动及存在的主要问题，要注意必须使所建立的物流信息系统支持企业的目标与战略。

2）分析企业过程。分析企业过程可对企业如何完成其物流服务目标有较深刻的了解，可以作为建立物流信息系统的基础。在分析企业物流业务流程时，首先，要识别出企业的物流产品与服务，以及支持这些产品与服务的相关资源（资金、材料、设备、人员等），然后定义与产品、服务及支持资源相关的作业流程。其次，还需要分析一些计划与控制类的管理流程。最后，需要将相关流程进行合并、补充、删减、修改或再细分，从而形成一组新的流程，以有效完成相关作业。同时，还要说明流程与组织各部门间的关系，并对重组后的新流程进行描述与说明，作为备查资料。

3）管理物流数据和信息，管理物流数据和信息包括物流数据的分析、处理，并构建数据库等内容。管理物流数据和信息首先需要确定每个流程所生成和使用的数据有哪些，即利用前面识别出来的企业物流流程，确定每个流程使用了什么数据，产生了什么数据，或者说每个流程输入、输出的数据各是什么，然后再建立它们和某一实体的联系；其次必须识别数据类，将所有数据进行分类、整合，将属性相同的数据组合成数据类；最后，定义描述每个数据类，并编写说明文件，构建数据库。

4）定义系统结构和功能。识别出物流数据类后，就要建立数据类与企业物流流程之间的关系，这样做不但可以保证所有的数据类和流程都被完全识别出来，而且可以保证每个数据类有且仅有一个流程生成。用来建立数据类与企业物流流程之间关系的矩阵被称为过程/数据类矩阵或 U/C 矩阵。通过对 U/C 矩阵做交互分析，可以检查流程与数据类之间的关系，再依照流程分组或简化，就可以定义出物流信息系统的结构和功能，即划分出物流信息系统的各个子系统。

5）完成 BSP 研究报告，提出建议书和开发计划。

（2）关键成功因素法。关键成功因素法（Key Success Factors，KSF）是信息系统开发规划方法之一，1970 年由哈佛大学教授 Wiuiam Zani 提出。关键成功因素法就是通过分析找出使企业成功的关键因素，然后再围绕这些关键因素来确定系统的需求，并进行规划。关键成功因素法的优点是能够使所开发的系统具有很强的针对性，能够较快地取得收益。应用关键成功因素法需要注意的是，当关键成功因素解决后，又会出现新的关键成功因素，就必须再重新开发系统。这种方法的缺点是通常只在确定管理目标阶段最为有效。

关键成功因素法的主要步骤如图 8-3 所示。

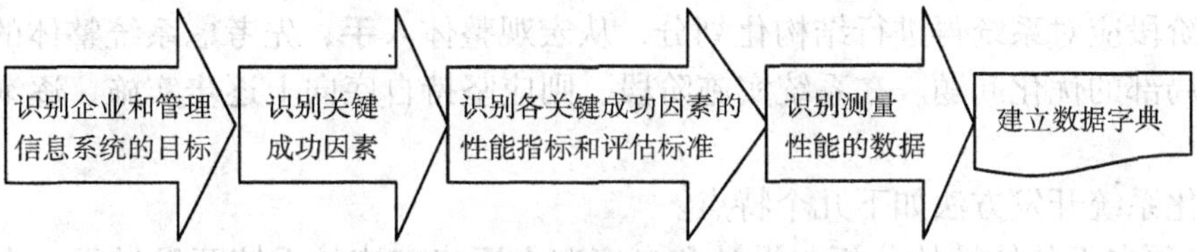

图 8-3　关键成功因素法主要步骤

1）识别企业或管理信息系统（MIS）的目标。

2）识别关键成功因素。该步骤主要是分析影响企业和物流信息系统目标的各种因素和影响这些因素的子因素，然后确定关键的成功因素。识别关键成功因素所用的工具主要是树状因果分析图。识别一个组织的关键成功因素需要与管理人员做一系列的访谈，并通过充分的讨论来确定这些目标与关键成功因素之间的内在联系，然后决定哪些关键因素可以合并，哪些因素可以删除，哪些因素需要重新阐释。

3）识别各关键成功因素的性能指标和评估标准。

4）识别测量性能的数据。

5）建立数据字典。

（3）结果-手段分析法。结果-手段分析法（Ends-Means Analysis，E/M）是 1982 年由 Wetherbe 与 Davis 基于系统理论提出的一种确定组织、部门及个别管理者信息需求的方法。这种方法的出发点是企业组织及其内部的各个子系统与流程既有输入又有输出，输入就是手段，输出就是结果。采用结果-手段分析法获得信息需求的步骤为：首先确定组织过程产生的结果或输出，这些输出可以是产品或服务，也可以是信息；其次分析得到这些结果的手段，这些手段包括输入和过程，最后确定与结果和手段相关的各种信息。

结果-手段分析法在注重分析输入、输出信息的同时，还注意分析过程产生输出或结果的有效性与效率。所谓有效性，是指一个过程的输出满足作为另一过程的输入要求的程度，而效率则是指把输入转化为输出时所需的资源及这些资源的利用情况。因此，结果-手段分析法在提供信息的同时，还提供了关于信息有效性及效率的度量标准。

2. 开发方法

物流信息系统的开发与管理信息系统的开发一样，是一项复杂的系统工程。它涉及的知识面广、部门多，不仅涉及技术，而且涉及管理业务、组织结构和行为特征，它不仅是科学，而且是艺术。至今还没有一种完全有效的、万能的系统开发方法，但软件开发实践中形成的一些开发方法对确保物流信息系统的开发质量起到了积极的作用。目前常用的系统开发方法有结构化系统开发方法、原型开发方法、面向对象的开发方法、计算机辅助开发方法等。

（1）结构化系统开发方法。结构化系统开发方法（Structured Programming）是自顶向下结构化方法、工程化的系统开发方法和生命周期方法的结合，是迄今开发方法中应用最普遍、最成熟的一种。结构化开发方法的基本思路是用系统工程的思想和工程化的方法，按用户至上的原则，自顶向下地对系统进行分析与设计。具体来说，就是将整个信息系统开发过程划分出若干个相对独立的阶段，如系统规划、系统分析、系统设计、系统实施等。在前三个阶段应对系统再进行结构化划分，从宏观整体入手，先考虑系统整体的优化，然后再考虑局部的优化问题。在系统实施阶段，则应坚持自底向上逐步实施、逐渐构成整体系统。

结构化系统开发方法如下几个特点。

1）自顶向下整体性的分析与设计和自底向上逐步实施的系统开发过程。在系统分析与设计时要从整体考虑，从全局到局部逐步进行；而在系统实现时，则要根据设计的要求先编制一个个具体的功能模块，然后自底向上逐步实现整个系统。

2）用户至上。用户对系统开发的成败是至关重要的，故在系统开发过程中要面向用户，充分了解用户的需求和愿望。

3）深入调查。强调在设计系统之前深入实际用户单位，详细地调查研究，努力弄清楚实际业务处理过程的每个细节，然后分析研究，制定出科学合理的信息系统设计方案。

4）分阶段工作。把整个系统开发过程划分为若干个工作阶段，每个阶段都有其明确的任务和目标，以便于计划和控制进度，有条不紊地协调展开工作。

5）系统适应性强。因系统开发是一项耗费人力、财力、物力且周期很长的工作，一旦周围的环境（组织的外部环境、信息处理模式、用户需求等）发生变化，则会直接影响系统的开发工作，所以，结构化开发方法强调在系统调查和分析时，对将来可能发生的变化给予充分的重视，强调所设计的系统对环境的变化具有一定的适应能力。

6）开发过程工程化。要求开发过程的每步都按工程标准规范化，文档资料也要标准化。

相比较而言，结构化系统开发方法的优点是：从系统整体全局出发，保证了系统的整体性和目标一致性；根据用户需求开发，系统具有较强的适用性；严格区分工作阶段，每个阶段都有其明确的任务，每步工作都及时总结，发现问题及时反馈和纠正，避免了开发过程的混乱状态；每个阶段的工作成果是下一阶段的依据，便于系统开发的管理和控制；文档规范化在系统开发的每个步骤和每个阶段，都按工程标准建立了标准化的文档资料，有利于系统的维护。结构化系统开发方法的缺点是：由于用户的素质或系统分析员和管理者之间的沟通问题，在系统分析阶段很难把握用户的真正需求，易导致开发出不是用户需求的系统；开发周期长，一方面，使用户在较短时间内不能得到一个实际可运行的系统，另一方面，难以适应环境变化，一个规模较大的系统经历较长时间开发出来后，其生存环境可能已经发生了变化；此外，结构化程度较低的系统，在开发初期难于锁定功能要求。

（2）*原型开发方法*（Prototyping）。原型开发方法是 20 世纪 80 年代随着计算机软件技术的发展，特别是在关系数据库系统、第四代程序生成语言和各种系统开发生成环境产生的基础之上，提出的一种从设计思想到工具、手段都全新的系统开发方法。与前面的结构化方法相比，它放弃了那种一步步周密、细致地调查分析后整理出文字档案，最后才能让用户看到结果的烦琐做法。原型开发方法从一开始就凭借着系统开发人员对用户要求的理解，在强有力的软件环境支持下，创建一个实实在在的系统原型，然后与用户反复协商修改，最终形成实际系统。原型开发方法的工作流程是：首先用户提出开发要求，开发人员识别和归纳用户要求，根据识别、归纳的结果，构造出一个原型（程序模块），然后同用户一道评价这个原型。如果不行，重新构造原型；如果不满意，则修改原型，直到用户满意为止。

1）原型开发方法的优点：① 从认识的角度来看，原型开发方法更多地遵循了人们认识事物的规律，因而更容易为人们普遍接受；② 原型开发方法将模拟的手段引入系统分析的初级阶段，沟通了人们的思想，缩短了用户与系统分析人员之间的距离，解决了结构化方法中最难解决的一环；③ 充分利用了最新的软件工具，摆脱了老一套的工作方法，使系统开发的时间、费用大大减少了，效率、技术等方面都大大提高了。

2）原型开发方法的局限性：① 对于一个大型的系统，如果不经过系统分析来进行整体性划分，想要直接模拟是很困难的；② 对于大量运算的、逻辑性较强的程序模块，原型开发方法很难构造出模型来供人评价；③ 对于一个批处理系统，由于大部分是内部处理过程，这时用原型开发方法有一定困难。

（3）*面向对象的开发方法*。面向对象的开发方法（Object-Oriented Method，OOM）是从 20 世纪 80 年代各种面向对象的程序设计方法逐步发展而来的。OOM 法基本思想主要包括以下几方面。

1）客观事物都是由对象组成的，对象是在原事物基础上抽象的结果。任何复杂的事物都可以通过对象的某种组合构成。

2）对象由属性和方法组成。属性反映了对象的信息特征，如特点、值、状态等，方法则是用来定义改变属性状态的各种操作。

3）对象之间的联系主要是通过传递消息来实现的，传递的方式是通过消息模式（Message Pattern）和方法所定义的操作过程来完成的。

4）对象可按其属性进行归类。对象和类之间的结构层次靠继承关系维系。

5）对象是一个被严格模块化了的实体，称为封装。封装了的对象满足软件工程的一切要求，而且可以直接被面向对象程序设计语言所接受。

从面向对象方法的基本思想可以看出，其主要优点是：OOM 法与人类习惯的思维方法相一致；OOM 法以对象为中心构造的软件系统稳定性好，不会引起软件结构的整体变化，往往仅需要做一些局部性的修改；OOM 法的技术中因为对象具有封装性和信息隐藏等机理，具有很强的独立性，可提供比较理想的模块化机制和比较理想的可重用的软件成分，因而具有很好的可重用性；面向对象方法开发出的软件具有稳定性好、易于修改、易于理解及测试和调试等特点，因此，OOM 法开发的软件维护性比较好。

（4）*计算机辅助开发方法*。如果严格地从认知方法的角度来看，计算机辅助开发并不是一门真正独立意义上的“方法”。但目前就计算机辅助工具的发展和它对整个开发过程所支持的程度来看，计算机辅助开发方法又不失为一种适用的系统开发方法。

计算机辅助开发方法解决问题的基本思路是：任何一种系统开发方法中，如果自对象系统调查后，系统开发过程中的每步都可以在一定程度上形成对应关系的话，那么就完全可以借助于专门研制的软件工具来实现上述一个个的系统开发过程。这些系统开发过程中的对应关系包括：结构化系统开发方法中的“业务流程分析—数据流程分析—功能模块设计—程序实现”；原型开发方法中的“业务功能一览表—数据、指标分析—数据、过程分析—数据分布和数据设计—数据库系统”等；面向对象的开发方法中的“问题抽象—属性、结构和方法定义—对象分析—确定范式—程序实现”等。

上述基本思路决定了计算机辅助开发方法只是一种辅助的开发方法，在实际开发物流信息系统中，计算机辅助开发环境的应用必须依赖于一种具体的开发方法，如结构化开发方法、原型开发方法等，但由于计算机辅助开发方法采用了计算机来辅助开发，所以能帮助开发者方便、快捷地产生出系统开发过程中各类图表、程序和说明性文档。

具体而言，计算机辅助开发工具的优点主要表现在如下几个方面：显著提高系统分析和设计人员的生产率；能够培训和指导用户应用软件工程方法开发系统；使用交互式图形技术支持结构化系统分析、设计，用户容易理解；由于计算机辅助开发工具自动化程度高且能自动生成程序代码，使开发者把系统开发重点转移到系统分析、设计上，能控制系统开发的质量与实现；计算机辅助开发工具的信息库、软件库、数据字典的可重用技术，使得系统的定义与描述可以从非冗余的数据字典、软件库中产生，具备系统分析、设计的一致性与完整性检验。

（5）*各种开发方法的比较*。在上述四种常用的系统开发方法中，很难绝对地从应用角度来评价其优劣。虽然每种方法都是在前一种方法不足的基础上发展起来的，但就目前技术的发展来看，这种发展只是局部弥补了其不足，就整体而言很难完全代替。另外，这种发展和弥补不足还必须建立在一定的技术基础之上，没有一定的基础，一切都无从谈起。

具体而言，结构化系统开发方法是真正能够较全面地支持整个系统开发过程的方法。尽管其他方法有许多这样那样的优点，但都只能作为结构化系统开发方法在局部开发环节上的补充，暂时都还不能替代其在系统开发过程中的主导地位，尤其是在占目前系统开发工作量最大的系统调查和系统分析这两个重要环节。

原型开发方法由于要不断地对原型进行修改，因此不适合应用于大型物流信息系统的开发过程中的所有环节，一般多被用于小型局部系统或处理过程比较简单的物流信息系统设计环节。

面向对象的开发方法是一种围绕对象来进行系统分析和系统设计，然后用面向对象的工具建立系统的方法。这种方法可以普遍适用于各类信息系统开发，但不能涉足系统分析以前的开发环节。

计算机辅助开发方法是一种除系统调查外全面支持系统开发过程的方法，同时也是一种自动化的系统开发方法。因此，从方法学的特点来看，它具有前面所述方法的各种特点，同时又具有其自身的独特之处——高度自动化的特点。值得注意的是，在这个方法的应用及计算机辅助开发工具自身的设计中，自顶向下、模块化、结构化却是贯穿始终的。

表 8-1 对这四种物流信息系统开发方法进行了比较。

表 8-1　四种物流信息系统开发方法的比较

比较内容	结构化系统开发方法	原型开发方法	面向对象的开发方法	计算机辅助开发方法
开发过程中的阶段性	严格划分	无明显划分	不严格，允许迭代	严格划分
是否支持整个系统开发过程	支持	只支持需求分析和设计阶段	不支持系统分析阶段中的调查环节	不支持系统分析阶段中的调查环节
适用的系统规模	大型系统	小型系统	大型系统	大型系统
系统的稳定性	低	低	高	高
系统的可维护性	低	低	高	高
可重用性	低	低	高	高
用户参与积极性	低	高	低	高

总之，在物流信息系统的开发过程中，可以根据实际情况选择采用结构化系统开发方法、原型开发方法或面向对象的开发方法和计算机辅助开发方法。这些开发方法可以适用于不同规模的物流信息系统，在每个阶段可根据实际情况对开发工作进行进一步细化或合并。

8.2.4　企业物流信息系统功能设计

由于物流系统的组织模式不同，它们的功能结构也是有差异的，但核心功能模式是类似的，只是侧重面有所不同。一般来说，典型的企业物流信息系统功能包括物品管理子系统、存储管理子系统、运输与调度管理子系统、配送管理子系统、客户服务管理子系统、财务管理子系统、质量管理子系统、人力资源管理子系统等，如图 8-4 所示。此处仅对物品管理子系统、存储管理子系统、配送管理子系统、运输与调度管理子系统、客户服务管理子系统进行分析。

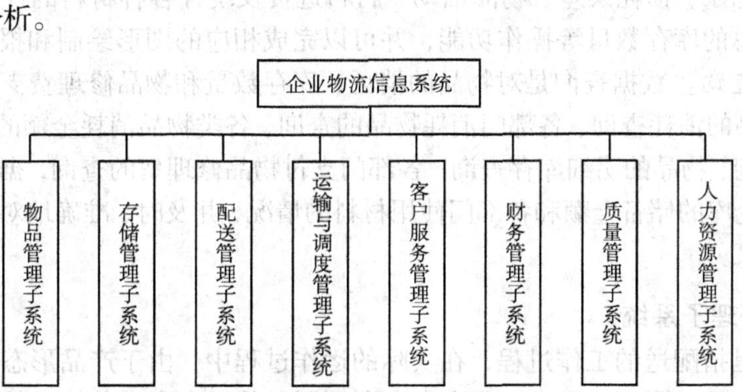

图 8-4　典型企业物流信息系统主要功能模块

1．物品管理子系统

物品管理子系统是物流信息系统的重要组成部分，它可以使企业物品仓库的管理全面信息化，它覆盖的范围相当广泛，从物品的采购计划、审批、物品的国内采购合同、合同执行情况的跟踪反馈，到物品到货入库、物品发货、结算与统计，全部都要通过这个物品管理系统进行调度管理。物品管理信息系统由采购计划管理、采购合同管理、物品出入库管理、物品进销存管理四部分组成。

（1）采购计划管理。采购计划管理的主要任务是用来产生物品采购计划，供物品采购使用。主要功能有计划编制和计划读取、计划审核、查询修改及报表打印，根据需要对物品的采购进行合理安排，其中计划编制是辅助半结构化决策。

（2）采购合同管理。采购合同管理的主要任务是用来产生备用物品及其他设备的采购合同，该模块的主要功能包括：合同生成、合同录入、查询修改、合同审核、合同处理及报表打印，可以完成全部合同的产生、输入、修改、查询、审核及打印等任务，对于合同的处理执行情况，应付款、已付款和未完成合同的各项统计可以做到一目了然。

（3）物品出入库管理。出入库管理含有单据录入、查询、修改、调整、统计报表输出、打印、自检及月结算等功能。在物品入库后可以根据不同的物品属性，以及出入库条件进行查询和修改，同时可以对不同的库存情况进行及时调整，并且可以根据需要产生报表供打印输出或浏览。

（4）物品进销存管理。物品进销存提供物品管理子系统所覆盖业务的信息查询，以及计划与完成情况的对比分析。

2．存储管理子系统

（1）日常管理。日常管理包括物品凭单录入管理、冲账管理、查询管理、物品估价调整管理、材料修理管理。其中储存物品凭单一般由物品入库凭单、物品出库凭单、销售出库凭单、报废出库凭单、委托加工出库凭单、物品库存调整凭单组成。

（2）账单管理。对仓库的使用资金账单进行管理，有利于领导和仓库管理人员了解并掌握仓库资金的调度。

（3）统计报表。管理人员可统计各种物品的出入库及使用情况，并且有进一步了解仓库库存、仓库总账、损耗误差、物品活动、材料进货及统计各种材料的计划采购数量和实际库存数量及总的库存数量等操作功能，并可以完成相应的图形绘制和报表打印。

（4）数据查询。数据查询是对物品的消耗、库存数量和物品修理费支出的查询，可分别进行单一物品的消耗查询、各部门消耗物品的查询、各类物品消耗金额的查询、各类物品储备金额的查询、物品的明细库存查询、各部门支付物品修理费的查询，据此企业决策人员可以实时监控仓库的储备金额和各部门使用材料的情况，并及时、准确地对整个企业物品调度做出科学决策。

3．配送管理子系统

配送过程是指配送的工作过程，在实际的运作过程中，由于产品形态、企业状况及顾客要求存在着差异，因而，配送过程也会有所不同，甚至会存在着较大的差异。但从一般意义上来考察，一个较为完整的配送工作流程包括集货、储存、分拣理货、配货、配装、配送运输和送达服务及按照客户需要进行的流通加工。因此，配送管理子系统的主要功能有以下八个模块，依照其相应的作业流程可以知道每个功能的详细信息。

（1）集货管理。集货是将分散的或小批量的物品集中起来，以便进行运输、配送的作业活动。集货是配送的重要环节，为了满足特定客户的配送要求，有时需要把从几家甚至数十家供应商处预订的物品集中，并将要求的物品分配到指定容器或场所。集货是配送的准备工作或基础工作，配送的优势之一就是可以集中客户的需求进行一定规模的集货。

（2）储存管理。储存是进行配送的第二环节，也是进行配送的一个重要且必要的环节。配送中的储存有储备及暂存两种形态。储备是按一定时期配送规模要求合理的储存数量，它形成了配送的资源保证；暂存是在进行配送过程中，为方便作业，在理货场所进行的货物储存。一般来说，储备的结构相对稳定而暂存的结构易于变化；储备的时间相对较长，而暂存的时间较短。

（3）分拣和理货管理。分拣是将物品按品种、出入库先后顺序进行分门别类堆放的作业活动。理货是货物装卸中，对照货物运输票据进行的理（点）数、计量、检查残缺、指导装舱积载、核对标记、检查包装、分票、分标志和现场签证等工作。

分拣和理货是配送不同于其他物流形式的功能要素，也是配送成败的一项重要支持性工作。它是完善送货、支持送货准备性工作，是不同配送企业在送货时进行竞争和提高自身经济效益的必然延伸。所以，也可以说分拣是送货向高级形式发展的必然要求，有了分拣，就会大大提高送货服务水平。

（4）配货管理。配货是使用各种拣选设备和传输装置，将存放的物品，按客户要求分拣出来，配备齐全，送到指定发货地点的作业活动。

（5）配装管理。在单个客户配送数量不能达到车辆的有效载运负荷时，就存在如何集中不同客户的配送货物，进行搭配装载以充分利用运能、运力的问题，这就需要配装。配装与一般送货不同之处在于，通过配装送货可以大大提高送货水平及降低送货成本，所以配装也是配送系统中有现代特点的功能要素，也是现代配送不同于以往送货的重要区别之一。

（6）配送运输管理。运输中的末端运输、支线运输和一般运输形态的主要区别在于配送运输是较短距离、较小规模、额度较高的运输形式，一般使用汽车做运输工具。与干线运输的另一个区别是，配送运输的路线选择问题是一般干线运输所没有的，干线运输的干线是唯一的运输线，而配送运输由于配送客户多，一般城市交通路线又较复杂，如何组合成最佳路线，如何使配装和路线有效搭配等，是配送运输的特点，也是难度较大的工作。

（7）送达服务管理。将配好的货物运输到客户还不算配送工作的结束，这是因为送达货和客户接货往往还会出现不协调，使配送前功尽弃。因此，要圆满地实现运到货物的移交，并有效、方便地处理相关手续并完成结算，还应讲究卸货地点、卸货方式等，如到交通管理部办理城区火车通行证、停车卸货证等，送达服务也是配送独具的特殊性。

（8）配送加工管理。配送加工是按照配送客户的要求所进行的流通加工。在配送中，配送加工这一功能要素不具有普遍性，但往往是有重要作用的功能要素。这是因为通过配送加工，可以大大提高客户的满意程度。

配送加工是流通加工的一种，但配送加工有它不同于一般流通加工的特点，即配送加工一般只取决于客户要求，其加工的目的较为单一。

4．运输与调度管理子系统

（1）资源管理。在运输管理系统中，参与作业的人、财、物都是资源，资源的可用性、适用性是系统整体功能运行的基础。

（2）客户委托管理。接受托运人的委托，记录委托的内容，如发货人、收货人、货物的物理属性、各类地址信息等。

（3）外包管理。企业自有运能是有限的，因此，在实际作业中需要采购运力，而为了满足企业对运输服务质量的要求，对分包方的管理与控制，是物流服务企业必须重视与关心的问题。外包管理是物流管理系统中针对分包方管理与控制的功能模块，包括分包方的资信、车辆资源等。

（4）运输调度。运输与调度子系统中调度是整个系统的核心，运输调度模块管理整体的资源，制定配送、运输计划，分配资源，控制在途车辆和货物、配载空间与运输路径。

（5）费用结算。对每个托运人进行运费结算，生成结算报表。托运人通过 Internet 查询其运费的结算信息。

（6）运输信息查询。对所有的运输任务进行查询，包括该运输任务的货物细目、到达状态、签收情况、运费等情况。

5．客户服务管理子系统

客户服务是物流公司和客户之间的接口和桥梁，也是物流公司进行采购、发货和运输的依据，它是现代物流的基本元素，也是物流企业提高服务水平和企业竞争能力的有效手段。客户服务管理子系统包括以下功能模块。

（1）网上下单。客户可以通过网络下单，将自己的物品需求品种、数量和时间发送给物流公司，同时物流公司也可以通过网络向供应商发出订货请求。

（2）货物跟踪。客户可以通过物流公司的网络实时跟踪自己的货物状态。

（3）合同更改。客户可以通过网络及时更改合同的内容，物流公司根据客户更改后的合同及时调整采购和运输计划，承运公司通过 Internet 对承运的运输任务进行状态更新。

（4）网上支付。物流公司可以通过网络与客户和供应商进行网上支付，客户也可以在网上查询其费用。当然，网上支付还需要银行的配合和相应的法律法规的支持，虽然目前我国网上支付的条件还不是非常成熟，但网上支付是未来的主要发展方向。

8.3 公共物流信息平台规划与设计

8.3.1 公共物流信息平台建设的作用和必要性

1．公共物流信息平台的建设是发展现代物流业的核心需要

现代物流已成为跨部门、跨行业、跨地域的以现代科技管理和信息技术为支撑的综合

性物流服务。在现代物流中，信息流是提高营运效率、降低成本、增进客户服务质量的核心因素。在信息平台上，信息流的处理和利用水平决定整个物流过程的运作水平。公共物流信息平台的建设，一方面，是发展现代物流的核心和关键，另一方面，通过建设公共物流信息平台又极大地推动着现代物流向前发展。

随着以信息技术为基础的电子商务的迅速发展，商品与生产要素在全球范围内以空前的速度自由流动，跨国、跨地域、跨行业的物流日趋繁忙，有力地促进了经济社会的繁荣发展。电子商务向物流领域大规模渗透，信息化成了现代物流的核心。信息化的外延和支撑是信息平台，其应具备数据交换功能、信息发布服务功能、会员服务功能、在线交易功能、智能配送功能。内涵包括信息技术、信息流、信息传输、信息集成等，也包括诸如询价单、报价单、付款通知单、转账通知单等，还包括交易方的支付能力、支付信鉴等，其中，各种单证在信息中占了相当大的一部分。没有信息网络支撑，无法实现单证的有效确认、传递、审办、复核等流程，就无法形成现代物流产业。因此，建设公共物流信息平台，不仅对完善现代物流功能具有重要的现实意义，而且对发展跨行业、跨区域、跨国度的现代物流具有深远的历史意义。

公共物流信息平台通过信息技术对物流系统资源整合提供支撑，沟通企业群体之间及政府管理部门之间的信息联系，促进协同工作及协同经营机制的建立。通过信息技术手段，强化政府对市场的宏观管理与调控能力，支持物流市场的规范化管理，为现代物流业的行业管理、发展与规划提供信息化的决策支持手段。

2. 公共物流信息平台为现代物流业的发展提供了良好的外部环境

通过构筑适合政府—政府、政府—企业、企业—企业之间信息数据交换的公共平台，对于企业来说，可以利用平台综合功能优势，帮助完善企业伙伴之间应用系统的无缝链接，满足各类企业的单证传输需求，提供基于保证企业实现电子通关基础上的一站式服务；对于相关政府部门来说，将切实提高物流链各相关机构的有效协调和沟通，建立政府统计数据采集系统，帮助政府对城市或区域物流行业的发展直接了解和有效调控，为物流行业的发展提供良好的外部环境。

3. 公共物流信息平台是物流园区信息平台的数据交换中心和服务保障基地

基于公共物流信息平台建立统一的区域或城市物流信息服务平台，成为物流园区与海关、商检、各业务伙伴数据交换的中心，并建立统一的信息查询发布、电子交易的商务平台，提供对城市区域乃至更大区域的信息资源服务支持，避免重复建设和信息孤岛。

4. 公共物流信息平台是统一的信息采集统计平台

通过实时采集物流各环节的生产数据进行系统的统计和分析，形成政府各有关部门需要的统计报表，并提供公共的信息查询服务，为政府有效管理和确定宏观行业政策提供参考。

5. 公共物流信息平台是增值业务和服务开发的统一平台

货物跟踪、共同配送、准时配送、多式联运、交易服务等物流增值业务需要统一的开发服务平台和技术资源支撑，需要公共的信息资源整合服务。

6. 公共物流信息平台为物流业提供了统一的接入服务支持

Internet、GSM、CDMA、GPRS、DDN 等全面的接入支持服务需要强大的平台技术作为支持，方便的接入方式是平台效益最大化的重要技术基础。

8.3.2 国内外公共物流信息平台发展概况

国内外对物流信息系统模型、物流服务安全模型和技术、物流商务模型和物流信息服务平台关键技术等方面进行了广泛、深入的理论和应用研究，并建立了相应的公共物流信息服务平台，著名的有以下几个。

1. 美国的 FIRST 服务平台

FIRST 是交通货运信息实时系统（Freight Information Real-Time System for Transport）的缩写，图 8-5 是 FIRST 的系统总体结构。

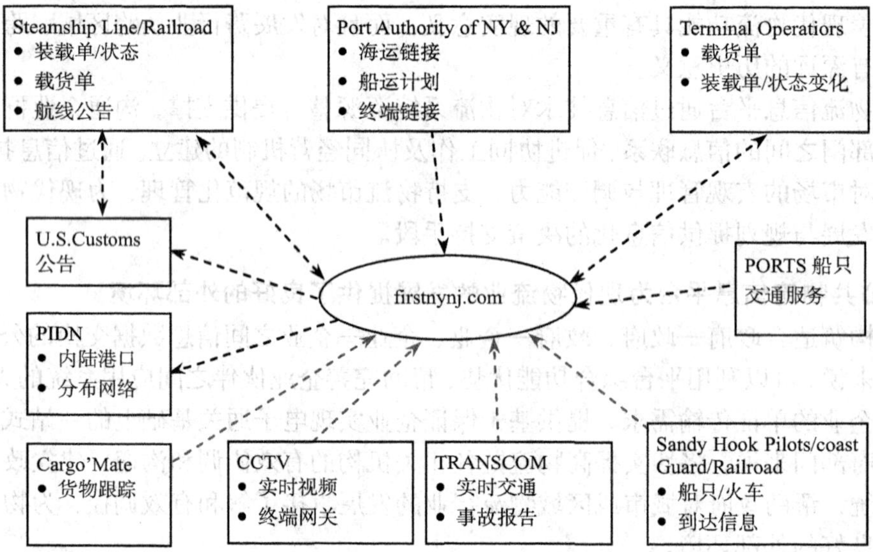

图 8-5 FIRST 的系统总体结构

FIRST 通过集中各种重要的货物转运和承运人信息，为纽约港和新泽西港提供一个全新的、集中式的在线应用系统。FIRST 是一个基于 Web，可以整合火车、轮船及火车等交通工具，可获取实时到达信息的一种应用系统。提供最新的集装箱车的状态，实时的港口入关视频和在通往港口的主要干线的实时路况监控，通过提高在运输内部过程的货物可见性加强联运的连通性，并能对港口群的商贸和环境方面最终产生积极影响。

2. 英国 FCPS 信息平台

FCPS（Felixstowe Cargo Processing System）主要服务于港口的进出口贸易及物流配送。系统由海运货物处理公司（MCP）经营管理，该公司下属企业 Portis 还新开发了 Destin8 系统，承担国际咨询业务。FCPS 最初用于连接通关及货运代理商和英国海关的系统。FCPS 开发适用于港口与港口之间的信息交换，它是在所有英国港口群信息系统中最先进的信息交换系统，它的业务包括货物进出口、转运、集装箱装运整合及危险品货物和海运业数据统计报告。

由于货物处理过程中的有纸作业会增加货物处理的时间，降低货物处理效率，所以，FCPS 的最主要目的在于排除和减少货物处理过程中不必要的有纸作业工作，提高货物处理效率。通过使用电子数据交换技术，无论何时何地，FCPS 都可以将货物运输信息传输给想要查询货物的客户。FCPS 系统具有处理速度快、灵活、高效、功能全面等优点，它从货物生产、货船卸货、通关、海关检疫及送货等货物处理的各个环节来提高系统效率。FCPS 系统包含进口货物处理、出口货物处理、货物转运、危险品处理和海运业数据统计 5 项主要功能。

FCPS 的系统结构如图 8-6 所示。

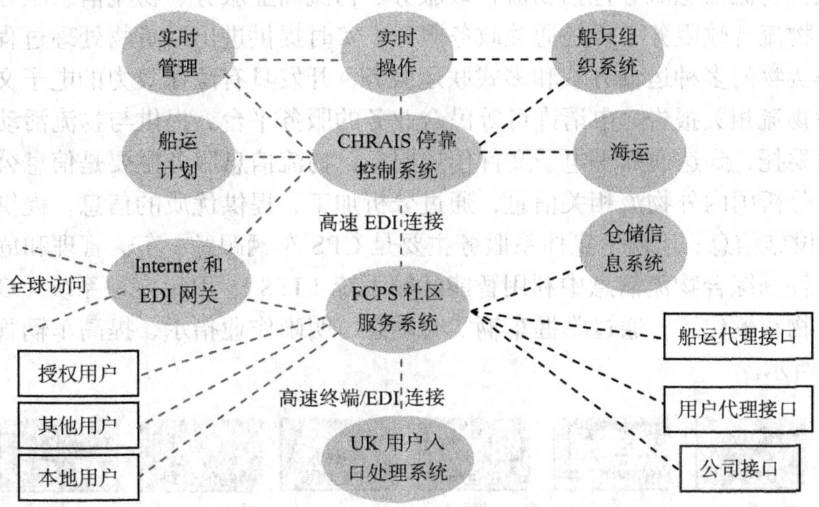

图 8-6　FCPS 的系统结构

3. 新加坡 PORTNET 系统

新加坡 PORTNET 系统是全国范围内使用的企业对企业（B2B）港口信息服务系统和航运电子社区，它主要面向新加坡航运公司、拖运商、货运代理商、承运商及新加坡地方政府机构，提供港口航运的一体化服务。PORTNET 系统开发于 1984 年，如今通过国际互联网使用 PORTNE 的用户已达到 7 000 个单位，年交易额近 7 000 万美元。

PORTNET 能够提供端对端的电子商务信息服务，主要系统功能包括：① 在线订购服务——泊位申请、雇用码头工人、起重机预订和租用船只申请。② 便利化服务——通过电子港湾计划（EBP）来方便集装箱的装、卸；货车 25 秒通关；通过货船航行路线规划来防止超载。③ 货物追踪查询。集装箱装载状态（是负载还是空载）；货物状态（是否负载，冷冻货物温度）；集装箱位置（在港口仓库范围内）；订购状态（泊位申请是否通过，货物转运连接是否批准）。④ 在线提供文件单据。电子送货预订单；集装箱储存与发送单据；承运商工作列表和合同文件；政府许可证申请表。⑤ 数据服务。航运班次、泊位、起重机预定的具体时间安排表；航运计划编制数据；集装箱温度数据；危险物品集装箱状况数据。⑥ 财务功能。具有电子数据交换功能与系统用户进行无纸化贸易；通过财务软件方便航运公司进行再次支付费用；PORTNET 系统在线支付账单。

4．韩国综合物流公共信息平台

韩国综合物流公共信息平台由韩国建设交通部自 1996 年起主导实施，目的在于帮助相关业者处理海陆空运输、通关、贸易及政府管理等业务。

韩国综合物流共用信息平台构筑分三个阶段。第一阶段（1996—1997 年）：综合物流信息网构筑阶段，基本计划建立与系统框架详细设计；第二阶段（1998—2000 年）：商业服务实施与服务扩大；第三阶段（2001—2015 年）：超高速化与尖端化技术阶段，通过超高速信息网建立多媒体综合服务体系。

韩国现代物流信息服务包括物流行政服务、物流商业服务、物流信息服务和运输信息体系服务。物流行政服务主要是通关政务服务，实时提供进出口货物处理过程；物流商业服务主要是货物的多种运输方式和多式联运服务，开发具有法律效力的电子文件，提供远程处理各种物流相关报告、申请许可等民众业务的服务平台，提供与物流活动相关的装船预约、运输委托、到达通知等电子文件传送服务；物流信息服务主要是信息公告、商情等信息服务，分析国内外物流相关信息，通过分析加工，提供优质的信息，提供船期、空车信息、物流设施信息；运输信息体系服务主要是 GPS 车辆跟踪、车辆管理和危险品车辆运输管理等。韩国综合物流信息中利用智能运输系统（ITS）、卫星定位系统（GPS）技术，实时追踪货物车辆位置；通过掌握车辆实时动态，明晰作业指示，提高车辆管理效率，具体如图 8-7 所示。

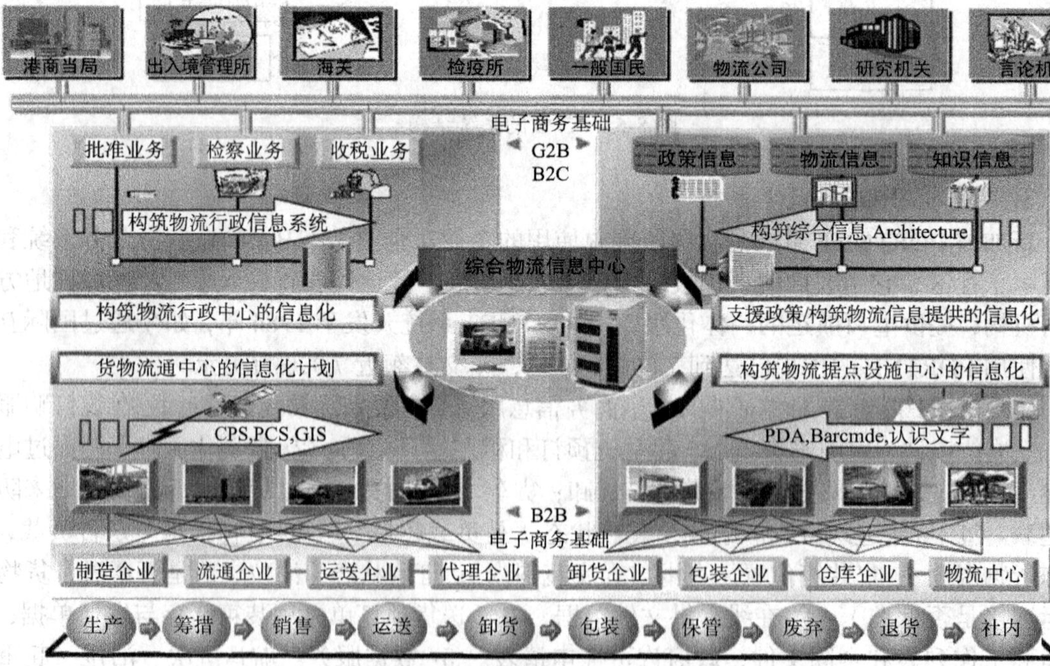

图 8-7　韩国综合物流信息中心服务模式

5．中国香港 DTTN 平台

中国香港港口及航运局在2000年12月委托进行并于2001年完成的McClier研究报告，建议设立“数码贸易运输网络系统”（DTTN），避免服务供应商因“数码隔膜”而影响营运效率，以及促进贸易和物流业有关人士之间的资讯交流和共用。其后，政府将“数码贸易运输网络系统”计划列为重点项目之一。

为推行该项计划，经济发展及劳工局港口航运物流发展组委托顾问进行研究，就发展“数码贸易运输网络系统”计划拟订及建议各种可行方案，以便加强和促进供应链相关行业内各群体之间的信息交流。具体而言，该研究要：① 制定“数码贸易运输网络系统”的功能蓝图和技术蓝图；② 建议“数码贸易运输网络系统”所支援的技术标准和规约；③ 估计用以开发和经营”数码贸易运输网络系统”的基线成本；④ 就“数码贸易运输网络系统”的拥有权、管理和营运管理架构制定方案。

“数码贸易运输网络系统”是一个可助业界人士和相关用户系统实现联网互连、促进信息流通和提升营运效率的电子平台。该系统可助业界实现“商业联网互连”，并为其提供开拓商机的作业平台，该系统作为拥有明确标准和规约的共用平台，可吸引现有的供应商参与，助其拓展各种新业务（如物流软件开发、增值服务等），从而为香港经济的发展做出贡献，以及创造就业机会。

“数码贸易运输网络系统”涵盖九类主要用户：① 买方/进口商；② 卖方/出口商；③ 发运人，包括第三方物流服务供应商；④ 承运商（远洋、内河、道路、铁路及航空）包括速递货运商；⑤ 终点码头；⑥ 政府及其有关机构；⑦ 银行及金融机构；⑧ 保险公司；⑨ 检查机构。上述用户为贸易链不同阶段内的业界人士，彼此紧密联系，如图 8-8 所示。

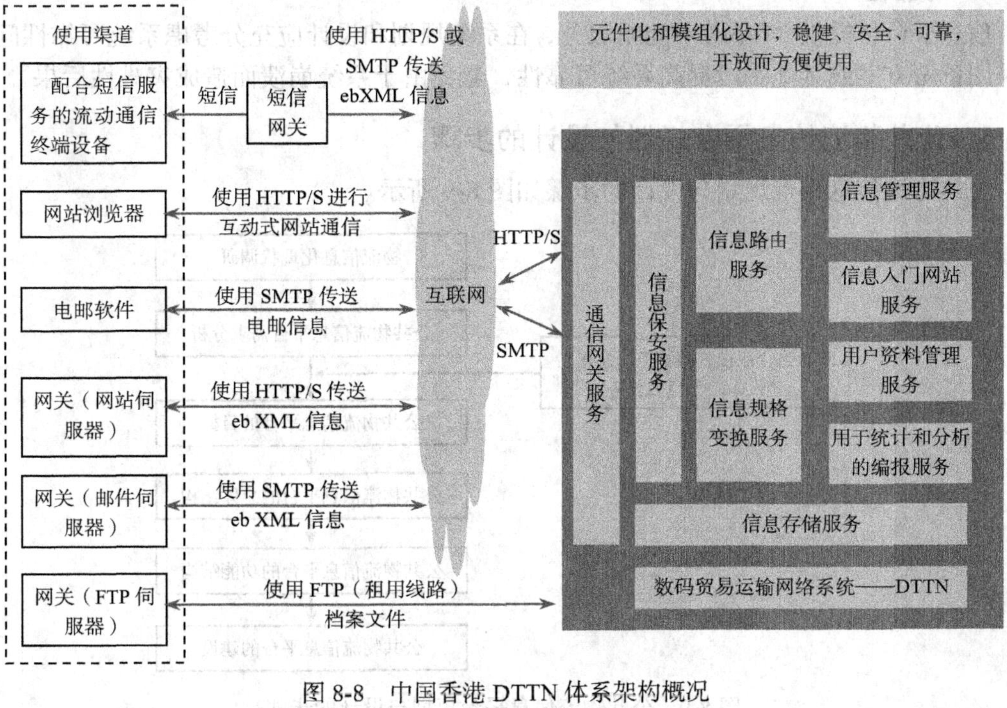

图 8-8　中国香港 DTTN 体系架构概况

8.3.3 公共物流信息平台规划与设计的原则

1．先进性

应采用先进的系统规划和设计理念、计算机软硬件和网络技术进行设计开发，选用技术先进、成熟的产品，同时又有完善的售后服务，各公共物流信息平台尽量一致，以减少系统开发和维护的成本。

2．开放性

公共物流信息平台与众多异构的信息系统、信息平台之间产生信息交互，因此平台必须充分考虑兼容性，以实现不同信息源的数据组织，利用系统集成的理念整合社会物流系统。

3．实用性

公共物流信息平台的功能设定应充分考虑服务对象的需求。

4．扩充性

系统规划和设计应充分考虑今后物流业的发展方向，系统应具有一定的可扩充性，当今后出现新的需求时，系统能够以较低的费用和投资进行扩充。

5．安全性

物流信息平台是对物流企业和社会开放的，在系统规划和设计时应充分考虑系统安全性问题，采用网络安全技术和严格的用户权限管理，以防止非法操作和恶意入侵造成系统灾难。

6．可靠性

信息平台将提供 24 小时不间断服务，在系统规划和设计应充分考虑系统可靠性问题，应采用备份方案或其他手段提高系统可靠性，避免由于系统崩溃而造成灾难性后果。

8.3.4 公共物流信息平台规划与设计的步骤

公共物流信息平台规划与设计的步骤如图 8-9 所示。

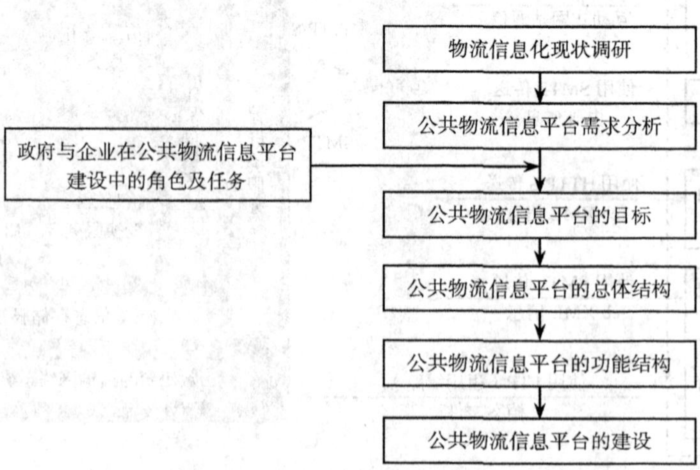

图 8-9 公共物流信息平台规划与设计的步骤

8.3.5 公共物流信息平台解决方案

1. 公共物流信息平台需求分析

公共物流信息平台参与的主体为政府（物流行业管理者）、企业和用户等（物流服务的供应方和需求方）。构建公共物流信息平台的目的在于为企业提供信息支撑，为相关行业部门进行物流管理与市场规范化管理提供必要的信息支撑条件；通过建立公共物流信息平台使相关行业管理部门与企业群体能进行有效沟通，实现快捷、便利、实时的物流信息交流。

公共物流信息平台的主要应用与服务对象如表 8-2 所示。

表 8-2 公共物流信息平台的主要应用与服务对象

序　号	用 户 类	用户名称
1	物流企业	传统运输仓储企业、配送企业、货代企业、物流中介企业、第三方物流企业、第四方物流企业等
2	物流需求商	销售商、生产商
3	政府主管部门（行业主管部门）	发改委、交通运输管理局、铁路局、商务局、规划局、高速公路管理局、工信委等
4	物流节点	物流园区、物流中心、配送中心
5	生产企业	供应商、制造商
6	商业企业	批发商、零售商、分销商
7	相关部门	银行、税务、工商、海关、检验检疫、保险、统计等
8	其他部门	行业协会、学术团体、科研机构、媒体等
9	客户	企业客户、消费者
10	系统管理	公共物流信息平台管理者

公共物流信息平台的应用需求主要体现在以下方面。

（1）政府部门宏观决策和管理。政府部门需要掌握市场运作的宏观情况，以便使政府部门对社会物流系统进行宏观调控和适当的引导。

（2）物流基础信息共享。企业往往需要获得大量物流活动的基础性信息，如道路交通状态的动态信息、含有商业空间信息的电子地图、物流需求信息、车辆信息等，而这类信息由单个企业单独进行搜集处理，则成本过高或难以实现，需要建立一种公共的社会信息服务，实现信息共享。

（3）企业间信息共享与交互。一般供应链节点企业的信息系统建设程度不同，相互之间的信息共享程度也不同，而企业之间一定程度的信息交互对于提高整个供应链的运作效率、降低供应链总成本有着重要的作用。

（4）物流企业内部信息化。大型物流企业一般建有比较完善的企业信息系统，而对于一部分中小型物流企业来说，由于建设独立信息系统的投入较大，企业受到资金实力的限制，需要使用社会公共物流信息系统来实现信息化。这样，企业只需要承担较少的社会公共物流信息平台的使用费和企业内部硬件设备的购置费用。

（5）物流企业客户服务。企业需要通过公共物流信息平台扩大企业的服务网络，提高服务质量，为客户提供增值服务，如物流金融、物流咨询、物流方案策划等。

2．公共物流信息平台的目标

公共物流信息平台通过对社会物流资源和物流信息的全面整合，实现物流信息的共享，满足企业内部信息化、企业外部信息化和社会物流系统信息化的需求。公共物流信息平台的建设目标包括：① 适应物流业进步和提供全方位物流服务的要求，降低社会物流成本等；② 通过物流信息平台对物流系统进行资源整合，沟通相关部门（各物流企业、物流企业客户、政府管理部门等）之间的联系，促进协同工作和协同经营机制的建立；③ 促进物流信息、物流基础设施的共享；④ 通过信息手段，强化管理部门对物流企业、物流市场等的宏观调控能力，支持各物流部门的规范化管理；⑤ 为物流业发展提供信息化的决策支持手段。

3．公共物流信息平台总体结构

公共物流信息平台的总体结构和功能结构应根据不同城市和区域物流系统的特点和信息化水平来决定，一般来说，公共信息平台需要由行业监管、公共信息服务、业务交易、数据交换和应用系统服务等组成。图 8-10 为典型的公共物流信息平台总体结构。

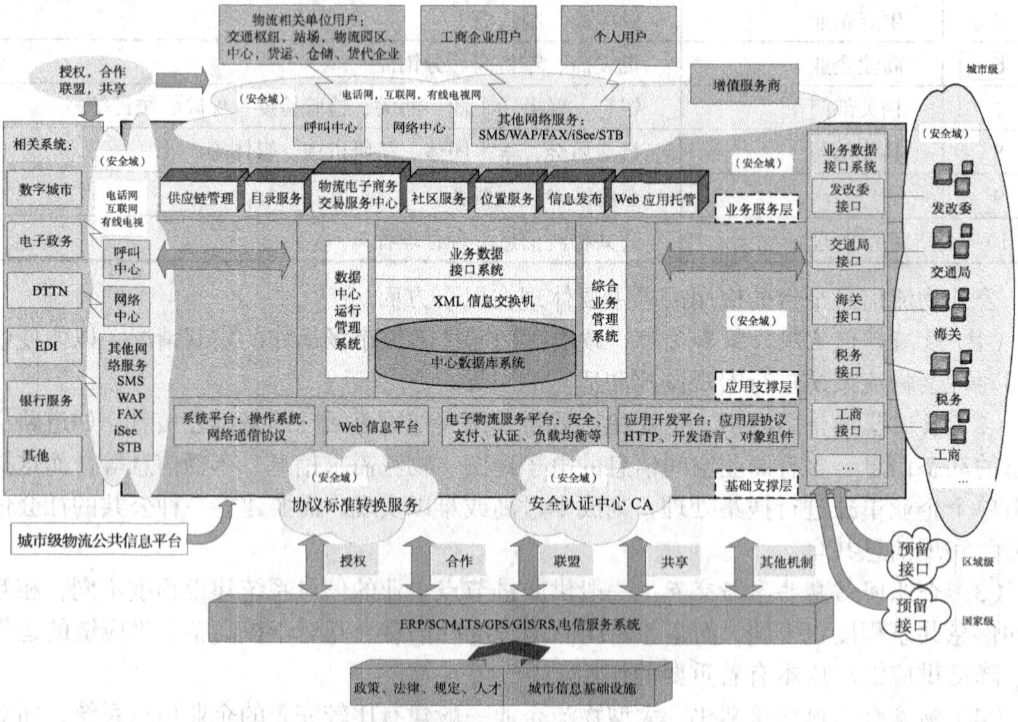

图 8-10 典型的公共物流信息平台总体结构

根据社会综合物流业务系统的需求，一方面，通过业务系统数据接口系统将各个不同的相关业务部门连接到平台上来，形成数据共享和业务联动；另一方面，为社会物流系统的信息需求者提供多种多样的终端接入方式，提供方便快捷的服务手段。从纵向、横向、核心和基础四个方面进行统筹规划，物流公共信息平台总体结构具体描述了平台体系结构的各个层面及其与相关系统的关系。

（1）横向。平台体系连接两端，左端是为企业提供联络相关系统平台的服务，如海关通关贸易系统（EDI）、港口、电子银行、城市电子政务系统和数字城市等系统；而右端是为平台用户提供与各相关单位业务系统的连接，包括与交通、海关、税务、保险等部门系统的联系，同时考虑为国家级、区域级物流公共信息平台提供预留接口，体现平台的行业服务、政府监管等功能。

（2）纵向。在下端以物流设施、政策、法规等为基础，通过平台网络服务，为上端的物流行业参与者服务，上端的服务对象包括物流园区、物流企业、配送企业、工商企业等。

（3）核心。核心是平台核心数据交换及网络设施所支撑的物流信息应用系统，包括面向物流作业和中介组织及面向政府执法监管部门两大类，以 XML 信息交换技术为核心，应用于不同组织间异构系统的数据交换及信息流转。

（4）基础。物流公共信息流转传递的环境基础：软环境包括相关政策法规、业务流程、技术标准（包括物流术语标准、商品编码标准、表格与单证标准、信息交换标准等），硬环境包括信息基础设施的支撑等。

4．公共物流信息平台的功能设计

公共物流信息平台的核心功能是公共信息服务系统和数据交换处理系统，此外还有行业监管系统、业务交易系统、物流应用系统等。需要注意的是这些基本功能是互相支持、紧密联系的，形成一个有机平台系统整体。

（1）公共信息服务系统。公共信息服务系统汇接各相关行业、各种物流运作设施及物流企业的信息系统。它既是物流信息资源的汇接中心，也是国内外了解区域物流信息资源的窗口。公共信息服务系统应主要包括：① 门户网站功能；② 公共信息发布与查询功能；③ 交易服务功能；④ 相关部门服务功能；⑤ 用户信息服务功能。

（2）数据交换处理系统。数据交换处理系统担负公共物流信息平台中公用信息的采集、加工、中转、发送，以及不同用户之间信息交换的数据规范、格式转换等功能。数据交换处理系统主要包括如下功能。

1）数据格式转换功能，通过数据规范化定义，支持各类不同格式和系统之间数据的转换与传输，实现各常见数据库、Web 数据、文本、图像等多种格式之间的自定义相互转换。

2）实现物流电子商务中交易双方的无缝对接功能，在交易双方进行询报价、网上磋商、订单签订等活动中，传输和转换数据，并确保交换数据的可读性、可靠性和安全性。

3）作为 ASP 服务管理平台，为物流企业提供信息系统支持服务的功能，采取完全托管或部分托管的方式，实现 ASP 服务的应用与物流信息平台的平滑衔接。

4）与其他物流信息平台的连接和数据交换的功能，通过数据交换平台的网络互联和数据转换功能，建立与其他城市和地区物流公共信息平台的系统互联与信息共享。

（3）行业监管系统。行业监管功能为政府对物流行业的监督管理和规范运作提供技术支持手段。

1）支持物流企业资质管理，其主要包括：支持物流企业准入资格审批；支持物流企业资质等级认证；支持物流企业取消资质审批等。

2）行业分析，其通过对相关数据信息的采集，利用一定的统计分析技术，定期分析行业内企业的运营状况、行业需求和供给市场的平衡状况、行业运作规范程度、行业水平等指标。

3）监管信息发布，其主要包括：发布具有资质的物流企业的基本情况、资质等级、经营状况；发布被取消资质的物流企业的名单；发布行业监管的政策法规、动态信息等。

（4）业务交易系统。业务交易功能主要表现在货运交易和电子商务贸易两个方面，通过对交易相关信息的统一有效的组织，使资源能够有效利用，解决企业在交易过程中信息交流不畅等问题，从而降低企业的交易成本。

1）货运交易服务。货运交易服务通过对全社会货运交易所需的车辆与货物信息的采集与整理，整合社会物流供需资源，提供以多种方式进行货运交易信息的发布、查询、辅助交易的平台，为物流系统运作的优化提供手段和保障。

货运交易服务可以通过现场交易和网上交易两种形式实现。现场交易是在主要的货物集散点（如物流园区、物流中心）建设货运交易分中心，通过大屏幕、触摸屏、交易终端、服务终端等提供货运交易信息服务。网上交易是以互联网为媒介，建立货运交易网，使用户可以在不同的地点随时获得有关货运供需信息和交易服务。

货运交易服务的主要功能有：① 供需信息发布与查询功能。车辆、货物需求与供给信息的发布（货主和车主可以通过互联网、服务终端等多种方式对详细的需求和供给信息进行发布）；车辆、货物需求与供给信息的综合查询（提供多种匹配条件的组合查询，方便用户获得所需信息）；货运交易相关运价、政策、法规等信息的查询。② 货运交易功能。货运交易计算机优化配载（对采集的数据通过一定的规则进行匹配和自动撮合，为货主或车主提供多个方案进行选择，提高货运交易的效率和质量）；货运网上交易等。

2）电子商务贸易服务。电子商务贸易服务为各种贸易提供信息交流和交易的虚拟平台。电子商务贸易服务的主要功能有：① 商贸信息发布与查询。商品需求和供给信息；国内外的商贸动态；展会信息；公司基本信息等。② 电子交易。自动撮合（根据供求信息的时间、数量、价格、质量等要素进行系统自动撮合，生成“意向订单”通知供求双方）；在线谈判（建立在线谈判室，对谈判过程进行自动跟踪记录）；电子合同（包括标的品种、数量、品质、等级规格要求、交货期、货款支付、运输、包装规格、双方责任、义务等合同条款）；订单管理（对已签订合同的有效订单进行管理，自动跟踪记录订单履行全过程）；网络结算（利用一定的标准交换文件、单证、票据、结算、合同履行确认等。对不能按合同履约的交易实施冻结，等待协调、仲裁或法院判决结果）；统计分析（从信息发布、信息撮合、电子合同、订单履行的全过程，按品种、区域、时间、价格、主体等要素进行统计分析）。

（5）物流应用系统服务。物流应用系统为物流企业提供企业信息化服务，并整合供应链相关企业的信息资源，实现供应链相关企业之间业务信息的共享和资源的优化整合，提供个性化服务。物流应用系统服务平台为企业、物流节点等提供 ASP 服务，促进中小企业的信息化进程。

公共物流信息平台的功能设计如图 8-11 所示。

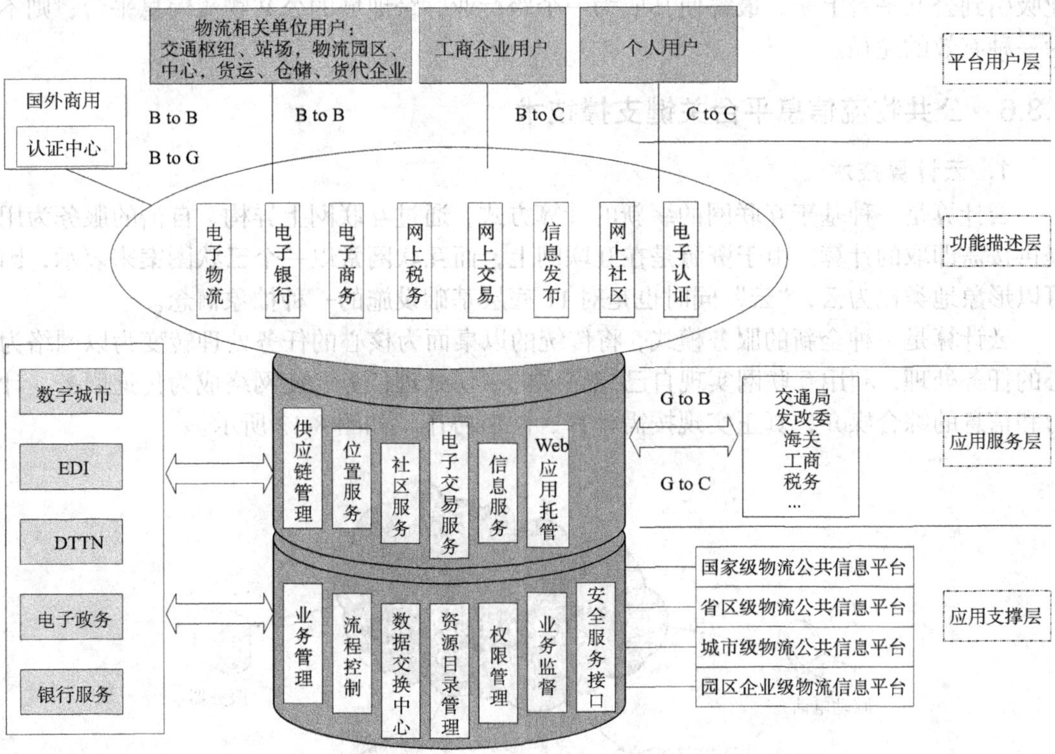

图 8-11　公共物流信息平台的功能设计

5．公共物流信息平台的建设

由于社会物流范围广，行政管理上涉及物流领域的部门相当多，有些部门还是中央直属的部门，如铁路、海关等。为避免政出多门，应由政府牵头，成立公用物流信息平台建设领导小组，专门负责综合物流信息平台建设的协调工作。传统的信息平台建设多以行业为中心独立组建，平台之间没有统一标准，信息交互困难，不符合现代物流的发展趋势。根据现代物流发展标准化、社会化、信息化的趋势，公用物流信息平台的建设实施有以下两种方式。

（1）综合物流信息平台建设方式。综合物流信息平台是一个包容所有相关行业的统一的综合物流信息平台。其优点是符合现代物流发展理念，代表着物流信息平台的发展方向，建成后经济效益、社会效益巨大。其缺点是推进难度大，既有来自条块分割体制下的行政方面阻力，也有来自缺乏统一的物流信息标准、物流信息标准不规范方面的制约。若强制把不能相互交换的信息捏在一起，将影响物流信息平台的运营效率，使其缺乏吸引力。但如果待物流信息标准规范后再建设信息平台，将会错失良机。

（2）重点突破、逐步整合建设方式。鉴于目前物流信息标准不统一，相互不能兼容，数据不能交换，信息不能共享，而这方面的问题在短期内难以解决，在一些业务相关的重点领域率先建立起公共物流信息平台，让其发挥示范和引导作用，再逐步把其他部门的企业吸引到公共平台上来，最终使其成为一个跨行业、跨地域的公共物流信息平台，则不失为一种有效的途径。

8.3.6 公共物流信息平台关键支撑技术

1. 云计算技术

云计算是一种基于互联网的崭新的计算方式，通过互联网上异构、自治的服务为用户提供按需即取的计算。由于资源是在互联网上，而互联网常以一个云状图案来表示，因此可以形象地类比为云，“云”同时也是对 IT 底层基础设施的一种抽象概念。

云计算是一种全新的服务模式，将传统的以桌面为核心的任务处理转变为以网络为核心的任务处理，利用互联网实现自己想完成的一切处理任务，使网络成为传递服务、计算力和信息的综合媒介，真正实现按需计算、网络协作，如图 8-12 所示。

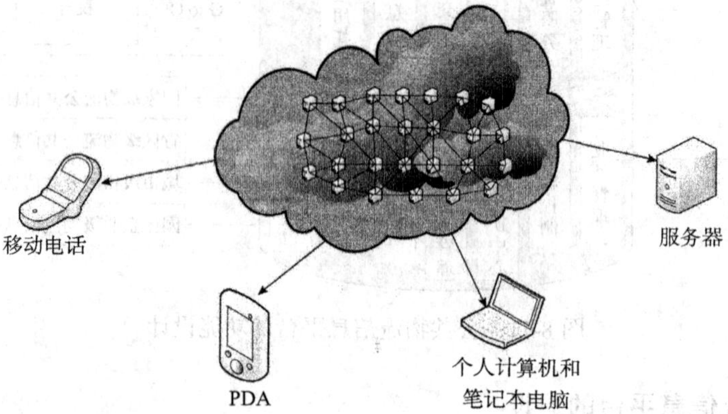

图 8-12 云计算示意图

云计算的基本原理是：利用非本地或远程的分布式或集群计算机为互联网用户提供服务（计算、存储、软硬件等服务）。云计算可以把普通的服务器或个人计算机连接起来以获得超级计算机的计算和存储功能。通过这项技术，网络服务提供者可以在数秒之内处理数以千万计甚至亿计的信息，达到和“超级计算机”同样强大效能的网络服务。

公共物流信息平台存储的数据和信息异常巨大，通过云计算可以实现信息的“超级处理”，向公共物流信息平台用户提供高效服务。

2. 物联网技术

随着全球一体化、工业自动化和信息化进程的不断深入，物联网（Intemet of Things，IOT）悄然来临。近几年来物联网技术受到了人们的广泛关注，“物联网”被称为继计算机、互联网之后，世界信息产业的第三次浪潮。于是，在不同阶段或从不同角度出发，人们对物联网就有了不同的理解和解释。目前，有关物联网定义的争论还在进行之中，尚不存在一个世界范围内认可的权威定义。为了尽量准确地表达物联网内涵，需要比较全面地分析其实质性技术要素，以便给出一个较为客观的诠释。

实际上，物联网的概念在 10 年前就已经提出了，最早是美国麻省理工学院给出了定义。他们认为物联网就是将所有的物体通过无线射频识别、信息传感等设备与互联网连接起来的一个网络，可以实现智能化的识别和管理。另外，2005 年国际电信联盟在一份报告中也对物联网的概念进行了描述，而他们的定义同物联网的最初定义基本一致。在本书中，"物联网"指的是将各种信息传感设备，如无线射频识别（RFID）装置、红外感应器、全球定位系统、激光扫描器等种种装置与互联网结合起来而形成的一个巨大网络，其目的是让所有的物品都与网络连接在一起，方便识别和管理。关于物联网的组成要素，通行的说法是，物联网由 RFID、GPS、传感器、互联网等设备或技术组成，它们之间的关系是按照约定的通信协议，把物体同互联网连接起来，从而进行信息传输和交换，最终实现智能识别、跟踪、定位、管理、监控等。物联网分为感知层、网络层、应用层，其基本结构和体系框架如图 8-13 所示。

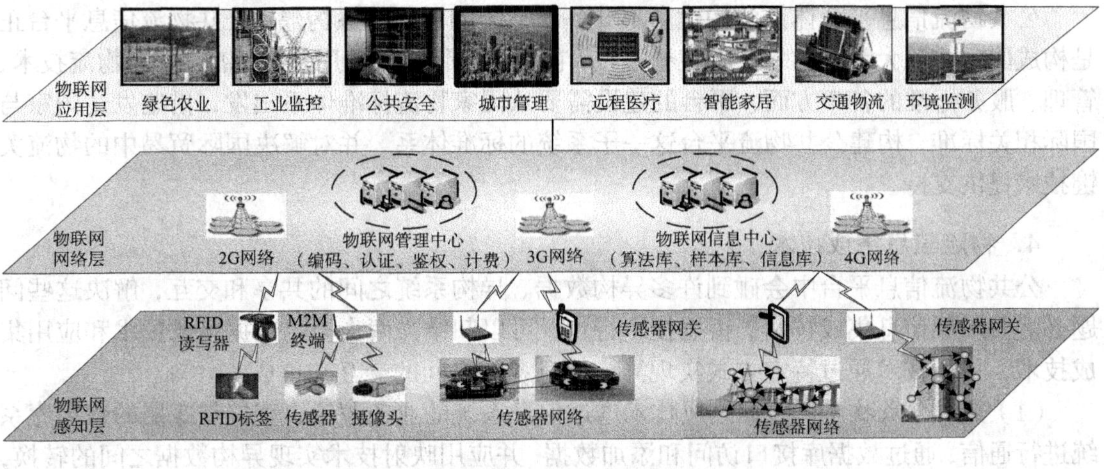

图 8-13　物联网基本结构和体系框架

物联网技术为每个物品设置一个唯一的编码，这些编码信息会被 RFID、GPS、传感器等有效识别，然后通过互联网就可以实现人与物、物与物之间的信息交换与交流。这种全新的通信交流模式改变了对物品的管理、控制、查询和追溯模式，不仅提高了企业的运营效率和管理机制，而且也改变了物流行业的运作模式。

对物流企业而言，物联网大大增加了物流信息的增值服务空间，迫切需要一种有别于公共物流服务的，能提高个性化程度的物流信息增值服务来提高自身的核心竞争力。另外，随着计算机网络和无线通信技术的应用，特别是物联网的提出，为物流企业实现信息增值服务提供了坚实的基础。基于物联网的物流信息增值服务以 EPC 为核心技术，集合了编码技术、网格技术、无线射频技术等，突破了以往获取信息模式的"瓶颈"，在标准化、自动化、网络化等方面进行了创新，从而使物流企业能够准确、全面和及时地获取物流信息，并在此基础上根据不同的信息级别来分别提供企业级、行业级和供应链级的信息增值服务。

对于公共物流信息平台而言，利用物联网，可以对供应链级信息进行整合，冲破供应链管理的信息“瓶颈”。通过物联网，可以对整个供应链中各个环节的商流、物流、资金流和信息流状况进行实时的监控，可以对从企业的订单处理过程到生产过程，再经配送过程、代理过程、销售商库存过程，最后到销售过程都进行信息跟踪，从而整理出对供应链管理有用的信息，并为供应链管理服务。总之，基于物联网的公共物流信息平台将能够依靠物联网的网络特性和个性化的配套软件系统来实现物品流通过程中各个市场要素的全方位管理与控制，提供既满足企业所需要的信息管理和信息服务，又满足整个供应链资源优化配置的信息管理和信息服务。

3．标准化技术

长期以来，由于对标准化工作及知识产权与技术标准之间关系的重要性认识不足，我国技术标准总体水平偏低，综合运用知识产权与标准化的手段乏力。在“十五”期间，我国全面启动了“人才、专利、技术标准”三大科技发展战略，在电子商务、金融、物流电子化等领域制定了一系列具有自主知识产权的技术标准。

公共物流信息平台体系的构建离不开各子系统的标准体系构建，公共物流信息平台正是构成国际物流大系统的一个关键子系统，它涉及国际物流通用基础标准、国际物流技术、管理、服务标准的各个方面，平台的建设需要从国家物流标准体系出发，借鉴发达国家与国际相关标准，构建公共物流平台这一子系统的标准体系，并对解决国际贸易中的物流关键技术提供支持。

4．物流信息集成技术

公共物流信息平台中会碰到许多异构数据、异构系统之间的共享和交互，解决这些问题必然要用到信息集成技术。根据技术特点，可以归结为两大类：数据集成技术和应用集成技术，每种技术通过特定方式实现异构信息系统之间的交互和集成。

（1）*数据集成技术*。数据集成技术透过信息系统的业务逻辑，直接与底层的数据库系统进行通信，通过数据库接口访问和添加数据，并应用映射技术实现异构数据之间的转换，按照实现方式，数据集成技术可以分成两类：模式集成方式和复制集成方式。

（2）*应用集成技术*。不同于数据集成技术，应用集成技术通过与信息系统中的业务逻辑的交互实现系统之间异构信息的集成。应用集成技术的实现基本上有三种体系结构：点对点集成、基于中间件集成和面向服务的集成。

复习思考题

1．简述物流信息和物流信息化的概念。
2．简述物流信息系统的主要分类。
3．企业物流信息系统规划与设计的方法有哪些？
4．公共物流信息平台规划与设计的主要步骤有哪些？
5．试述物联网技术在物流行业中的具体应用。

案例研究　公共物流信息平台应用——以鲜花物流为例

1．鲜花物流的现状

鲜花物流主要指针对鲜花自身的特点进行货物的组织、运输、仓储、配送等物流活动。具有生命体征的鲜花物品具有易腐性和时效性，使鲜花物流具有设施运用的专业性、物流过程的约束性和时间竞争的局限性。

花卉产业的健康发展不仅需要优良的品种资源和先进的栽培管理，而且需要完善的采后处理技术和市场营销与物流配送体系建设的支撑。目前的中国花卉物流水平与世界先进水平存在全方位的差距，尤其是在物流体系建设方面更是成为阻碍花卉产业发展的一个主要“瓶颈”。目前我国的鲜花物流服务仍处于传统的自营物流模式，特别是前端物流阶段。这种物流模式自成体系，独立运作，相互之间横向联系不多，物流设施设备难以得到充分有限利用。而在从生产地至目的地的运输过程和目的地的配送也以常温物流或自然物流形式为主，使得鲜花物流在从生产、运输、储存等物流环节上的损失率较大。以对物流要求最高的鲜切花为例，我国鲜切花采后流通的损耗率通常在30%以上，远途运输通常在40%以上，而发达国家的鲜切花运输损失率仅为2%左右，相比之下差距非常大。

除此之外，目前从事鲜花物流服务的公司一般都不是专业的物流公司。流通方式大多是汽车运输和航空运输为主，因而只能提供单一的、简单的物流运输服务，尚不能提供综合性的物流服务。目前对于鲜花物流提供保鲜、冷藏、分类、包装、运输、仓储、配送等一条龙的综合性全程服务在国内还几乎没有。而目前荷兰、美国、日本、韩国、中国台湾等国家和地区的鲜花物流都基本实现一条龙和门到门服务。

2．鲜花物流过程分析

鲜花产品产出后，一般要经过保鲜、加工、仓储、运输、配送和逆向物流回收等环节，当然不同的物流结构中所需的环节也各不相同，但是各环节相互影响。

根据鲜花物流的过程，大致可以分为三个环节，即前端物流、中端物流和后端物流。前端物流主要指鲜花产品从产区到产地批发市场、物流园区或花卉拍卖中心的物流过程。中端物流指的是从产区集散中心到目的地城市的物流过程，同时包括异地集散中心再转运到市场城市的过程。后端物流主要指从目的城市到终端客户的物流过程。鲜花物流过程可以用图 8-14 来表示。

（1）前端物流

前端物流主要从生产者采摘鲜花后，经过简单的分级、包装等处理后，使用运输工具把花卉产品从生产基地运到花卉批发市场、物流园区或花卉拍卖中心。目前由于我国的花卉生产基地分布范围较广，而且生产形式多样（个体、集体、专业等多种生产方式并存），因而前端物流采用的运输方式也是多样的。例如，规模较大的生产企业或基地采用自有车辆进行运输，个体生产者采用租用车辆方式进行运输，少部分由花卉拍卖中心委托专业第三方物流公司进行运输等。

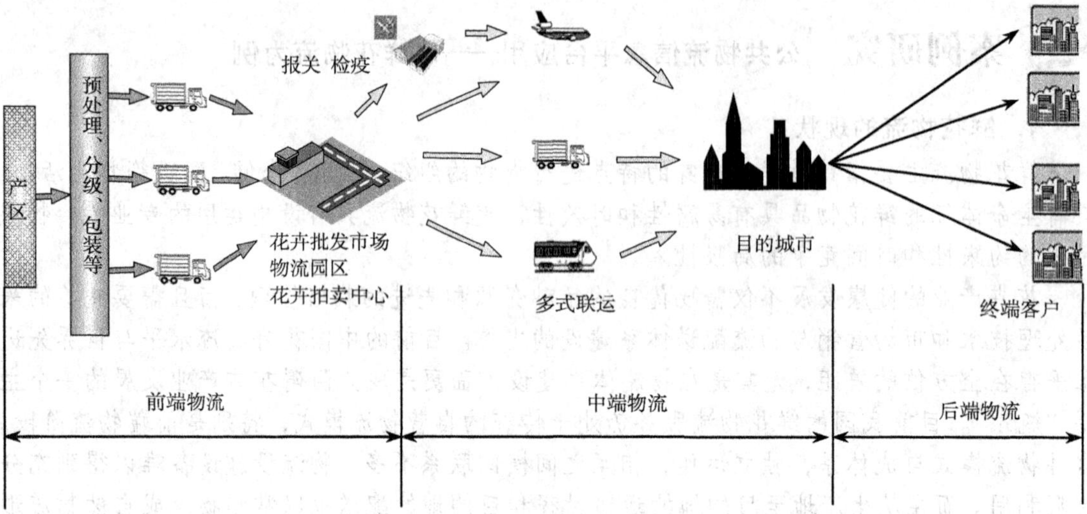

图 8-14　鲜花物流过程

目前我国鲜花物流的前端物流阶段存在的主要问题是，由于专业第三方物流企业参与程度较低，缺少高水平的物流管理，前端物流成本和损耗率居高不下。而由于缺少专业化的物流设施，如冷藏车辆和冷库等，致使鲜花产品不能迅速进入冷链，增加了流通环节的风险和成本。花卉交易中采用网上拍卖机制的还比较少，这样降低了花卉物流的速度和效率。

（2）中端物流

中端物流则由经销商将经过二次分级、包装后的花卉委托运营商或物流企业运输到机场、车站，然后通过空运、铁路货运和公路运输将产品扩散到各个目的市场。根据产品的流向不同，可能还要涉及报关、检疫、中转、仓储等过程，因此这一阶段的物流过程最好由专业物流公司来完成。其中，中端物流还包括通过多式联运、异地集货然后转运至目的城市的物流方式。

由于鲜花时效性和保险性要求比较高，因此，远距离长途运输通常采用空运方式进行运输，其所占比例较大。以我国目前的花卉产业基地云南省为例，2004 年鲜花外运的数量，航空运输所占比例为 77%，铁路运输为 18%，公路运输仅占 5%，而出口的 22 个国家的运输方式全部采用空运。由于中端物流通常距离都比较长，因此涉及的环节也比较多，需要将鲜花产品进行冷链管理。由于现在基本上采用客机进行运输，没有专用货运航班运营，因而受到现行航班时刻、客运市场的极大制约。铁路运输和公路运输由于时效性和安全性都较差，因此运输的品种主要集中在耐储运和盆花产品上。

（3）后端物流

如果说前端物流主要解决鲜花的“集”的问题，那么中端物流和后端物流主要是“散”。后端物流主要解决的是到达目的城市后的配送过程。

目前我国主要的消费城市都成立了自己的花卉集散中心，但普遍专业化程度较低，缺少社会化专业物流配送中心。另外均各自为政，缺乏专业化的地面运输工具，导致后端物流配送条件难以满足花卉运输的特殊要求。

3．鲜花物流信息平台设计

在信息化建设方面，我国与国外物流信息化水平相比，存在较大差距。针对我国目前鲜花物流系统缺少统一开放的物流信息平台的现状，应该建立鲜花物流信息平台。鲜花物流信息平台参与的主体为政府（物流行业管理者）、企业和用户等（物流服务的供应方和需求方）。构建鲜花物流信息平台的目的在于为企业提供信息支撑，为相关行业部门进行物流管理与市场规范化管理提供必要的信息支撑条件；通过建立鲜花物流信息平台使相关行业管理部门与企业群体能进行有效沟通，实现快捷、便利、实时的物流信息交流。

鲜花物流的订货、收货、库存、配送、发货等功能均需要依靠信息平台来完成，它是鲜花物流运作成功与否的关键。连锁店、配送网络等也需要获得信息平台的支持，依靠信息平台不仅解决了物流系统的实时监控，降低储运成本，同时也靠此实现物流的即时配送，是物流快速反应的可靠保证。

同时由于鲜花物流自身的特殊性，信息平台要考虑为国际物流服务。进出口鲜花时效性已经成为影响鲜花物流系统成功与否的关键因素之一，对口岸通关效率提出了很高要求。而国际物流涉及的部门与行业比国内物流复杂得多。物流信息平台将在组织和调控物流活动中起到重要作用，包括进出口单证的作业过程、支付方式信息、客户资料信息、网上货运交易、电子支付、网上交税、网上报关、电子通关、多式联运等流程均需要通过物流信息平台进行运作。此外鲜花信息平台还要与其他相关信息系统和平台进行实时信息交换和共享，共同完成对物流活动的支持。

综观荷兰、美国、日本、澳大利亚等国的花卉交易，都是采取网上拍卖、远程订货形式运作，而这也需要物流信息平台来支撑。花卉拍卖是国际上通行的花卉贸易流通方式，它不仅使供货商无须操心销售，还具有扩大市场空间、拓宽销售渠道的作用，极利于国内外市场的开拓。由于减少了中间采购环节，降低了花卉的流通损耗，有利于产品的终端分销。花卉拍卖具备强大的集货功能，形成的拍卖产品具有品种齐全、数量稳定、品质保障的整体优势。通过物流信息平台的支持，有助于鲜花物流系统更加高效、安全、协调地运行。

设计的鲜花物流信息平台在结构上分为三层体系结构，底层是通信基础设施层，中间层为信息交换和处理层，上层为功能实现层。

鲜花物流信息平台构建于计算机、通信和网络技术基础之上，实现数据采集、转换、存储、传输及信息交换和处理，平台内部由数据仓库、分布式服务器等构成，其核心系统是信息交换处理中心，信息安全基础设施和认证系统是信息交换处理中心可信、安全运行的保障系统，协议标准转换是平台技术服务能力的重要度量指标。基于信息交换处理中心，建立实现鲜花物流平台的功能服务系统，其内容包括网上电子拍卖系统、电子通关检疫系统、信息发布系统、财务结算系统、配送系统和其他相关电子商务系统等。鲜花物流信息平台作为一个整体，通过与电子商务系统、电子政务系统、其他物流信息平台、交通信息系统等连接、集成，实现扩展增值服务。鲜花物流信息平台框架如图 8-15 所示。

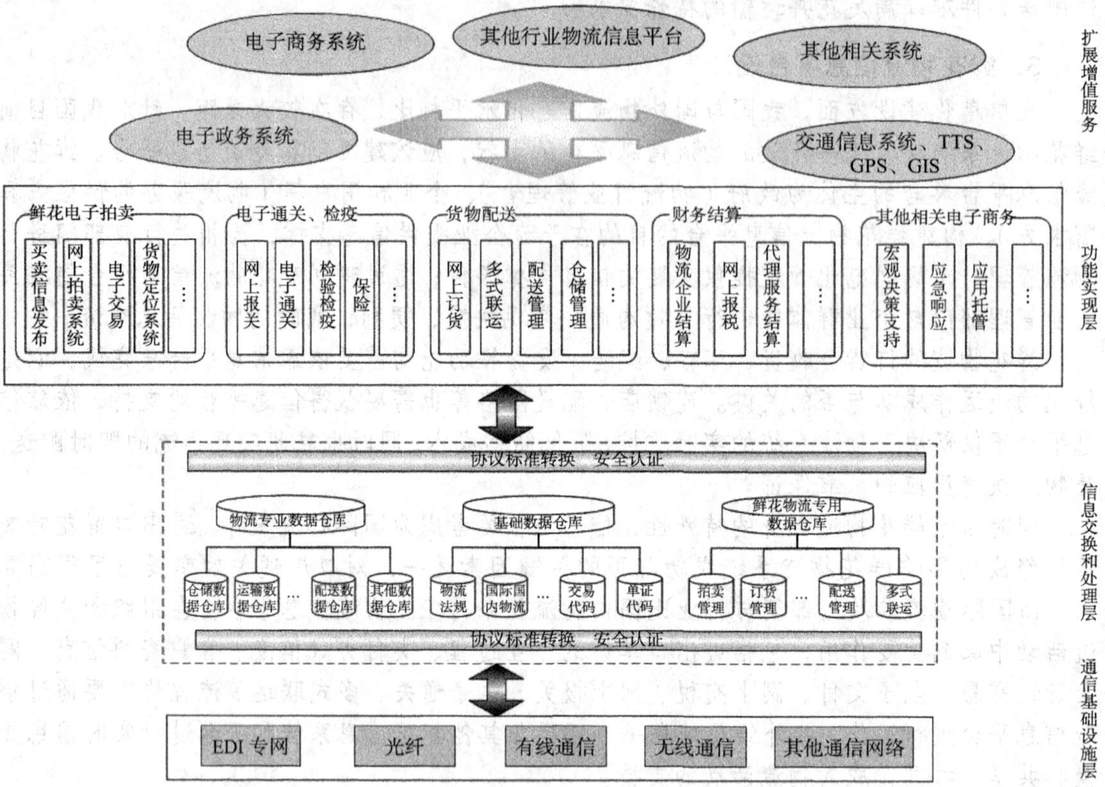

图 8-15 鲜花物流信息平台框架

4. 鲜花物流信息平台主要功能

（1）信息服务

信息服务是鲜花物流信息平台具备的最基本的功能，物流信息平台所采集的数据通过数据转换，存储在数据仓库中提供给物流系统使用。其中电子数据交换和信息集成是鲜花物流信息平台的核心功能，主要包括：电子单证的翻译、转换和通信功能（国际物流中的网上报关、报检、许可证申请等，客户与商家的业务往来与信息平台连接的用户间的信息交换等）；消息和编码数据交换功能，实现不同编码、格式的消息之间的交换；身份识别和信息安全功能。

通过电子数据交换和信息集成将某一区域的各个供应链组合在一起，实现远程查询和信息交换。任意供应链通过平台能够对本供应链之后的货物流动进行全程跟踪，能够及时掌握上游供应链对本段供应链的资源或服务请求，使本供应链能够及早进行必要的准备，制定出相关的作业，如航班需求计划、配送需求计划、配送资源计划、企业资源计划等。

（2）电子拍卖功能

利用电子商务系统，在网站上设立在线国际货运与区域物流交易子平台，提供多式联运服务；与全球主要的鲜花交易网站实现数据库联网，从而将平台的用户扩大到全球范围。在这个板块，要建立商务信息服务系统，以电子数据处理、互联网络、数据交换和资金汇总技术为基础，集信息交流、商谈、订货、发货、运输、配送、报关、保险、商检和银行结算为一体，加速业务进展最终实现鲜花及其信息的快速流动，保证鲜花的时效性。

（3）电子口岸功能

鲜花物流信息平台需要支持国际物流，包括支持通关物流信息服务、电子单证传输和处理服务、加工贸易联网监管和跨国采购信息服务等。通过鲜花物流信息平台，实现电子报关，报检，许可证申请，加快通关速度。物流园区内海关监管仓库可通过信息平台，实现进出“电子卡口”，提供快速通道电子口岸的功能。真正做到物流过程“一次录入，全程共享”的一站式服务。

（4）财务结算功能

鲜花物流信息平台应具备各个供应链之间的财务结算算功能，能够正确计算并分摊国内外各供应链环节的收取费用，如航段运费分摊、活动汇率计算、代理服务费用、机场服务费、库存滞留、各种配载耗材费用、代收的运费等，实现网上及时结算，加快企业的流动资金周转速度，逐步实现真正意义上的电子商务。

（5）智能接口服务和政策支持功能

鲜花物流信息平台应该能有效地实现与电子政务系统、电子商务系统、其他行业物流信息平台等对接，实现同构和异构平台的信息传递、资源共享。同时鲜花物流信息平台留有智能接口，便于与其他新加入的系统连接，实现系统功能的不断扩展。鲜花物流信息平台提供决策支持，要求信息平台具有数据分析的功能。

第 9 章

物流系统评价

【学习目标】熟悉物流系统评价的内容、物流系统评价的原则与步骤，掌握物流系统评价指标体系的设计方法、物流系统评价指标的处理方法、物流系统评价的常用方法、层次分析法和模糊综合评价方法的应用。

9.1 物流系统评价概述

物流系统评价是对物流系统的价值进行评估，物流系统评价是物流系统规划中的一种基本处理方法，也是物流系统分析中的一个重要环节。物流系统评价作为对客观事物进行评定、明确其应用价值的处理方法，已经在社会经济发展、工程技术研究、企业经营管理等各个方面得到了广泛应用。

当物流系统为单目标时，评价工作容易进行。当物流系统为多目标的复杂物流系统时，因为多个目标往往不能同时达到，并且多种因素相互影响，有的甚至是相反作用，这时需运用特定的评价方法进行评价。

9.1.1 物流系统评价的基本概念

1. 评价的作用和意义

（1）评价的作用。系统规划是一个科学的、民主的、动态的集体思维过程，价值体系和评价分析是系统规划过程中的关键内容。可以说，评价贯穿规划决策过程的每一步。

1）在规划之前，评价的主要作用是进行现状分析，实际上是将现状作为规划方案之一，即维持现状。通过评价分析，确定现状是否满足规划目的和要求，满足程度如何，存在什么问题，有多少潜力可挖。

2）在规划与设计过程中，评价可以作为设计者的一个辅助工具，引导他们做出较优的方案。事实上，一套科学的评价方法和评价指标体系对于规划人员和设计人员来讲是非常必要的。评价不等于决策，而是决策的一个必要的辅助工具。评价为决策过程的各种参与者（规划人员、领导者阶层、公众）进行决策提供现实依据和度量准绳。为了帮助决策的制定，评价工作应阐明所用的假设和前提，规定评价分析的范围和可信性。

3）在方案实施以后，对实施方案的使用效果、营运状况的监测反馈也要借助于评价分析。不能将物流规划看做一次性的任务，对实施效果不进行必要的前后比较调查和反馈检验。否则这种做法不但在经济上可能造成损失，而且可能造成不良的社会效果和引起公众的不满情绪。

科学的评价不仅要依靠科学的评价方法和指标，更重要的是要依赖可信的数据资料。一旦评价方法和指标体系确定以后，数据搜集工作也应与这样的评价体系相适应，有目的地为评价分析提供必要资料。

（2）评价的意义。

1）评价是确定每个备选方案价值及每个方案相对于其他方案可取性的过程，其中关键要解决两个问题：一是确定如何来衡量方案的价值；二是估计所建议的行动的费用与效益的来源和选择时机。

2）评价为决策者提供政策建议的影响、权衡轻重和不确定性的主要方面等信息。评价不仅要明确影响的程度，而且要指出受各个备选方案积极或消极影响的范围。

3）评价还要为规划人员提供对物流系统进一步研究改进的机会。因此，评价不仅是规划人员与决策人员联系的桥梁，也将物流规划中的研究工作联系了起来。

2．评价的目标

在对某个物流系统进行评价时，要从明确评价目标开始，通过评价目标来确定评价对象，并对其功能、特性和效果等属性进行科学的测定。物流系统评价的目标是进行正确的物流系统决策，即物流系统评价是物流系统决策的前提条件，物流系统评价是方案选优和决策的基础，物流系统评价的质量影响着物流系统决策的水平。

9.1.2　物流系统评价的内容和阶段

1．评价的内容

判别物流系统规划与设计方案的优劣，往往需要对规划与设计方案或物流系统因素进行综合评价，即对物流系统规划与设计方案或物流系统因素的价值进行评估。

在对物流系统进行规划、分析与设计之后，提出了在技术上可行、经济财务上有利、社会效益上也较好的多种方案，需要对这些方案进行评价，物流系统评价就是要根据物流系统的目标、评价标准及环境对物流系统的要求，从系统整体出发，综合评判这些方案的优劣，从中选出一个较为满意的方案付诸实施。在规划与设计中，不仅要提出许多开发系统的可行方案，而且还要通过物流系统评价从众多的可行方案中找出所需要的最优方案，在这一过程中，如何把自然因素、技术因素、经济因素与社会因素等有机地统一起来，如何把技术的先进性与经济性、方案的合理性与现实性、社会的需求与物流系统本身的供给合理地结合起来，是物流系统规划与设计取得成功的保证，同时也是物流系统实施与运营过程中对实施方案进行评价的需要。

物流系统规划与设计的问题大都是多目标的复杂问题，对其评价往往需要考虑多种因素或指标，一般情况下，指标和方案越多，考虑问题越全面，评价就越复杂。另外，由于对系统的评价及指标的选择都是由人来完成的，因此人的价值观在系统评价中具有重要的影响。由于评价主体有不同的观点、立场和标准，对同一个问题，不同的评价者可得出不同的评价结论，因此，在评价过程中要充分考虑这些因素，统筹兼顾，运用综合评价的方法进行客观、准确、科学的评价。

在物流系统规划的各个阶段都均涉及若干方案的评价与选择，规划中每个阶段和每个层次都要对有关问题进行若干方案的评价和选择。物流系统评价从内容上来看可对以下三类项目进行评价。

第一类：物流技术工程，如建设物流中心及配送中心、进行仓库基建、修公路、建车队、开发物流新技术等。

第二类：物流管理项目，如公司创建、组织机构改革、管理方案、规章制度、企业文化和发展战略等。

第三类：物流运作方案，如运输方案、配送方案、仓储方案、包装方案、装卸方案、物流信息化方案、业务外包方案和第三方物流方案等。

2. 评价的阶段

（1）现状评价。现状评价是从分析现有物流系统各子系统间的相互联系与内在影响因素入手，对现有物流系统进行诊断评价，找出现有物流系统的问题症结。通过现状评价可以对现有物流系统进行更为全面的了解，弄清存在的问题，进而为提出有效可行的方案做准备。

（2）方案评价。方案评价是在对物流系统进行综合调查和整体分析的基础上，对提出的各种技术方案进行论证，选择技术、经济、环境、社会最优结合的方案，为物流系统的决策提供依据。

（3）实效评价。实效评价是对最终方案实施的功效进行分析。它一般关心如下三个问题：① 最终方案实施后，物流系统发生了哪些变化？② 这些变化带来的效益和损失及所需要的成本是多少？是否达到预期的目标？③ 发生与原方案的预期目标有差异的原因是什么？

实效评价的关键是建立最终方案与实施效果之间的因果关系，实效评价的结论能定性定量地表明方案达到预期目标的程度，并对下一步物流系统的改进和发展指出方向与途径。

9.2 物流系统评价的原则和步骤

9.2.1 评价的原则

1. 评价的客观公正性

评价的目标是为决策者提供有效的决策依据，因此评价的质量影响着决策的正确性。评价必须客观地反映实际，使评价结果真实可靠。评价的客观公正性、全面性、可靠性与正确性是评价的基本要求。为了上述基本要求的实现，有必要保证评价资料和数据来源的全面可靠及评价方法的科学性，防止评价人员的倾向性，同时谨慎地考虑评价人员的组成，使人员组成具有代表性。

2．方案的可比性

对于物流系统的各个阶段来说，所提供的选择方案之间要求具有可比性，对各个方案进行评价时，评价的前提条件、评价的内容要一致，对每项指标都要进行比较，做到一致性与可比性。要做到可比性需要从以下几个方面考虑：① 效果相同，具有相同的使用价值；② 单位相同，具有相同的量纲、相同的单位；③ 时间区段、时间点具有可比性；④ 价格可比，不同时间点上的价格、金额不能够直接相比，要转换成可比价格，如不变价格。

3．评价指标的系统性

评价指标必须反映系统的目标，包括系统目标所涉及的各个方面，全面反映被评价问题，使评价不出现片面性。

4．评价方法和手段的综合性

物流系统评价要对系统的各个侧面运用多种方法和工具进行全面综合评价，充分发挥各种方法和手段的综合优势，为系统的综合评价提供全面分析的手段。

5．实用性原则

评价工作的意义在于分析现状，认清物流系统变化所处阶段和发展中存在的问题，寻找影响物流系统运行的主要方面，更好地指导实际工作，因此要尽量选取日常统计指标或容易获得的指标，以便直观、简便地说明问题。

9.2.2　评价的步骤

1．明确评价的目的和内容

为了进行有效的系统评价，必须进行详细调查，了解建立这个系统的目标和为完成系统目标所考虑的各个具体的因素，熟悉其可能的方案，明确评价的目标。根据此目标，搜集有关的资料和数据，对组成方案的各个因素及物流系统本身的性能特征进行全面分析，确定评价的内容。

2．确定评价的指标体系

评价指标体系是对照与衡量各种备选方案的统一尺度和标准。建立评价指标体系时，必须客观地、全面地考虑各种因素，要根据评价系统的目标与功能来确定指标体系，并明确指标间的相互关系，避免指标的重复使用或相互交叉。各种评价指标可以在调查、讨论与大量资料的分析研究基础上建立起来。一个评价指标体系是由若干个单项评价指标所组成的整体，应能反映所要解决问题的各项子目标的要求。

3．确定评价结构和评价准则

在评价过程中，如果仅仅是定性地描述系统要达到的目标，而不是定量地表述，就难以做到科学、客观的评价，因此要对所确定的指标进行量化处理。同时每个具体的指标可能是几个指标的综合，这是由评价系统的特性和评价指标体系的结构所决定的，在评价时要根据指标体系和系统的特性来弄清指标间的相互关系，确定评价的结构。另外，由于各指标的评价标准与尺度不同，不同的指标就难以统一比较，没有可比性，因此，必须对指标进行规范化，并制定出统一的评价准则，根据指标所反映的因素的特征，确定各指标的结构与权重。

4．确定评价方法

物流系统在其各个阶段都涉及多个方案的评价，由于拟评价的对象的具体要求不同，因此采用的评价方法也有所不同，在确定选用何种评价方法时，需要考虑系统目标、分析结果、费用与效果测定方法、评价准则等因素。

5．单项评价

单项评价是对系统的某一特殊方面进行详细的评价，以查明各项评价指标的实现程度。单项评价只反映方案在单一方面的特征，不能解决整个方案的优劣判定问题，因此它是综合评价的基础。

6．综合评价

综合评价就是按照评价准则、各指标的结构与权重，在单项评价的基础上，对物流系统进行全面的评价，利用相关模型与资料，从系统的整体出发，综合分析问题，采用技术经济的方法对比各种可行方案，选择满意而可实施的方案，达到评价的目标。

9.3 评价指标设计与数据处理

9.3.1 评价指标体系的内容和设计步骤

由于物流系统的复杂性，设计物流系统的评价指标体系存在一定的困难。一般来说，评价指标范畴越全面，指标数量越多，则方案之间的差异越明显，越有利于判断和评价，但确定指标的大类与指标的重要程度或权重也就越困难。例如，在层次分析法评价时，每层指标数量规定最好不要超过7个，否则两两比较时会变得非常复杂，而且还容易产生错误。因此，在确定指标体系时，不仅要考虑指标体系能否全面而客观地反映所要评价的物流系统的各项目标的要求，考虑评价指标体系的重要性、层次性的判断，还要考虑数据采集的难易程度、数据处理与建模情况。

1．评价指标体系的内容

（1）政策性指标。政策性指标包括政府的方针、政策、法律、法规和区域经济发展的规划要求等。这类指标对社会物流系统的评价尤其重要。

（2）技术性指标。技术性指标包括系统所使用设备的性能、寿命、可靠性、安全性、服务能力与灵活性等。

（3）经济性指标。经济性指标包括各个方案成本效益、建设周期与投资回收期、财务评价类指标等。

（4）社会性指标。社会性指标包括社会福利、社会节约、对所在的区域或国家经济贡献所作的贡献、对生态环境与环保的影响因素等。

（5）资源性指标。资源性指标包括物流工程项目中的人、财、物、能源、水源、土地条件等。

（6）时间性指标。时间性指标包括物流工程和规划方案的进度、时间等。

2．评价指标体系的设计步骤

为了更好地进行物流系统的评价，设计出的评价指标体系更加科学、合理，并且符合实际情况，在评价指标设计过程中，要遵循如下几个步骤。

1）认真、全面地分析拟评价的物流系统的各项目标要求。

2）拟定指标草案，在调查分析基础上，运用头脑风暴法或德尔菲法制定指标体系。

3）经过广泛征求专家意见，反复交换信息、统计处理和综合归纳，不断调整评价指标。

4）考虑各种因素后，确定系统的评价指标体系。

9.3.2 评价指标体系设计方法与模型

1．关键业绩指标法

关键业绩指标法（Key Performance Indicator，KPI）是通过对系统内部流程的输入端、输出端的关键特征参数（特征值）进行设置、取样、计算与分析，来衡量系统绩效的一种目标式量化管理方法，是把物流系统目标分解为可操作的工作目标的工具。

关键业绩指标是一类能衡量物流系统实际运行绩效的标准，它们数量虽少，但对整个物流系统的运行是否成功有举足轻重的影响。

KPI 的精髓是指出评价指标体系的建立必须与物流系统的战略目标相挂钩，其“关键”一词的含义是指在某一阶段一个物流系统在总体目标上要解决的最主要的问题，解决这些问题便成为对整个物流系统的具有战略意义的关键所在，评价指标体系则相应地必须针对这些问题解决程度设计衡量指标。这些指标的设立有助于对物流系统进行合理的规划和有效的控制，有助于准确反映物流系统合理化状况和评价改善的潜力与绩效。在评价指标设计中，经常关注的一些主要指标有物流生产率和物流质量。

（1）物流生产率。物流生产率是衡量物流系统投入产出效率的指标，即物流系统的产出与投入之比。它通常包括实际生产率、资源利用率、产出完成率、财务指标、库存指标等。

（2）物流质量。物流质量是对物流系统产出质量的衡量。由于物流业属于服务业的范畴，服务质量尤其重要，因此物流质量指标是物流系统评价指标体系中的重要组成部分。就物流系统的产出而言，可将物流质量分为物料流转质量与物流业务质量。物料流转质量是对物流系统提供的货物在数量、质量、时间、地点上的正确性的评价，如数量准确率、运输完好率、送货及时率、地点差错率等指标。而物流业务质量是对物流业务在时间、数量上的正确性和工作上完善性、客户满意度的评价，指标包括供货周期、订单或故障处理时间、业务计划完成率、服务响应率、客户投诉率等。

2．平衡计分卡模型

平衡计分卡模型由 Kaplan 和 Norton 于 1992 年提出，是目前企业绩效评价中使用比较广泛的一种模型。该体系提出了一套系统的评价和激励企业绩效的方法，共有四组指标组成：财务角度、顾客角度、内部运作过程、学习与成长。

（1）平衡计分卡的特征。

1）以战略为核心。平衡计分卡不仅为企业提供了一种全新的绩效管理系统框架，同时也为企业的战略目标与绩效考核之间建立系统的联系提供了思路与方法，通过财务、顾客、内部运作过程、学习与成长四组指标之间的相互作用来表现企业的战略管理轨迹，从而实现绩效考核与绩效改进及战略实施与战略修正的目的。

2）财务指标与非财务指标并存。财务与非财务指标并存有助于企业一方面通过财务视角保持对企业短期业绩的关注，另一方面可以通过非财务视角揭示企业如何实现其长期的战略发展目标，并且在对非财务信息的分析过程中，企业也可以找出财务表现的根源，它们之间可以共同作为企业未来财务绩效的驱动器。

3）短期目标与长期目标平衡。由于平衡计分卡使用非财务指标和因果关系链，因此它能够帮助企业寻找导致其成功的关键因素和相应的关键绩效指标（KPI），在此基础上确定企业可付诸行动的长期战略目标，使其不脱离实际，具有可行性，并再通过因果关系链将长期目标层层分解为短期目标，使其不偏离长期目标。平衡计分卡绩效管理系统克服了单一财务指标的短期性和片面性，达到了兼顾短期和长期目标的目的，保持了两者之间的平衡。

（2）平衡供应链计分卡及相应的评价指标。平衡计分卡可应用在物流系统评价指标体系的设计中。马士华等人提出了在 Kaplan 和 Norton 的平衡计分卡法基础上改进的平衡供应链计分卡法（BSC-SC）及相应的评价指标：客户导向、内部运作、未来发展、财务价值。

1）客户导向。系统的目标是在正确的时间、正确的地点，将正确的产品/服务以合理的价格和方式交付给特定的客户，以满足和超过客户的期望。经营中的关键问题是所提供的产品/服务是否增加了客户的价值，是否达到了客户满意。关键成功因素是建立和保持与客户的密切关系，快速响应并满足客户的特定需求；提高客户群的价值。因此，评价指标包括订单完成总周期、客户保有率、客户对供应链柔性响应的认同和客户价值率。

2）内部运作。系统的目标是能够在合理的成本下，以高效率的方式进行运作。经营中的关键问题是系统内部流程的增值活动的效率有多高，能否更好地实现核心竞争力。关键成功因素是实现较低的流程运作成本、较高的运作柔性，提高经营中增值活动的比例，缩短生产提前期。因此，评价指标包括供应链有效提前期率、供应链生产时间柔性、供应链持有成本和供应链目标成本达到比率。

3）未来发展。系统的目标是集成系统内部的资源，注重改进创新，抓住发展机遇。经营中的关键问题是管理系统是否具备这种机制。关键成功因素是集成合作伙伴，稳定战略联盟；加强信息共享，减少信息不对称；研究可能的生产、组织、管理各方面技术。因此，评价指标包括产品最终组装点、组织之间的共享数据占总数据量的比重。

4）财务价值。系统的目标是突出供应链的竞争价值，达到供应链伙伴的赢利最大化。经营中的关键问题是供应链伙伴对供应链的贡献率是否从供应链整体的角度考虑。关键成功因素是供应链资本收益最大，保证各伙伴在供应链中发挥各自的贡献率，控制成本及拥有良好的现金流。因此，评价指标包括供应链资本收益率、现金周转率、供应链的库存天数和客户销售增长率及利润。

3．物流系统评价指标的确定

由于物流系统规划涉及面十分广泛，其不同阶段中均存在评价与择优的行为，因此要统一确定其评价指标体系是十分困难的。下面以物流园区选择第三方物流企业为例来说明物流系统评价指标的确定。

（1）物流园区评价指标体系设计。物流园区大都位于城市中心的边缘，交通条件良好，用地充足。为了吸引物流中心、配送中心及物流企业能快速、有效地集聚，物流园区在空间布局时需要考虑物流市场需求、地价、交通设施、劳动力成本、环境等经济、社会、自然等多方面的因素。

物流园区规划的影响因素可以抽象与归纳为社会效益、经济效益与技术效能三个层面，在每个层面下都需要考虑更具体的因素。物流园区规划过程中的典型评价指标体系如表 9-1 所示。

表 9-1　物流园区规划过程中的典型评价指标体系

一级指标	二级指标	评价标准
社会效益	园区所在地交通状态	交通便利程度能满足采购与销售的需要
	区域发展规划	符合区域发展规划中的用地、发展目标的要求
	污染状态	尽可能减少对环境的污染，最大限度地实现与环境相容
	对当地居民生活的影响	尽可能减轻对城市居民出行、生活等的干扰，减轻或消除噪声等负影响
	地质、气候等自然环境	能满足物流园区内的建筑、生活等要求
经济效益	当地消费容量与水平	接近消费市场，有充足消费容量与消费购买力
	运输成本	要求运输成本低
	地价因素	具有低地价区位优势
	周边企业状况	周边企业环境和谐，企业聚集程度适中
	劳动力成本与技术水平	具有成本合适、数量充足、素质较高的劳动力资源
	公共设施状态	具有充足的供电、供水、排水等基本公共设施，便利的通信设备，合适的污水、固体废弃物处理能力
	资金落实情况	融资环境良好
	效益费用比	效益费用比合理
	投资收益率	投资收益率较好
技术效能	功能设计的完备、可靠性程度	功能完备，同时具有较高的可靠性
	多式联运	多式联运运作协调、方便，可达性较好

续表

一级指标	二级指标	评价标准
技术效能	利用现有设施	与现有的物流设施兼容
	靠近主干道	靠近交通主干道，特别是高等级公路的主干道出入口
	靠近货运枢纽	靠近公路货运集散中心，同时力求与铁路货运中心、港口中心及航空中心等距离最短
	道路运输网络	具有完善的道路运输网络
	总建筑面积满意度	能满足园区中长期发展的需要
	总站场面积满意度	能满足规划的中长期发展的需要
	土地面积利用率	土地面积利用率较高

（2）第三方物流企业选择的评价指标体系设计。企业在进行物流业务外包时，考虑的因素主要有：首先是服务质量指标；其次是稳定性指标；再次是功能指标；最后是成本指标。具体的指标体系如表 9-2 所示。

表 9-2　第三方物流企业选择的评价指标体系

一级指标	二级指标	三级指标	评价标准
服务质量指标	可靠性	服务质量准时性	准时出货、准时到达
		服务质量稳定性	能够提供稳定服务的能力
		服务质量无差错性	出现装运差错和货损的概率
		服务技术专业性	技术人员所占比例及技术人员的技术能力
	响应性	服务过程的可知性	运用信息化等手段使用户能随时知道货物处于物流哪个阶段的能力
		服务的柔性	如果用户需要特殊的服务，服务提供商的应变能力及服务提供商向客户提供个性化服务的能力
	保证性	与客户有效沟通的能力	沟通的方式和态度
		员工对客户的礼貌和尊敬	员工礼貌和尊敬客户
	移情性	对客户关心问题的了解和态度	热情、敏感和周到
		客户投诉处理	处理态度及处理周期
	有形性	服务材料的外观	外观的整洁等，不包括设备先进性
		服务人员外表形象	着装统一、标识明确

续表

一级指标	二级指标	三级指标	评价标准
稳定性指标	赢利能力	资产规模	总资产规模
		总资产利润率	总资产利润率
		资金周转率	资金周转率
	企业凝聚力	公司信誉	公司在业界的口碑
		企业社会责任	企业对社会所做的贡献
		员工满意度	管理层的凝聚度及普通员工对公司的满足和依赖程度
	联盟性	历史合作情况	历史合作情况
		战略观念兼容性	提供商与用户企业的战略观念相吻合的程度
功能指标	运输能力	运输工具规模	运输工具的总吨位数
		多种运输能力	拥有公路、铁路、水运、空运多种运输的能力
		运输工具的先进性	设备现代化水平
		服务范围	网点的分布和服务可达的地理范围
	仓储能力	可用仓库规模	可用仓库的容量
		仓库现代化水平	设备现代化水平
成本指标	物流成本	收费水平	运输、仓储等物流中各环节的总成本
	记账和付款的柔性	财务处理的柔性	在用户付款期限等限制下的机动能力

9.3.3　评价指标数据的处理方法

在有多个指标的评价系统中，各个评价指标存在着定性定量不同、单位不同、量纲不同、数量级不同的现象，这给综合评价带来了一定的困难，如果评价时直接计算，则将影响评价的结果，严重时甚至会造成决策的失误。为了统一标准，便于数据处理，必须对原始评价数据进行预处理，即对所有的评价指标数据进行标准化处理，成为无量纲化、无数量级的标准分，消除指标数据间的偏差，然后再进行评价和决策。

所有评价指标从经济角度可分为两类：一类是效益型指标，这类指标的值越大越好，如利润、客户满意率、货物完好率、货物及时配送率等；另一类是成本型指标，这类指标的值越小越好，如运输成本、货物损耗率、客户抱怨率等。

在一个多指标评价系统中，设有 n 个明细评价指标 f_j（$1 \leqslant j \leqslant n$），$m$ 个决策方案 a_i（$1 \leqslant i \leqslant m$），则评价决策矩阵 $\boldsymbol{A}=(x_{ij})_{m\times n}$，其中 x_{ij} 表示第 i 个方案 a_i 在第 j 个指标 f_j 上的指标值，而预处理后的评价决策矩阵 $\boldsymbol{R}=(r_{ij})_{m\times n}$，其中 r_{ij} 表示每个预处理后的评价值。

1. 定量指标的标准化处理

（1）线性比例变换。

令 $\hat{f}_j = \max(x_{ij}) > 0 \quad \check{f}_j = \min(x_{ij}) > 0 \quad (1 \leqslant i \leqslant m,\ 1 \leqslant j \leqslant n)$

对于效益型指标，定义：$r_{ij} = \dfrac{x_{ij}}{\hat{f}_j}$

对于成本型指标，定义：$r_{ij} = \dfrac{\check{f}_j}{x_{ij}}$

这种标准化处理方法的特点是：对于每个预处理后的评价值有 $0 \leqslant r_{ij} \leqslant 1$，而且计算方便，并保留相对排序关系。

（2）极差变换。

令 $\hat{f}_j = \max(x_{ij}) > 0 \quad \check{f}_j = \min(x_{ij}) > 0 \quad (1 \leqslant i \leqslant m,\ 1 \leqslant j \leqslant n)$

对于效益型指标，定义：$r_{ij} = \dfrac{x_{ij} - \check{f}_j}{\hat{f}_j - \check{f}_j}$

对于成本型指标，定义：$r_{ij} = \dfrac{\hat{f}_j - x_{ij}}{\hat{f}_j - \check{f}_j}$

这种标准化处理方法的特点是：对于每个预处理后的评价值有 $0 \leqslant r_{ij} \leqslant 1$；并且对于每个指标，总有一个最优值为 1 和最差值为 0，因此在评价时会对最差值作较大的惩罚。

2. 定性模糊指标的量化处理

在物流系统评价和决策过程中，许多评价指标是模糊的指标，只能用定性的方式来描述，如从业经验好、设施性能高、人员素质一般等。对于定性模糊的指标必须赋值并使其量化。一般把定性模糊指标值分为三档、五档或七档。最好的值可赋值为 10，而最差的值可赋值为 0，当然也可赋予 0 与 1 之间。定性模糊指标也可分为效益型指标与成本型指标两类。对于定性的效益和成本指标，其指标的量化可参照表 9-3 中的量化值进行。

表 9-3 模糊指标的七档量化表

指标状况	最低	很低	低	一般	高	很高	最高
效益型指标	0	1	3	5	7	9	10
成本型指标	10	9	7	5	3	1	0

【例 9.1】一个商品贸易企业准备选择一家第三方物流企业来承担物流外包服务。现有 4 家第三方物流企业，决策者根据自身的需要，考虑了 6 项评价指标，具体指标与 4 家物流企业评价数据如表 9-4 所示。

表 9-4　物流提供商评价指标与评价数据

评价指标 候选企业	服务差错率（%）	服务响应性	公司信誉	资产规模（万元）	收费标准（占货值%）	员工素质
A_1	0.9	很高（9）	一般（5）	500	4.5	低（3）
A_2	0.2	一般（5）	很高（9）	1 700	5.5	高（7）
A_3	0.5	高（7）	高（7）	800	4.0	一般（5）
A_4	0.4	高（7）	很高（9）	1 200	5.0	很高（9）

解：对表中的数据进行标准化处理，首先对指标体系中的服务响应性、公司信誉与员工素质三项定性指标进行定量化处理。这三个指标都是效益型指标。按照定性模糊指标量化方法进行处理，处理结果如表 9-4 所示。下面利用量化指标的标准化处理方法对物流企业选择评价指标进行标准化处理。

1）采用线性比例变换方式处理，得到的结果如表 9-5 所示。

表 9-5　线性比例变换方式处理结果

评价指标 候选企业	服务差错率（%）	服务响应性	公司信誉	资产规模（万元）	收费标准（占货值%）	员工素质
A_1	0.222 2	1	0.555 6	0.294 1	0.888 9	0.333 3
A_2	1	0.555 6	1	1	0.727 3	0.777 8
A_3	0.4	0.777 8	0.777 8	0.470 6	1	0.555 6
A_4	0.5	0.777 8	1	0.705 9	0.8	1

2）采用极差变换方式处理，得到的结果如表 9-6 所示。

表 9-6　极差变换方式处理结果

评价指标 候选企业	服务差错率（%）	服务响应性	公司信誉	资产规模（万元）	收费标准（占货值%）	员工素质
A_1	0	1	0	0	0.666 7	0
A_2	1	0	1	1	0	0.666 7
A_3	0.571 4	0.5	0.5	0.25	1	0.333 3
A_4	0.714 3	0.5	1	0.583 3	0.333 3	1

3．统一评价准则法

统一评价准则法是由评价主体（一般为该领域专家群）确定每个指标的评分标准，一般分三至七档，规定每档得分的条件。这种方法由于采用标准分，得分不受其他方案的得分影响，因此能进行绝对排序，而不是前两种标准化处理后的相对排序。

【例 9.2】对例 9.1 的评价数据采用统一评价准则法进行标准化处理。统一评价准则法的评分标准如表 9-7 所示。

表 9-7 统一评价准则法的评分标准

评价指标 / 得分	服务差错率（%）	服务响应性	公司信誉	资产规模（万元）	收费标准（占货值%）	员工素质
5	0.1 以下	很高	很高	1 000 以上	3.5 以下	很高
4	0.1 ~ 0.3	高	高	800 ~ 1 000	3.5 ~ 4.5	高
3	0.3 ~ 0.6	一般	一般	500 ~ 800	4.5 ~ 5	一般
2	0.6 ~ 1	低	低	100 ~ 500	5 ~ 6	低
1	1 及 1 以上	很低	很低	100 及以下	6 及 6 以上	很低

解：根据表 9-7 的统一评价准则法的评分标准对表 9-4 的评价数据进行标准化处理，其结果如表 9-8 所示。

表 9-8 统一评价准则法标准化处理结果

评价指标 / 候选企业	服务差错率（%）	服务响应性	公司信誉	资产规模（万元）	收费标准（占货值%）	员工素质	合计
A_1	2	5	3	2	3	2	17
A_2	4	3	5	5	2	4	23
A_3	3	4	4	3	4	3	21
A_4	3	4	5	5	2	5	24

9.4 物流系统评价的常用方法

9.4.1 评价指标权重系数确定的方法

1. 德尔菲法

德尔菲法首先是对要确定权重的评价指标设计成调查问卷，请一组专家分别独立地对问卷进行回答。专家对这些评价指标应赋予的权重提出自己的意见，组织者汇集专家们的问卷，对专家的意见进行统计与分析，如果没有达成共识，组织者根据意见统计结果，形成新的调查问卷，然后再对该组专家重新进行问卷回答；经多次轮番征询，使专家意见趋于一致，最后得出统一的结论。德尔菲法实质上是利用专家的经验和知识，对那些带有很大模糊性、较复杂的问题，通过多次轮番征询意见这一调查形式取得测定结论的方法。此方法具有匿名性、统计性、反馈性、收敛性的特点。

2. 逐对比较法

一般来说，决策者比较容易确定两两指标之间的相对重要性程度，因此可利用相对重要性来确定各指标的权重。逐对比较法就是邀请专家对各评价指标进行两两逐对比较，对相对重要的指标赋予较高的得分，如相对重要的得 1 分，而相对不重要的得 0 分，最后根据各评价指标的累计得分进行归一化处理，并计算权重。

层次分析法也是运用指标间两两比较的方法来确定权重，但计算更为复杂，具体内容参见后面层次分析法的介绍。

【例 9.3】对例 9.1 中各指标采用逐对比较法来确定权重。

解：对指标进行两两比较，结果如表 9-9 所示。

表 9-9 用逐对比较法计算权重结果

评价指标	1	2	3	4	5	6	7	8	9	10	11	12	13	14	15	得分	权重
服务差错率（%）	1	1	1	1	1											5	0.33
服务响应性	0					0	1	0	1							2	0.13
公司信誉		0				1				1	0	1				3	0.2
资产规模（万元）			0				0			0			0	1		1	0.07
收费标准（占货值%）				0				1			1		1		1	4	0.27
员工素质					0				0			0		0	0	0	0
合计	1	1	1	1	1	1	1	1	1	1	1	1	1	1	1	15	1

从结果来看，员工素质这一指标的权重为 0，对评价不起作用，不太合理，这也是逐对比较法的缺陷。

3. 头脑风暴法

头脑风暴法原是一种群体活动的方法，它鼓励与会者自由发表自己的思想，并禁止对任何思想的批评，以促使创新思想的产生。在权重确定中运用头脑风暴法的基本做法是：邀请一些相关领域的专家一起开会，请他们对各指标权重系数的确定自由发表意见，对那些有较大偏差或分歧的内容进行充分讨论，以达到对各指标权重有比较一致的认识，如果还不能确定的话，就采用投票的方式确定。这也是在权重确定中经常采用的一种简单、有效的方法。

9.4.2 线性加权和法

线性加权和法是在已经过预处理的标准化决策评价矩阵 $\boldsymbol{R}$ 的基础上进行的，它先对 n 个标准化的指标构造如下评价函数：

$$U(A_i)=\sum_{j=0}^{n}\omega_j r_{ij} \quad (i=1,2,\cdots,m) \tag{9-1}$$

式中，$\omega_j \geqslant 0$，$j=1,2,\cdots,n$；ω_j 为 n 个指标的权重系数，满足 $\sum_{j=0}^{n}\omega_j=1$

然后按如下原则选择满意方案 A^*：

$$A^*=\left\{A_i \middle| \max\left[U\left(A_i\right)\right]\right\} \quad (1\leqslant i\leqslant m) \tag{9-2}$$

【例 9.4】以例 9.1 为例，假设这 6 个指标经专家评议后分别取权重系数为 0.33，0.13，0.2，0.05，0.25，0.04，按照线性加权和法进行处理。

解：分别对按线性比例变换方式与极差变换方式得到的标准化矩阵进行方案评价，其结果如表 9-10 和表 9-11 所示。

表 9-10 按线性比例变换方式处理的线性加权和评分结果

评价指标 / 候选企业	服务差错率（%）	服务响应性	公司信誉	资产规模（万元）	收费标准（占货值%）	员工素质	$U(A_i)$
	0.33	0.13	0.2	0.05	0.25	0.04	
A_1	0.222 2	1	0.555 6	0.294 1	0.888 9	0.333 3	0.564 7
A_2	1	0.555 6	1	1	0.727 3	0.777 8	0.865 2
A_3	0.4	0.777 8	0.777 8	0.470 6	1	0.555 6	0.684 4
A_4	0.5	0.777 8	1	0.705 9	0.8	1	0.741 4

表 9-11 按极差变换方式处理的线性加权和评分结果

评价指标 / 候选企业	服务差错率（%）	服务响应性	公司信誉	资产规模（万元）	收费标准（占货值%）	员工素质	$U(A_i)$
	0.33	0.13	0.2	0.05	0.25	0.04	
A_1	0	1	0	0	0.666 7	0	0.296 7
A_2	1	0	1	1	0	0.666 7	0.606 7
A_3	0.571 4	0.5	0.5	0.25	1	0.333 3	0.629 4
A_4	0.714 3	0.5	1	0.583 3	0.333 3	1	0.653 2

按线性比例变换方式处理的线性加权和评分结果是选择第三方物流企业 A_2 为最优方案，而按极差变换方式处理的线性加权和评分结果是选择物流企业 A_4 为最优方案，可见标准化处理的方法不同会对最终评分结果产生影响。

9.4.3 层次分析法

在复杂的系统中，各种复杂因素对问题的分析有着不同的重要性。将这些因素条理化、层次化，并确定不同因素相对重要性的权重值或次序，对整个系统分析评价来说是十分重要的。许多社会的、经济的及科学管理的问题分析和决策都可以看成某种意义下的排序问题。层次分析法能对问题内在的层次与联系进行判断量化，并能对系统的各个替代方案进行排序。

层次分析法（Analytical Hierarchy Process，AHP）是 1973 年由著名运筹学家 T.L.Saaty 提出的定性与定量相结合的评价决策分析法，它是一种处理存在于现代管理中许多复杂、模糊不清的相关关系转化为定量分析问题的有效方法。层次分析法的提出不论在理论研究上还是在实际工作中都得到了极为广泛的应用与发展。

1. 层次分析法的基本思路

AHP 方法把复杂问题分解成各个组成要素，又将这些要素按支配关系分组成递阶层次结构。在每层次按照某一规定准则，通过两两比较的方式确定各个要素的相对重要性，建立判断矩阵。通过计算判断矩阵的最大特征值和对应的正交化特征向量，得出该层要素对于该准则的权重。在此基础上计算出各层次要素对总体目标的组合权重。然后综合有关人员的判断，确定备选方案相对重要性的总排序。整个过程体现了分解—判断—综合的思维特征。

2．层次分析法计算步骤

（1）建立递阶层次结构。用层次分析法进行评价时，首先要把问题层次化。通过对面临的问题进行深入分析后，根据问题的性质和需要达到的总目标，将问题分解为不同的组成因素，并按照各因素间的相互关联及从属关系，将因素划分成不同层次，再进行分类组合，形成一个多层次结构的分析模型。这些层次分为目标层、判断层和方案层，目标层表示解决问题的目标，即层次分析法需要达到的总目标。判断层表示采取某一方案来实现预定总目标所涉及的中间环节，它包括准则层与指标层。在分析更为复杂的评价问题时某一个准则因素下还可细分为几个具体的指标，指标也可分为多个层次。方案层表示要选用的解决问题的各种方案、策略与措施。不同层次的各因素间的关系用连线表示，如果因素间有连线，表示二者相关，否则表示不相关。递阶层次结构与因素从属关系如图 9-1 所示。

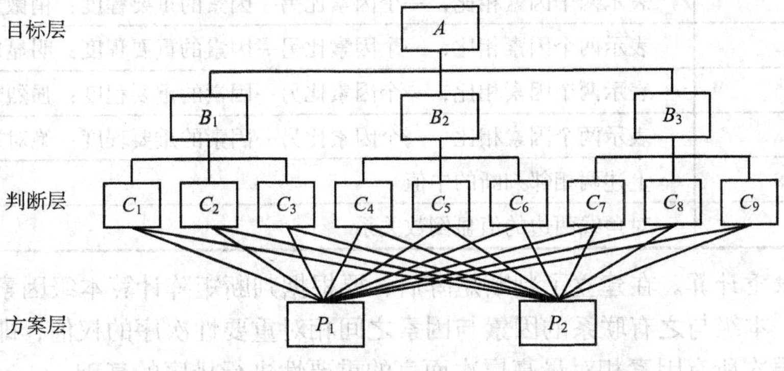

图 9-1　递阶层次结构与因素从属关系

关于因素的个数，在理论上层次结构的层数及同一层次的因素个数，可依据系统的需求确定，不过 Saaty 建议为了避免决策者对准则的相对重要性的判断产生偏差，同一层次的因素个数最好不超过 7 个。

（2）建立判断矩阵。判断矩阵是 AHP 的基本信息，也是进行相对重要度计算、层次单排序的依据。判断矩阵是以上一级的某一因素 C 作为评价准则，对本级的因素进行两两比较来确定矩阵元素的。例如，以 C 作为评价准则有 n 个因素，其判断矩阵形式如表 9-12 所示。

表 9-12　判断矩阵

C	B_1	B_2	…	B_j	…	B_n
B_1	b_{11}	b_{12}	…	b_{1j}	…	b_{1n}
B_2	b_{21}	b_{22}	…	b_{2j}	…	b_{2n}

续表

C	B_1	B_2	…	B_j	…	B_n
…	…	…	…	…	…	…
B_i	b_{i1}	b_{i2}	…	b_{ij}	…	b_{in}
…	…	…	…	…	…	…
B_n	b_{n1}	b_{n2}	…	b_{nj}	…	b_{nn}

判断矩阵 $\boldsymbol{B}$ 中的元素 b_{ij} 表示依据评价准则 C，因素 b_i 对 b_j 的相对重要性。b_{ij} 的值是根据资料数据、专家意见和评价主体的经验，经过反复研究后确定的。根据因素之间相对重要性要求的精确程度使用两两比较法确定 b_{ij} 的值。

为了使决策判断定量化，通常根据其相对重要程度赋予 1～9 的比例标度。比例标度及其含义如表 9-13 所示。

表 9-13　比例标度及其含义

标 度 值	含　义
1	表示两个因素相比，一个因素比另一因素的重要程度：同样重要
3	表示两个因素相比，一个因素比另一因素的重要程度：稍微重要
5	表示两个因素相比，一个因素比另一因素的重要程度：明显重要
7	表示两个因素相比，一个因素比另一因素的重要程度：强烈重要
9	表示两个因素相比，一个因素比另一因素的重要程度：绝对重要
2，4，6，8	上述两相邻判断的中值
倒数	对角线两边的值显倒数关系

（3）单排序权重计算。在建立了判断矩阵后，要根据判断矩阵计算本级因素相对上一级某一因素来讲，本级与之有联系的因素与因素之间相对重要性次序的权值，即进行层次单排序。它是对层次所有因素相对最高层次而言的重要性进行排序的基础。

在层次分析法中采用特征向量法来计算单排序权重，其数学原理是：若有 n 个方案要比较，已知它们各自的相对重要度，即权重，它们的重要程度可分别用 $\omega_1, \omega_2, \cdots, \omega_n$ 表示，那么对 n 个方案作两两比较，得到它们的判断矩阵 $\boldsymbol{A}$ 为：

$$\boldsymbol{A}=\begin{bmatrix} \omega_1/\omega_1 & \omega_1/\omega_2 & \cdots & \omega_1/\omega_n \\ \omega_2/\omega_1 & \omega_2/\omega_2 & \cdots & \omega_2/\omega_n \\ \vdots & \vdots & & \vdots \\ \omega_n/\omega_1 & \omega_n/\omega_2 & \cdots & \omega_n/\omega_n \end{bmatrix}=(a_{ij})_{n\times n} \tag{9-3}$$

对判断矩阵 $\boldsymbol{A}$ 左乘权重向量 $\boldsymbol{W}=[\omega_1, \omega_2, \cdots, \omega_n]^{\mathrm{T}}$，其结果为：

$$\boldsymbol{AW}=\begin{bmatrix} \omega_1/\omega_1 & \omega_1/\omega_2 & \cdots & \omega_1/\omega_n \\ \omega_2/\omega_1 & \omega_2/\omega_2 & \cdots & \omega_2/\omega_n \\ \vdots & \vdots & & \vdots \\ \omega_n/\omega_1 & \omega_n/\omega_2 & \cdots & \omega_n/\omega_n \end{bmatrix}\begin{bmatrix} \omega_1 \\ \omega_2 \\ \vdots \\ \omega_n \end{bmatrix}=\begin{bmatrix} n\omega_1 \\ n\omega_2 \\ \vdots \\ n\omega_n \end{bmatrix}=n\boldsymbol{W} \tag{9-4}$$

从式（9-4）$AW=nW$ 可以看出，权重向量 W 正好是判断矩阵 A 对应于特征根 n 的特征向量。根据矩阵理论可知，n 为判断矩阵 A 的唯一非零解，也是最大的特征根，而权重 W 则为最大特征值所对应的特征向量。因此，求权重变为求判断矩阵的最大特征值所对应的特征向量。

在层次分析法中，判断矩阵的特征根与特征向量的求解方法是采用几何平均法（方根法）或规范列平均法（和积法）。

1）几何平均法（方根法）。

第一步，计算判断矩阵每行元素的乘积：

$$M_i = \prod_{j=1}^{n} a_{ij},\quad (i=1,2,\cdots,n) \tag{9-5}$$

第二步，计算 M_i 的 n 次方根：

$$\overline{W}_i = \sqrt[n]{M_i} \tag{9-6}$$

第三步，对向量 $\overline{\boldsymbol{W}} = \left[\overline{W}_1, \overline{W}_2, \cdots, \overline{W}_n\right]^{\mathrm{T}}$ 规范化，则向量的第 i 个元素为：

$$W_i = \frac{\overline{W}_i}{\sum_{i=1}^{n} \overline{W}_i}\ (i=1,2,\cdots,n) \tag{9-7}$$

整理后得向量 $\boldsymbol{W} = \left[W_1, W_2, \cdots W_n\right]^{\mathrm{T}}$，即为所求的特征向量。

第四步，计算判断矩阵的最大特征根：

$$\lambda_{\max} = \sum_{i=1}^{n} \frac{(AW)_i}{nW_i} \tag{9-8}$$

式中，$(AW)_i$ 表示向量 $\boldsymbol{AW}$ 的第 i 个元素。

2）规范列平均法（和积法）。

第一步，对判断矩阵的每列进行规范化：

$$\overline{a}_{ij} = \frac{a_{ij}}{\sum_{i=1}^{n} a_{ij}} \tag{9-9}$$

第二步，求规范列平均值：

$$W_i = \frac{1}{n}\sum_{j=1}^{n} \overline{a}_{ij} \tag{9-10}$$

则向量 $W = \left[W_1, W_2, \cdots W_n\right]^{\mathrm{T}}$ 即为所求的特征向量。

第三步，计算判断矩阵的最大特征根：

$$\lambda_{\max} = \frac{1}{n}\sum_{i=1}^{n} \frac{(AW)_i}{W_i} \tag{9-11}$$

（4）一致性检验。由两两比较法得到的判断矩阵，不可能具有完全一致性。通过一致性检验可以得知，存在的不一致的程度是多大的时候不会影响评价结果，使其可以被接受。

当判断完全一致时，应该有 $\lambda_{\max} = n$，稍有不一致，则 $\lambda_{\max} > n$。因此，可以用 $\lambda_{\max} - n$

来作为度量偏离一致性的指标，即一致性指标 CI 为：

$$\mathrm{CI}=\frac{\lambda_{\max}-n}{n-1} \tag{9-12}$$

一般情况下，若 CI≤0.1，就认为判断矩阵具有一致性，据此而计算的结果是可以接受的。显然，随着 n 的增加判断误差就会增加。因此判断一致性时应该考虑 n 的影响，使用随机性一致性比值 $\mathrm{CR}=\frac{\mathrm{CI}}{\mathrm{RI}}$。其中，RI 为同阶平均随机一致性指标，通过 Saaty 的 500 样本判断矩阵计算的平均随机一致性指标检验值如表 9-14 所示。

表 9-14 平均随机一致性指标检验值

n	1	2	3	4	5	6	7	8	9	10	11	12	13	14	15
RI	0	0	0.58	0.90	1.12	1.24	1.32	1.41	1.45	1.49	1.52	1.54	1.56	1.58	1.59

当 CR<0.1 时，则判断矩阵具有满意的一致性，可使用计算出的权重，否则就需要调整判断矩阵，直到具有满意的一致性为止。

（5）*层次总排序权重计算*。计算完各层的单排序权重与一致性检验后，就可以计算同一层次所有指标对于上一层次指标的相对重要性的总排序权重。这一过程是由高到低逐层计算权重值，主要采用线性加权和的方法来计算，最后按各方案对于总目标的权重排序，分出各方案的优劣。总排序权重值的计算如表 9-15 所示，其中假设在层次结构中，对于某一层次 A 包含 m 个元素 $A_1, A_2,\cdots,A_m$，其层次总排序权重分别为 $a_1, a_2,\cdots,a_m$，层次 A 的下一层 B 包含 n 个元素 $B_1, B_2,\cdots,B_n$，对于 A 层某个元素 A_j 在 B 层中各元素 B_i（i=1, 2, $\cdots$,n）的单排序权重分别为 $b_{1j}, b_{2j}, \cdots, b_{nj}$,（当 B_i 与 A_j 无联系时，b_{ij}=0）。

表 9-15 总排序权重值的计算

A 层次 / B 层次	A_1	A_2	…	A_m	层次 B 总排序权重
	a_1	a_2	…	a_m	
B_1	b_{11}	b_{12}	…	b_{1m}	$\sum_{j=1}^{m} a_j b_{1j}$
B_2	b_{21}	b_{22}	…	b_{2m}	$\sum_{j=1}^{m} a_j b_{2j}$
…	…	…	…	…	…
B_n	b_{n1}	b_{n2}	…	b_{nm}	$\sum_{j=1}^{m} a_j b_{nj}$

3．应用 AHP 的注意事项

应用层次分析法时如果所选的要素不合理，其含义混淆不清，或者要素间的关系不正确，都会降低 AHP 法的结果质量，甚至导致 AHP 法决策失败。

为保证递阶层次的合理性，需把握以下原则：① 分解简化问题时把握主要因素，不漏不多；② 注意相比较因素之间的强度关系，相差太悬殊的因素不能在同一层次比较；③ 同一层次的因素个数最好不超过 7 个。

层次分析法是经由群体讨论的方式，汇集专家学者及各层面实际参与决策者的意见，将错综复杂的问题评价系统简化为简明的要素层级系统，以提供给决策者选择恰当的方案的充分信息，同时减少决策错误的风险。

【例 9.5】某连锁超市企业选择一家第三方物流企业来外包其部分物流业务，选择的标准是从服务质量、服务能力与服务成本三个方面来考察，经过一段时间准备，有三家物流企业入围。现考虑应用层次分析法对这三家企业提供的物流方案进行评价和排序，从中选出一家最佳的企业来提供物流外包服务。该评价系统的递阶层次结构如图 9-2 所示，其中 G 表示评价系统的总目标，判断层中 C_1 表示服务质量，C_2 表示服务能力，C_3 表示服务成本；P_1、P_2、P_3 分别表示候选的三家物流企业提供商提交的三套方案。

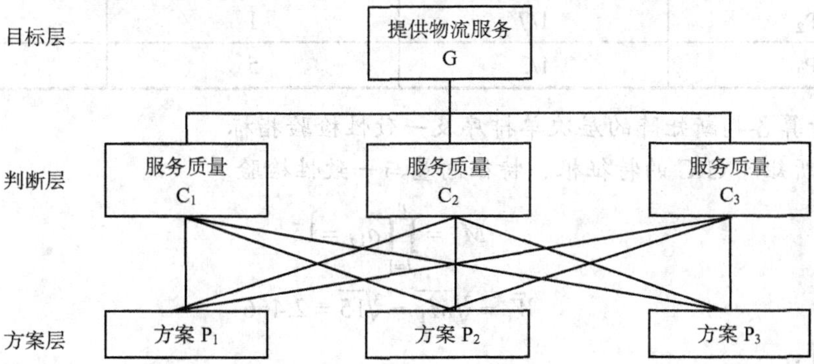

图 9-2 递阶层次结构

解：（1）构造判断矩阵

根据图 9-2 所示的层次结构，请一组领域专家对各因素两两进行判断与比较，构造判断矩阵。其中判断矩阵 G-C 如表 9-16 所示，它是相对于总目标 G，判断层各因素的相对重要性比较的判断矩阵；判断矩阵 C_1-P 如表 9-17 所示，它是相对于服务质量 C_1，各方案的相对重要性比较的判断矩阵；判断矩阵 C_2-P 如表 9-18 所示，它是相对于服务能力 C_2，各方案的相对重要性比较的判断矩阵；判断矩阵 C_3-P 如表 9-19 所示，它是相对于服务成本 C_3，各方案的相对重要性比较的判断矩阵。

表 9-16 判断矩阵 G-C

G	C_1	C_2	C_3
C_1	1	5	3
C_2	1/5	1	1/2
C_3	1/3	2	1

表 9-17 判断矩阵 C_1-P

C_1	P_1	P_2	P_3
P_1	1	1/7	1/3
P_2	7	1	5
P_3	3	1/5	1

表 9-18　判断矩阵 C_2-P

C_2	P_1	P_2	P_3
P_1	1	1/5	1/2
P_2	5	1	3
P_3	2	1/3	1

表 9-19　判断矩阵 C_3-P

C_3	P_1	P_2	P_3
P_1	1	7	3
P_2	1/7	1	1/5
P_3	1/3	5	1

（2）计算各判断矩阵的层次单排序及一致性检验指标

1）判断矩阵 G-C 的特征根、特征向量与一致性检验。

$$M_1 = \prod_{j=1}^{n} a_{1j} = 15$$

$$\overline{W}_1 = \sqrt[3]{M_1} = \sqrt[3]{15} = 2.466$$

类似有：

$$\overline{W}_2 = \sqrt[3]{M_2} = \sqrt[3]{1/10} = 0.464$$

$$\overline{W}_3 = \sqrt[3]{M_3} = \sqrt[3]{2/3} = 0.874$$

对向量 $\overline{W} = \left[\overline{W}_1, \overline{W}_1, \cdots, \overline{W}_n\right]^{\mathrm{T}}$ 规范化，则

$$W_1 = \frac{\overline{W}_1}{\sum_{i=1}^{n} \overline{W}_i} = \frac{2.466}{2.466 + 0.464 + 0.874} = 0.648$$

同样可求得 W_2=0.122，W_3=0.230。这样所求的特征向量为：$\boldsymbol{W} = [0.648, 0.122, 0.230]^{\mathrm{T}}$，

$$\boldsymbol{AW} = \begin{bmatrix} 1 & 5 & 3 \\ 1/5 & 1 & 1/2 \\ 1/3 & 2 & 1 \end{bmatrix} \begin{bmatrix} 0.648 \\ 0.122 \\ 0.230 \end{bmatrix} = \begin{bmatrix} 1.948 \\ 0.367 \\ 0.690 \end{bmatrix}$$

$$\lambda_{\max} = \sum_{i=1}^{n} \frac{(AW)_i}{nW_i} = \frac{1.948}{3 \times 0.648} + \frac{0.367}{3 \times 0.122} + \frac{0.690}{3 \times 0.230} = 3.004$$

计算判断矩阵最大特征根为 3.004。一致性检验有：

$$\mathrm{CI} = \frac{\lambda_{\max} - n}{n-1} = \frac{3.004 - 3}{3-1} = 0.002$$

$$\mathrm{RI} = 0.58$$

$$\mathrm{CR} = \frac{\mathrm{CI}}{\mathrm{RI}} = \frac{0.002}{0.58} = 0.003 < 0.1$$

2）判断矩阵 C_1-P 的特征根、特征向量与一致性检验。类似第 1）步的计算过程，可

以得到判断矩阵 C_1-P 的特征根、特征向量与一致性检验如下：

$$\boldsymbol{W}=[0.081, 0.731, 0.188]^{\mathrm{T}}$$

$$\lambda_{\max}=3.065$$

$$\mathrm{CR}=0.056<0.1$$

3）判断矩阵 C_2-P 的特征根、特征向量与一致性检验。类似第 1）步的计算过程，可以得到判断矩阵 C_2-P 的特征根、特征向量与一致性检验如下：

$$\boldsymbol{W}=[0.122, 0.648, 0.230]^{\mathrm{T}}$$

$$\lambda_{\max}=3.004$$

$$\mathrm{CR}=0.003<0.1$$

4）判断矩阵 C_3-P 的特征根、特征向量与一致性检验。类似第 1）步的计算过程，可以得到判断矩阵 C_3-P 的特征根、特征向量与一致性检验如下：

$$\boldsymbol{W}=[0.649, 0.072, 0.279]^{\mathrm{T}}$$

$$\lambda_{\max}=3.065$$

$$\mathrm{CR}=0.056<0.1$$

（3）求层次总排序，并作第三方物流企业选择决策

在层次单排序的基础上，求层次总排序，如表 9-20 所示。

表 9-20 层次总排序计算结果

C 层次 / P 层次	C_1	C_2	C_3	总排序权重
	0.648	0.122	0.230	
P_1	0.081	0.122	0.649	0.217
P_2	0.731	0.648	0.072	0.569
P_3	0.188	0.230	0.279	0.214

由表 9-20 可以看出，三家第三方物流企业的评价顺序为：P_2，P_1，P_3，最后选择提交 P_2 方案的物流企业。

9.4.4 模糊综合评价法

模糊综合评价法是一种可对评价对象进行全面、定量化的评价，为正确决策提供依据的评价方法。人们在评价事物时，对于同一件事物评价会不一样，往往会从多种因素出发，参考有关数据、经验与具体情况，根据他们的判断对复杂问题分别做出一些模糊评价，诸如“大、中、小”，“高、中、低”，“优、良、可、劣”，“好、较好、一般、较差、差”这样的模糊描述。对于这些模糊评价的量化处理，不能用前面介绍的模糊指标的量化处理方法，因为对于同一指标会有不同的评价值。为了更精确地反映模糊评价，需要运用模糊数学理论，通过模糊数学提供的方法进行运算，从而得出定量化的综合评价结果。

1. 单因素的模糊评价

首先考虑单一因素的模糊评价。例如，某公司在网上开展直销业务，并委托第三方物

流企业进行货物配送，对于这项服务措施，有些客户很喜欢，有些客户不喜欢，另外一些客户觉得还可以，该如何评价？一般采用民意测验的方法来处理，随机选一些客户进行问卷调查，规定每个客户可以在集合 V 中给出的答案中挑选一种：V=｛很喜欢，喜欢，不太喜欢，不喜欢｝，V 称为评价集。结果是 22%的客户很喜欢，40%的客户喜欢，26%的客户不太喜欢和 12%的客户不喜欢。该评价结果可用模糊集合表示为：

$$\underset{\sim}{B}=0.22/\text{很喜欢}+0.40/\text{喜欢}+0.26/\text{不太喜欢}+0.12/\text{不喜欢}$$

也可记为向量形式：

$$\underset{\sim}{B}=(0.22,\ 0.40,\ 0.26,\ 0.12)$$

一个单因素模糊评价问题的评价结果 $\underset{\sim}{B}$ 是评价集 V 这一论域上的一个模糊子集。当然，有时为了清楚起见，可根据最大隶属原则得出一个清晰的评价。例如，在上述评价中由于“喜欢”对 $\underset{\sim}{B}$ 的隶属度 μ_B（喜欢）=0.4 最大，因此可以认为该项服务措施的评价是为客户所“喜欢”。但一般没有必要这么做，保持模糊评价结果 $\underset{\sim}{B}$ 能更好地反映人们的看法。

2. 多因素的模糊综合评价

对于单因素的评价还比较容易，但实际问题往往涉及多个因素。同样以网上商店配送服务为例，为什么有的客户喜欢，有的客户不喜欢，原因很多，往往涉及很多因素，如送货是否延误、货物有无破损、送货是否有差错、是否有经常性断货、服务的应变能力等。如何来评价配送服务质量的好坏优劣？对于同一服务，由于每个客户对服务质量看法和感受不同，即期望值不同，因此评价也不同，这是一个模糊综合评价问题。

假设关注的因素有送货及时性、货物完好性、送货正确性、订单满足性及服务柔性，给出的评价集为 V=｛很高，较高，一般，偏低｝。首先考虑各个单独因素，用单因素模糊评价的方法对上述 5 个因素进行单因素模糊评价，其结果如下：

$$\underset{\sim}{R_1}=(0.3,\ 0.4,\ 0.2,\ 0.1),\quad \underset{\sim}{R_2}=(0.2,\ 0.3,\ 0.5,\ 0)$$

$$\underset{\sim}{R_3}=(0.3,\ 0.4,\ 0.1,\ 0.2),\quad \underset{\sim}{R_4}=(0,\ 0.3,\ 0.6,\ 0.1)$$

$$\underset{\sim}{R_5}=(0.5,\ 0.3,\ 0.2,\ 0)$$

由它们构成的单因素评价矩阵：

$$\underset{\sim}{R}=\begin{bmatrix}0.3 & 0.4 & 0.2 & 0.1\\0.2 & 0.3 & 0.5 & 0\\0.3 & 0.4 & 0.1 & 0.2\\0 & 0.3 & 0.6 & 0.1\\0.5 & 0.3 & 0.2 & 0\end{bmatrix}$$

在评价时由于对各个因素的关注度不同，或者说侧重点不同，得到的综合评价也可能会不尽相同。因此，给每个因素确定相应的“权”，来说明大多数客户对各因素的侧重程度。假设各因素相应的权重表示成如下模糊集：

$\underset{\sim}{A}$=0.2/及时性+0.25/完好性+0.35/正确性+0.1/满足性+0.1/柔性

或简记为 $\underset{\sim}{A}$=（0.2，0.25，0.35，0.1，0.1）

按照模糊数学理论，对某一评价对象，若已知单因素评价矩阵 $\underset{\sim}{R}$ 与权 $\underset{\sim}{A}$，则对此评价对象的模糊综合评价结果是模糊集 $\underset{\sim}{B}=\underset{\sim}{A}\times\underset{\sim}{R}$，即作模糊矩阵乘积处理。

模糊矩阵乘积运算与普通矩阵乘积运算类似，不同的是并非先两项相乘后相加，而是先取小而后取大，如 b_{ij}、a_{ik}、r_{kj} 分别是模糊集 $\underset{\sim}{B}$、$\underset{\sim}{A}$、$\underset{\sim}{R}$ 的元素，则模糊矩阵乘积的结果：

$$b_{ij}=\overset{\vee}{k}(a_{ik}\wedge r_{kj})$$

其中∨为取大运算符，∧为取小运算符。

对于网上商店配送服务评价中，已知 $\underset{\sim}{A}$ 与 $\underset{\sim}{R}$，则

$$\underset{\sim}{B}=(0.2,\ 0.25,\ 0.35,\ 0.1,\ 0.1)\cdot\begin{bmatrix}0.3 & 0.4 & 0.2 & 0.1\\0.2 & 0.3 & 0.5 & 0\\0.3 & 0.4 & 0.1 & 0.2\\0 & 0.3 & 0.6 & 0.1\\0.5 & 0.3 & 0.2 & 0\end{bmatrix}=(0.3,\ 0.35,\ 0.25,\ 0.2)$$

归一化处理后，$\underset{\sim}{B}\cong$（0.27，0.32，0.23，0.18）。这一评价结果明：27%的客户认为网上直销业务的配送服务质量“很高”，32%的客户认为配送服务质量“较高”，23%的客户认为配送质量“一般”，而 18%的客户认为配送服务质量“偏低”，总体来说，大多数客户（占 59%）还是对此配送服务的质量满意的。

9.4.5 因子分析方法

1. 因子分析的含义和作用

因子分析是通过变量（或样本）的相关系数矩阵（或样本的相似系数矩阵）内部结构的研究，找出能控制所有变量（或样本）的少数几个随机变量去描述多个变量（或样本）之间的相关（或相似）关系。也就是把观测变量分类，将相关性较高、联系比较紧密、包含重复信息较多的变量分在同一类中，使不同类的变量之间的相关性较低，那么每类变量实际就代表了一个本质因子或一个基本结构。因子分析就是寻找系统中这种不可观测的因子或结构的方法。

因子分析的实质就是在存在相关关系的变量之间，探讨是否存在不能直接观测，但对观测变量的变化起支配作用的、不可测的潜在因素，并寻找这些因素，以便将多个变量综合为少数几个因子并建立模型，以再现原始变量与因子之间的相关关系。

因子分析最终用较少的综合指标分别综合存在于各个变量中的各类信息，对原始变量进行分门别类的综合评价。这些综合因子往往不能直接观测到，但更能反映事物的本质。

2. 因子分析模型

因子分析不是对原始变量的重新组合，而是对原始变量进行分解，分解为公共因子与

特殊因子两部分。在因子分析过程中，可以将每个公共因子表示为变量的线性组合，进而用变量的观测值来估计各个因子的值（即因子得分）。原始观测变量 x_m 与潜在因素 z_m 之间的关系表示为：

$$\begin{cases} x_1 = b_{11}z_1 + b_{12}z_2 + \cdots b_{1m}z_m + e_1 \\ x_2 = b_{21}z_1 + b_{22}z_2 + \cdots b_{2m}z_m + e_2 \\ \vdots \\ x_m = b_{m1}z_1 + b_{m2}z_2 + \cdots b_{mm}z_m + e_m \end{cases} \tag{9-13}$$

式中，x_1，x_2，…，x_m 为原始观测变量；z_1，z_2，…，z_m 为潜在共性因素；e_1，e_2，…，e_m 为潜在个性（特殊）因素，且共性因素与个性因素相互独立；b 为常数。

3．目的和任务

因子分析的目的是寻求变量基本结构、简化观测系统，即减少变量维数，用一个变量子集来解释整个问题，即主要目的是研究一种假设的结构，用 m（$m<p$）个假设的公共因子来解释和说明 p 个变量之间的相互依赖结构及其复杂关系。

其任务的关键是寻找共性因素，但建立因子分析模型的目的不仅是找出主因子，更重要的是知道每个主因子的意义，以便对实际问题进行分析，所以计算出结果后还要探讨其实际意义并加以命名。

4．统计与计算

（1）*因子载荷*。因子载荷反映某个公共因子对某观测变量的影响程度。其表明公共因子与原有指标之间的关联程度，因子载荷值越大，表明该因子包含的原有指标的信息量越多。

（2）*共性方差*。共性方差用某个公共因子占总方差的百分比说明共性因素对观测变量总体的作用大小。公共因子个数的选择应尽量兼顾以下几点：因子所能解释的方差比率或贡献率与利用有关专业知识所得结果的合理一致性，通过这几种途径和手段对研究结果给予合理解释的可能性和可靠性，这样才能够使所研究的问题具有一定的深度和广度。

由于因子分析法是以由原始变量组成的每个主因子的方差贡献率作为权重来构造综合评价函数，所以评价结果具有很强的客观合理性。

（3）*因子得分*。因子得分用观测变量表示共性因素的数值。因子得分是各个样本在公共因子上的投影值或坐标值，是将原始的全部变量信息集中到几个公共因子上。在进行更深入的定量分析时，可以把样本的因子得分当做初始变量进行进一步的分析。

（4）*因子旋转*。初始共性因素进行坐标变换，获得新的共性因素，重新分配因子载荷，以便容易命名和解释共性因素的实际意义。为了使因子旋转后的结果达到更易于解释的目的，应使旋转后的因子载荷矩阵尽可能具有简单结构：每列上的载荷大部分应是很小的，且尽可能接近于 0；每行中尽可能只有少数几个，最好只有一个较大的载荷值；每两列中大载荷和小载荷的排列模式应当不同。

5．方法的特征

因子分析模型中的公共因子包含原始变量的绝大部分信息；因子分析模型中的公共因

子是不可观测的潜在变量；因子分析模型中的公共因子个数是未知的，是需要估计的；正交因子分析模型中的公共因子之间是相互独立的。

从提取公共因子的方法，即估计因子载荷矩阵的角度看，因子分析主要分为以下几种：主成分分析、主因子分析、α 因子分析、未加权最小二乘法、映象因子分析、广义最小二乘法和最大似然法。

在因子分析中，主成分分析法对总体的分布情况没有什么假定，其他方法一般要求总体服从某特定分布规律，如最大似然法要求总体 X 服从 p 维正态分布。在计算过程中，其他方法不能像主成分分析法那样可以一次计算因子载荷成功，如主因子法往往需要经过多次尝试，才能得到因子载荷矩阵。只有用主成分分析法求解因子载荷时可以选择与变量个数相等的因子变量个数，其他方法都必须是因子变量个数小于原始变量个数。因此在通常情况下，主要采用主成分分析法。

9.4.6　主成分分析法

主成分分析法具有理论和实践的简洁性、所得结果的客观性等特点，并且其降维的思想与多指标评价的指标序化要求非常接近，所以近年来该方法被广泛地应用于社会、经济、管理等领域中众多对象的综合评价中，逐渐成为一种独具特色的多指标评价技术，并成为最常用的排序方法之一。

1．基本思路

在研究多因素问题时，多因素问题的每个指标都在不同程度上描述和反映了所研究问题的某方面信息，但指标之间往往存在一定的相关性，所得统计数据反映的信息在一定程度上有重叠，并且因素太多会增加计算量和分析问题的复杂性，难以客观地反映被评价对象的相对地位。

多因素问题涉及的多指标之间既然有一定的相关性，就必然存在着起支配作用的共同因素。人们自然希望在进行定量分析的过程中，找到这些共同因素，使涉及的指标较少，而得到的信息量又较多。

主成分分析法利用降维的思想和信息浓缩的技术，以较少的主成分综合代替原来较多的评价指标，使综合指标为原来变量指标的线性组合，并使这些主成分能尽可能地反映原来指标的信息，而且彼此之间相互独立，使我们在研究复杂问题时容易抓住主要矛盾。

利用该方法进行评价，包含了两个层次的线性合成。第一层次将原始指标恰当地线性组合成主成分；按累计方差贡献率不低于某个值的原则确定前几个主成分；第二层次是各主成分以各自的方差贡献率为权重，通过线性加权求和得到各个样本的评价值。

2．主成分分析模型

潜在因素 z_m 与原始观测变量 x_m 之间的关系表示为：

$$\begin{cases} z_1 = a_{11}x_1 + a_{12}x_2 + \cdots a_{1m}x_m \\ z_2 = a_{21}x_1 + a_{22}x_2 + \cdots a_{2m}x_m \\ \qquad \vdots \\ z_m = a_{m1}x_1 + a_{m2}x_2 + \cdots a_{mm}x_m \end{cases} \tag{9-14}$$

式中各字母的含义可参照式（9-13）。

（1）模型的假设。原始变量是潜在因素的纯线性组合，特殊因素的作用忽略不计。因为这种线性变换不具备改变样本空间中样本点散布状态的功能。

（2）模型的条件。第一成分有最大方差，后续各主成分的方差逐次递减。其中 n 个新变量能解释原始数据大部分方差所包含的信息，公因子数根据累计贡献率尽量大的原则确定。

3．统计与计算

在模型的建立与分析过程中，需要计算与解释的统计量主要有以下几个，其中部分统计量与因子分析中的计算方法和含义是相同的。

（1）特征方程根。特征方程根是确定主成分数目的根据，反映原始变量的总方差在各个成分上重新分配的结果：

$$S_i = \frac{\sum_{i=1}^{n}(z_i - \overline{z}_i)^2}{n-1} - \lambda_i \tag{9-15}$$

$$\sum_{i=1}^{n}\lambda_i = m \tag{9-16}$$

即特征值的和等于特征值方差和。

（2）成分贡献率。成分贡献率是各个成分所包含信息占总信息的百分比，用方差作为变量包含的信息：

$$\lambda_i \Big/ \sum_{i=1}^{n}\lambda_i = \lambda_i / m$$

（3）积累贡献率。前 n 个成分的累计贡献率为：

$$\sum_{i=1}^{n}\left(\lambda_i \Big/ \sum_{i=1}^{n}\lambda_i\right) \tag{9-17}$$

（4）主成分判定。或者取所有特征值大于某定值的成分作为主成分，或者根据累计贡献率达到百分比值确定主成分。

（5）特征向量值。特征向量值是各个成分表达式中标准化原始变量（均值为 0、标准差为 1）的系数向量值，是建立成分表达式的根据。

（6）主成分分数。主成分分数是根据主成分表达式和各个观测变量值计算的成分值。

4．主成分分析法特点

1）多指标的主成分分析主要用来判断某个事物或现象的综合指标并给综合指标所蕴藏的信息以恰当的解释，以便更深刻地解释事物的内在规律性。

2）主成分分析的目的主要是根据相关矩阵或协方差的信息，用一组（总共 p 个）相互正交的主成分来说明 p 个变量的总方差。

3）主成分分析不需要有关待分析样本或变量的任何先验信息，对变量的属性没有严格要求，只要样本达到一定数量又具有独立性、代表性，则相同属性的变量、相近特征的样本会根据各自在潜在变量空间中的位置显示 m 个清晰的相互关系。

4）在主成分分析中，经过原来诸多变量转化后而得到的综合指标（主成分）是相互独立的，消除了多重共线性，几个指标代表的信息不重叠，且每个主成分相应的系数是唯一确定的。

5．分析步骤

1）建立指标体系和原始矩阵，并对原始数据进行同方向性处理。建立指标体系时，对有高度相关性的若干个变量，或者某些变量所表示的实物与其他变量所表示的实物有一定程度的类似作用，可以取其中的一部分来代替这些变量，或者初步将它们合并在一起，则可初步剔除一些重复信息，使主成分分析的结果有很大的改进。

指标最好有同趋势化，一般为了评价分析的方便，需要将逆指标（数值越小越好的指标）转化为正指标（数值越大越好的指标），转化的方式为用逆指标的倒数值或取负值代替原指标。

2）为避免量纲的不同，将原始数据进行标准化处理。当各个指标存在数据量纲不同或数量级差异很大时，可运用 SPSS 统计分析软件，按分析（Analyze）、描述统计（Descriptive Statistics）、描述（Descriptive）的顺序，选择变量框中的指标进行标准化处理，并将标准化后的变量保存在数据编辑窗口。

标准化处理可以减小量纲和数量级对数据分析的影响，但是需要注意指标标准化也会对分析的结果产生影响。

3）运用 KMO（Kaiser-Meyer-Olkin）检验模型与巴特利特球度检验（Bartlett's Test of Sphericity）对数据进行检验。

4）计算相关系数矩阵，解特征方程并计算相关矩阵的特征值和特征向量、贡献率和累计贡献率，根据方差累计贡献率等确定因子个数，计算初始因子载荷矩阵和因子旋转矩阵，确定主成分等。

5）计算主因子得分和构造综合因子评分函数，并根据主因子和综合因子得分情况，给出相应的评价。

6．应用主成分分析法时的注意事项

（1）对因子分析结果考察的处理方法。为了考察因子分析结果的稳定性与可靠性，一般来说应该在原总体中抽取几个样本进行分析。如果几个样本的分析结果较一致，则说明因子分析的解是有意义的，还应注意不要单纯地从一个因子分析就做出某种定论。为了保证因子分析结果的可靠性，应对初步分类结果进行再处理，等量提取各主因子中因子载荷较大的指标再次进行因子分析。

（2）对因子分析最终结果的解释。因子分析不但需要客观的复杂计算，还需要主观思维的补充加工。针对因子分析最终结果的解释一定要与实际研究问题的性质及专业知识紧密结合，只有当这种解释与专业研究人员所考虑的几个方面相符合或相近时，才能认为这种分析是成功的。而且不同的研究者对其结果有不同的分析，只要解释合理也就认为是可以接受的。

（3）影响主成分分析结果的主要因素。综合评价结果较易受到评价指标属性的影响。如果存在一个指标数量多、相关性强的指标子集时，则第一主成分的权重系数将向该子集中的指标倾斜，其他指标的权重系数将会很小。如果评价指标中存在多个高度相关的指标子集，则第一主成分中各指标的权重分配就变成这些指标子集之间的较量。哪个子集指标个数多且内部相关性高，其在第一主成分中的系数就大。

所以，主成分分析方法中某一方面的评价指标的多少、相关性的强弱对结果有着显著的影响。因此在进行评价时，首先将评价指标划分为不同的指标子集，利用该方法得到每个指标子集的评价值，再给各指标子集分配相应的权重系数。

（4）其他需要注意的问题。特别需要注意区别提取的因子矩阵与得分的系数矩阵的含义、用途、用法等。应用时需要进一步分析主成分分数的对象、类别、含义、方法等，而且进一步分析的方法通常为图形分析、聚类分析等。

9.4.7 数据包络分析法

近年来，数据包络分析法（Data Envelopment Analysis，DEA）作为一种对多投入、多产出的复杂系统非常适用的评价方法，正逐渐受到人们的青睐。DEA 第一个运用成功的案例是评价为弱智儿童开设的公立学校项目。之后，随着人们的逐步深入研究和实践，DEA 的应用范围不仅由非营利的公共事业单位扩大到企业，而且也由横向的管理效率评价延伸到对同一个决策单元历史发展的纵向评价。目前，DEA 的应用范围已经涉及飞行和基地维修保养、银行、医院、交通运输、工业管理、城市竞争力评价、投资项目评价和高新项目风险性分析等。

1. 数据包络分析法概述

（1）含义和作用。数据包络分析法是以相对效率概念为基础、以凸分析和线性规划为工具发展起来的一种效率评价方法。该方法利用客观数据，可以对同一类型的各评价或决策单元的相对有效性进行评定和排序，可以确定决策单元是 DEA 有效、弱 DEA 有效还是 DEA 无效，也可以进一步分析各评价或决策单元非有效性的原因及其改进方向，能够判断决策单元的投入规模是否恰当，并给出各个决策单元调整投入规模的正确方向和程度，可以为决策者提供重要的管理决策信息。

DEA 有效性评价是一种非参数统计的客观评价方法，根据输入、输出动态的调整评价模型的权重指标，使评价模型具有可变性。因此，该方法特别能够处理多种投入、多种产出的指标评价问题。DEA 方法是纯技术性的，它以决策单元的输入和输出数据的权重为变量，从最有利于决策单元的角度进行评价，避免了人为确定指标权重的主观性。假定每个输入都关联到一个或多个输出，而且输入与输出之间确实存在某种关系，运用该方法则不必确定这种关系的显示表达式，排除了很多主观因素，具有很强的客观性。

DEA 对相同类型单元的评价依据是决策单元的“输入”数据和“输出”数据。输入数据是指决策单元为了进行某种生产活动所消耗的某些资源量，如投入的资金总额、投入的劳力总数、占地总面积等；输出数据是指决策单元经过一定的资源投入以后，产生的表明该活动成效的某些信息量，如各类型产品的数量、产品的质量、部门或企业的经济效益等。

具体说，譬如在评价城市轨道交通系统的综合效率时，输入可以是运营公司的人员总数、固定资产总金额、专业设备总金额、年业务支出等；输出可以是旅客周转量、设备使用率、年业务收入等。根据输入数据和输出数据来评价决策单元的优劣，即所谓评价单元间的相对有效性。

（2）方法的产生。第一个 DEA 模型是由著名运筹学家 Charnes、Cooper 和 Rhodes 于 1978 年在“相对效率评价”概念的基础上给出的，称为 C^2R 模型，用来评价部门间的相对有效性。

2．方法的基本原理

假设有 n 个评价对象，每个评价对象都可以看做一个决策单元(Decision Making Units，DMU)，这样就有 n 个决策单元。每个决策单元都有 m 种“输入”，表示该决策单元对“资源”的耗费，以及 s 种“输出”，表示该决策单元消耗“资源”之后所产生“成效”的数量，如图 9-3 所示。

其中，x_{ij} 是第 j 个 DMU 对第 i 种输入的投入量（$x_{ij}>0$），y_{rj} 是第 j 个 DMU 对第 r 种输出的产出量（$y_{rj}>0$），v_i 是对第 i 种输入的一种度量（或称“权”），u_r 是对第 r 种输出的一种度量（或称“权”），$i=1,2,\cdots,m$；$j=1,2,\cdots,n$；$r=1,2,\cdots,s$。

（x_{ij}, y_{rj}）为已知的数据，可以根据历史资料得到；v_i、u_r 为变量，对应于一组权系数，$v=\left[v_1, v_2, \cdots, v_m\right]^{\mathrm{T}}$，$u=\left[u_1, u_2, \cdots, u_m\right]^{\mathrm{T}}$；总输出与总输入之比是效率评价指数，$h_j=\left(\sum\limits_{r=1}^{s} u_r y_{rj}\right)\Big/\left(\sum\limits_{i=1}^{m} v_i x_{ij}\right)$（$j=1,2,\cdots,n$），每个决策单元都有相应的效率评价指数。我们总可以选取适当的权系数 v 和 u，使其满足元 $h_j\leqslant 1$（$j=1,2,\cdots,n$）。

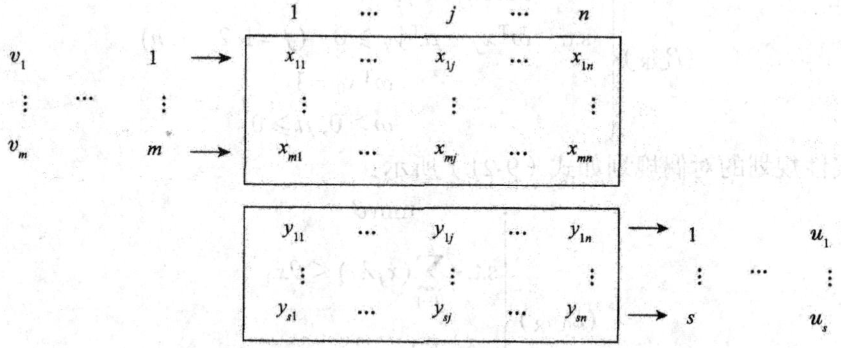

图 9-3　决策单元的投入产出量及指标权重

现在，对第 j_0 个决策单元进行效率评价（$0\leqslant j_0\leqslant n$）。以权系数 v 和 u 为变量，以第 j_0 个决策单元的效率指数为目标，以所有决策单元（包括第 j_0 个决策单元）的效率指数为约束，即 $h_j\leqslant 1$（$j=1,2,\cdots,n$），则形成最优化模型（为方便，记做 $x_0=x_{j0}$，$y_0=y_{j0}$），模型如下所示：

$$
\begin{cases}
\max h_{j0} = \left(\sum_{r=1}^{s} u_r y_{rj}\right) \Big/ \left(\sum_{i=1}^{m} v_i x_{ij}\right) \\
\text{s.t.} \ \left(\sum_{r=1}^{s} u_r y_{rj}\right) \Big/ \left(\sum_{i=1}^{m} v_i x_{ij}\right) \leqslant 1 \ \ (j = 1, 2, \cdots, n) \\
v = \left[v_1, v_2, \cdots, v_m\right]^{\mathrm{T}} \geqslant 0 \\
u = \left[u_1, u_2, \cdots, u_m\right]^{\mathrm{T}} \geqslant 0
\end{cases} \tag{9-18}
$$

其中，$v \geqslant 0$ 表示对 i=1,2,⋯,m 有 $v_i \geqslant 0$，即至少存在某 i_0（$1 \leqslant i_0 \leqslant m$），使 $v_{i0} \geqslant 0$。对于 $u \geqslant 0$ 有类似的含义。

利用式（9-18）评价决策单元 j_0 是否有效，是相对于所有 n 个决策单元而言的。该线性规划模型可以使用矩阵符号表示，如式（9-19）所示：

$$
(P)\begin{cases}
\max h_{j0} = \left(u^{\mathrm{T}} y_0\right) / \left(v^{\mathrm{T}} x_0\right) \\
\text{s.t.} \left(u^{\mathrm{T}} y_j\right) / \left(v^{\mathrm{T}} x_j\right) \leqslant 1 \ \ (j = 1, 2, \cdots, n) \\
v \geqslant 0 \\
u \geqslant 0
\end{cases} \tag{9-19}
$$

式中，$x_j = \left[x_{1j}, x_{2j}, \cdots, x_{mj}\right]^{\mathrm{T}}$，$y_j = \left[y_{1j}, y_{2j}, \cdots, y_{sj}\right]^{\mathrm{T}}$（$j$=1,2,⋯,$n$）。

根据模型进行 DEA 有效性判断。若线性规划（P）的最优解 h_{j0}=1，则称决策单元 j_0 为弱 DEA 有效；若存在 v^*>0，u^*>0，且 h_{j0}=1，则称决策单元 j_0 为 DEA 有效。

使用 Charnes-Cooper 变换，可以将分式规划（P）转化为一个等价的线性规划问题。令 $t = 1/(v^{\mathrm{T}} x_0), \omega = tv, \mu = tu$，则（$P$）可以转化为线性规划问题，如式（9-20）所示：

$$
(P_{\mathrm{C^2R}})\begin{cases}
\max h_{j0} = \mu^{\mathrm{T}} y_0 \\
\text{s.t.} \ \ \omega^{\mathrm{T}} x_j - \mu^{\mathrm{T}} y_j \geqslant 0 \ \ (j = 1, 2, \cdots, n) \\
\omega^{\mathrm{T}} x_0 = 1 \\
\omega \geqslant 0, \mu \geqslant 0
\end{cases} \tag{9-20}
$$

上述线性规划的对偶规划如式（9-21）所示：

$$
(D_{\mathrm{C^2R}})\begin{cases}
\min \theta \\
\text{s.t.} \ \sum_{j=1}^{n} (x_j \lambda_j) \leqslant \theta x_0 \\
\sum_{j=1}^{n} (y_j \lambda_j) \geqslant y_0 \\
\lambda_j \geqslant 0 \ \ (j = 1, 2, \cdots, n)
\end{cases} \tag{9-21}
$$

式中，λ_j 为权重。为了使用对偶线性规划 $(D_{\mathrm{C^2R}})$ 判别决策单元 j_0 的 DEA 有效性，这里引进正、负偏差变量：$s^+ = (s_1{}^+, s_2{}^+, \cdots, s_s{}^+)^{\mathrm{T}} \in E_s, s^- = (s_1{}^-, s_2{}^-, \cdots, s_m{}^-)^{\mathrm{T}} \in E_m$，则得到的线性规划如式（9-22）所示：

$$
(D^1{}_{C^2R})\begin{cases} \min\theta \\ \text{s.t.}\ \sum_{j=1}^{n}(x_j\lambda_j)+s^-\leqslant\theta x_0 \\ \sum_{j=1}^{n}(y_j\lambda_j)-s^+\geqslant y_0 \\ \lambda_j\geqslant 0\quad (j=1,2,\cdots,n) \\ s^+\geqslant 0, s^-\geqslant 0 \end{cases} \tag{9-22}
$$

引入非阿基米德无穷小量ε，ε是一个小于任何正数且大于零的数，可以将模型$(D^1{}_{C^2R})$等价转化为在实际评价中常用的线性规划模型，如式（9-23）所示：

$$
(D_s)\begin{cases} \min\theta-\varepsilon(\hat{e}^{\mathrm{T}}s^-+e^{\mathrm{T}}s^+) \\ \text{s.t.}\ \sum_{j=1}^{n}(x_j\lambda_j)+s^-=\theta x_0 \\ \sum_{j=1}^{n}(y_j\lambda_j)-s^+=y_0 \\ \lambda_j\geqslant 0\quad (j=1,2,\cdots,n) \\ s^+\geqslant 0, s^-\geqslant 0 \end{cases} \tag{9-23}
$$

式中，$\hat{e}^{\mathrm{T}}=(1,1,\cdots,1)\in E_m, e^{\mathrm{T}}=(1,1,\cdots,1)\in E_s$，$\varepsilon$ 为非阿基米德无穷小量。因此，我们可以借助对偶规划（D_s）判断决策单元 j_0 的有效性，并根据以下基本定理进行：① DMU_{j0} 为弱 DEA 有效的充分必要条件是规划（D_s）的最优值 θ^*=1；② DMU_{j1} 为 DEA 有效的充分必要条件是规划（D_s）的最优值 θ^*=1，并且对每个最优解 λ^*，都有 $s^{*-}=0, s^{*+}=0$。

3．模型参数的经济含义分析

（1）DEA 有效性分析。当 θ^*=1 且 $s^{*-}=s^{*+}=0$ 时，称决策单元 j_0 为 DEA 有效。此时，该决策单元既是规模有效，又是技术有效，说明在这几个决策单元组成的经济系统中，决策单元 j_0 的生产要素已经达到最佳组合，并取得最佳的产出效果。

规模有效的决策单元［x_0，$f(x_0)$］是指投入规模小于 x_0 时为规模效益递增状态；投入规模大于 x_0 时为规模效益递减状态。技术有效的生产过程是指任何减少投入 x 并保持产出 $f(x)$不变的企图都是无法实现的。

当 θ^*=1 且 $s^{*-}\neq 0$ 且或 $s^{*+}\neq 0$ 时，称决策单元 j_0 为弱 DEA 有效。此时，该决策单元或不为规模有效，或不为技术有效。对于决策单元 j_0 而言，投入 x_0 可以减少 s^{*-} 而保持原产出 y_0 不变，或者在投入 x_0 不变的情况下可以将产出 y_0 提高 s^{*+}。

当 θ^*<1 时，称决策单元 j_0 为非 DEA 有效，说明该决策单元规模无效且技术无效。

在这 n 个决策单元组成的经济系统中，j_0 可以通过组合将投入降至原来投入 x_0 的 θ 倍而能够保持原产出 y_0 不变。

（2）规模收益分析。令 $\beta=\sum\lambda_i$，称 β 为决策单元 j_0 的规模收益值。

当 $\beta=1$，表示决策单元 j_0 的规模收益不变，此时 j_0 达到最大产出规模点。

当 $\beta<1$，表示决策单元 j_0 的规模收益递增，且 β 值越小，规模收益递增的趋势越大，表明 j_0 在原投入 x_0 基础上适当地增加投入量，产出量将有更高比例的增加。

当 $\beta>1$ 表示决策单元 j_0 的规模收益递减，且 β 值越大，规模收益递减的趋势越大，表明 j_0 在原投入 x_0 的基础上，已没有必要再增加投入。

（3）DMU 在相对有效平面上的投影分析。当决策单元 j_0 为 DEA 有效时，对应的规划（P_{C^2R}）有最优解 ω^*，μ^*，且 $\omega^*\geqslant 0, \mu^*\geqslant 0, h_{j0}^*=\mu^{*T}y_0=1$，而 $\omega^{*T}x_0=1$，则 $\omega^{*T}x_0-\mu^{*T}y_0=0$，即点（$x_0$，$y_0$）位于平面 $\omega^{*T}x-\mu^{*T}y=0$，这个平面其他点所代表的决策单元也是 DEA 有效的，则这个平面称为相对有效平面或有效生产前沿面。

当决策单元 j_0 为非 DEA 有效时，则必定存在投入冗余和产出不足两种情况。变量 s^{*-} 中各非零分量即为投入 x_0 对应的投入冗余量，变量 s^{*+} 中各非零分量即为产出 y_0 对应的产出不足量。投入和产出部分的调整可按照如下公式进行，$x_0'=\theta^* x_0-s^{*-}, y_0'=y_0-s^{*+}$。其中，$x_0'$，$y_0'$ 分别表示决策单元 j_0 调整后的投入量和产出量，可以看做 j_0 对应的(x_0，y_0)在 DEA 相对有效平面上的“投影”。

这时，可以在不减少输出的前提下，使原来的输入有所减少，或者在不增加输入的前提下，使输出有所增加，即通过调整非 DEA 有效的决策单元的投入和产出指标的数值，使决策单元 j_0 由非 DEA 有效转化为 DEA 有效。

（4）投入冗余率和产出不足率分析。对于非 DEA 有效的决策单元，可以进一步分析其投入冗余率和产出不足率，为管理者提供更加丰富的决策参考信息。

投入冗余率是指决策单元 j_0 中 s^{*-} 中各非零分量与 x_0 对应分量的比值，其经济学含义是各种资源的投入量可以节省的比例；产出不足率是指决策单元 j_0 中 s^{*-} 中各非零分量与 y_0 对应分量的比值，其经济学含义是各项产出指标可以提高的比例。

比较同一个评价对象的不同时段的投入冗余率或产出不足率，可以动态地反映该对象的资源配置、人员安排及资金投入等方面的情况。在同一类型评价对象的横向比较中，可以通过比较投入冗余率和产出不足率来挖掘自身的优势，改善投入决策中的不足，最终提供更好的投入方案，使资源得到合理的利用，并在有限资源的基础上得到最大的产出效果。

4．应用 DEA 方法进行评价的一般步骤

选定评价对象，确立评价目的，研究对象系统的功能要素；设计评价指标体系，划分输入、输出指标体系；搜集、整理资料，确定同类型的评价决策单元，进行数据处理；运用 DEA 方法，建立评价模型；利用 MATLAB 或其他优化软件包，计算 DEA 有效性的最优解；进行 DEA 有效性分析和规模效益分析；评价模型的效果和优劣；实证研究和讨论。

5．应用数据包络方法时的注意事项

1）DEA 作为一种非参数方法，将数学、经济和管理的概念与方法相结合，是处理多目标决策问题，解决在经济理论估计中具有多个输入、多个输出问题的有力工具，尤其在经济学生产函数的确定方面更为突出。可以对具有相同类型的部门或单位间的相对有效性进行排序和评价，还可以通过在生产前沿面上的投影分析，发现非 DEA 有效和弱 DEA 有效的

产生原因及改进方向，调整资源投入量和效益产出量使各个决策单元达到 DEA 有效。

2）应用 DEA 模型进行评价，不必事先确定指标权重，只需假定由决策单元的输入输出指标组成的状态可能集满足凸性、无效性、锥性及最小性等条件即可。DEA 方法本身包含指标的权重分配过程，在计算不同的决策单元的最大有效性数值时，指标的权重是动态可变的，最后排序的结果是每个决策单元得到最有利于自己的权重。

3）应用 DEA 方法建立模型时，一般要求决策单元数目应大于输入变量与输出变量的数目。在实际应用中，为体现评价的全面性，往往会引入大量的评价指标，同时，为体现评价的准确性，系统中会确定较少的评价单元。为解决这个问题，通常的方法是对所有指标分层次进行 DEA 有效性评价，或者先用因子分析方法将指标归类，合并相关性强的指标，再对公共因子进行 DEA 有效性评价。

4）输入与输出指标体系的确定，简单说是根据资源投入量与效益产出量确定，但实际上，许多复合指标的概念往往有些模糊，则可以根据用尽量少的投入得到尽量多的产出的效率评估目标，设定越大越好的指标为输出变量、越小越好的指标为输入变量。另外，DEA 模型要求输入输出指标具有非负性，则用该指标加同指标最小数的绝对值进行处理。

5）DEA 方法不仅能对管理效率进行横向的对比评价，还能够进行纵向的、动态的分析与评价，即评价的样本数据可以是断面数据，也可以是时间序列数据。DEA 模型的数据与量纲无关，最好使用“效益型相对数据”，不需进行数据预处理，若为“成本型绝对数据”，则需要进行标准 0-1 转换，进行无量纲化处理。但在模型分析的过程中，需注意可能会出现自我评价值与交叉评价值不统一、DEA 有效性分析与规模收益分析不一致等特殊情况，这时需从多个环节去查找原因。

复习思考题

1．物流系统评价可以分为哪几个阶段？各阶段的主要目标是什么？

2．物流系统评价主要有哪几个步骤？

3．简述评价指标的标准化处理方法。

4．简述评价在整个物流规划中的作用。

5．请说出几种综合评价的方法。

6．在物流系统评价中，应遵循哪些评价原则。

7．层次分析法评价物流系统规划方案时，一般需要哪几个步骤？

8．设计某个物流企业运作评价指标体系。

案例研究　基于主成分分析法的昆明国际陆港发展趋势研究

1．发展趋势指标体系的构建

指标体系是评价昆明国际陆港物流发展的前提，设计指标体系对任何多指标评价方法都是至关重要的。指标评价体系构建的主要原则有以下几种。

（1）客观性

指标体系应客观、真实地反映目标与指标之间的关系，以保证评估结果的科学性和可靠性。

（2）综合性

指标体系应从总体上反映昆明国际陆港物流发展水平的各个方面，尽可能使分析评价指标能全面反映陆港物流所引起的各项经济社会效益与影响。

（3）数据可得性

各评价指标含义明确、信息集中、数据资料容易获得，计算方法简明易懂。

根据以上原则，我们选取了 4 组具有代表性、相对独立和全面的指标（社会经济、陆港物流、基础设施、发展潜力）作为一级指标，以综合反映昆明国际陆港物流发展水平。在一级指标下面再细分为 14 个二级指标，具体指标体系如表 9-21 所示。

表 9-21 评价指标体系

一级指标	二级指标	相应变量名称
社会经济	GDP（万元）	x_{11}
	第三产业占 GDP 比重/%	x_{12}
	地方财政收入（亿元）	x_{13}
	消费品零售总额（万元）	x_{14}
陆港物流	进出口贸易总额（亿美元）	x_{21}
	货运总量（亿吨）	x_{22}
	货运周转量（亿吨公里）	x_{23}
基础设施	公路通车总里程（万公里）	x_{31}
	铁路营运里程（公里）	x_{32}
	航空总里程（万公里）	x_{33}
	社会固定资产投资（亿元）	x_{34}
发展潜力	GDP 增长率 /%	x_{41}
	工业总产值增长率 /%	x_{42}
	高等院校在校生数（万人）	x_{43}

2. 指标体系说明

（1）社会经济方面

该类指标反映昆明物流业发展的社会经济基础。当一个地区的生产和消费量越大时，它需要的相关物流服务量也就越多，这些指标可以反映出各行业对于物流服务的需求程度。这里选取 GDP（x_{11}）、第三产业占 GDP 比重（x_{12}）、地方财政收入（x_{13}）和消费品零售总额（x_{14}）4 个变量作为考评指标。GDP 能够全面反映全社会经济活动的总规模，是衡量一个国家或地区经济实力，评价经济形势的重要综合指标，该值越大说明国际陆港的建设得到的支撑越强。社会消费品零售总额是指各种经济类型的批发零售贸易业、餐饮业、制造业和其他行业对城乡居民和社会集团的消费品零售额，主要反映通过各种商品流通渠道向居民和社会集团供应的生活消费品来满足他们的生活需要，是研究人民生活、社会消费品购买力、货币流通等问题的重要指标。

（2）陆港物流方面

选取货运总量（x_{22}）、货运周转量（x_{23}）、进出口贸易总额（x_{21}）3 个指标来反映物流需求变化规律。货运总量是指在一定的时期内各种运输工具实际运送的货物数量，是反映运输业为国民经济和人民生活服务的数量指标，也是制定和检查运输生产计划，研究运输发展规模和速度的重要指标。货运周转量是指在一定时期内，由各种运输工具运送的货物数量与其相应运输距离的乘积的总和，是反映运输业生产总成果的重要指标，也是编制和检查运输生产计划，计算运输效率、劳动生产率及核算运输单位成本的主要基础资料。进出口贸易总额是指实际进出我国国境的货物总金额，具体是指外贸部门通过买卖行为，把进出口商品从生产领域向消费领域转移的过程。虽然进出口贸易总额、货运总量和货运周转量不能全面反映物流综合作业量，但运输是物流过程中最基本的活动，贯穿于整个物流过程，运量的多少决定了其他物流活动的作业量，其变化也反映了物流综合作业量的变化。

（3）基础设施方面

基础设施是建立物流基地的物质基础。选取公路通车总里程（x_{31}）、铁路营运里程（x_{32}）和航空总里程（x_{33}）反映目前物流基础设施情况，而社会固定资产投资（x_{34}）则从侧面反映了物流基础设施建设及未来发展的情况。

（4）发展潜力方面

选取 GDP 增长率（x_{41}）、工业总产值增长率（x_{42}）和高等院校在校生数（x_{43}）3 个指标来反映未来社会经济和人才支撑等增长的潜力。

3. 昆明国际陆港发展趋势研究

（1）主成分的确定

昆明市 2000—2008 年评价指标原始数据如表 9-22 所示。

表 9-22 昆明市 2000—2008 年评价指标指原始数据

	2000 年	2001 年	2002 年	2003 年	2004 年	2005 年	2006 年	2007 年	2008 年
x_{11}	636.13	676.37	734.00	818.26	946.14	1 061.55	1 207.29	1 405.05	1 605.40
x_{12}	47.60	47.45	48.43	48.74	47.43	47.81	47.09	47.30	47.35
x_{13}	56.34	59.84	57.23	62.95	85.64	90.67	103.72	133.10	174.99
x_{14}	239.53	265.28	293.00	328.41	370.46	415.49	484.20	569.42	700.74
x_{21}	11.51	13.41	14.81	17.79	26.10	34.49	47.04	66.87	73.06
x_{22}	1.27	1.21	1.11	1.23	1.16	1.12	1.21	1.29	1.28
x_{23}	126.93	125.42	135.01	154.05	150.90	162.98	183.59	197.66	193.47
x_{31}	16.36	16.40	16.49	16.61	16.71	19.45	19.85	20.03	20.38
x_{32}	2 015	2 015	2 016	1 984	1 925	1 925	1 925	1 924	1 924

续表

	2000年	2001年	2002年	2003年	2004年	2005年	2006年	2007年	2008年
x_{33}	11.97	13.51	14.81	14.55	13.78	13.54	13.68	12.99	11.21
x_{34}	239.11	263.91	291.90	361.65	435.08	523.01	654.02	817.52	1 053.16
x_{41}	8.4	8.5	9.2	10.3	12	11.1	12.3	12.5	12
x_{42}	11.30	7.20	17.35	20.45	39.16	25.94	30.76	21.27	10.97
x_{43}	6.92	9.49	10.90	13.56	14.10	18.81	20.64	22.18	24.27

利用 SPSS 软件分析，经过计算得到以下一些结果。

（2）相关系数矩阵的特征值、贡献率及累积贡献率（见表 9-23）

表 9-24 相关系数矩阵的特征值、贡献率和累积贡献率

主 因 子	特 征 值	贡献率（%）	累计贡献率（%）
1	9.900 3	70.72	70.72
2	2.285 6	16.32	87.04

（3）主成分因子载荷矩阵（见表 9-24）

表 9-24 主成分因子载荷矩阵

指 标	主 因 子	
	第 一 位	第 二 位
GDP	0.991 6	−0.013 7
第三产业占 GDP	−0.572 2	0.214 6
地方财政收入	0.964 9	−0.170 2
消费品零售总额	0.979 2	−0.063 9
进出口贸易总额	0.985 4	−0.091 5
货运总量	0.437 7	−0.692 0
货运周转量	0.964 2	0.118 6
公路通车总里程	0.936 3	0.026 9
铁路营运里程	−0.870 4	−0.410 5
航空总里程	−0.515 6	0.730 7
社会固定资产投资	0.980 4	−0.105 2
GDP 增长率	0.876 8	0.438 2
工业总产值增长率	0.217 6	0.877 4
高等院校在校生数	0.964 4	0.170 1

（4）昆明市 2000—2008 年评价指标标准化数据矩阵（见表 9-25）

表 9-25　昆明市 2000—2008 年评价指标标准化数据矩阵

	2000 年	2001 年	2002 年	2003 年	2004 年	2005 年	2006 年	2007 年	2008 年
x_{11}	−1.10	−0.98	−0.81	−0.57	−0.19	0.15	0.58	1.16	1.76
x_{12}	−0.16	−0.44	1.34	1.91	−0.47	0.21	−1.08	−0.71	−0.61
x_{13}	−0.87	−0.78	−0.85	−0.71	−0.15	−0.02	0.30	1.02	2.06
x_{14}	−1.10	−0.93	−0.75	−0.52	−0.24	0.05	0.50	1.06	1.92
x_{21}	−0.95	−0.87	−0.81	−0.69	−0.33	0.03	0.56	1.41	1.67
x_{22}	0.87	−0.01	−1.52	0.37	−0.69	−1.34	0.08	1.18	1.06
x_{23}	−1.15	−1.21	−0.86	−0.17	−0.29	0.15	0.89	1.40	1.25
x_{31}	−0.92	−0.90	−0.85	−0.78	−0.73	0.78	1.00	1.10	1.29
x_{32}	1.20	1.20	1.22	0.50	−0.81	−0.81	−0.81	−0.84	−0.84
x_{33}	1.19	0.15	1.28	1.06	0.38	0.18	0.30	−0.31	−1.85
x_{34}	−0.99	−0.90	−0.80	−0.55	−0.29	0.03	0.50	1.09	1.93
x_{41}	−1.39	−1.33	−0.91	−0.24	0.79	0.24	0.97	1.09	0.79
x_{42}	−0.89	−1.29	−0.31	0.00	1.82	0.53	1.00	0.08	−0.93
x_{43}	−1.44	−1.01	−0.78	−0.34	−0.26	0.52	0.82	1.07	1.42

（5）评价指标特征向量矩阵（见表 9-26）

表 9-26　评价指标特征向量矩阵

	z_1	z_2	z
x_{11}	0.32	−0.01	0.25
x_{12}	−0.18	0.14	−0.12
x_{13}	0.31	−0.11	0.23
x_{14}	0.31	−0.04	0.24
x_{21}	0.31	−0.06	0.24
x_{22}	0.14	−0.46	0.03
x_{23}	0.31	0.08	0.26
x_{31}	0.3	0.02	0.25
x_{32}	−0.28	−0.27	−0.28
x_{33}	−0.16	0.48	−0.04
x_{34}	0.31	−0.07	0.24
x_{41}	0.28	0.29	0.28
x_{42}	0.07	0.58	0.17
x_{43}	0.31	0.11	0.27

（6）主成分因子指数矩阵（2000—2008 年昆明国际陆港物流发展指数，见表 9-27）

表 9-27 2000—2008 年昆明国际陆港物流发展指数

年 份	第一主因子	第二主因子	综合指数
2000	−3.091 6	−2.230 53	−2.909 71
2001	−3.100 78	−1.418 99	−2.768 99
2002	−3.298 75	0.798 864	−2.521 03
2003	−2.009 33	0.511 265	−1.534 66
2004	−0.259 24	1.939 519	0.152 22
2005	0.593 233	1.410 237	0.739 469
2006	2.322 155	1.087 246	2.078 933
2007	3.774 82	−0.276 23	3.000 596
2008	5.069 486	−1.821 38	3.763 168

从表 9-23 可以看出，变量相关系数矩阵的两大特征值分别为 9.900 3 和 2.285 6，其累计贡献率 87.04%，说明这两个主成分基本包含了全部指标具有的信息，用这两个主成分代表原来 14 个指标来评价昆明物流 9 年来的综合发展水平已有 87.04%的把握，故选取这两个主成分，根据表 9-26 得主成分表达式为：

$$z_1 = 0.32x_1 - 0.18x_2 + 0.31x_3 + 0.31x_4 + 0.31x_5 + 0.14x_6 + 0.31x_7 + 0.30x_8 - 0.28x_9 - 0.16x_{10} + 0.31x_{11} + 0.28x_{12} + 0.07x_{13} + 0.31x_{14}$$

$$z_2 = -0.01x_1 + 0.14x_2 - 0.11x_3 - 0.04x_4 - 0.06x_5 - 0.46x_6 + 0.08x_7 + 0.02x_8 - 0.27x_9 + 0.48x_{10} - 0.07x_{11} + 0.29x_{12} + 0.58x_{13} + 0.11x_{14}$$

即可得主成分综合模型为：

$$z = 0.25x_1 - 0.12x_2 + 0.23x_3 + 0.24x_4 + 0.24x_5 + 0.03x_6 + 0.26x_7 + 0.25x_8 - 0.28x_9 - 0.04x_{10} + 0.24x_{11} + 0.28x_{12} + 0.17x_{13} + 0.27x_{14}$$

参考文献

[1] 李云清．物流系统规划[M]．上海：同济大学出版社，2004.

[2] 石小法．物流工程[M]．上海：同济大学出版社，2009.

[3] 朱照宏，杨东援，吴兵．城市群交通规划[M]．上海：同济大学出版社，2007.

[4] 孙有望．现代物流导论[M]．上海：同济大学出版社，2011.

[5] 徐瑞华．运输与物流系统仿真[M]．上海：同济大学出版社，2009.

[6] 叶杰刚．国内外物流理论研究概况[J]．经济学动态．2000，(4)：43～45.

[7] 丁俊发．我国物流业发展的理论创新与实践探索[J]．中国物流与采购，2003，(22)：6～7.

[8] 王飞跃．计算实验方法与复杂系统行为分析和决策评估[J]．系统仿真学报，2004，16(5)：893～897.

[9] Eiichi Taniguchi et al. City Logistics Network Modelling and Intelligent Transport Systems [M]. Netherlands: An Imprint of Elsevier Science, 2001.

[10] 戴禾．物流基础设施体系规划中的若干理论和方法研究[D]．同济大学，2003.

[11] 孙承芳．物流园区信息平台规划研究[D]．武汉：武汉理工大学，2006.

[12] 张锦．城市现代物流公共信息平台规划设计的理论和关键技术研究[D]．同济大学，2005.

[13] 孙会君，高自友．物流配送中心合理选址研究[J]．技术经济，2002(11)：62～64.

[14] 陆华，杨家其．模糊排序及启发式算法在物流中心选址中的应用[J]．武汉理工大学学报（交通科学与工程版），2002，26 (3)：389～392.

[15] Michael Wooldridge．多 Agent 系统引论[M]．石纯一，张伟，徐晋晖，译．北京：电子工业出版社，2003.

[16] 李浩，刘桂云．物流系统规划与设计[M]．杭州：浙江大学出版社，2009.

[17] 郝勇，张丽，黄建伟．物流系统规划[M]．北京：清华大学出版社，2008.

[18] 叶怀珍．物流工程学[M]．北京：机械工业出版社，2008.

[19] 吴承健．物流系统规划与设计[M]．北京：中国物资出版社，2011.

[20] 李毅学．物流规划理论与案例分析[M]．北京：中国物资出版社，2010.

[21] 姜大立，彭良涛，张军．现代物流系统规划与设计[M]．北京：中国石化出版社，2008.

[22] 王正．物流系统规划与设计[M]．成都：四川人民出版社，2009.

[23] 王红卫，谢勇，王小平，等．物流系统仿真[M]．北京：清华大学出版社，2009.

[24] 王道平，张学龙．现代物流仿真技术[M]．北京：北京大学出版社，2010．
[25] 于英，杨扬，孙丽琴．物流技术装备[M]．北京：北京大学出版社，2010．
[26] 杨扬，王孝坤，何保红．我国鲜花物流的发展分析与对策研究[J]．商品储运与养护，2008，30(6)：1～4．
[27] 王孝坤，杨东援，张锦，等．物流公共信息平台功能定位及其体系结构研究[J]．昆明理工大学学报（理工版），2008，33(4)：97～100,122．
[28] 方仲民．物流系统规划与设计[M]．北京：机械工业出版社，2007．
[29] 毛海军，张永．物流系统规划与设计[M]．南京：东南大学出版社，2009．
[30] 杨霞芳．国际物流管理[M]．上海：同济大学出版社，2004．
[31] 翁兆波．物流信息技术[M]．北京：化学工业出版社，2007．
[32] 刘小卉．物流管理信息系统[M]．上海：复旦大学出版社，2006．
[33] 周启蕾．物流学概论[M]．北京：清华大学出版社，2005．
[34] 倪金生，李琦，赵明伟．数字城市[M]．北京：电子工业出版社，2008．
[35] 陆化普，李瑞敏，朱茵．智能交通系统概论[M]．北京：中国铁道出版社，2004．
[36] KENNETH C LAUDON，JANE P LAUDON．MANAGEMENT INFORMATION SYSTEM-Organization and Technology in the Networked Enterprice[M]．北京：清华大学出版社，2001．
[37] 唐纳德·J，鲍尔索克斯，等．物流管理[M]．林国龙，等，译．北京：机械工业出版社，1999．
[38] 蔡临宁．物流系统规划—建模及实例分析[M]．北京：机械工业出版社，2003．
[39] 董千里．物流工程学[M]．北京：人民交通出版社，2005．
[40] 杜文．物流运输与配送管理[M]．北京：机械工业出版社，2006．
[41] 冯耕中．物流配送中心规划与设计[M]．西安：西安交通大学出版社，2004．
[42] 冯耕中．现代物流规划理论与实践[M]．北京：清华大学出版社，2005．
[43] 高晓亮，伊俊敏，甘卫华．仓储与配送管理[M]．北京：清华大学出版社，北京交通大学出版社，2006．
[44] 贺东风．物流系统规划与设计[M]．北京：中国物资出版社，2004．
[45] 胡列格，何其超．物流运筹学[M]．北京：电子工业出版社，2005．
[46] 胡彪，高延勇，孙萍．物流配送中心规划与运营[M]．北京：电子工业出版社，2008．
[47] 李施华．物流战略管理[M]．北京：对外经济贸易大学出版社，2004．
[48] 兰洪杰．物流战略管理[M]．北京：清华大学出版社，2006．
[49] 刘昌祺，徐正林，胡志刚．物流配送中心管理技术[M]，北京：机械工业出版社，2006．
[50] 刘昌祺．物流配送中心拣货系统选择与设计[M]．北京：机械工业出版社，2005．
[51] 沈祖志．物流系统分析与设计[M]．北京：高等教育出版社，2005．
[52] 王转．配送中心运营与管理[M]．北京：中国电力出版社，2009．
[53] 王丰．配送中心规划与运行管理[M]．北京：中国石化出版社，2008．
[54] 徐贤浩．物流配送中心规划与运作管理[M]．武汉：华中科技大学出版社，2008．
[55] 吴清一．物流管理[M]．北京：中国物资出版社，2005．

[56] 张锦．物流系统规划[M]．北京：中国铁道出版社，2004．
[57] 杨敏，杨国荣．配送中心运营管理[M]．北京：北京理工大学出版社，2007．
[58] 何明珂．物流系统论[M]．北京：高等教育出版社，2004．
[59] 董维忠．物流系统规划与设计[M]．北京：电子工业出版社，2006．
[60] 王长琼．物流系统工程[M]．北京：中国物资出版社，2004．
[61] 周溪召．物流系统工程[M]．上海：上海财经大学出版社，2003．
[62] 卢纹岱．SPSS for Windows 统计分析[M]．北京：电子工业出版社，2002．
[63] 傅新平，邹珺．层次分析法在物流中心选址中的应用[J]．世界海运，2002，25(4)：23～24，28．
[64] 徐杰，郑凯，田源，等．物流中心选址的影响因素分析及案例[J]．北方交通大学学报，2001，25(5)：80～82．
[65] 裘炜毅．社会物流系统绩效管理和评价指标研究[D]．同济大学，2004．
[66] 周俊红．物流园区的选址方法研究[D]．同济大学，2004．
[67] 马士华，李华焰．平衡记分法在供应链绩效评价中的应用研究[J]．工业工程与管理，2002，(4)：25~28．
[68] 王正中．关于复杂系统仿真方法的研究[J]．系统仿真学报，2002，12 (6)：577~581．
[69] Christof Koch, Gilles Laurent. Complexity and the Nervous System[J]. Science,1999, 284(2):96~98.
[70] W. Brain Arthur. Complexity and the Economy[J]. Science, 1999, 284(2):107~109.
[71] D.Poole.Application of ICL for multiple agents under uncertainty[J]. Artif. Intell.1997 (94):7~56.
[72] 戴汝为，操龙兵．一个开放的复杂巨系统[J]．系统工程学报，2001，16(5)：376～381．
[73] 李霄峰，徐立云，邵惠鹤，等．基于 Petri 网/COM 的物流系统建模仿真技术[J]．信息与控制，2001, 30(3):284～288．
[74] 何秋，桂寿平，朱强．区域物流系统动态学模型的建立与合理性检验[J]．交通与计算机，2002(3)：30～33．
[75] 张力菠，韩玉启，陈杰．供应链管理的系统动力学研究综述[J]．系统工程，2005，23(6)：8～15．
[76] 杨东援．构建社会物流系统[EB/OL]．http://www.tongji.edu.cn/~yangdy.2003-01-17．
[77] 孙焰．现代物流管理技术—建模理论及算法设计[M]．上海：同济大学出版社，2004．
[78] 杨兆升．交通运输系统规划—有关理论与方法[M]．北京：人民交通出版社，2004．
[79] 邱世明．复杂适应系统协同理论、方法与应用研究[D]．天津大学，2002．
[80] 李英．多 Agent 系统及其在预测与智能交通系统中的应用[M]．上海：华东理工大学出版社，2004．
[81] 张瑜．JM 集团现代物流业务战略规划研究[D]．山西大学，2011．
[82] 李坤颖．昆明国际陆港战略规划评价方法研究[D]．昆明理工大学，2011．
[83] 余牛．基于组合预测法的城市物流需求预测研究[D]．武汉科技大学，2011
[84] 吴文征．物流园区网络协同研究[D]．北京交通大学，2012．

反侵权盗版声明

举报电话：（010）88254396；（010）88258888

传　　真：（010）88254397

E-mail：　dbqq@phei.com.cn

通信地址：北京市万寿路 173 信箱

　　　　　电子工业出版社总编办公室

邮　　编：100036